294.59 + 291.19

Kohlhammer
Taschenbücher

Reinhart Hummel

Indische Mission und neue Frömmigkeit im Westen

Religiöse Bewegungen Indiens in westlichen Kulturen

Verlag W. Kohlhammer
Stuttgart Berlin Köln Mainz

CIP-Kurztitelaufnahme der Deutschen Bibliothek

Hummel, Reinhart:
Indische Mission und neue Frömmigkeit im Westen:
religiöse Bewegungen Indiens in westl. Kulturen / Reinhart Hummel.
Stuttgart, Berlin, Köln, Mainz: Kohlhammer, 1980.
ISBN 3-17-005609-3

Stuttgart Berlin Köln Mainz
Verlagsort: Stuttgart
Umschlag: hace
Gesamtherstellung: W. Kohlhammer GmbH
Grafischer Großbetrieb Stuttgart
Printed in Germany

Inhalt

Einleitung

Die indischen religiösen Bewegungen im Westen[1] bilden einen relativ kleinen Teil eines größeren Vorgangs, nämlich des Einströmens asiatischer Kultur und Religiosität in den Westen, in dem das Christentum seine einst dominierende Stellung mehr und mehr eingebüßt hat. Dieser Vorgang hängt nicht nur mit der zunehmenden globalen Kommunkation zusammen, die Richard Friedli als »kulturelle Zirkulation« beschrieben hat, sondern speziell mit dem Ende westlicher Dominanz im politischen und kulturell-religiösen Bereich[2]. Die politische und kulturelle Expansion des Westens hat selbst erst die Bedingungen geschaffen, unter denen die Kulturen Asiens sich erneuern und nun ihrerseits expansiv werden konnten. Sie hat die Renaissance und Ausbreitung asiatischer Kulturen und Religionen nicht nur ungewollt herausgefordert, sondern ihr auch wichtige Werkzeuge an die Hand gegeben, von der äußeren Beherrschung westlicher Sprachen und Denkkategorien bis hin zur Rezeption westlich-christlicher Vorstellungen. So haben z. B. der moderne Hinduismus und Buddhismus seit ihrer Begegnung mit dem Christentum in einer zuvor unvorstellbaren Intensität von sozialer Verantwortung und von der Bewältigung geschichtlicher Herausforderungen zu reden begonnen. Die indischen religiösen Bewegungen im Westen sind also Teil einer Gegenbewegung, die auf die Herausforderung des westlichen Kolonialismus wie der christlichen Mission antwortet. Sie lassen sich von den allgemein-asiatischen Einwirkungen auf den Westen nicht trennen[3]. Dazu gehören indische Musik und Tanzkunst, Übersetzung und Verbreitung asiatischer Literatur religiöser und nichtreligiöser Art, Übernahme von Yoga und Akupunktur, diffuse Verbreitung asiatischer Meditationsformen aus den verschiedenen hinduistischen, buddhistischen und islamischen Traditionen. Hand in Hand mit der Aufgeschlossenheit des Westens für östliche Kultur und Religion geht das Interesse an Elementen der traditionellen Stammesreligionen, auch aus dem eigenen geographischen Bereich: an indianischen und keltischen Religionen, an schamanistischen Techniken des Seelenreisens und der Erlangung ekstatischer Bewußtseinszustände, und schließlich an Okkultismus, Spiritismus und Satanismus[4]. Eine Gallup-Umfrage ergab 1977, daß in den USA etwa zwölf Prozent der Erwachsenen mit »nicht-traditionellen« religiösen Bewegungen (Yoga, Meditation, charismatische Erneuerung) und ein Prozent (= 2 Millionen) mit östlichen Religionen zu tun haben.

Innerhalb dieses Stroms nehmen die organisierten Formen asiatischer Religion eine besondere Stellung ein. Das gilt gleichermaßen für buddhistische Mönchsorden und -klöster und für die indischen religiösen Bewegungen im Westen, die den Gegenstand dieser Untersuchung bilden. Sie zeichnen sich dadurch aus, daß sie zumeist das Ergebnis einer bewußten Missionstätigkeit sind, daß sie ferner im Unterschied zur literarischen Gestalt der Ausbreitung sich nicht auf die Dimension des Denkens beschränken, sondern sie durch diejenigen des Handelns (Kultus und Ritus) und der Gemeinschaft ergänzen und somit – im Sinne Joachim Wachs[5] – Religion im Vollsinn darstellen, und schließlich zeichnen sie sich auch dadurch aus, daß die asiatischen Religionen bei ihnen noch in relativ intakter Form auftreten. Im Unterschied zum individuellen Synkretismus, d. h. dem Versuch einzelner, aus disparaten Elementen unterschiedlicher Herkunft ein individuelles System religiöser Vorstellungen und Praktiken zu errichten, im Unterschied auch zum Synkretismus solcher Gruppen wie der Theosophie, zeigen die meisten organisierten Formen asiatischer Religion im Westen ein deutliches Interesse an der Intaktheit und Reinheit ihrer jeweiligen Tradition. Es handelt sich bei ihnen, bildlich gesprochen, nicht um religiöses Treibgut, das an den westlichen Strand gespült und dort aufgelesen wurde, sondern um mehr oder weniger vollständige Schiffsladungen, die von zielbewußten Kapitänen gesteuert und an Land gebracht wurden. Das ist deshalb von besonderem Interesse, weil jene Probleme, die sich mit der Verpflanzung einer Religion in eine neue kulturelle Umgebung ergeben und die beim individuellen Synkretismus häufig überspielt werden, bei organisierten Gruppen klar hervortreten. Für eine Bewegung, die Formen des sozialen Lebens und des Rituals benötigt, ist es schwieriger als für den einzelnen, die Spannung zwischen der neuen kulturellen Umgebung und der mitgebrachten Kulturgestalt zu bewältigen. Das Studium solcher Bewegungen vermittelt Einblicke in jene missiologischen Probleme, die im Zusammenhang mit der christlichen Mission unter den Stichworten der Akkomodation, Indigenisation und Kontextualisierung abgehandelt worden sind[6] und die für die Mission asiatischer Religionen im Westen nicht weniger bedrängend sind. Carl Gustav Jung, der durch seine tiefenpsychologische Deutung östlicher Texte wie wenige andere die Aufmerksamkeit der westlichen Öffentlichkeit auf die Bedeutung der asiatischen Religionen gelenkt hat, war zugleich einer der eindringlichsten Warner vor ihrer kurzschlüssigen Übernahme und vor einer Unterschätzung der mit der kulturellen Differenz gegebenen Probleme: »Was nützt uns die Weisheit der ›Upanischaden‹, was die Einsichten des chinesischen Yoga, wenn wir unsere eigenen Fundamente wie überlebte Irrtümer verlassen und uns wie heimatlose Seeräuber an fremden Küsten diebisch niederlassen«[7].

Ähnlich hatte schon 1914 Hermann Hesse gewarnt: »Es ist klar, daß kein Import aus dem Osten hier helfen kann, kein Zurückgehen auf Indien und China, auch kein Zurückflüchten in irgendein formuliertes Kirchenchristentum«[8]. Gewiß hat sich die kulturelle Lage des Westens seit Hesse und Jung nicht unwesentlich gewandelt, die Problematik ist aber geblieben und läßt sich gerade anhand organisierter Formen asiatischer Religiosität im Westen nachweisen. Der Versuch, sich mit einem neuen kulturellen Kontext zu arrangieren, erfordert stets auch eine Auseinandersetzung mit der eigenen Tradition. Die verschiedenen Möglichkeiten, dieses Problem zu lösen, von einem strengen Traditionalismus bis hin zum Versuch einer nichtreligiösen Neuinterpretation der Tradition, finden sich auch bei den indischen Bewegungen im Westen, wie noch zu zeigen sein wird.

Die Beschränkung auf die organisierten Formen indischer Religion im Westen hat zur Folge, daß einzelne Philosophen und Schriftsteller wie Arthur Schopenhauer, Hermann Graf Keyserling, Romain Rolland, Ralph Waldo Emerson, Paul Brunton (= H. Raphael Hurst) und Aldous Huxley, die vom hinduistischen bzw. allgemein östlichen Denken tief beeinflußt waren, aus dem Umkreis dieser Untersuchung ausscheiden oder nur in dem Umfang behandelt werden, wie sie für die eigentliche Thematik von Bedeutung sind. Das gleiche gilt für Inder, die, wie Jiddu Krishnamurti nach seinem Bruch mit der Theosophischen Gesellschaft, im Westen als Einzelgänger gewirkt und eine individuell geprägte Lebensanschauung entwickelt haben. Die Theosophische Gesellschaft wiederum ist zwar eine Organisation, kann aber wegen ihres westlichen Ursprungs und ihres okkultistisch vorgeprägten Ansatzes nicht als hinduistische Mission im Westen betrachtet werden. Sie gehört aber mit anderen Gruppen zusammen zum Umfeld der hinduistischen Gruppen im Westen und wird darum, wenngleich weniger ausführlich, bei der Darstellung dieses Umfeldes behandelt werden.

Ist hiermit das Thema in einen größeren Zusammenhang gestellt, so bedarf die genaue Formulierung noch einer Klarstellung. Faktisch beschäftigt sich diese Untersuchung mit hinduistischen und verwandten Bewegungen im Westen. Buddhistische und islamische Gruppen wurden im Blick auf den Umfang der Arbeit bewußt ausgeklammert, obgleich im Westen praktizierte Formen der islamischen Sūfi-Meditation zur Behandlung zusammen mit den hinduistischen einladen würden, zumal wenn sie einen indischen

Hintergrund haben[9]. Die buddhistischen Gruppen im Westen[10] haben trotz des indischen Ursprungs des Buddhismus je nach ihrer Herkunft aus dem Hinayāna, Mahāyāna bzw. Vajrayāna einen südostasiatischen (speziell Sri Lanka), japanischen oder tibetischen Hintergrund. Der Sammelbegriff »hinduistische Bewegungen« wurde nur deswegen vermieden, weil der Rādhāsoāmī Satsaṅg und der Ruhāni Satsaṅg nicht im strengen Sinne des Wortes hinduistisch sind – freilich wird der Rādhāsoāmī Satsaṅg gern im Zusammenhang mit den indischen Reformbewegungen behandelt –, und weil die »Healthy Happy Holy Organization« des Yogi Bhajan eindeutig sikhistisch ist, obgleich sie mit allgemein-hinduistischen Techniken wie dem Kuṇḍalinī-Yoga arbeitet. Faktisch liegt ein klarer Unterschied zwischen ihr und dem Hinduismus nur im kultisch-rituellen Bereich. Weil also alle behandelten Bewegungen einen hinduistischen Hintergrund im weiteren Sinne des Wortes haben, kann auch abkürzend von hinduistischen Bewegungen bzw. Gruppen gesprochen werden.

Die Begriffe »Bewegung« bzw. »Gruppe« werden verwendet, weil andere mögliche Bezeichnungen wie Sekte, Kult, neue Religion etc. noch unbefriedigender gewesen wären. Der Sektenbegriff wird schon wegen seiner negativen Assoziationen vermieden, ist aber auch aus anderen Gründen auf Bewegungen asiatischen Ursprungs nur mit großen Schwierigkeiten anwendbar. Das Begriffspaar Kirche – Sekte ist in diesem Zusammenhang irreführend, und die überwiegend anhand christlicher Sondergemeinschaften gewonnenen Sektentypologien sind nicht geeignet, Gruppen mit hinduistischem Hintergrund zu klassifizieren. Üblicherweise werden diese – zusammen mit anderen »orientalischen«, spiritistischen und ähnlichen Bewegungen dem »gnostischen« Typ zugewiesen und anderen Typen gegenübergestellt, bei Bryan R. Wilson dem »konversionistischen«, »adventistischen« und »introversionistischen«, bei Peter L. Berger dem »enthusiastischen« und »prophetischen«[11]. Aus der folgenden Analyse der verschiedenen Bewegungen mit hinduistischem Hintergrund geht jedoch hervor, daß etliche von ihnen, z. B. der Ānanda Mārga und auch die Hare-Kṛṣṇa-Bewegung, auch Merkmale des konversionistischen Typs (nach Wilson) und, in geringerem Umfang, solche des Bergerschen prophetischen Typs aufweisen. Die hinduistischen Bewegungen sind eine soziologische Größe sui generis und bedürfen einer eigenen, am hinduistischen Hintergrund orientierten Typologie. Das sollte auch bei konfessions- und sektenkundlicher Literatur berücksichtigt werden, soweit asiatische Gruppen in ihr behandelt werden. Es ist dem Verständnis abträglich, daß z. B. im neuen »Handbuch Religiöse

Gemeinschaften« die TM-Bewegung unter der Rubrik »Weltanschauungen« und die Hare-Kṛṣṇa-Bewegung unter den »Neureligionen (›Jugendreligionen‹) in Europa« aufgeführt worden sind, wobei der Begriff Weltanschauung als »neuzeitliches Weltanschauungssystem mit religiösen Funktionen« und der Terminus Neureligion/Jugendreligion als »Protestreligion am Rande der Gesellschaft« definiert werden[12] – Qualifizierungen, die diese beiden Gruppen keineswegs angemessen beschreiben. Fritz Blankes saubere Lösung in seinem Buch »Kirchen und Sekten« ist entschieden vorzuziehen. Er hat eine eigene Rubrik über »Religionen Asiens in Europa« geschaffen[13].

Diese Überlegungen legen es nahe, in unserem Zusammenhang auf den Sektenbegriff zu verzichten. Auch das Adjektiv »sektiererisch« wird kaum gebraucht und im Anschluß an Helmuth von Glasenapp durch den Begriff »sektarisch« ersetzt, wo es um die Charakterisierung von Gruppen mit einem exklusiven Heilsanspruch geht. Auch der Begriff »Kult«, der im Deutschen sowieso als Bezeichnung religiöser Gruppen weniger gebräuchlich ist als »cult« im Englischen, ist zur Charakterisierung indischer religiöser Bewegungen nicht geeignet. Er fungiert als Sammelbegriff für Gruppen ohne starre Sektenstruktur, die sich nicht auf eine längere schriftliche Tradition, sondern auf die religiösen Erfahrungen eines oder mehrerer Individuen berufen[14]. In den USA hat die Hare-Kṛṣṇa-Bewegung mit Zustimmung etlicher Hinduismuskenner sich gegen die Einstufung als »Kult« mit dem Hinweis auf die lange Geschichte ihrer Guru-Traditionskette und ihrer religiösen Literatur zur Wehr gesetzt. Anncharlott Eschmann[15] hat darauf aufmerksam gemacht, daß der hinduistische Begriff, der üblicherweise mit dem Wort Sekte bzw. sect übersetzt wird, nämlich Saṃpradāya, eine völlig andere Bedeutung hat. Er bezeichnet wörtlich »das Weitergegebene«, nämlich eine Tradition, die auf einen Weisen oder Guru zurückgeht, Kastengrenzen überspringen kann und deren Rückgrat von klösterlichen Zentren (Maṭhs oder Āśrams) mit initiierten Mönchen gebildet wird, um die sich ein Kreis von Laienanhängern gesammelt hat. Die indischen religiösen Bewegungen im Westen sind teilweise nichts anderes als Tochterorganisationen solcher Saṃpradāyas und selbst wie ein Saṃpradāya organisiert, wie noch zu zeigen sein wird. Andrerseits reicht jedoch der Saṃpradāya-Begriff zum Verständnis der hinduistischen Gruppen im Westen, ihrer sozialen Gestalt und Funktion auch nicht aus. Denn während in Indien Saṃpradāya und Kaste zusammengehören und sich gegenseitig ergänzen, wie A. Eschmann selbst gezeigt hat[16], muß der Saṃpradāya im Westen in einem ganz anderen Kontext, konkret:

ohne Kaste funktionieren und kann dabei nicht unverändert bleiben. Schon Wendell Thomas hat 1930 festgestellt, daß die hinduistischen Gruppen in den USA in der Mitte zwischen einer sakralen Gemeinschaft und einer säkularen Zuhörerschaft anzusiedeln sind[17]. Das gilt verstärkt für etliche hinduistische Gruppen, die nach dem 2. Weltkrieg in den Westen gekommen sind, vor allem für die TM-Bewegung, während andere Gruppen stärker der indischen Eigenart verhaftet bleiben und entweder einem Mönchsorden mit Laienanhängern oder einer lockeren, nur durch den Guru zusammengehaltenen esoterischen Gemeinschaft ähneln. Dieser Vielfalt, die hier vorerst nur angedeutet werden kann, entspricht am besten die Verwendung des etwas vagen Begriffs der »Bewegung«[18]. Darum soll von »religiösen Bewegungen Indiens im Westen« die Rede sein. Auch die Bezeichnung »Gruppe« ist verwendbar, sofern die Assoziation des Lokalen ferngehalten wird.
Eine systematische Untersuchung dieser Bewegungen unter religions- und missionswissenschaftlichen Gesichtspunkten gibt es bislang nicht[19]. In der zweiten Hälfte der sechziger Jahre begannen sie, die Aufmerksamkeit der Öffentlichkeit auf sich zu ziehen und fanden, zusammen mit buddhistischen und sūfitischen Gruppen, unter dem Stichwort »Meditationsbewegungen«[20], das die Wendung nach innen vor allem innerhalb der Jugendszene signalisiert, eine teils kritische, teils wohlwollende Berichterstattung. Etliche Jahre später, als in der Bundesrepublik Gruppen wie die koreanische »Gesellschaft zur Vereinigung des Weltchristentums« (Tong-Il Kyo), die »Children of God« – beides Gruppen mit einem christlichen bzw. teilweise christlichen Hintergrund – und die »Scientology Church« in den Vordergrund des Interesses traten, wurden sie zusammen mit etlichen hinduistischen Bewegungen, der Divine Light Mission des Guru Mahārāj Ji, vor allem der Hare-Kṛṣṇa-Bewegung und manchmal auch der TM-Bewegung, unter dem Stichwort »Jugendreligionen«[21] zusammengefaßt und wegen ihrer Rekrutierungs- und Beeinflussungsmethoden unter dem Gesichtspunkt der Jugendgefährdung kritisiert. Der religionswissenschaftlich ziemlich unbrauchbare Begriff der Jugendreligion sagt über die religiöse Herkunft der jeweiligen Gruppe nichts aus, geht von der – wahrscheinlich falschen – Annahme aus, daß sie ihre Anhänger vorwiegend unter Jugendlichen rekrutieren[22] und impliziert einige gemeinsame Merkmale[23]: Eine zentrale Führer- und Heilsgestalt, einen totalen Gegenentwurf zum Bestehenden, Ausstieg aus der Gesellschaft und Eintritt in eine alternative Lebens- und Gütergemeinschaft, totalitäre Führungsstruktur und Beeinflussungsmethoden und Elitebewußtsein. Die Schwäche dieser bei-

den Betrachtungsweisen unter den Stichworten »Meditationsbewegungen« und »Jugendreligionen« liegt, abgesehen von ihrer durchweg nichtwissenschaftlichen Durchführung, darin, daß die Bewegungen einseitig unter den Aspekten der westlichen Situation betrachtet werden und die Tatsache nicht ausreichend gewürdigt wird, daß sie das Ergebnis einer – häufig jahrzehntelangen – missionarischen Tätigkeit sind.
In der religionswissenschaftlichen Arbeit spielen die indischen religiösen Bewegungen im Westen – wie auch die buddhistischen und andere vergleichbare – eine geringe Rolle im Zusammenhang mit der Erforschung neuer Religionen, religiöser Neubildungen und der Renaissance nichtchristlicher Religionen überhaupt[24]. Der Schwerpunkt des Interesses an diesen Phänomenen liegt verständlicherweise in ihren Entstehungsländern wie Japan und Lateinamerika. Die im Westen missionierenden Bewegungen sind in diesem Kontext nur Randerscheinungen. Die spezielle Problematik, die mit der kulturellen Grenzüberschreitung einer Religion gegeben ist, wird kaum thematisiert, und die Neuheit dieser Bewegungen wird leicht überschätzt. In Wirklichkeit weisen sie außer der Tatsache ihres Auftretens im Westen häufig wenig religionsgeschichtlich Neues auf[25]. Die Neuigkeit ihres Auftretens läßt jene Elemente übersehen, die alt und traditionell sind. Die hinduistischen Bewegungen im Westen zeichnen sich, wie im Verlauf der Einzelanalyse noch deutlich werden wird, gerade dadurch aus, daß viele von ihnen nicht »neue«, sondern »alte« Religionen repräsentieren wollen. Ein weiterer Gesichtspunkt, unter dem sie vor allem in den USA untersucht worden sind, ist die – vorwiegend soziologische – Analyse der dortigen religiösen Randgruppen und der religiösen Gesamtlage überhaupt, die in den siebziger Jahren durch ein starkes Anwachsen konservativer und enthusiastischer Kirchen sowie okkulter, spiritistischer und ähnlicher Gruppierungen gekennzeichnet war[26]. Die indischen religiösen Bewegungen im Westen erscheinen dabei als eine spezifische Ausdrucksform des »neuen religiösen Bewußtseins«, das in einem engen Verhältnis zur »neuen Linken« und zur jugendlichen Subkultur der USA steht und sich vor allem in Kalifornien entwickelt hat. In der einen oder anderen Weise stellen diese Untersuchungen einen Zusammenhang her zwischen der aufbrechenden neuen Religiosität einerseits und der Krise der Modernität sowie der Unfähigkeit traditioneller westlicher bzw. christlicher Konzepte andrerseits, ihr in überzeugender Weise zu begegnen. Die Grenzen dieser Betrachtungsweise liegen nicht nur in der mangelnden Übertragbarkeit nordamerikanischer Ergebnisse auf die europäische Situation, sondern auch in

der zuvor bereits kritisierten Abblendung jener Aspekte der indischen religiösen Bewegungen im Westen, die sich aus ihrer Herkunft ergeben. Eine Interpretation, die diese Bewegungen einseitig als Ausdruck des neuen religiösen Bewußtseins der Vereinigten Staaten bzw. des Westens versteht, ist unzureichend. Vielmehr stehen sie in einem komplizierten Wechselverhältnis zu diesem, weil sie auf verschiedene Weise eine vorgegebene, in den Westen mitgebrachte Tradition auf die Situation zu beziehen versuchen. Diese Dialektik von Tradition und Situation wird nur verständlich, wenn die soziologische Analyse durch eine solche ergänzt wird, die die indischen Bewegungen als Mission ernst nimmt und auf ihre religionsgeschichtliche Herkunft hin untersucht.
Von ganz anderer Seite sind die hinduistischen, buddhistischen und islamischen Bestrebungen, im Westen Fuß zu fassen, schon frühzeitig ernst genommen worden. Es handelt sich um christliche Missionskreise, die gewohnt waren, Missionstätigkeit als Kennzeichen und Vorrecht des Christentums zu betrachten, und sich plötzlich einer asiatischen »Konkurrenz«, »Infiltration« und »Subversion« gegenübersahen, die sie als Bedrohung empfanden. Bereits im Evangelischen Missions-Magazin von 1897 finden sich warnende Artikel Johannes Frohnmeyers von der Basler Mission über Svāmī Vivekānanda und Anni Besant[27]. Aus der Feder Hermann Römers brachte die Basler Mission 1910 ein Heft mit dem Titel »Die Propaganda für asiatische Religionen im Abendland« heraus. Darin ist bereits von der »Gegenmission« und der »Konkurrenz« dieser Religionen die Rede. Der Verfasser warnt weniger vor den genuin buddhistischen, hinduistischen und islamischen Missionsorganisationen, deren Erfolg er gering einschätzt, als vor der »stillen Propagandawirkung« der Theosophie. Die Verwendung des Wortes »Mission« in diesem Zusammenhang drückt nicht die Bereitschaft aus, den asiatischen Religionen grundsätzlich das gleiche Recht auf missionarische Ausbreitung wie dem Christentum zuzugestehen. Ihre Ausbreitungsbestrebungen gelten grundsätzlich als »Propaganda«; sie seien nicht aus eigenem Antrieb, sondern in Nachahmung der christlichen Missionen und auf Anregung und unter Mithilfe Weißer in Gang gekommen. Trotz richtiger Beobachtungen hat diese Rede von der »Gegenmission« mit ihrem politisch-militärischen Vokabular eine polemische Tendenz; sie will eine schlafende Christenheit aufrütteln[28] und einen Mangel an innerer Legitimität nichtchristlicher Ausbreitungsbestrebungen suggerieren, ohne hinreichend deutlich zu machen, von welchen Voraussetzungen her sie dieses Urteil fällt. Das Bedürfnis, die mit den asiatischen Missionsbestrebungen gegebene Herausforderung

zu artikulieren, ist verständlich und legitim. Eine Widersprüchlichkeit dieser Position, die mit gewissen Nuancen auch in den einschlägigen Arbeiten von Georg Vicedom vertreten wird, liegt aber darin, daß das Abendland einerseits als der legitime »Herrschaftsbereich« des Christentums, andrerseits jedoch als bereits weitgehend dem Christentum entfremdet angesehen wird. Dieser Widerspruch kann nur noch in Form von Appellen zu stärkerem christlichem Engagement und von Warnungen vor den offenen und versteckten Formen asiatischer Religiosität überbrückt werden. Faktisch wird auf diese Weise aber die Illusion aufrechterhalten, das Abendland könne sich zumindest in der Abwehr nichtchristlicher Religionen als intaktes corpus christianum erweisen. Es wäre freilich unberechtigt, christlichen Darstellungen asiatischer Missionsbestrebungen grundsätzlich Fairneß und Sachlichkeit abzusprechen. Das Buch des ehemaligen Indienmissionars Wendell Thomas aus dem Jahr 1930 ist trotz seines militant klingenden Titels »Hinduism invades America« fair und verständnisvoll geschrieben, das gleiche gilt für die Arbeiten Michael Mildenbergers, um ein zeitgenössisches Beispiel zu nennen. Allen diesen Darstellungen fehlt jedoch ein tieferes Ausleuchten des religionsgeschichtlichen Hintergrunds der hinduistischen und ähnlicher Bewegungen im Westen.

Die vorliegende Arbeit ist ohne polemische Tendenz an den indischen religiösen Bewegungen im Westen in ihrer Eigenschaft als Mission interessiert. Sie fragt: Welche hinduistischen und verwandten indischen Traditionen sind es, die missionarisch und im Westen aktiv geworden sind? Unter welchen äußeren Bedingungen und inneren Voraussetzungen konnten sie einen Missionswillen entwickeln? Welcher Art ist ihr Sendungsbewußtsein? Auf welche Weise haben sie sich von ihrem indischen Mutterboden gelöst und sich an den westlichen Kontext angepaßt? Auf welche Weise haben sie sich unter den veränderten Bedingungen mit ihrer Tradition auseinandergesetzt und sie möglicherweise neu interpretiert? Wie haben sie ihr Verhältnis zu anderen Religionen und speziell zum Christentum definiert? In welchem Umfeld haben sie innerhalb des Westens Fuß gefaßt und aus welchen Kreisen ihre Anhängerschaft rekrutiert? Diese Fragen, die bislang zu undifferenziert, wenn überhaupt beantwortet wurden, sind bei hinduistischen Bewegungen besonders interessant, weil der Hinduismus – im Unterschied zum Buddhismus und zum Islam – von Hause aus eine ethnische Religion ist und in einem äußerst engen Verhältnis zur indischen Kultur steht.

Während das Handwerkszeug der vorliegenden Arbeit das der

Religionswissenschaft ist, ist das leitende Interesse überwiegend missionswissenschaftlich, wie aus den genannten Fragen hervorgeht. Das führt dazu, daß gelegentlich eine Terminologie verwendet wird, die eher in der Missions- als in der Religionswissenschaft gebräuchlich ist. Wenn von Akkomodation und Indigenisation oder von einer praeparatio hinduistica gesprochen wird, so dient diese Begrifflichkeit dazu, auf verwandte Probleme aufmerksam zu machen, die im Zusammenhang mit der christlichen Mission diskutiert worden sind, ohne die grundsätzlichen Unterschiede hinsichtlich der Voraussetzungen in Abrede zu stellen, unter denen im Hinduismus und im Christentum Mission stattfindet. Die Zielsetzung der Arbeit hat die methodische Konsequenz, daß, im Unterschied zu den meisten Darstellungen indischer religiöser Bewegungen im Westen, der Schwerpunkt des Interesses bei ihrer Frühzeit und Vorgeschichte liegt. Auch bei der Auswahl der zu behandelnden Bewegungen und bei der Ausführlichkeit der Darstellung hat die Frage eine Rolle gespielt, ob sie – und das über sie verfügbare Material – für die Beantwortung der missionswissenschaftlichen Fragen ergiebig erscheinen. So ist z. B. der Rādhāsoāmī Satsaṅg trotz seiner vergleichsweise geringen westlichen Anhängerzahl ausführlich behandelt worden, weil sein Interesse für die Gewinnung westlicher Anhänger sich bis in die zweite Hälfte des vorigen Jahrhunderts zurückverfolgen und belegen läßt, als das noch alles andere als eine Selbstverständlichkeit war. Die Darstellung der TM-Bewegung dagegen ist nicht wegen ihrer zahlenmäßigen Größe so umfangreich ausgefallen, sondern weil sich die Spannung zwischen Tradition und Situation bei ihr besonders deutlich analysieren läßt, zumal ihr Gründer darüber ausführlich in schriftlicher Form reflektiert hat.

Die vorliegende Arbeit verzichtet bewußt auf den Versuch, den religiösen Anspruch der indischen Bewegungen im Westen vom christlichen Standpunkt aus zu »widerlegen«. Eine solche Absicht würde erstens den Verdacht mangelnder Objektivität der Darstellung und Analyse erwecken und trotz gegenteiliger Absicht vielleicht auch in diese Richtung wirken. Zweitens kann gerade eine objektive Untersuchung des hinduistischen bzw. dem Hinduismus verwandten Hintergrunds und Charakters dieser Gruppen sowie eine sachliche Analyse ihrer Bemühungen, sich selbst inklusivistisch als mit dem Christentum vereinbar oder gar als ein besseres Christentum darzustellen, klärender wirken als Polemik. Eine theologische Beurteilung dieser Bewegungen würde sich überdies weitgehend mit derjenigen des Hinduismus überhaupt decken, über die ausreichend Literatur vorliegt[29]. Daß eine solche Beurtei-

lung nicht als »Widerlegung« gelten könnte, weil es im interreligiösen Gespräch – im Unterschied zum Gespräch zwischen christlichen Konfessionen und Sondergemeinschaften – kein von allen anerkanntes Bezugssystem in Gestalt bestimmter autoritativer Schriften oder eines bestimmten gemeinsamen Religionsverständnisses gibt, bedarf wohl keiner ausführlichen Begründung. Wenn der Verfasser eine Nebenabsicht verfolgt, so liegt sie darin, in der derzeit überwiegend von Polemik bestimmten Atmosphäre einen Beitrag zur Versachlichung zu leisten. Der Verzicht auf den Versuch einer refutatio bedeutet natürlich nicht, daß evidente innere Widersprüche und ein erkennbares Zurückbleiben hinter den eigenen Ansprüchen, wo immer sie sich bei den hinduistischen Gruppen im Westen zeigen mögen, verschwiegen werden.
In dieser Arbeit wird der Begriff der Mission auch auf Ausbreitungsbestrebungen hinduistischer Bewegungen im Westen und des modernen Hinduismus überhaupt angewendet. Eine Voraussetzung dafür ist mit der Wandlung des Hinduismus von einer ethnischen Religion zu einer Religion mit universalem Anspruch gegeben, von der im Zusammenhang mit dem Sendungsbewußtsein dieser Bewegungen noch zu handeln sein wird. Die Bezeichnung hinduistischer Ausbreitungsbestrebungen als Mission kann aber mit anderen Argumenten abgelehnt werden, die auch auf den Buddhismus anwendbar sind, obgleich er nie eine Volksreligion war. Einmal kann von theologischer Seite der Missionsbegriff so eng gefaßt und von christlichen Inhalten her geprägt sein, daß er für andere Religionen nicht mehr brauchbar ist. Ein Beispiel dafür ist die These Gerhard Rosenkranz': »Von Mission und Missionaren anderer Religionen zu sprechen, ist religionsphänomenologisch unzulässig«[30]. Viele Hindus wiederum würden Mahātma Gandhis Satz zustimmen, der Hinduismus sei »keine ›missionarische Religion‹ im gewöhnlichen Sinn«, weil er keine exklusive Religion sei[31]. Der entscheidende Punkt wird dann darin gesehen, daß Mission einen exklusiven Anspruch der eigenen Religion voraussetzt, auf Bekehrung im Sinne eines Bruchs mit der früheren Religion zielt und nicht zur Koexistenz mit vorgefundenen Religionen bereit ist. Dennoch ist es sowohl in der Religionswissenschaft als auch in der Theologie gebräuchlich geworden, den Buddhismus als eine missionarische Religion zu bezeichnen[32]. Selbst unter Hindus scheint die Abneigung gegen das Wort Mission nachzulassen. So kann der Rāmakrishna-Mönch Svāmī Akhilānanda sich und seine Kollegen im Westen als »Botschafter aus Indien in Gestalt einer missionarischen Bewegung« bezeichnen und den Nutzen einer irenisch ausgerichteten beiderseitigen Missionstätigkeit für das gegenseitige

Verständnis hervorheben[33]. Trotzdem scheint es nicht ratsam, die Konturen des Missionsbegriffs völlig zu verwischen. Darum wird in der vorliegenden Arbeit das Wort Mission nur dann verwendet, wenn eine bestimmte Religion bzw. religiöse Tradition zum Zweck ihrer Ausbreitung sich – im Sinne Joachim Wachs – aller drei Ausdrucksformen bedient, der verbalen, sozialen und kultisch-rituellen.

In diesem Sinne ist der Vertrieb von S. Radhakrishnans Schriften für sich genommen keine Mission, obgleich er eine missionarische Funktion gewinnen kann, wenn Menschen über die Lektüre hinaus in den Bann der sozialen, rituellen und kultischen Praxis des Hinduismus gezogen werden. Mission aber zielt auf den religiösen Lebensvollzug in seiner ganzen Breite und dadurch auf die Schaffung eines religiösen Loyalitätsverhältnisses, das alle anderen Loyalitätsverhältnisse, auch das zur angestammten Religion, entweder verdrängt oder auf den zweiten Rang verweist. Die Frage nach der Bekehrung im Sinne eines Bruchs mit der angestammten Religion ist in diesem Zusammenhang sekundär, weil z.B. die relative Anerkennung des Christentums durch einen hinduistischen Guru der primären Loyalität diesem und der von ihm repräsentierten Tradition gegenüber keinen Abbruch tut. Das ist nicht nur theoretisch begründbar, sondern wird auch durch Erfahrungen erhärtet. Die Herstellung des Loyalitätsverhältnisses geschieht bei den hinduistischen Bewegungen im Westen zumeist im Ritus der Initiation durch den Guru oder seinen Beauftragten, obgleich das nicht immer allen Beteiligten klar ist, die Initiation häufig ohne ausreichende Vorbereitungszeit erfolgt und dann ohne tiefere Wirkung bleiben kann. Definiert man mit Kurt Goldammer[34] die Bekehrung als religiösen Milieuwechsel, so hat man eine sehr präzise Beschreibung des Vorgangs, der sich bei der Begegnung eines Suchenden mit einer hinduistischen Bewegung im Westen abspielt. Weniger die theoretische Einsicht und Zustimmung zu der Lehre der betreffenden Gruppe als die Teilnahme an ihrem sozialen und rituellen Leben, gipfelnd im persönlichen Empfang der Initiation bzw. der Kette nachfolgender Initiationen, läßt das zum Ziel kommen, was Paul Devanandan zu Recht als Hindu-Mission im Westen bezeichnet hat.

Es hat einer längeren Zeit bedurft, bis aus der literarischen Durchdringung des Westens mit östlicher Weisheit und Religiosität Mission in dem beschriebenen Vollsinn wurde. Man kann drei Phasen dieser Entwicklung voneinander unterscheiden. Die erste Phase vermittelte, etwa seit dem Ende des 18. Jahrhunderts, einem kleinen Kreis westlicher Gebildeter eine erste Bekanntschaft mit den

Upanischaden, der Bhagavadgītā und indischer Dichtung (Śakuntulā)[35]. Trotz der anfangs mangelhaften Übersetzungen war der Eindruck auf Männer wie Arthur Schopenhauer, Friedrich Schlegel und Ralph Waldo Emerson tief. Indem sie östliche Einflüsse aufnahmen, verarbeiteten und der Öffentlichkeit vermittelten, bereiteten sie den Boden für die zweite Phase, in der Hinduismus und Buddhismus in organisierter Gestalt im Westen auftraten und sich überdies ein hinduistisch-buddhistisch beeinflußter Synkretismus herausbildete, vor allem in Gestalt der Theosophischen Gesellschaft. Während bei ihrer Gründung 1875 die Initiative für die Aufnahme östlicher Religion noch bei Weißen lag, ging sie in den folgenden Jahrzehnten in die Hände von Asiaten über. Das 1893 in Chicago stattfindende »Weltparlament der Religionen« bot den Vertretern asiatischer Religionen nicht nur das Forum für die Darstellung ihrer Traditionen, sondern auch die Gelegenheit, im Westen dauerhaft Fuß zu fassen. Während Vivekānanda nach seinem Auftreten in Chicago in Gestalt der Vedānta-Gesellschaften und der Rāmakrishna-Mission die ersten Organisationen zur Verbreitung des Hinduismus im Westen schuf, benützte Anāgārika Dharmapāla, der 1891 in Sri Lanka die Mahābodhi Society zur Stärkung und Ausbreitung des (Hinayāna-)Buddhismus gegründet hatte, das Chicagoer Religionsparlament zur Bildung einer amerikanischen Filiale; und aus Japan war der Zen-Meister Shaku Sōen, Abt des berühmten Rinzai-Klosters in Kamakura, nach Chicago gekommen und veranlaßte seinen Schüler D. T. Suzuki, später der große alte Mann des westlichen Zen, in die Vereinigten Staaten zu gehen, um die Publizierung buddhistischer Schriften voranzutreiben[36]. Auch Vertreter des Jinismus waren in Chicago anwesend und konnten bald darauf die »Mahāvīra Brotherhood« in London etablieren[37]. Das Chicagoer Religionsparlament hat die organisierte Mission asiatischer Religionen im Westen eingeläutet[38]. In dieser zweiten Phase ergänzten Yoga-Praxis und ein gewisses Maß an Ritual die intellektuelle Beschäftigung mit östlichen Religionen, ohne diese von ihrem ersten Platz verdrängen zu können. Das änderte sich erst in der dritten Phase, als nach dem 2. Weltkrieg eine neue Generation einen vorwiegend nichtintellektuellen Zugang zu religiöser Erfahrung mit Hilfe von Meditationspraktiken und Ritualen suchte. Aus den lehrenden Svāmīs der zweiten Phase wurden Gurus. Zugleich wuchs auch die Bereitschaft, ja der Wunsch, mit östlicher Religiosität zusammen östliche Kultur bis hin zur Kleidung zu übernehmen, »to gain a culture as well as a faith«[39]. Auf diese Weise konnte der Hinduismus im Westen – stärker als der Buddhismus – die Züge des Elitären abstreifen und

in den Bereich der Massengesellschaft eindringen, wie immer man diesen Vorgang und seine unvermeidlichen Folgen beurteilen mag. Die Wendung zu Praxis und Ritual hängt mit der Veränderung der westlichen Bewußtseinslage zusammen und spiegelt sich gleichermaßen in der Entwicklung anderer religiöser Randgruppen theosophischer, okkulter und verwandter Herkunft wider.
Für das öffentliche Image hinduistischer Gruppen im Westen hat diese Entwicklung negative Konsequenzen gehabt, die auch eine wissenschaftliche Beschäftigung mit ihnen nicht gänzlich unberührt lassen. Schon im heutigen Indien ist der Guru eine umstrittene Figur. In einem Aufsatz über Sathya Sāi Bābā hat Charles S. J. White[40] die Notwendigkeit betont, »Kriterien zu entwickeln, die es ermöglichen, unser Verständnis dieser Individuen (sc. der modernen indischen Heiligen) in einer Sprache zu beschreiben, die weder diejenige des anbetenden Verehrers noch des feindseligen Skeptikers ist«. Im Falle der im Westen tätigen Gurus potenzieren sich die Schwierigkeiten. Viele gebildete Inder empfinden den Export von Gurus in den Westen als das unerfreulichste und überflüssigste Exportgeschäft, das Indien überhaupt machen kann. Im Westen stehen große Teile der Öffentlichkeit angesichts indischer Religiosität genau vor dem von White beschriebenen Sprachproblem und haben sich weitgehend für die Sprache des feindseligen Skeptikers entschieden. Im Raum der Wissenschaft schließlich schlägt noch darüber hinaus negativ zu Buch, daß, wie Oskar Splett[41] schreibt, »asiatische Lebensmodelle und Weisheiten bei der Reise in andere Länder nicht mehr den Weg über die Relaisstationen der Wissenschaften nehmen – wie noch zu Zeiten des Indologen Heinrich Zimmer, der Sinologen Richard Wilhelm oder Rouselle, sondern über andere kritisch kaum kontrollierbare Mittelstellen«. Damit hänge es zusammen, »daß die Vertreter der akademischen Sinologie, Japanologie und Indologie heute mit einer gewissen abschätzigen Herablassung das ›unreine‹ Treiben des Volkes und der unwissenschaftlichen Fürsprecher betrachten . . .« Bei Agehānanda Bhārati (alias Leopold Fischer) ist die Umgehung der wissenschaftlichen Relaisstationen der Angelpunkt seiner Kritik an den »phoney Swamis abroad«. »Phoney« bedeutet für ihn in diesem Zusammenhang nicht, daß die Svāmīs selbst nicht an ihre Botschaft glauben würden, sondern daß sie ihren Anhängern den Zugang zu der Tradition, auf die sie sich berufen, vorenthalten und die harte philologische Arbeit an den Quellen für überflüssig erklären[42]. In diese Kritik schließt er die Größen des Neohinduismus wie Vivekānanda, Aurobindo und Ramaṇa Maharṣi ausdrücklich ein. Es ist im Grunde eine Kritik am gesamten verwestlichten, englischsprechen-

den und denkenden Neohinduismus. Weitere Ansatzpunkte der Kritik an den indischen religiösen Bewegungen im Westen sind die bei einigen von ihnen zu beobachtende Kommerzialisierung, das Senken traditioneller Standards, fragwürdige Propaganda- und Rekrutierungsmethoden insbesondere unter Jugendlichen und gelegentliche Konflikte mit dem Gesetz. Manche dieser Züge, vor allem die Kommerzialisierung und die Public-Relation-Methoden sind von einigen Bewegungen – nicht von allen – in den USA angenommen worden. Was hier Antipathien gegen indische Bewegungen im Westen weckt, sind häufig weniger die indischen als die amerikanischen Elemente, die sie auf dem Umweg über die USA aufgenommen haben. Aus dieser schwierigen psychologischen Situation ergibt sich die Aufgabe, ein sachliches und differenziertes Bild zu entwerfen, das sich von Verhöhnung und Verhimmelung gleichermaßen freihält[43]. Auf jeden Fall ist der Aufbruch des Hinduismus und verwandter Traditionen zu organisierter Mission gerade in der heutigen Zeit ein so aufschlußreiches Phänomen, daß Religions- und Missionswissenschaft daran nicht uninteressiert vorübergehen können.

Die Eigenart des Forschungsgegenstandes bringt besondere methodische Probleme mit sich. Die sog. Meditationsszene ist in ständiger Wandlung begriffen, neue Gurus tauchen auf, der soziologische Hintergrund der Anhängerschaft wandelt sich, etablierte Gruppen ändern ihre Selbstdarstellung, Zahlen, Adressen und Namen sind oft kurzlebig. Das erfordert eine Konzentration auf die konstanten Elemente. Problematisch ist auch die Beschaffung und Auswertung der Primärliteratur. Zuverlässige Sekundärliteratur gibt es bislang nur wenig, über manche der behandelten Gruppen liegt überhaupt nichts vor. Um so größer ist die Bedeutung der von den Bewegungen selbst produzierten Literatur. Manche von ihnen haben kaum ein einziges Buch herausgebracht, andere dagegen eine solche Menge, daß sie für eine monographische Behandlung einer einzigen Gruppe ausreichen würde. Im ersteren Fall gewinnen persönliche Gespräche mit Anhängern und das Studium von Kleinliteratur – Werbeschriften, Traktaten, Zeitschriften – an Bedeutung, im letzteren ist Beschränkung notwendig. Die ursprüngliche Absicht, die einschlägigen Gruppen bibliographisch möglichst vollständig zu erfassen, mußte darum fallengelassen werden. Da dieser Typ religiöser Literatur schwer zugänglich und überdies oft unerschwinglich teuer ist, weil die Bewegungen sich durch den Verkaufserlös teilweise selbst finanzieren, konnte in einigen Fällen nur eine Auswahl ihrer Literatur herangezogen werden. Trotz dieser Schwierigkeiten basiert die Analyse der Gruppen auf dem Studium ihrer Primärliteratur, auch dort, wo Sekundärliteratur vorlag. Eine weitere wichtige Quelle von Informationen und Hilfe zum Verstehen waren viele Gespräche mit Anhängern und Leitenden, Besuche in Zentren und Āśrams sowie Teilnahme an Satsaṅgs und Gruppenveranstaltungen. Sie dienten vor allem dazu, den »Sitz im Leben« von Theorien und Praktiken verstehen zu lernen, die dem Außenstehenden zunächst unzugänglich oder gar abstrus erscheinen.

Der Verfasser dankt der Ökumenischen Centrale in Frankfurt/M. (Ökumenischer Forschungsfonds) und der Vereinigten Evangelisch-Lutherischen Kirche Deutschlands (VELKD) dafür, daß sie durch die Gewährung von Zuschüssen zu den Druckkosten geholfen haben, das Buch einer breiteren Öffentlichkeit zugänglich zu machen, sowie der Deutschen Gesellschaft für Missionswissenschaft, die durch ein Forschungsstipendium die für die Feldforschung nötigen Mittel beigesteuert hat.

I. Von Vivekānanda zu Maharishi Mahesh Yogi – eine religionsgeschichtliche Analyse

1. Rāmakrishna-Mission

Geschichte

Die Rāmakrishna-Mission[1] ist aus dem Jüngerkreis entstanden, der sich in den achtziger Jahren des vorigen Jahrhunderts um den bengalischen Heiligen Śrī Rāmakrishna (Gadādhara Chatterji, 1834–1886) gebildet und in Svāmī Vivekānanda (Narendranāth Datta, 1863–1902) seine führende Persönlichkeit hatte. Die Geschichte dieser beiden Männer ist so oft dargestellt worden, daß es hier keiner ausführlichen Wiederholung bedarf. In detaillierterer Form soll an späterer Stelle nur die Entstehung und Eigenart des missionarischen Sendungsbewußtseins behandelt werden, das zur Wirksamkeit der Rāmakrishna-Mission im Westen geführt hat. Die Bedeutung Rāmakrishnas für die Geschichte des modernen Hinduismus liegt vor allem darin, daß er ihm die elementare Selbstgewißheit gab[2], die er unter dem Eindruck der westlichen Zivilisation und des Christentums verloren hatte. Unter seinem Einfluß verlor der von Ram Mohan Roy begonnene und im Brāhma Samāj weitergeführte Versuch, den Hinduismus nach dem Vorbild des Christentums in eine theistische und rationalistische Religion modernisierend umzuformen, seine Überzeugungskraft. Es waren die traditionellen Erlösungswege des Hinduismus, die durch Rāmakrishna, wenngleich in veränderter Gestalt, mit neuem Leben erfüllt wurden. Er hatte sich in die drei Formen des Vedānta, den Śaktismus, den Vishnuismus und den Advaita, nacheinander initiieren lassen und festgestellt, daß das höchste geistliche Ziel auf allen drei Wegen verwirklicht werden kann. Die Ausstrahlungskraft dieses leidenschaftlichen Verehrers der Muttergöttin Kālī überzeugte die von Skepsis und Rationalismus erfaßte bengalische Jugend davon, daß der Hinduismus nicht abgewirtschaftet hatte. »In Rāmakrishna beginnt der Hinduismus an sich selbst als ›Weg‹ wiederum zu glauben[3].« Zwölf seiner Jünger wurden von ihm noch kurz vor seinem Tode 1886 als Mönche initiiert und von Vivekānanda, dem Rāmakrishna die Verantwortung und Leitung übergeben hatte, in einer klösterlichen Gemeinschaft (Maṭh) zusammengefaßt, zunächst in Barangore bei Kalkutta. Bevor sie 1898/99 ihren endgültigen Standort in Belur am Westufer des Ganges fand, traten jene Ereignisse ein, die in Vivekānanda den Wunsch erweckten,

Indien zu reformieren und eine organisierte Hindu-Mission im Westen zu beginnen. Zunächst machte er sich auf einer langen Wanderung quer durch Indien mit dem Los der indischen Massen vertraut und hatte am Ende am Kap Comorin die Vision einer mönchischen Gemeinschaft, die, statt der Welt zu entfliehen, sich dem Dienst an jenen Massen widmen würde. Dann entschloß er sich, gedrängt von Freunden, der Einladung zum sog. Weltparlament der Religionen zu folgen, das 1893 im Rahmen der großen Weltausstellung in Chicago zusammentreten sollte. Nach mancherlei Anfangsschwierigkeiten als Delegierter akzeptiert, wurde er dort schnell zur Berühmtheit, unternahm anschließend eine von einem professionellen Büro organisierte, bezahlte Vortragsreise durch die Vereinigten Staaten und entschloß sich nach längerem Zögern, wie noch zu zeigen sein wird, die Rückreise nach Indien zu verschieben und sich für längere Zeit der Arbeit im Westen zu widmen. Es wurden vier Jahre daraus, die später, 1899/1900, durch einen weiteren Aufenthalt im Westen ergänzt wurden. Vor seiner Abreise aus dem Westen im Dezember 1896 besuchte er noch England, wo er die Irin Margaret Noble als Mitarbeiterin gewann, die sich später Schwester Niveditā nannte, und Frankreich. Von seinen Landsleuten triumphal empfangen, gründete er 1897 die Rāmakrishna Mission Association mit dem doppelten Zweck des Dienstes an den indischen Massen und der Ausbreitung des Vedānta im Ausland. Ihre endgültige Rechtsgestalt erhielt sie 1909. Beide, Maṭh und Mission, sind rechtlich zwar unabhängig voneinander, personell aber eng verzahnt, so daß eine gute Zusammenarbeit gewährleistet ist. Die im Maṭh herangebildeten Mönche bilden das Rückgrat der allgemein als vorbildlich anerkannten Sozialarbeit in Indien und der Missionsarbeit in den westlichen Vedānta-Zentren. Im Nebeneinander von Maṭh und Mission dokumentiert sich die Spannung zwischen dem traditionellen Ideal mönchischer Abgeschiedenheit und dem modernen Ziel des Dienstes in der Welt, die für die gesamte Bewegung kennzeichnend ist.

Die entscheidende Neuerung, die Svāmī Vivekānanda einführte, war die Bildung organisierter Zentren im Westen in Gestalt der Vedānta-Gesellschaften. Schon Ram Mohan Roy und Keshub Chandra Sen hatten England besucht, ohne freilich den Versuch zu machen, den Hinduismus in irgendeiner Gestalt dorthin zu verpflanzen. Vielmehr überließen sie es ihren unitarischen Gesinnungsgenossen, jenen rationalen Theismus zu verkündigen, den sie für die Essenz aller Religionen, einschließlich des Hinduismus hielten[4]. Vivekānanda dagegen bemühte sich systematisch um Gewinnung von Anhängern durch eine extensive Vortragstätigkeit

und vertiefende Kurse (classes), die an verschiedenen Orten in die Vedānta-Philosophie und in verschiedene hinduistische Yoga-Wege einführen sollten. Seine Persönlichkeit und seine besondere Art des Umgangs mit Menschen gewannen ihm eine Reihe von Jüngern und Mitarbeitern, die er in Vedānta-Gesellschaften zusammenfaßte. Diese wurden von Einheimischen geleitet und standen später in direkter Verbindung mit dem Zentrum in Belur. Von dort wurden sie auf ihre Einladung hin mit ausgebildeten indischen Svāmīs versorgt. Noch während seines ersten Amerika-Aufenthaltes hatte Vivekānanda 1896 die beiden ersten Svāmīs nachkommen lassen, nämlich Saradānanda und Abhedānanda. Sie waren nach Vivekānanda die ersten Missionare einer organisierten Hindu-Mission, zunächst in England, dann in Amerika.
In den Vereinigten Staaten geht der Anfang der New Yorker Vedānta-Gesellschaft auf das Jahr 1894 zurück. Ein weiterer Schwerpunkt bildete sich an der Westküste, wo 1900 die Vedānta-Gesellschaften von Los Angeles und San Francisco entstanden. Im gleichen Jahr wurde im St. Antonio Valley in Nordkalifornien der Shanti Ashram errichtet, 1905/06 entstand der sog. Hindu Tempel in San Francisco. Ob er freilich der erste seiner Art im Westen war[5], bleibt zweifelhaft, da diese Ehre möglicherweise dem von Bābā Bhāratī in Los Angeles errichteten Tempel zukommt. In der Anfangsphase war für die New Yorker Arbeit Svāmī Abhedānanda die wichtigste Persönlichkeit, während in Kalifornien die Svāmīs Turīyānanda und Triguṇātita entscheidenden Einfluß ausübten. Der letztere starb im Januar 1915 an den Folgen eines Bombenanschlags, der Ende 1914 von einem seiner früheren Schüler während eines Gottesdienstes auf ihn verübt wurde. Die Vereinigten Staaten sollten der Schwerpunkt der Auslandsarbeit der Rāmakrishna-Mission bleiben.
Die Angaben über die Arbeit in Europa sind spärlicher. W. Thomas[6] berichtet, Svāmī Paramānanda habe 1911 und danach drei Reisen nach Europa unternommen und einen Zweig in Genf begründet. Nach Angaben von Svāmī Gambhīrānanda[7] kam Svāmī Abyaktānanda 1934 nach London, knüpfte an den früheren Besuch Vivekānandas an und leitete das dortige Zentrum, bis er sich 1949 von der Rāmakrishna-Mission trennen mußte. Zum Bruch war es wegen seines politischen Engagements im Sinne eines Vedānta-Kommunismus gekommen. Das widersprach der erklärten und durch manche Auseinandersetzung hindurch festgehaltenen politischen Abstinenz der Bewegung. Später übernahm Svāmī Ghanānanda das Londoner Werk, das den Namen »Rāmakrishna Vedānta Centre« erhielt. In Deutschland nahm 1933 Svāmī Yatiśvarānanda

in Wiesbaden seine Tätigkeit auf, die er 1935–1938 noch auf die Schweiz, Holland, Paris und London ausdehnte. In Genf arbeitete das Rāmakrishna Vedānta Centre. Das Centre Vedantique Ramakrishna in Gretz bei Paris geht auf die 1937 begonnene Wirksamkeit Svāmī Siddheśvarānandas zurück. Von Gretz aus wurden nach dem 2. Weltkrieg kleine Vedānta-Zentren in Hamburg und Wiesbaden betreut; in Harpolingen bei Säckingen leitete Heinrich Jürgens ein Deutsches Vedānta-Zentrum[8] und trat für eine Synthese zwischen Christentum und Yoga ein.
Zu der vergleichsweise geringen Ausbreitung und Ausstrahlung der Rāmakrishna-Mission in Europa mögen verschiedene Gründe beigetragen haben: Die Bevorzugung der Vereinigten Staaten durch das Zentrum in Belur bei der Versorgung mit Svāmīs, die in Kriegszeiten ziemlich ungestörte Arbeit und schließlich die größere Assimilationsbereitschaft des neuen Kontinents. In den USA gibt es etwa ein Dutzend Zentren[9] und eine literarisch produktive geistige Elite, die den Vedānta-Gesellschaften angehört oder nahesteht[10].

Lehre

Die Rāmakrishna-Mission hat auf die Ausbildung geistig qualifizierter Mönche stets Wert gelegt und kann auf eine reiche literarische Produktion zurückblicken. Neben Svāmī Vivekānanda sind es vor allem die in Amerika tätigen Svāmīs, die dazu wertvolle Beiträge geleistet haben: Abhedānanda, Nikhilānanda, Akhilānanda u.a.m. Dazu kommen die ihr angehörenden oder nahestehenden gebildeten Weißen wie Christopher Isherwood, Aldous Huxley und Gerald Heard. Für die Beschäftigung mit dem Christentum hat sich in keiner anderen indischen religiösen Organisation soviel Kompetenz angesammelt wie hier. Diese Reichhaltigkeit macht eine angemessene Darstellung schon allein aus Raumgründen unmöglich. Da überdies über Vivekānandas Denken eine Reihe von Untersuchungen bereits vorliegt, zumal über seine Sicht des Christentums[11], möge hier eine Darstellung einiger Grundzüge genügen, die seit Vivekānandas Wirksamkeit die Theologie der Rāmakrishna-Mönche geprägt haben. Ein solches Unterfangen wäre natürlich sinnlos, wenn K. Klostermaiers Ansicht[12], die Rāmakrishna-Mönche hätten keine eigene Philosophie, zuträfe. Es lassen sich aber durchgehende Gemeinsamkeiten in der Interpretation der hinduistischen Tradition, im Bekenntnis zum Advaita-Vedānta, dem daraus resultierenden Menschenbild und in der differenzierten Christentumskritik aufweisen, die der Philosophie der Rāmakrishna-Mission ein vergleichsweises klares Profil verleihen. Im folgenden werden einige Themen von besonderem Interesse aus der Darstellung der Lehre der Rāmakrishna-Mission ausgegliedert und getrennt behandelt, nämlich die Frage nach dem Sendungsbewußtsein und nach der Stellung zu den Religionen und zum Christentum.

Diejenigen »Lehrsätze« der Rāmakrishna-Mission, die für ihre Arbeit im Westen von Bedeutung sind, hat Chr. Isherwood in drei Punkten zusammengefaßt: »Erstens: Die wahre Natur des Menschen ist göttlich. Zweitens: Es ist das Ziel des menschlichen Lebens, diese göttliche Natur zu verwirklichen. Drittens: Alle Religionen stimmen im wesentlichen überein[13].« Die Basis für die These von der göttlichen Natur des Menschen ist Vivekānandas Neuinterpretation des Advaita-Vedānta, wie er von Śaṅkara in der reinsten Form vertreten worden ist[14]. Es gibt nur eine unendliche Wirklichkeit; Pluralität gehört der Erscheinungswelt an, der Māyā, und die Wahrnehmung von Pluralität ist Zeichen der Unwissenheit. Zur Beschreibung der Māyā verwendet Vivekānanda zwar auch die traditionelle Metapher des verhüllenden Schleiers, häufiger aber die des Glases, welches für das Licht der göttlichen Wirklichkeit immer durchlässiger wird. Die Betonung liegt also weniger auf dem illusionären Charakter des Sichtbaren als in seinem Hinweischarakter auf die zugrunde liegende göttliche Wirklichkeit[15]. Das gilt auch für den Menschen, dessen Seele (Jīva) von Vivekānanda als »Ebenbild Gottes« bezeichnet wird. Dieser Gedanke wird nach zwei Richtungen hin entfaltet: Der nach Befreiung strebende Mensch muß die falsche Identifizierung mit seinem empirischen Ich, ja überhaupt alle Gedanken an »ich« und »mein« aufgeben, damit sein wahres Selbst, der Ātman, aufleuchten kann. Darum haben auch die Identifizierungsformeln »Soham̐« (Ich bin er) und »Sivoham̐« (Ich bin Śiva), in der Arbeit der Rāmakrishna-Mission in den USA eine wichtige Rolle gespielt[16]. Vivekānanda fordert die Identifizierung des eigenen Selbst nicht nur mit der göttlichen Wirklichkeit, sondern – und das ist das Zweite – auch mit allen übrigen Wesen als Manifestationen dieser Wirklichkeit[17]. Er erkennt sich als die Seele Buddhas, Jesu und Mohammeds, aber auch als die eines jeden Verbrechers; er ist das Universale. »Es gibt nur ein unendliches Sein im Universum, und dieses Sein erscheint als Du und Ich; aber diese Erscheinung des Getrenntseins ist schließlich nur eine Täuschung[18].« Vom Pantheismus will Vivekānanda seine Anschauung unterschieden wissen: Gott manifestiert sich in der Welt, er ist nicht die Welt[19]. Obgleich Vivekānanda eine feste Advaita-Position bezieht, polemisiert er nicht gegen die

Vertreter der anderen Schulen des Dualismus (Dvaita) oder des eingeschränkten Monismus (viśiṣṭādvaita). Vielmehr gelten ihm diese als notwendige Vorbereitungsstufen auf dem Wege zur Erfahrung der Nicht-Dualität: »Es ist mein Versuch, meine Lebensmission, zu zeigen, daß die vedantischen Schulen keine Gegensätze sind, sondern sich gegenseitig notwendig bedingen, daß sie sich alle gegenseitig erfüllen, und eine ist gleichsam die Stufe zur anderen, bis das Ziel erreicht ist, der Advaita, das Tat Tvam Asi[20].« Dieser Grundsatz hat natürlich für das Verständnis der Religionen große Bedeutung, wie an anderer Stelle noch zu zeigen ist.

Das Bestehen auf der Ewigkeit und Göttlichkeit der menschlichen »Seele«, wie Vivekānanda in Anlehnung an christliche Terminologie sagen kann, hat bei ihm eine psychologische Motivierung, die im traditionellen Advaita völlig fehlt. Es richtet sich gleichermaßen gegen das christliche Sündenbewußtsein und gegen das, was Vivekānanda als mangelndes Selbstvertrauen seiner indischen Zeitgenossen empfunden hat[21]. In der Christentumskritik der Rāmakrishna-Mission hat die psychologisierende Argumentation und die Polemik gegen das christliche Menschenbild bis in die Gegenwart hinein eine wichtige Rolle gespielt[22].

Was die Verwirklichung der göttlichen Natur des Menschen betrifft, so betonen Vivekānanda und seine Nachfolger die Praxis. Religion ist Realisation – dieser Satz ist in Vivekānandas Augen die Essenz des Vedānta[23]. Zu realisieren ist die Nicht-Dualität; zu diesem Ziele führen alle drei traditionellen Yoga-Wege, sowohl Karma- als auch Bhakti- und Jñāna-Yoga. Auch in diesem Bereich bemüht sich Vivekānanda, zu einer harmonisierenden Zusammenschau der gesamten indischen Tradition zu kommen. Er tut das, indem er die Entsagung (vairāgya) als das ihnen gemeinsame Zentrum herausstellt. Das schwierigste Problem bestand darin, den Vedānta mit den Erfordernissen eines in der Welt tätigen Lebens in Übereinstimmung zu bringen, oder, in seinen eigenen Worten, den Intellekt eines Śaṅkara mit der Liebe eines Buddha[24]. Zu diesem Zweck hat er das entwickelt, was er selbst als »Praktischen Vedānta« bezeichnet, von P. Hacker dagegen »pseudovedantische tat-tvam-asi-Ethik« genannt worden ist[25]. Vivekānanda begründet das aus dem Christentum stammende Gebot der Nächstenliebe mit der All-Einheitsschau des Vedānta: »Warum sollte ich jedermann lieben? Weil sie und ich eins sind ... Vom niedrigsten Wurm, der unter unsern Füßen kriecht, bis zu den höchsten Wesen, die jemals lebten – alle haben verschiedene Körper, aber eine Seele[26].« Eine andere Begründung der Ethik will er nicht gelten lassen. Von daher versteht sich der für die gesamte Arbeit der Rāmakrishna-Mission so wichtige Zusammenhang von Gottesdienst und Menschendienst, von Śiva und Seva (Dienst). Obgleich die christliche Herkunft des Liebesgebots unbestreitbar ist und entgegen der These P. Hackers, Vivekānanda verdanke seine »tat-tvam-asi-Ethik« einer Anregung des deutschen Indologen Paul Deussen[27], besteht Vivekānanda darauf, daß der praktische Aspekt im Wesen des Vedānta begründet liege und nur seinerzeit zusammen mit dem Buddhismus von ihm weggebrochen sei[28]. Im westlichen Kontext hat der Zusammenhang von Gottes- und Menschendienst freilich sehr viel geringere Bedeutung gehabt als im indischen Arbeitszweig der Rāmakrishna-Mission; so ist im Westen der Weg der Entsagung als Mittel zur Gott- bzw. Selbstverwirklichung in den Mittelpunkt gerückt[29].

2. *Rādhāsoāmī Satsaṅg und Ruhāni Satsaṅg*

Geschichte[30]

Für die Geschichte des Hinduismus im Westen ist die Rādhāsoāmī-Tradition von nicht zu unterschätzender Bedeutung. Die Anzahl westlicher Rādhāsoāmīs ist zwar nicht groß – diejenige westlicher Rāmakrishna-Anhänger freilich auch nicht –, in der gleichen Tradition stehen aber auch der Ruhāni Satsaṅg und – mit Einschränkung – die Divine Light Mission, deren westliche Anhängerschaft ansehnlicher ist. Die Rādhāsoāmī-Tradition stellt einen selbständigen Ansatz zur Ausbreitung indischer Religiosität im Westen dar. Ihre Grundlage ist die Begegnung des Hinduismus mit dem Islam in Nordindien. Streng genommen steht der Rādhāsoāmī Satsaṅg – wie manche andere hinduistische Reformbewegung – außerhalb des Hinduismus, weil er eine Überbietung der vedischen Offenbarung anstrebt, die Kaste nicht anerkennt und überdies dem Sikhismus nahesteht. Gerade diese Tatsache mangelnder hinduistischer »Orthodoxie« ist jedoch für die Thematik der Hindu-Mission im Westen aufschlußreich[31].
Rādhāsoāmī, in korrekter Sanskrittransliteration Rādhāsvāmī, bedeutet eigentlich »Herr der Rādhā« und ist eine geläufige Kṛṣṇabezeichnung. Der Rādhāsoāmī Satsaṅg leugnet jedoch jeden Zusammenhang mit der Kṛṣṇaverehrung und erklärt das Wort Rādhā nicht im Sinne der Gefährtin Kṛṣṇas, sondern als Bezeichnung der menschlichen Seele. Rādhāsoāmī Satsaṅg bedeutet demnach »Vereinigung des Herrn der Seele«, und Rādhāsoāmī gilt als der Name des höchsten Gottes, der an der Spitze einer Hierarchie göttlicher

Wesen steht. Der religionsgeschichtlich naheliegende Schluß, der Gründer des Rādhāsoāmī Satsaṅg sei ursprünglich ein Krishnait gewesen, wird ausdrücklich abgelehnt[32].

Die Offenbarung von Rādhāsoāmī als dem Namen der höchsten Gottheit ist das Werk des Gründers Shiv Dayāl Singh (1818–1878) aus Agra in Nordindien, der als Soāmīji Mahārāj verehrt wird. Er entstammte jener religiösen Atmosphäre Nordindiens, in der sich Einflüsse des monotheistischen, bilderfeindlichen Islam mit denen der hinduistischen Bhakti, speziell vishnuitischer Prägung, verbunden und im 15. Jhdt. eine vornehmlich von Dichtern getragene Mystik hervorgebracht haben[33]. Eine zentrale Stellung kam dabei den Sants zu, volkstümlichen Heiligen, die als Gurus häufig einen weitreichenden Einfluß entfalten konnten. Unter ihnen gilt der Weber Kabīr mit Recht als der bedeutendste[34]. Der Einfluß seiner und der im Kreis seiner Anhänger überlieferten Lehren auf Shiv Dayāl Singh und den Rādhāsoāmī Satsaṅg sind unverkennbar. Obgleich die Authentizität vieler Kabīr zugeschriebener Worte zweifelhaft ist, kann V. Moeller mit Recht urteilen: »Die Gesamtheit der Lehren (sc. Kabīrs) wurde von den Rādhāsvāmī-Gurus aus der direkten schriftlichen Überlieferung oder der Tradition der Schüler Kabīrs übernommen und mit Ergänzungen und neuen Akzentuierungen in die Form eines sektarischen Dogmas gezwängt[35].« Die Rādhāsoāmīs würden dieses Urteil nicht gelten lassen, weil es die Originalität und den göttlichen Ursprung der Botschaft Shiv Dayāl Singhs zu beeinträchtigen geeignet ist; aber der Zusammenhang mit Kabīr und der gesamten Sant-Tradition wird nicht nur nicht geleugnet, sondern durch ausführliche Zitierung bestätigt, und die eigene Lehre kann als »Religion des Sant Mat« bezeichnet werden[36]. Das Verbindungsglied zwischen der Sant-Tradition und Shiv Dayāl Singh bildet Tulsī Sāheb, der Heilige von Hathras (1763–1843). Seine Bedeutung für Shiv Dayāl Singh wird unter den Rādhāsoāmīs freilich in verschiedener Weise beschrieben. Kirpal Singhs These, Shiv Dayāl sei Tulsī Sāhebs Jünger gewesen, wird von A. P. Mathur als unvereinbar mit der göttlichen Geburt des Gründers zurückgewiesen; die persönliche Bekanntschaft beider wird jedoch nicht in Abrede gestellt[37]. Wichtiger als solche historischen Detailfragen ist die unbestreitbare inhaltliche Übereinstimmung[38]. Die zentrale Konzeption Shiv Dayāl Singhs und des gesamten Rādhāsoāmī Satsaṅgs, nämlich die Lehre vom Śabd, dem göttlichen Klangstrom, ist gemeinsames Gut gewisser hinduistischer Traditionen, des Sikhismus und besonders Kabīrs[39]. Die wichtige Lehre von den kosmischen Sphären und der kosmischen Hierarchie findet sich in ähnlicher Gestalt auch in

Kabīr zugeschriebenen Schriften und dem weiteren Schrifttum der Kabīrpanthīs. Darauf wird an späterer Stelle noch zurückzukommen sein.
Unbeschadet der Ursprünglichkeit der mystischen Erfahrung Shiv Dayāl Singhs wird man seine Originalität also nicht so sehr in seiner Lehre suchen dürfen, als vielmehr darin, daß er im Jahre 1861 Rādhāsoāmī als Namen der namenlosen Gottheit öffentlich proklamiert und seiner damals noch geringen Anhängerschaft in Gestalt des Rādhāsoāmī Satsaṅg eine feste organisatorische Form gegeben hat, die von seinen Nachfolgern ausgebaut und konsolidiert wurde. Als solche ist der Rādhāsoāmī Satsaṅg zu den religiösen Reformbewegungen Indiens des 19. und 20. Jahrhunders zu zählen, in deren Reihe H. von Glasenapp ihn mit Recht gestellt hat – trotz gewichtiger Unterschiede von sozial engagierten Bewegungen wie dem Brāhma Samāj und Ārya Samāj[40]. A. P. Mathur bezeichnet ihn als »die erste Strömung, den Devotionalismus im modernen Indien wieder lebendig zu machen«[41]. Wenden wir uns vorerst der Entwicklung des Rādhāsoāmī Satsaṅg nach dem Tod seines Gründers zu, so fällt die erhebliche Anzahl von Spaltungen auf, die weniger oder gar nicht in doktrinären Differenzen, sondern in Nachfolgeproblemen begründet, also schismatischer Natur sind. Die Bedeutung, die dem Guru bzw. lebenden Meister im Rādhāsoāmī-Glauben zugeschrieben wird, ist, selbst an indischen Maßstäben gemessen, so groß, daß die Frage der rechten Nachfolge nach dem Hinscheiden eines Guru äußerst prekär sein muß. Läßt man die weniger bedeutenden Seitenlinien außer Betracht, so kann man, beginnend nach dem Tod Shiv Dayāl Singhs im Jahre 1878, zwei Hauptlinien unterscheiden. Die erste führt einerseits zum Rādhāsoāmī Satsaṅg, Beās, der seinen Sitz im »Dera Baba Jaimal Singh« in der Nähe von Beās im Panjab hat, andererseits, durch eine Abspaltung nach dem Tod des Beās-Meisters Sawan Singh im Jahre 1948, zum Ruhāni Satsaṅg mit Sitz im Sawan Ashram in Delhi. Es sind diese beiden Gruppen, die vornehmlich im Westen tätig sind. Die zweite Linie hat ihr geistiges Zentrum in Agra und führt, von Shiv Dayāl Singh ausgehend, über verschiedene Spaltungen zu den Gruppen in Svāmībāg (der Grabstätte des Gründers Shiv Dayāl Singh), Dayālbag und schließlich Pipalmandi, wo sich das Grab des zweiten Guru Rai Shāligrām Bahādūr befindet. Die bekannteste unter ihnen ist die Dayālbāggruppe, die durch ihre erfolgreichen wirtschaftlichen und sozialen Unternehmungen bekannt geworden ist. In Svāmībag und Pipalmandi gibt es m. W. z. Z. keinen allerseits anerkannten Guru.
Gemeinsam ist allen Agragruppen die Verehrung der ersten drei

Gurus als Inkarnationen Gottes und Ausstrahlungen des höchsten Wesens. Es handelt sich um den bereits erwähnten Shiv Dayāl Singh (»Svāmīji Mahārāj«), ferner Rai Shāligrām Bahādūr (»Huzūr Mahārāj«), 1828–1898, und Brahm Shankar Mishra (»Mahārāj Sāheb«), 1861–1907. Dem zweiten und dritten Guru, die hohe Regierungsbeamte und geistig wie organisatorisch befähigte Männer gewesen sind, ist die organisatorische Konsolidierung, geistige Systematisierung und zahlenmäßige Ausbreitung der Bewegung zu danken[42]. Der dritte Guru wagte den Schritt zur zentralistischen Institutionalisierung, indem er 1902 die Gründung des Central Administrative Council veranlaßte, der zur wichtigsten Ursache von Konflikten und Spaltungen werden sollte. Nachdem der dritte Guru 1907 verstorben war, kam es 1910 zum Bruch einer Gruppe um Kāmta Prasād (»Sirkār Sāheb«) mit dem Council und zur Bildung einer selbständigen Organisation (Rādhāsoāmī Satsaṅg Sabhā) und 1915, nachdem Ānand Sarūp (»Sāhebji Mahārāj«) die Nachfolge Kāmtā Prasāds angetreten hatte, zur Gründung der Siedlung Dayālbāg in Agra. Diese Siedlung diente dem gemeinsamen korporativen Leben der Satsaṅgīs und stellte den Versuch dar, die traditionelle »other-worldliness« des RS durch eine »better-worldliness« zu ersetzen[43]. Die Errichtung eigener Industrien, Bildungsstätten und humanitärer Institutionen wurde unter Ānand Sarūp (1881–1937) und seinem 1976 verstorbenen Nachfolger in Dayālbāg, Charan Dās Mehtā (»Methājī Sāheb«), mit solchem Erfolg vorangetrieben, daß der Ruf Dayālbāgs in ganz Indien in dem Maße wuchs, wie es den übrigen Gruppen des Rādhāsoamī Satsaṅg entfremdet wurde. Im Unterschied zur Dayālbāg-Gruppe verblieben die Svāmībāg-Gruppe und die Pipalmandi-Gruppe innerhalb des Council und bewahrten ihren traditionellen Charakter. Die Anziehungskraft, die der Rādhāsoāmī Satsaṅg der Agralinie unter der Führung des zweiten und des dritten Guru auf die Gebildeten ausübte, erstreckte sich auch auf Weiße. So konnte er bereits damals unter ihnen Anhänger gewinnen[44]. In späterer Zeit war Myron H. Phelps[45] ein prominenter Jünger von Mādhav Prasād (»Bābuji Mahārāj«), der von 1913–1949 Guru der Svāmībāg-Gruppe war. Phelps' Wiedergabe der Gespräche, die er mit Mādhav Prasād führte, gehört zu den anerkannten literarischen Dokumenten der Agragruppen. Am deutlichsten scheint die Dayālbāg-Gruppe auf Indien orientiert zu sein, was angesichts ihrer dortigen Wirtschaftsinteressen nicht verwunderlich wäre. Jedenfalls finden Weiße dort weniger leicht Eingang als in den anderen Gruppen[46].

Die Beāslinie des Rādhāsoāmī Satsaṅg geht auf den als Sikh geborenen Jaimal Singh (1839–1903) zurück, der als Soldat ein Jünger des Gründers Shiv Dayāl Singh wurde und nach seiner Pensionierung 1891 in Beās im Punjab einen Ashram eröffnete, ohne die Verbindung mit Agra zu lösen. Erst die Gründung des Central Administrative Council führte zum Bruch und – nach Jaimal Singhs Tod 1903 – zur Gründung eines Satsang-Zentrums in Beās unter dem Namen Dera Bābā Jaimal Singh. Sein Nachfolger Sawan Singh (»Huzūr Mahārāj Sawan Singh«, 1858–1948), der »Große Meister«, wirkte 45 Jahre lang als »Lebender Meister« für die Ausbreitung des Rādhāsoāmī Satsaṅg in einer vom Sikhismus geprägten Umgebung. Verständlicherweise machen sich bei ihm und seinen Nachfolgern Sikh-Einflüsse stärker geltend als in der Agralinie. Neben der Schrift »Sārbacan« des Gründers Shiv Dayāl Singh gewann der Ādi Granth Geltung, und der Name Rādhāsoāmī galt nicht mehr als die einzige Bezeichnung des höchsten Gottes. Neben ihr treten andere Gottesnamen, vor allem Rāma hervor. Rādhāsoāmī wurde als das eigentliche Mantra durch fünf andere Namen verdrängt[47].

Die Beās-Linie konnte ebenfalls westliche Jünger gewinnen[48]. Bereits 1911 initiierte Sawan Singh das amerikanische Ehepaar Brock und bevollmächtigte es, seinerseits zu initiieren. 1931 folgte die Initiierung des ehemaligen Baptistengeistlichen und Arztes J. P. Johnson durch Sawan Singh. 1960 entstand in den USA eine Rādhāsoāmī-Organisation unter dem Namen »North American Sangat«. Die Anzahl der lokalen Gruppen in den USA liegt bei vierzig. Charan Singh, Beās-Meister seit 1951, besuchte sowohl Amerika als auch Europa und konnte etliche hundert neue Anhänger initiieren. Mit dem Hinscheiden des »Großen Meisters« 1948 zerbrach auch die Einheit des Beāslinie. Während in Beās drei Jahre lang Jagat Singh (1916–1951) und ihm folgend Charan Singh Grewal (geb. 1916) das Werk Sawan Singhs fortsetzten, gründete Kirpal Singh (1894–1974) 1948 den Ruhāni Satsaṅg[49] (»Erhebungs-Satsang«) und 1951 den Gur Mandir in Delhi, von wo aus er fortan wirkte. Kirpal Singh wurde 1894 als Sohn einer bäuerlichen Sikhfamilie im heutigen Pakistan geboren und war Schüler einer englischen Missionsschule. Seine Lehre, in einer Vielzahl von Büchern niedergelegt, bewegt sich im wesentlichen in den Bahnen der früheren Rādhāsoāmī-Meister der Beās-Linie und bedarf keiner gesonderten Darstellung. Was ihn von seinen Vorgängern unterscheidet, ist die intensive Reisetätigkeit im Ausland, besonders im Westen (1955, 1963 und 1972/73), und die Schaffung weiterer Organisationen neben dem Satsaṅg. Die »World-Fellowship of Religions« hielt seit 1957 eine Reihe von Konferenzen ab und wurde 1974 von einer Vereinigung abgelöst, die den Namen »Unity of Man« trägt und auf Tagungen und Konferenzen die Einheit der Menschheit fördern will. Diesem Zweck dienen auch die »Menschenzentren« (Mānav Kendra), die in Dehra Dun, Baroda und vielleicht an anderen Orten errichtet wurden bzw. werden. Nach Kirpal Singhs Tod 1974 führt Sant Thākar Singh sein Werk weiter und hat auch bereits den Westen bereist. Es scheint eine neue Spaltung gegeben zu haben. In Europa, Afrika und vor allem Nordamerika konnte der Ruhāni Satsaṅg Anhänger gewinnen; ihre Gesamtzahl wird in Indien und die außerindischen Länder mit etwa 100000 angegeben, für die USA mit etwa 10000, für die BRD mit 400–800. Mit den Worten »Der Westen beginnt zu erwachen«, soll Kirpal Singh die Entwicklung kommentiert haben[50].

Lehre

Die Lehre des Rādhāsoāmī Satsaṅg, in der von Kabīr herkommenden mystischen Tradition stehend, bringt auf mannigfaltige Weise das Überlegenheitsbewußtsein des Mystikers gegenüber den traditionellen, in »Äußerlichkeiten« befangenen Religionen, zum Ausdruck. Bereits der Gründer Shiv Dayāl Singh hat in seinem Hauptwerk die Darlegung der eigenen Lehre mit heftiger Kritik an der religiösen Praxis der Hindus, Muslime und Sikhs verbunden, die er als veräußerlicht empfindet. Er verurteilt dort gleichermaßen die Bilderverehrung der hinduistischen Massen, das allgemeine Vertrauen auf den Vollzug von Ritualen, die im gegenwärtigen Kali Yuga doch längst ihre Wirksamkeit eingebüßt hätten, den Intellektualismus der »Gyānīs« (Weisen), die Herrschaft der brahmanischen Priesterklasse und nicht zuletzt die Institution der Kaste[51]. Inhaltlich liegt diese Kritik auf der Linie der hinduistischen Reformbewegungen des 19. Jahrhunderts vor dem Auftreten der Theosophie und Rāmakrishnas[52]. In dieser frühen Phase empfand der Reformhinduismus die vorherrschenden religiösen Vorstellungen und Praktiken als unannehmbar und versuchte, sie durch Rückgriff auf eine vermeintlich reine Urreligion zu überwinden, sei es die von Ram Mohan Roy angenommene Vernunftreligion, sei es die vedische Urreligion Dayānanda Sarasvatīs, um die wichtigsten Beispiele zu nennen[53].
Von Reformbewegungen wie dem Brāhma-Samāj und Ārya-Samāj unterscheidet den Rādhāsoāmī Satsaṅg andrerseits das fehlende Interesse an der Durchsetzung von Reformen und an der Beseitigung sozialer Mißstände. Nicht die öffentliche Wiederherstellung eines wie auch immer verstandenen ursprünglichen Dharma ist sein Ziel[54], sondern die Verkündigung einer neuen, dem Kali-Yuga

angemessenen spirituellen Praxis, die freilich in der esoterischen Tradition hinduistischer, islamischer und sikhistischer Mystiker ihre Vorläufer habe[55]. So geht denn auch die durchgängige Kritik dieser Religionen mit einer ständigen Berufung auf ihre Mystiker Hand in Hand, vornehmlich die islamischen Sūfīs und die vishnuitischen Sants. Dabei kommt Kabīr eine Schlüsselstellung zu.

Die Überlegenheit des Rādhāsoāmī-Glaubens wird, wie im einzelnen dargelegt werden soll, in verschiedener Weise begründet. Mit Hilfe einer differenzierten Kosmologie wird dargelegt, daß ausschließlich die spirituelle Praxis des Rādhāsoāmī Satsaṅg den Weg in die höchsten kosmischen Sphären öffnet, während andere Religionen nur den Zugang zu niederen Regionen ermöglichen. Mit der Kosmologie verbunden ist die Lehre von dem in jenen höchsten Sphären entspringenden und in sie zurückkehrenden »Hörbaren Lebensstrom«, welche die Überlegenheit des »Yoga des Klangs« über andere Formen des Yoga theoretisch begründet. Anthropologisch wird die Überlegenheit der eigenen Yogatechnik damit begründet, daß im »Dritten Auge«, auf das sich der Rādhāsoāmī-Yogin konzentriert, die Seele ihren Sitz habe. Von allergrößter Bedeutung ist schließlich die Rolle des »Sant Sat Gurus« oder »Lebenden Meisters«, in dem sich die namenlose Gottheit selbst inkarniert und dem Suchenden begegnet.

1. Am auffälligsten ist die komplizierte Lehre von den kosmischen Sphären und von der Hierarchie kosmischer Wesen. Über Anzahl und Bezeichnung der verschiedenen Haupt- und Subregionen gehen die Angaben der Rādhāsoāmī Satsaṅg-Literatur auseinander. Während in der Literatur der Agralinie zumeist drei Hauptregionen – Piṇḍa, Brahmāṇḍ und Sat Deś bzw. Dayāl Deś – mit je sechs Subregionen genannt werden, schwanken die Angaben der Beāslinie zwischen drei und vier Hauptregionen; die Brahmāṇḍsphäre der Agralinie kann in eine Brahmāṇḍ- und eine Aṇḍ-Region unterteilt werden[56]. Derselbe J. P. Johnson führt Aṇḍ einmal als selbständige Hauptregion auf, erklärt sie aber an anderer Stelle als Subregion von Brahmāṇḍ[57]. Geht man von der Dreigliederung aus und zählt die überirdischen Regionen und Subregionen – oberhalb von Piṇḍa – von unten nach oben durch, wie es dem Aufstieg der Seele entspricht, ergibt sich folgendes kosmographisches Schema:

III. Sat Deś, »wahres Land« (Rein geistige Region)

8. Rādhā Soāmī Dhām, »Heimat des Rādhāsoāmī«, auch Anāmi Lok, »namenlose Region« genannt.
7. Agam Lok, »unzugängliche Region«.
6. Alakh Lok, »unsichtbare Region«.
5. Sach Khand, »wahre Heimat«.

II. Brahmāṇḍ, »Ei des Brahma«, (Geistig-stoffliche Region).
4. Bhanvar Guphā, »rotierende Höhle«.
3. Dasvan Dvār, (Bereich jenseits der) »zehnten Pforte«.
2. Trikuṭī, »Drei Hervorragende«.
1. Sahas Dal Kanval, »Lotosblume mit den 1000 Blütenblättern«.

I. Piṇḍa, (stofflich – geistige Region).

Bei aller Kompliziertheit ist die zugrunde liegende Aussage einfach und klar: Während in früheren Zeiten die Ṛṣis und Yogins beim Aufstieg der Seele innerhalb der mittleren Hauptregion Brahmāṇḍ verblieben, führt der »Pfad der Meister« des Sant Mat bzw. des Rādhāsoāmī Satsaṅg darüber hinaus in die oberste Sphäre reiner Geistigkeit. Der wahre Sucher läßt sich nicht auf halbem Weg beirren, sondern strebt unter der Führung und Hut des Meisters zur fünften Subregion Sach Khand, der »wahren Heimat« der Seele. In ihr begegnet er der höchsten Gottheit Rādhāsoāmī in ihrer personhaften Gestalt. Rādhāsoāmī ist der Regent der gesamten obersten Region Sat Deś (oder Dayāl Deś), und zwar als unpersönliche Gottheit in den höchsten drei Subregionen, personhaft in der untersten, nämlich Sach Khand. Anders ausgedrückt: Die Rādhāsoāmī Satsaṅg-Kosmographie fügt dem dreistufigen kosmographischen Schema (triloka)[58] des traditionellen Hinduismus eine weitere Stufe hinzu und läßt den traditionellen hinduistischen Götterhimmel vom Wohnsitz Rādhāsoāmīs überwölbt sein. Wird die traditionelle dreistufige Kosmographie beibehalten, so ist ein vierstufiges Schema das Ergebnis; soll dagegen das Gesamtschema dreistufig sein, so muß Aṇḍa als selbständige Hauptregion fortfallen.

Die oberste Region gilt als rein geistige Sphäre, die mittlere als geistig-stoffliche, wobei das Geistige noch überwiegt, die unterste als stofflich-geistige mit einem Übergewicht des Materiellen – ein Schema, das die zunehmende Unterwerfung des Geistigen unter das Materielle signalisiert. Eine rein materielle Sphäre kann es nicht geben, weil die Kosmologie des Rādhāsoāmī Satsaṅg der Materie keine vom Geistigen unabhängige Existenz zugesteht. Die höchste Sphäre wiederum, in ihrer reinen Geistigkeit von der Materie unberührt, bleibt vom Wechsel der Zeitalter unberührt und wird nicht in den Prozeß des periodischen Vergehens (Pralaya)[59] einbezogen. Dem rettenden Aufstieg ins Sat Deś bzw. Sach Khand eignet somit die Qualität der Endgültigkeit.

Dieser Kosmographie entspricht eine kosmische Hierarchie. Jeder Region bzw. Subregion ist ein Regent zugeordnet: Dem Rādhāsoāmī Dhām der Sat Puruṣa Rādhāsoāmī, dem Agam Lok der Agam Puruṣa, dem Alakh Lok der Alakh Puruṣa usw. In der mittleren

Region »Brahmāṇḍ« finden Hindugötter wie Viṣṇu, Brahmā und Śiva als Hierarchen ihren Platz, vor allem aber »Brahm«, der Regent dieser zweiten Hauptregion[60]. In diesen hierarchisch gegliederten Kosmos dringt durch die Gegenüberstellung von »Positiver Macht« und »Negativer Macht« eine dualistische Tendenz ein. Herrschaftsbereich der Negativen Macht sind die Piṇḍaregion und die beiden unteren Subregionen von Brahmāṇḍ. Dies gilt als der Bereich des Dualismus. Oberhalb von Trikuṭi beginnt dann der Herrschaftsbereich der Positiven Macht, in der jeder Dualismus überwunden ist.

Als Bezeichnung der Negativen Macht dienen neben Brahm auch Kāl und Nirañjan oder zusammengezogen Kāl Nirañjan[61]. Nirañjan gilt als Regent der untersten Subregion Sahans Dal Kanval von Brahmāṇḍ. Im Kontext des Rādhāsoāmī Satsaṅg-Glaubens hat sich die ursprünglich positive Bedeutung dieser Begriffe ins Negative verkehrt; sie sind in einen engen Zusammenhang mit der Māyā gekommen[62]. Durch ihre Assoziierung mit der Erschaffung der materiellen Piṇḍaregion sind Brahm und Nirañjan in die Nähe der gnostischen Demiurgen gerückt. Freilich kennt der Rādhāsoāmī Satsaṅg-Glaube keinen radikalen Gegensatz von Geist und Materie, innerhalb der kosmischen Hierarchie kommt dem Dualismus von Positiver und Negativer Macht nur ein niederer Rang zu, und schließlich wird der Negativen Macht eine notwendige, aus dem Karma-Konzept hergeleitete Funktion zugeschrieben: Sie hat die Aufgabe, die Seelen solange in der Gefangenschaft der Materie festzuhalten, wie es zur Begleichung der karmischen Schulden notwendig ist[63]. Trotzdem wird der Negativen Macht die Absicht zugeschrieben, die Seelen im eigenen Herrschaftsbereich festzuhalten und an der Rückkehr in ihre Heimat zu hindern[64].

Für die Bewertung anderer religiöser Wege und Praktiken durch den Rādhāsoāmī Satsaṅg-Glauben ist nun wichtig, daß der Gottesglaube von Hindus, Muslimen und Christen seinen Ursprung noch innerhalb des Herrschaftsbereichs der Negativen Macht hat und darum auch nicht die Kraft besitzen kann, den Menschen darüber hinauszuführen. Die großen Religionen werden unter grundsätzlich negativem Vorzeichen gesehen. Nur den Ṛṣis der Veden und den Haṁsas und Paramahaṁsas des Hinduismus wird zugestanden, weiter vorgedrungen zu sein. Freilich, die Fähigkeit, die mittlere Region zu verlassen und Sat Deś, den rein geistigen Bereich und die Heimat der Seelen zu betreten, wird auch ihnen ausdrücklich abgesprochen. Sie wird allein den Meistern und Adepten des »Yogas des Klangstromes« zugestanden.

Das kosmographische Schema erlaubt also nicht nur eine Überprüfung der individuellen Fortschritte bzw. Rückfälle auf dem »Pfad der Meister«, sondern auch die Erstellung einer hierarchischen Ordnung von Religionen und spirituellen Praktiken, je nach der himmlischen Sphäre, der sie entstammen und die mit ihrer Hilfe erreicht werden kann. Darüber hinaus hat die Systematik der Rādhāsoāmī Satsaṅg-Theologen es vermocht, einige der großen Fragen der indischen Religionsgeschichte – das Verhältnis von Geist und Materie, die Problematik Monismus–Dualismus – mit Hilfe der hierarchisch geordneten Sphärenlehre im Sinne einer umfassenden Synthese zu beantworten.

Freilich stehen sie auch in dieser Hinsicht in einer Tradition, die sie mit den Kabīrpanthīs gemeinsam haben. Auch diese[65] beurteilen alle Religionen, außer derjenigen Kabīrs, als »Religionen Niranjans, den sie mit Sat Puruṣa verwechselt haben«, und die vier Veden gelten als »Netze Kāls«; Nirañjan und Māyā sind bei ihnen fast austauschbare Begriffe, und Brahmā, Viṣṇu und Śiva gehören der zweituntersten Sphäre an. Eine ähnliche Kosmographie findet sich im Kabīr zugeschriebenen Schrifttum, wie Moeller gezeigt hat[66], aber seine Echtheit ist umstritten. Eine im wesentlichen übereinstimmende Kosmographie scheint Gemeingut der Kabīrpanthīs zu sein. Kabīrpanthīs und Rādhāsoāmīs drücken in der Sprache der Kosmographie aus, was ihnen gemeinsam ist: Den Glauben an die Überlegenheit der mystischen Gotteserfahrung gegenüber den religiösen Traditionen.

2. Das »A und O der Geisteswissenschaft der Meister«[67] ist nicht die Lehre von den kosmischen Sphären, sondern das Konzept des Klangstroms bzw. des Hörbaren Lebensstroms (Śabd Dhun). Dieser gilt als der göttliche Energiestrom, der im schöpferischen Zentrum des Universums entspringt und in einem ständigen Kreislauf die Sphären durchfließt und wieder zu seinem Ursprung zurückkehrt. Sein Verhältnis zum Höchsten Wesen Rādhāsoāmī ist das der Identität. Der Klangstrom ist die erste Manifestation Rādhāsoāmīs im Schöpfungsprozeß. Rai Shaligrām Bahādūr, der zweite Meister der Agralinie, hat in Analogie zur christlichen Trinitätslehre den »Höchsten Vater« Rādhāsoāmī, den »Höchsten Sohn«, nämlich den Sant Sat Guru und den Klangstrom als die »Höchste Mutter« als die drei großen Persönlichkeiten nebeneinander gestellt[68]. Auch mit dem Logos des Johannesevangeliums wird der Klangstrom gern ineinsgesetzt. Der Energiestrom wird nun nicht wie in weiten Bereichen des Hinduismus als Prāṇa (Lebensodem) charakterisiert, sondern als Klang (Śabd oder Dhun). In der Rādhāsoāmī Satsaṅg-Lehre wird Prāṇa nur der Brahmāṇḍsphäre zugerechnet. Das entspricht der Abwertung des auf Prāṇāyāma (Atem-

schulung) basierenden klassischen Yoga[69] und der Bevorzugung einer auf Tonerfahrung gegründeten Yogatechnik durch die Rādhā-soāmīs. Freilich kann ihre Literatur sich auf Vorläufer inner- und außerhalb des Hinduismus berufen, so z. B. auf den Nāda-Yoga, den Mantra-Yoga, auf die upanischadischen Spekulationen über das Śabd Brahman und über die kosmische Bedeutung des Mantra Oṃ, auf die islamische »Mystik des Tons« und nicht zuletzt auf die Göttlichkeit, die dem »Śabd« bei Kabīr und im Sikhismus zugeschrieben wird[70]. Dadurch, daß der Lebensstrom hörbar ist, kann der Mensch, einmal mit ihm durch den Guru in Kontakt gebracht, sich von ihm durch die höheren Regionen bis zum Sach Khand, zur ewigen Heimat leiten lassen. »Der Strom des ›Wortes‹ ist, wie gesagt, der Schöpfer selbst, der zum Reich der Geisteskräfte und der Materie in einem ewigen Strom göttlicher Geistigkeit fließt ... Dieser Strom, der vom höchsten Schöpfungszentrum des Universums ausgeht, bewegt sich zweifach: zentrifugal und zentripetal. Einerseits entfernt er sich von der höchsten und zentralen Macht aller Schöpfung, andrerseits fließt er wieder zu ihr zurück. Alle Kraft und alles Leben bewegt sich auf diesem Strom ... Als Menschen haben wir es vorwiegend mit dem rückläufigen Strom zu tun«[71].

3. Diejenige Technik, die die Seele in die Lage versetzt, den verborgenen Klang des Hörbaren Lebensstroms zu vernehmen und mit seiner Hilfe und unter Anleitung des Guru in die höchsten Regionen aufzusteigen, um dort wieder mit dem Höchsten vereinigt zu werden, heißt Surat Śabd Yoga. J. P. Johnson beschreibt sie in westlicher und christlicher Terminologie als »ein wissenschaftliches Verfahren, das den Menschen befähigt, in das Reich Gottes einzutreten und es zu verwirklichen, während er noch im menschlichen Körper lebt. Der Pfad ist eine Methode zur Gottverwirklichung, zur Erlösung und immerwährender Befreiung vom Leben in diesen unteren Welten«[72]. Der Terminus Surat bezeichnet den Geist oder genauer das Selbst des Menschen, das als ein Teil des göttlichen Wesens seinen Ursprung in der obersten Region Sat Deś hat, beim Abstieg in die stärker von der Materie bestimmten Regionen sich mit den aus der klassischen hinduistischen Anthropologie bekannten feinstofflichen Leibhüllen (Kośa) umkleidet und so zur »Seele« (Jīva) wird[73].

Der Surat Śabd Yoga ist ohne die Initation durch einen Lebenden Meister wirkungslos. In der Initation verbindet der Meister das Selbst (Surat) mit dem Hörbaren Lebensstrom (Śabd) – darum die Bezeichnung Surat Śabd Yoga – und übermittelt das esoterische Wissen um die fünf heiligen Namen und die Technik. Voraussetzung dafür ist die völlige Hingabe an den Lebenden Meister; vor dem Wissen um die Yogatechniken steht also die Bhakti in Gestalt der Guru-Bhakti, wovon an späterer Stelle noch zu handeln sein wird.

Die Yogaphysiologie des Rādhāsoāmī Satsaṅg baut auf derjenigen des tantrischen[74] Yoga auf, ergänzt sie jedoch. Die im tantrischen Yoga bekannten Zentren (Cakra) und ihre Zuordnung zu bestimmten kosmischen Sphären und zu den verschiedenen feinstofflichen Leibern (Kośa) werden, wenngleich mit teilweise unterschiedlicher Terminologie, übernommen. Während aber der tantrische Yoga beim Mūlādhāra Cakra am Gesäß einsetzt und die »Schlangenkraft« (Kuṇḍalinī) bis zum Sahasrāra unterhalb der Schädeldecke zu führen und damit die Vereinigung mit der Gottheit zu bewerkstelligen beabsichtigt, beginnt der Surat Śabd Yoga bei dem sechsten Cakra – unmittelbar unterhalb des Sahasrāra –, das seinen Sitz zwischen den Augen (in der Zirbeldrüse) hat und in der tantrischen Terminologie Ājñā Cakra heißt, von den Rādhāsoāmīs aber Tisra Til (3. Auge) oder Śivanetra genannt wird. Die theoretische Begründung dafür wird darin gesehen, daß – abweichend von der klassischen hinduistischen Anthropologie, die die Seele im Herzen lokalisiert[75] – die Seele ihren Sitz im Tisra Til hat. Von dort beginnt der Aufstieg durch eine Reihe von höheren Cakras, die in der Hirnrinde lokalisiert werden und die gleichen Namen tragen wie die entsprechenden kosmischen Regionen. J. P. Johnson schildert den Vorgang mit den folgenden Worten[76]: »Die erste Übung besteht darin, seine Gedanken und seine Aufmerksamkeit im Dritten Auge ... zu konzentrieren. Er muß seine wandernden Gedanken zügeln, seinem ruhelosen Verstand Einhalt gebieten und ihn an einem Punkt festhalten ... Die Aufgabe, sich zu konzentrieren, wird durch einen Vorgang, der Simran heißt, erheblich erleichtert. Simran ist die Wiederholung gewisser Wörter, die der Meister bekannt gibt ... Wenn die Gedanken abschweifen, bringt die Wiederholung der Schlüsselwörter sie zum Augenzentrum, dem Dritten Auge, zurück ... Im Zusammenhang mit dieser Meditation ... sprechen die Meister vom Schließen der neun Türen, die zur Außenwelt führen, nämlich der beiden Augen, Ohren, Nasenlöcher, des Mundes und der beiden unteren Organe ... Wenn die neun Türen verschlossen sind und die ganze Außenwelt ausgeschlossen ist ... dann sammeln sich alle Kräfte des Verstandes und der Seele in diesem inneren Zentrum. Gleichzeitig lauscht der Schüler der Musik des Klangstroms. Dadurch wird der »Geist-Strom«, die Seele, langsam vom Körper zurückgezogen, zuerst von den unteren Gliedmaßen, die gefühllos werden, und dann vom

übrigen Körper ... Der Schüler wird wahrscheinlich zuerst Licht aufblitzen sehen oder verschiedene Klänge hören ... Schließlich hat die Seele genügend Kraft, die sogenannte Zehnte Tür zu durchdringen. Das ist eine Öffnung im subtilen Körper in der Nähe der Stirnmitte, welche in Wirklichkeit kaum der Dicke eines Schmetterlingsflügels entspricht. Zuerst schaut der Schüler nur durch diese Tür, aber nach und nach geht er durch sie hindurch, und die Seele mit ihren Astral-, Kausal- und Mentalhüllen verläßt den Körper vollkommen. Er betritt eine neue Welt, die er nie zuvor gesehen hat. Der Körper verbleibt in der Stellung, in der der Schüler ihn verlassen hat ... Er kann ihm stunden- oder sogar tage- oder wochenlang fernbleiben ... Solange der Schüler seinen Körper verlassen hat, behält er Verbindung mit ihm, so daß er nach Belieben in ihn zurückkehren kann ... An einem gewissen Punkt eben unterhalb der Astralwelt geschieht etwas, das seinen ganzen Lebensweg und ebenfalls die Methode seines weiteren Aufstiegs ändert. Das ist die Begegnung mit seinem Meister in seiner allgegenwärtigen höheren Strahlengestalt ... Von diesem Augenblick an sind beide während der ganzen Reise zu den noch höheren Regionen niemals mehr getrennt ... Danach folgt er in Begleitung des Meisters dem Heiligen Pfad, ... bis der Meister ihn zum Ende des Pfades der Meister bringt, der Fünften Region, wo der Schüler mit seinem Gott, Sat Purush, dem Höchsten Herrscher, eins wird.«
Abweichend vom traditionellen Lotussitz des indischen Yogi wird die beschriebene Meditation im Hocksitz geübt, wobei die Ellenbogen auf die Schenkel gestützt sind und Augen, Ohren und Mund mit den Händen verschlossen werden. Drei Techniken lassen sich im Surat Śabd Yoga unterscheiden. Am Beginn steht das erwähnte Sumiran (skt. smaraṇ), ein dem hinduistischen Japa vergleichbares langsames Wiederholen des Namens Rādhāsoāmī (so in der Agralinie) bzw. der fünf heiligen Namen[77], die von Johnson als Schlüsselwörter umschrieben werden (so in der Beāslinie). Sumiran ermöglicht die so wichtige Überwindung des Körperbewußtseins. Dhyān (skt. dhyāna = Meditation), im klassischen Yoga die Vorstufe des Samādhi, hat im Rādhāsoāmī Satsaṅg die Bedeutung der Kontemplation des – äußeren oder inneren – Bildes des Guru. Bhajan schließlich, im Hinduismus der Terminus für Verehrung und devotionale Gesänge[78], meint das Lauschen auf die inneren Töne, die sich von Region zu Region wandeln und an Hand derer die Fortschritte auf dem Yoga-Pfad vom Meister oder vom Schüler selbst kontrolliert werden können. Die wichtigen Mantras Oṃ und Soham gehören übrigens nur der zweiten Brahmāṇḍregion an.
Der Surat Śabd Yoga ist in den Worten seines Begründers »ein

leichter und einfacher Pfad der Gott-realisierung«[79], weil er sowohl den klassischen Yoga des Patañjali mit seiner Betonung der Atemschulung (Prāṇāyāma) als auch den Haṭha-Yoga einschließlich seiner Gesten (Mudrā) und des Murmelns von heiligen Formeln (Mantra) überflüssig macht. Das Erwecken der mit der Śakti identifizierten Kuṇḍalinī wird ausdrücklich abgelehnt, ja, es gilt sie zu »zertrümmern«[80]. Vor Haṭha-Yoga und Prāṇāyāma-Techniken wird wegen ihrer Äußerlichkeit und Gefährlichkeit gewarnt[81]. Die Berufung auf das gegenwärtige Kali Yuga spielt dabei eine entscheidende Rolle: »Im Kali-Yuga wird keine spirituelle Aktivität erfolgreich ausgeübt außer der Kontemplation von Swarup (der Gestalt) des Sat Guru, Sumiran des Nam (Wiederholung des Heiligen Namens) und Dhyan des Nam (Kontemplation des Heiligen Namens)«[82].

Trotz aller Unterschiede ist die dem Surat Śabd Yoga und dem tantrischen Yoga gemeinsame »Ideologie« nicht zu übersehen, die von der Übereinstimmung von Mikrokosmos und Makrokosmos ausgeht und den Stufenweg der inneren Erfahrung mit den kosmischen Sphären parallelisiert[83]. So entsprechen – jedenfalls in der Lehre der Agralinie – den drei Sphären des Universums auf seiten des Menschen die Geisteskraft, das Denkorgan und der physische Körper, im physiologischen Bereich wiederum die weiße, als rein geistig vorgestellte Gehirnrinde, die graue Gehirnrinde, die den geistig-materiellen Bereich repräsentiert, und schließlich die Cakras des tantrischen Yoga, die der untersten materiell-geistigen Sphäre entsprechen[84].

4. In einer hinduistischen Bewegung, die die Bilderverehrung und die Avatārakonzeption ablehnt und überdies dem geschriebenen Wort der Heiligen Schriften nur eine untergeordnete Rolle zuerkennt, muß die göttliche Gegenwart im Guru eine unvergleichliche Bedeutung gewinnen. So verhielt es sich bei Kabīr, den seine Anhänger als den einzigen Erlöser verehrten und mit dem Sat Puruṣ, dem höchsten Wesen gleichsetzten[85]. Auch im Rādhāsoāmī Satsaṅg kommt dem Guru eine zentrale Stellung zu, insbesondere den Sant Sat Gurus, als die die Meister des Rādhāsoāmī Satsaṅg verehrt werden. Sie gelten als Erscheinungsform der Gottheit der höchsten Region und Verkörperung der Wahrheit. Darin sind sie den Religionsstiftern und Heiligen der Menschheit, die nur der Brahmāṇḍsphäre entstammen, überlegen. H. von Glasenapp hat den Gurukult als ein entscheidendes Merkmal des Rādhāsoāmī Satsaṅg herausgestellt und seine für den Außenstehenden merkwürdigen Äußerungen beschrieben: Die Verehrung, die den Überresten der Mahlzeiten des Guru, dem Wasser, in dem er seine Füße

gewaschen hat, seinen Kleidern usw. als Trägern göttlicher Kraft dargebracht wird[86]. Darin schlägt trotz der gern gebrauchten modernen Analogien aus der Elektrizitätslehre das traditionelle magische Verständnis der Guru-Jünger-Beziehung durch[87]. Wie in der Andacht das Bild des Guru die fehlenden Gottesbilder ersetzt, so treten die Mausoleen (Samadh, skt. samādhi) der verstorbenen Meister an die Stelle der hinduistischen Tempel – eine deutliche Analogie zur Funktion buddhistischer Stūpas und islamischer Heiligengräber. Den Mausoleen in Agra, vor allem demjenigen des Gründers in Svāmībāg, wird verbindende Bedeutung für die in Gruppen zerspaltene Rādhāsoāmī Satsaṅg-Bewegung zugeschrieben[88].

Auf jeder Stufe des spirituellen Fortschritts auf dem Pfad der Meister ist der Sant Satguru unentbehrlich[89]. Er ist es, der bei der Initiation den Schüler mit dem Hörbaren Lebensstrom verbindet. Dabei nimmt seine »allgegenwärtige Strahlengestalt« ihren Platz im Dritten Auge des Schülers ein. Als Psychagoge geleitet und schützt er die Seele vor den Fährnissen der Reise durch die Regionen. Dabei erscheint er ihnen, wie bereits erwähnt, eben unterhalb der Astralebene in sichtbarer Gestalt. Das ist angesicht der Tatsache, daß er selbst als Gegenstand der Meditation (Dhyān) dient, nicht verwunderlich. Es gibt kaum eine Bewegung, in der der Guru so vollkommen in die Yogatechnik integriert worden ist[90]. Seine Bedeutung ist noch zusätzlich durch seine enge Beziehung zum Karma seiner Schüler gesteigert. Schon seine Geburt erscheint ohne die Mitwirkung des Karmas seiner Schüler undenkbar. Da es eine Verkörperung der vom höchsten Wesen ausgehenden Emanation in der irdischen Gestalt des Sant Sat Guru an sich gar nicht geben kann[91], wird angenommen, daß er schon bei seiner Empfängnis das Karma einiger seiner späteren Schüler auf sich nimmt. Dieser Vorgang setzt sich bei seiner Inthronisation fort, bei der er einen Teil des Karmas aller gegenwärtigen und zukünftigen Schüler sammelt, das sich dann in ihm zu einer neuen Gestalt als Mahārāj verdichtet. Ein Beweis dafür wird darin gesehen, daß nach der Inthronisation seine Gesichtszüge sich an diejenigen seiner Jünger angleichen. Eine Hauptaufgabe des Guru besteht darin, das übernommene Karma zu tilgen. Erst nachdem er diese Aufgabe erfüllt hat, kann er – durch eigenen Entschluß – seine irdische Hülle ablegen[92]. Sogar die Verwaltung des noch zu tilgenden Karmas, sonst Aufgabe der Negativen Macht, gelangt mit der Initiation in die gnädigen Hände des Meisters, der alles zum Besten des Jüngers wendet[93]. So ist denn alles, Geburt und Inthronisation des Meisters, die Bekanntschaft des Schülers mit ihm, das dem Jünger zufallende

Maß an Leid und Not, nichts anderes als die Gnade des Meisters. In den dunklen Tagen des Kali Yuga, so heißt es bei Shiv Dayāl[94], konnte Sat Puruṣa Rādhā Soāmī das Elend und die Verirrung von der Wahrheit nicht mehr mit ansehen und inkarnierte sich als ein Sant Sat Guru. Darum ist die völlige Unterwerfung unter seinen Willen der Schlüssel, der das Tor zum Pfad der Meister aufschließt. Der Schüler hört auf, ein manmukh zu sein, einer, der seinem eigenen Sinn folgt, und wird ein gurumukh, der seinem Guru folgt. »Selig sind die, die das Wort und die Bedeutung des menschlichen Lebens verstanden, einen Meister gesucht und gefunden haben . . . Für sie hat der Tod keine Schrecken, da sie die Schranken des Todes schon während ihres Lebens überschritten haben«[95]. So vertritt auch der RS auf seine Art eine »Gnadenreligion«[96]. Seine »harmonische Verschmelzung von Yoga und Bhakti«[97] ist eine Eigentümlichkeit etlicher indischer Gruppen im Westen.

3. *Self-Realization Fellowship*

Geschichte

Ein Vierteljahrhundert nach dem Beginn der Rāmakrishna-Mission im Westen, nach dem ersten Weltkrieg, gelang es der Self-Realization Fellowship[98] als der zweiten Bewegung, in den USA Fuß zu fassen und eine größere Anhängerschaft zu sammeln. Zahlenmäßig sollte sie die Rāmakrishna-Mission schon bald übertreffen. Das hängt nicht zuletzt mit der Bereitschaft zusammen, sich pragmatisch auf amerikanische Methoden der Werbung und Selbstdarstellung einzustellen. Insofern nimmt die Self-Realization Fellowship manche Eigentümlichkeiten vorweg, die uns später bei der TM und verwandten Gruppen begegnen. Im wesentlichen ist sie das Werk eines einzelnen Mannes, nämlich des »Paramahaṃsa« Yogānanda, der 1893, im Jahr des Chicagoer Weltparlaments der Religionen, als Mukunda Lāl Ghosh in einer bengalischen Familie in Gorakhpur, U. P., geboren wurde und 1952 in Los Angeles starb. Wohlbekannt und in viele Sprachen übersetzt ist seine »Autobiographie eines Yogi«, in der er sein eigenes Leben, insbesondere die Begegnung mit anderen heiligen Männern, im Stil einer fortlaufenden Wundergeschichte schildert. Die Berichte von Levitationen, Bilokationen bis hin zum eigenen, auf wunderbare Weise bestandenen Examen am Scottish Church College dienen dem Erweis der Überlegenheit des Geistes über die Materie und sind in ihrer Ungebrochenheit wohl weniger auf indische als auf amerikanische Leser gezielt. Sie

erfahren, daß Yogānanda früh religiöse Neigungen zeigte und schließlich unter den Einfluß eines Guru Śrī Yukteśvara Giri (1855–1936, mit bürgerlichem Namen Priya Nāth Karar), eines in Serampore residierenden Mönches des Giri-Zweiges des Svāmī-Ordens kam, der wiederum ein Schüler des 1895 verstorbenen »Yogāvatār« Śyāmā Caraṇ Lāhiḍi (»Lāhiḍi Mahāśaya«)[99] war. Über ihn hinaus nennt die Traditionskette nur noch einen mythischen, jahrhundertealten Heiligen »Mahāvatār Bābāji«, der die uralte Technik des Kriyā-Yoga schon an Śaṅkara und Kabīr vermittelt habe. Zusammen mit dieser Technik übernahm Yogānanda von seinem Guru Ideen, die die Verantwortung des Mönches für die Gesellschaft, eine gewisse Betonung des weltlichen Lebens und die Möglichkeit beinhalten, auch im Stande des Hausvaters ein Kriyā-Yogin zu sein[100]. Dazu kommt, wie an späterer Stelle noch zu zeigen sein wird, das Bestreben, zu einer Versöhnung der Religionen untereinander beizutragen und die auf diese Weise als universal verstandene Botschaft des Kriyā-Yoga in den Westen zu tragen. Sein erstes praktisches Wirkungsfeld war ein Schulexperiment in Indien, in dem die übliche intellektuelle Ausbildung durch handwerklichen Unterricht, Yoga-Methoden und speziell ein auf dem Yoga aufgebautes, »einzigartiges System der körperlichen Entwicklung«, genannt Yogodā, ergänzt werden sollte[101]. Dank eines fürstlichen Gönners konnte er eine dauerhafte Schule in Ranchi (Bihar) errichten, zu der später noch weitere Ausbildungsinstitute kamen. 1917 gründete er den Yogodā Sat Saṅga. Das amerikanische Gegenstück, das aus seiner dortigen Tätigkeit seit 1920 entstand, nannte er »Self-Realization Fellowship«. 1935 wurde es in Kalifornien registriert. Abgesehen vom verschiedenen geographischen und kulturellen Kontext verfolgen Yogodā Sat Saṅga und Self-Realization Fellowship die gleichen Ziele. Die erwähnte Verbindung von intellektueller mit handwerklicher, körperlicher und spritueller Erziehung weist manche Gemeinsamkeiten mit den Ideen auf, die Rabindranāth Tagore in Śāntiniketan verwirklichen konnte. Yogānanda berichtet, beide hätten nachträglich die grundlegende Übereinstimmung ihrer erzieherischen Ideale feststellen können[102].
1920 reiste Yogānanda zum erstenmal in die USA, um, ähnlich wie Vivekānanda, an einem Kongreß teilzunehmen. Es handelte sich um den »Pilgrim Tercentenary Anniversary International Congress of Religious Liberals«, der unter der Schirmherrschaft der Unitarischen Kirche in Boston durchgeführt wurde[103]. Wie Vivekānanda zuvor, fühlte er sich veranlaßt, in Amerika zu bleiben. Eine ausgedehnte Reisetätigkeit führte zur Errichtung lokaler Zentren unter der Leitung Einheimischer und zu einer zunehmenden Anpassung

an die Bedürfnisse einer auf Gesundheit und Erfolg bedachten und vom Geist der Wissenschaft beeinflußten Bevölkerung. W. Thomas macht wohl zu Recht auf die zu der Zeit in der Luft liegenden Ideen aufmerksam, die von der Christlichen Wissenschaft der Mary Baker-Eddy und der Neugeist-Bewegung vertreten wurden[104]. Jedenfalls begann Yogānanda Heilungsversammlungen durchzuführen und autosuggestive »affirmations« zu empfehlen, mit deren Hilfe Gesundheit und Erfolg zu erlangen seien[105]. Die in Los Angeles eingerichtete »Korrespondenz-Universität« vermittelte Korrespondenzkurse, die die Botschaft des Yogodā in wissenschaftlicher Gestalt weitergaben. Werbebriefe und -schriften, auf kostbarem ockerfarbenem (»sannyasa-colored«[106]) Papier gedruckt, gehörten zu dem modern geführten Vertriebssystem. Yogānanda darf also als Initiator einer Missionsmethode gelten, die von der TM-Bewegung zur Perfektion entwickelt worden ist. Auch das Bestreben, den Yogodākursen in den Kirchen und Schulen Eingang zu verschaffen, um die Kraft der Aufmerksamkeit zu steigern, geht schon auf ihn zurück[107]. Der Gedanke, modellhafte »Weltkolonien« zu errichten, wie Yogānanda ihn gegen Ende seines Lebens vertrat[108], nimmt die Konzeption der spirituellen Kommune vorweg, die heutzutage in der religiösen wie nichtreligiösen Gegenkultur im Schwange ist. Svāmī Kriyānanda, einer von Yogānandas Schülern, hat dieses Konzept in Gestalt des »Ananda Cooperative Village« in Kalifornien zu verwirklichen versucht[109]. 1930 zählte Yogānandas Anhängerschaft etwa 25000 in den USA. Weitere Zentren entstanden in Europa, Afrika und natürlich in Indien. Als der Meister 1952 verstarb, war seine Organisation wohl etabliert.

Im Unterschied zur Rāmakrishna-Mission ging die Führung nach seinem Tod in die Hände weißer Nachfolger über. Bis 1955 leitete Rājasi Janakānanda (= James J. Lynn) die Organisation von ihrem Internationalen Hauptquartier in Los Angeles aus, danach die 1914 in Salt Lake City geborene Dayā Mātā[110]. Seit 1958 bereiste sie regelmäßig Indien, um auch dort die Yogodā-Lehren zu verbreiten. Das indische Yogodā Sat Saṅga-Hauptquartier befindet sich in Dakshineswar mit einem Ableger in Ranchi, wo es eine Reihe von Institutionen besitzt, darunter ein Hospital und – seit 1967 – ein College. Die Lebendigkeit der Bewegung erweist sich in ihrem Wachstum, das auch auf Deutschland übergegriffen hat. In einer Reihe von Städten gibt es Gruppen, die Yogānandas Kriyā-Yoga praktizieren und seine Schriften lesen. In den USA soll die Self-Realization Fellowship um 1972 44 Zentren gehabt haben[111], für deren Betreuung ein »einheimischer« Klerus zur Verfügung steht, der in ockerfarbenen Roben die »services« leitet.

Lehre[112]

Paramahaṃsa Yogānanda ist kein Theoretiker, sondern in erster Linie eine charismatische Persönlichkeit und ein praktizierender Yogin. Sein theoretisches Desinteresse zeigt sich z. B. darin, daß er die Frage nach dem persönlichen oder unpersönlichen Wesen der Gottheit, die für die gesamte indische Religionsgeschichte von so großer Bedeutung und für Vivekānanda geradezu der hermeneutische Schlüssel für das Verständnis der Religionen ist, in wenigen Sätzen abhandelt und gegenüber der praktischen Gottverwirklichung als sekundär hinstellt[113]. In wichtigen Fragen wie der nach der Geltung der Kaste, der Stellung zum weltlichen Leben u. a. m. übernimmt er im allgemeinen die neohinduistischen Positionen, ohne allzu viele Worte darüber zu verlieren[114]. Im Zentrum steht für ihn die ihm aus seiner Tradition überkommene Praxis des Kriyā-Yoga. Darunter versteht er eine tantrisch geprägte Technik, die auf Atemschulung und Kuṇḍalinī-Erweckung gründet, jedoch in origineller Weise interpretiert wird[115]. Er identifiziert ihn mit dem bei Patañjali (Yoga-Sūtra II, 1) erwähnten Kriyā-Yoga, der dort als »Askese, eigenes Forschen in den heiligen Schriften und Hingabe an den Herrn« definiert wird und in Patañjalis Gesamtkonzept eigentlich zu den vorbereitenden Stufen des Yoga gehört. Ferner beruft er sich gern auf Yoga-Sūtra II, 49 und BhG 4, 29 und 5, 27, Stellen, deren Gemeinsamkeit in ihrer Betonung des Ein- und Ausatmens liegt. Zwar lehnt Yogānanda das gewaltsame Anhalten des Atems ab, befürwortet aber eine Technik der Beruhigung und Verlangsamung, die dazu dient, die Kraft des Lebensodems (Prāṇa) vor Verschwendung in den üblichen körperlichen Prozessen zu bewahren und sie ihrem eigentlichen spirituellen Zweck zuzuführen. Sein Yoga, der eine »genaue und vernünftige Schule der Atemlosigkeit« darstellen soll, zerreißt die Kette des Atems, die die Seele an den Körper bindet. Obendrein verhindert er den Verfall des Körpers. Der Yogin »wird nicht mehr vom Lebensstrom in die weltliche Sphäre roher Sinnesempfindungen und ratloser Gedanken herabgeschleudert. Meister seines Körpers und Geistes, erreicht der Kriyā-Yogi schließlich den Sieg über seinen stärksten Feind: den Tod«[116]. Yogānanda hält also an einem der großen Ziele des indischen Yoga fest, der Gewinnung von Unsterblichkeit[117]. Die genannte Art der Atemschulung dient, wie im tantrischen Yoga überhaupt, der Erweckung der Kuṇḍalinī. Nach Zusammenziehung der Lebensenergie im »Rückenmark« vermag der Yogin sie »bewußt auf- und abwärts« durch die Cakras zu führen und auf diese Weise den Atem in »zerebrale Energie« zu verwandeln. »Eine halbe Minute Kriyā-Übung gleicht einem Jahr natürlicher geistiger Entwicklung«, führt den Menschen also auf höhere Stufen der Evolution, die die Menschheit als ganze erst in einem sehr viel längeren Prozeß erreichen kann. Für Yogānanda – und darin zeigt sich seine Umdeutung des Yoga im Sinne westlicher Konzepte – dient der Kriyā-Yoga als Abkürzung des langes Weges der Evolution.

In der Kunst, indische Yoga-Weisheit in westliche, und d.h. in »wissenschaftliche« Terminologie zu übertragen, erweist sich Yogānanda als Meister. Er setzt damit die Arbeit fort, die sein Meister Yukteśvara in seiner »Heiligen Wissenschaft« begonnen hatte. Yukteśvara hatte den Kriyā-Yoga Lāhiḍi Mahāśayas nicht nur in christliche, sondern auch in wissenschaftliche Terminologie zu übertragen versucht, indem er z.B. seine Wirkung auf das »Nervensystem« beschrieb[118], bei der Schilderung der feinstofflichen Leibhüllen den Jñānamaya Kośa als »aus Elektrizitäten gebildeten Intelligenzkörper« definierte[119] und überhaupt der Elektrizität und dem Magnetismus eine große Bedeutung zumaß. Yogānanda geht so weit, in seiner Autobiographie den Kriyā-Yoga als »eine einfache leiblich-seelische Methode« zu bezeichnen, »die dem menschlichen Blut Kohlenstoff entzieht und neuen Sauerstoff zuführt. Diese besonderen Sauerstoffatome werden in einen Lebensstrom verwandelt, der das Hirn- und Nervensystem neu belebt. Der Yogi kann das Altern der Gewebe verlangsamen oder vermeiden, indem er die Ansammlung des venösen Blutes hemmt. Fortgeschrittene Yogis verwandeln ihre Zellen in reine Energie. Elias, Jesus, Kabir und andere Propheten waren Meister im Kriya oder einer ähnlichen Technik, die ihnen ermöglichte, sich willentlich zu entmaterialisieren« (S. 197). Die Methode ermöglicht es, »den Lebensstrom, der über die Organe und anderen Körperteile verteilt ist, in unsere Zentrale (Wirbelsäule und Gehirn) zurückzuziehen. Der Vorgang besteht in einem Magnetisieren der Wirbelsäule und des Gehirns (welche die sieben lebenswichtigen Zentren beherbergen), wodurch der über den ganzen Körper verteilte Lebensstrom in die ursprünglichen Kraftzentren zurückgezogen und als Licht erlebt wird«[120]. Was hier in der Sprache westlicher Physiologie beschrieben wird, ist unverkennbar die mit Lichtvisionen verbundene Erfahrung der Kuṇḍalinī. Im Vergleich zu anderen meditativen Techniken ist der Kriyā-Yoga »ein bequemeres, wirksameres und vernünftigeres Mittel, das Unendliche zu erreichen« (Autobiographie S. 202) – eine Formulierung, die auch vom Gründer der TM, Maharishi Mahesh Yogi, stammen könnte. Yogānanda rechnet vor: »Tausend, in achteinhalb Stunden ausgeführte Kriyā-Übungen ermöglichen dem Yogi an einem einzigen Tage die gleiche Entwicklung wie tausend Jahre natürlichen Fortschritts: 365tausend Jahre in zwölf Monaten« (S. 200). »So entgeht der Yogi der strengen Beachtung der Naturgesetze, die ihn nur auf Umwegen – durch Nahrung, Sonnenstrahlen, gute Gedanken – zu einem Ziel in Millionen Jahren führen können« (S. 201). In diesem Zusammenhang ist wichtig, daß sich schon bei Yogānanda die Ambivalenz dieses Ansatzes zeigen läßt. Es führt von hier der Weg einerseits zur Deutung religiöser Erfahrung (»Indem Paulus alle Lebenskraft des Körpers . . . nach innen zentrierte, erfuhr er täglich die wahre Yoga-Vereinigung mit der ewigen Seligkeit des Christus-Bewußtseins«, S. 199), andererseits zur Banalität praktischer Lebenshilfe, wie sie im Thema eines Vortrags zum Ausdruck kommt, den Yogānanda vor dem Rotary Klub in Buffalo gehalten hat: »How to Recharge Your Business Battery Out of the Cosmos«[121].

4. Internationale Gesellschaft für Kṛṣṇa-Bewußtsein (ISKCON)

Geschichte[122]

Unter denjenigen hinduistischen Bewegungen, die im Westen tätig sind, vertritt die 1966 von A. C. Bhaktivedānta Svāmī Prabhupāda in New York gegründete Internationale Gesellschaft für Kṛṣṇa-Bewußtsein (ISKCON, entsprechend der englischen Bezeichnung) als einzige eine reine Bhaktifrömmigkeit. Sie gehört in den größeren Zusammenhang des Gauḍīya Vaiṣṇava Saṃpradāya, also derjenigen vishnuitischen Gruppierung, die auf den bengalischen Bhaktiheiligen Caitanya zurückgeht, der wahrscheinlich von 1486 bis 1534 lebte, in Bengalen und Orissa wirkte, das Rezitieren des Namens Kṛṣṇa als Heilsweg im dunklen Kali-Yuga verkündete und Saṃkīrtana, das gemeinsame Singen des Namens, als Mittel der Glaubensverkündigung einführte[123]. Seine ekstatische Hingabe an Kṛṣṇa als seinen einzigen Herrn faßte in weiten Teilen Bengalens und Orissas Fuß und trug wahrscheinlich dazu bei, Westbengalen gegen die islamische Durchdringung resistent zu machen, die in Ostbengalen so erfolgreich war. Sie konnte sich mit den traditionellen Stätten der Kṛṣṇa-Verehrung wie Vrindaban und Mathura sowie mit dem Jagannāthkult von Puri in Orissa verbinden. Während auf Caitanya nur acht Verse zurückgehen, hat die Caitanyabewegung eine umfangreiche Literatur hervorgebracht, innerhalb derer vornehmlich die Werke der sechs »Gosvāmīs«[124] als autoritativ gelten.

In der Entwicklung der Caitanya-Bewegung ist es nach dem geheimnisvollen Tod des Meisters zur Bildung verschiedener Gruppen gekommen, bei der die Nachkommen der ursprünglichen Gosvāmīs von besonderer Bedeutung waren. Die wesentlichen Lehren sind allen Gruppen jedoch gemeinsam, vor allem die Anerkennung Caitanyas als des »goldenen Avatāra« des Kali-Yuga. Auf Zeiten des Verfalls folgte in der Mitte des 19. Jahrhunderts eine Renaissance in Gestalt der sog. Neo-Kṛṣṇa-Bewegung in Bengalen[125], die im Zusammenhang mit der allgemeinen Renaissance des Hinduismus im vorigen Jahrhundert steht und diese ihrerseits beeinflußt hat. Das zeigt sich am deutlichsten an der Gestalt Keshub Chandra Sens, der, von Hause ein Vaiṣṇava, eine Reihe von Zügen der Caitanya-Bhakti aufgenommen und in den Brāhma Samāj eingeführt hat[126]. In den größeren Zusammenhang der Neo-Kṛṣṇa-Bewegung gehört auch die Neuinterpretation der Kṛṣṇa-Gestalt durch Bankim Chandra Chatterji[127]. Im Anfang des 20. Jahrhunderts reiste zum erstenmal ein krishnaitischer Svāmī und Anhänger Caitanyas in den Westen, um dort die Krishna-Bhakti zu verbreiten. Es war der Bengale Premānanda Bhārati, genannt Bābā Bhārati, mit bürgerlichem Namen Surendranāth Mukherji[128]. 1902 kam er nach New York, verbrachte eine Reihe von Jahren in den USA und errichtete in Los Angeles einen Rādhākṛṣṇa-Tempel, wahrscheinlich den ersten Hindutempel im Westen überhaupt. (Der erste Hindutempel der Rāmakrishna-Mission in San Francisco geht auf das Jahr 1905/06 zurück[129].) Er nahm für sich in Anspruch, unverfälschten Hinduismus zu predigen, vertrat aber ein ausgesprochen irenisches Verhältnis zum Christentum. »Ich kam nicht hierher, um euch meine Religion aufzudrängen, sondern um euch zu helfen, euren eigenen Gott und eure eigene Religion zu verstehen ... Wenn ich von Krishna, den Veden und von der Hindu-Philosophie geredet habe, so nur, um die Lehren eures eigenen Christus zu erhellen, ihn vor euch im Licht der Veden und den Röntgenstrahlen unserer eigenen Philosophien zu präsentieren«[130]. Obgleich die Wirksamkeit Bābā Bhāratis in den USA keine erkennbaren Spuren hinterlassen hat, dokumentiert sie doch die Tatsache, daß die Kṛṣṇa-Bhakti bereits um die Jahrhundertwende die inneren Voraussetzungen für den Beginn des missionarischen Aufbruchs in den Westen geschaffen hatte.

Die Neo-Kṛṣṇa-Bewegung des vorigen Jahrhunderts hat die Caitanya-Bewegung geprägt. 1891 entstand in Bengalen ein Caitanya Yoga Samāj[131]. Für die unmittelbare Vorgeschichte der ISKCON sind zwei Männer von besonderer Bedeutung, die Prabhupāda an viert- bzw. zweitletzter Stelle in der Traditionskette seiner Gurus aufführt. Es handelt sich um Bhaktivinoda Ṭhākur und seinen Sohn Bhaktisiddhānta Sarasvatī Gosvāmī Ṭhākur. Bhaktivinoda (1838–1914) ist der Gründer der Gauḍīya Vaiṣṇava Mission, die 1886 entstand und den offiziellen Namen Śri Viśva Vaiṣṇav Rāj Sabhā führte[132]. Ihn bezeichnet Prabhupāda als »Pionier des Programms zur Segnung der gesamten Welt mit dem Kṛṣṇa-Bewußtsein«[133], von ihm schreibt er, daß »er die Lehren Śrī Kṛṣṇa Caitanyas im Jahr 1896 in die westliche Welt brachte (McGill University, Canada)«[134]. Nach Informationen von ISKCON-Anhängern sandte er das Manuskript seines Buches »Teaching and Precepts of Lord Caitanya« an die McGill University.

Bhaktivinodas Sohn, der als Śrīla Bhaktisiddhānta Sarasvatī (1874–1937) bekannt wurde, ist die Schlüsselfigur in der Ausbreitung der Caitanya-Botschaft in den Westen. Er war Professor für Mathematik und Astronomie gewesen, bevor er den Weg des saṃnyāsa wählte. 1918 gründete er das Gauḍīya Vaiṣṇava Institut, das der Ausbreitung des Kṛṣṇa-Bewußtseins dient. Als ein wichtiges Mittel wurde die Schaffung einer englischsprachigen Literatur angesehen – ein Werk, für das sich dann vor allem Svāmī Prabhupāda eingesetzt hat. Obgleich sich Bhaktisiddhāntas Arbeit auf Indien konzentrierte und dort zur Gründung von 64 Klöstern führte, die heute freilich ihre beste Zeit hinter sich zu haben scheinen, reichen ihre Auswirkungen in den Westen hinein. Svāmī Prabhupāda beruft sich darauf, von ihm 1936, ein Jahr vor seinem Tod, den Auftrag zur Ausbreitung des Kṛṣṇa-Bewußtseins in den Westen empfangen zu haben[135]. Zugleich war Bhaktisiddhānta der Guru von Svāmī Bon Mahārāj, der 1933–1936 an europäischen und 1939–1941 an amerikanischen und japanischen Universitäten lehrte und 1949 in Vrindaban das »Institute of Oriental Philosophy« gründete, das sich um religiöse Verständigung bemüht[136]. Er war auch Guru des Deutschen Dr. Ernst Georg Schulze, der von ihm den Mönchsnamen Sadānanda empfing und seinerseits Guru des Indologen Walther Eidlitz wurde und diesem den Auftrag gab: »Tragen Sie den Schatz, den Sie empfangen haben, ins Abendland hinüber«[137]. Die Wirkungen Bhaktisiddhāntas im Westen erschöpfen sich also nicht darin, daß er literarisch tätig und der spirituelle »Großvater« der ISKCON war. Er war es auch, der die Aufnahme von Ausländern in den Kreis der Caitanya-Anhänger durchsetzte. Nach seinem Tode im Jahre 1937 brachen Nachfolgeprobleme auf, die bis heute nicht völlig gelöst zu sein scheinen[138] und wahrscheinlich zum Niedergang der von ihm gegründeten Gauḍīya Vaiṣṇava Maṭhs beitrugen. Das jedenfalls deutet Prabhupāda an[139], der zu jener Zeit noch seinem weltlichen Beruf nachging.

Über seine Biographie liegen in seinem Schrifttum und dem seiner Anhänger verstreute Angaben vor[140]. Am 1.9.1896 als Abhay Charan De in Kalkutta geboren, schloß er 1920 sein Studium in Englisch, Philosophie und Ökonomie ab und begegnete 1922 zum erstenmal seinem späteren Meister Bhaktisiddhānta. Schon damals habe er den Auftrag erhalten, vedisches Wissen in englischer Sprache über den Rundfunk zu verbreiten. Er schrieb in den folgenden Jahren einen Bhagavadgītā-Kommentar, von dem nicht ganz klar ist, ob er mit dem 1968 veröffentlichten Kommentar ganz oder teilweise identisch ist. Von seinem Meister empfing er 1933 die formelle Initiation und wurde 1936, kurz vor dessen Hinscheiden, ausersehen, das Kṛṣṇa-Bewußtsein im Westen zu verbreiten. Damals folgte er dem Ruf noch nicht, nach eigenen Angaben wegen seiner familiären Verpflichtungen, wohl aber widmete er sich weiterer literarischer Tätigkeit in englischer Sprache. Nachdem er 1944 das Magazin »Back to Godhead« begonnen hat, erhielt er 1947 von der Gauḍīya Vaiṣṇava Gesellschaft den Ehrentitel »Bhaktivedānta«. Nachdem er es beruflich bis zum Direktor eines Industrieunternehmens gebracht hatte, zog er sich 1950 von seiner Familie zurück und lebte ab 1954 im Stande des »Waldeinsiedlers« (vānaprastha) in Vrindavan, dem Zentrum der Kṛṣṇa-Verehrung; 1959 legte er die Mönchsgelübde ab. 1962 brachte er den ersten Band seiner englischen Übersetzung und Kommentierung des Bhāgavata Purāṇa heraus. In diesen Jahren seines Ruhestandes ist nach seinen eigenen Worten der Entschluß gefallen, in den Westen zu gehen, den er 1965, im stattlichen Alter von 68 oder 69 Jahren in die Tat umsetzte. Im Juli 1966 erfolgte die Gründung der ISKCON in New York. Im gleichen Jahr eröffnete er Zentren in New York und San Francisco, zwei weitere folgten in Montreal und Boston. Weitere Stationen seines Wirkens sind die Gründung des landwirtschaftlichen Āśrams New Vrindavan in West Virginia (1968), der Gurukula-Schule für Kinder der ISKCON-Anhänger in Dallas/Texas (1972) und, im gleichen Jahr, des Bhaktivedānta Book Trust, der sich dem Druck und Vertrieb der Schriften des Meisters widmet. Nach Europa kam die ISKCON, als Svāmī Bhaktivedānta 1968 den Amerikaner Samuel Greer, der den Mönchsnamen Śivānanda Prabhu trägt, nach England schickte. Erst in Deutschland gelang es diesem, Fuß zu fassen[141]. Erste Zentren entstanden in West-Berlin und Hamburg, weitere folgten an anderen Orten. 1969 besuchte der 1977 verstorbene Svāmī selbst zum erstenmal Deutschland.

Auch unter der indischen Minderheit in Afrika hat die ISKCON offenbar Fuß gefaßt. Das Kenya Churches Handbook 1973 (S. 305) berichtet von einem World Hare Kṛṣṇa Movement Festival 1972 in Nairobi in Anwesenheit des Svāmīs. Zentren der Bewegung bleiben trotzdem die heiligen Stätten der Kṛṣṇaverehrung in Indien, vornehmlich Vrindavan, wo die ISKCON 1974 mit großem Aufwand den Kṛṣṇa Balarāma Tempel mit einem internationalen Gästehaus errichtet hat. Ihr Welthauptquartier hat sie im bengalischen Māyāpur. Nach dem Tod Svāmī Prabhupādas 1977 verblieb die Leitung der ISKCON in den Händen der 1970 gebildeten Governing Body Commission. Die Zahl der Anhänger, die das entsagungsreiche Leben eines ISKCON-Mönches oder -Haushalters durchhalten, ist nicht groß. Sie wird für die Welt auf 3000–5000, für die Bundesrepublik Deutschland auf 150 oder weniger geschätzt.

Lehre[142]

Śrīla Prabhupāda steht in der Tradition der vishnuitischen, speziell der krishnaitischen Bhakti. Die Traditionskette (guru paramparā), mit der er traditionsgemäß seinen Kommentar zur Bhagavadgīta einleitet[143], beginnt mit Kṛṣṇa, führt sodann über Brahmā und die vedischen Seher Nārada und Vyāsa zu Madhva, nennt an späterer Stelle als Gründer des Madhva-Gauḍīya-Saṃpradāya, zu dem Prabhupāda selbst gehört, Madhavendra Purī, führt weiter über Īśvara Purī, den Meister Caitanyas, zu diesem selbst, um schließlich über Bhaktivinoda, Gaura Kiśore und Bhaktisiddhānta zu Prabhupāda selbst überzuleiten. Den sechs Gosvāmīs wird besondere Verehrung dargebracht. Die Anerkennung der Veden wird im Anschluß an die Pāncarātrins, Madhva, Caitanya und andere Vishnuiten in der Weise ausgesprochen, daß auch die Purāṇas, das Mahabhārata und das originale Rāmāyaṇa als vedisch klassifiziert werden[144]. Die Bhagavadgītā und das Bhāgavata Purāṇa nehmen faktisch eine Ausnahmestellung ein, wobei die Bhagavadgītā als vorbereitende Studie zum Bhāgavata Purāṇa verstanden wird: Das Studium der ersteren führt zur Kṛṣṇaverehrung, die wiederum das Verständnis der Spiele Kṛṣṇas erschließt, wie sie im letzteren erzählt werden[145]. Als offenbart gelten natürlich vor allem die acht auf Caitanya zurückgehenden Verse. Das Bhāgavata Purāṇa ist »die Essenz des gesamten vedischen Wissens«[146].
In der Auslegung dieser Schriften kommt eine – christlich gesprochen – fundamentalistische Hermeneutik zum Zuge: Die Heiligen Schriften bedürfen keiner Interpretation; sie sind »unfehlbar«[147]. Prabhupāda bietet in seinem Bhagavadgītā-Kommentar im Unterschied zu anderen Kommentatoren diese heilige Schrift des Hinduismus so dar, »wie sie ist«[148]. Insbesondere die vedischen Gesetze

müssen ohne Argumentieren akzeptiert werden. Sogar das Gesetzbuch des Manu ist auf alle Zeiten anwendbar, obgleich veränderte Umstände nicht gänzlich unberücksichtigt bleiben. Diese fundamentalistische Hermeneutik führt dazu, daß zusammen mit der Kṛṣṇaverehrung das traditionelle indische Weltbild und die vedische Kultur und Lebensordnung für universal gültig erklärt werden. Kṛṣṇaverehrung ist nicht eine Religion unter anderen, sie ist überhaupt keine Religion, sondern mit dem Sanātana Dharma identisch, der die universale Urkultur der Menschheit bildet. »Diese Kultur, das Kṛṣṇabewußtsein, war immer da . . . Diese Kultur ist für die ganze menschliche Gesellschaft. Es ist kein religiöser Glaube. Man kann den religiösen Glauben wechseln, aber den wirklichen dharma kann man nicht wechseln«[149]. »Wir sind keine Hindus. Unsere wirkliche Identifikation ist varṇāśrama . . . Es gibt vier Unterteilungen in der Gesellschaft und vier im geistigen Leben . . .«[150]. Für den Anhänger der ISKCON ist also die gesamte hinduistische Tradition verbindlich, wie sie im Glauben der Gauḍīya Vaiṣṇavas anerkannt wird. Darum wird der Bemühung um eine »autorisierte« Übersetzung der heiligen Schriften, insbesondere des Bhāgavata Purāṇa, höchste Priorität zuerkannt.
Die Gotteslehre, die in ihren äußerst komplizierten Verästelungen hier nicht dargestellt werden kann, wird in heftiger Polemik gegen den Advaita-Vedānta entfaltet. »Sogenannte Gelehrte indessen, die in Wirklichkeit nichts weiter als Halunken sind, wollen den Menschen weismachen, daß sie sich nicht dem Höchsten Persönlichen Gott hinzugeben brauchen, sondern der ›unpersönlichen, nicht manifestierten, ewigen, ungeborenen Wahrheit‹ in Kṛṣṇa. Die Māyāvādīs, die Anhänger der Unpersönlichkeitslehre, wollen nämlich nicht anerkennen, daß die Erkenntnis des Höchsten Persönlichen Gottes die höchste Verwirklichung der Absoluten Wahrheit darstellt. Die Absolute Wahrheit wird in drei Aspekten erkannt: als Brahman, als Paramātma und als Bhagavān. Unter ›Brahman‹ versteht man die unendliche Lichtfülle, die vom transzendentalen Körper des Höchsten Gottes ausgeht; ›Paramātma‹ ist der lokalisierte, alldurchdringende Überseelen-Aspekt der Absoluten Wahrheit, und ›Bhagavān‹ bezeichnet den Höchsten Persönlichen Gott Selbst, den Ursprung des Brahman und des Paramātma. Die Māyāvādīs befinden sich auf einer unteren Stufe der Erkenntnis . . .«[151]. Bhagavān aber ist Kṛṣṇa, denn Kṛṣṇa ist »der ursprüngliche Name des Höchsten Herrn in seiner ursprünglichen transzendentalen Gestalt; der Höchste Persönliche Gott«[152]. Obgleich vor 5000 Jahren als schwarzer Avatāra Viṣṇus im Dvāpara-Yuga geboren, gilt Kṛṣṇa doch als der Uranfängliche und Viṣṇu als seine »vollstän-

dige Erweiterung«, als der »alldurchdringende Persönliche Gott, ... der vor der Schöpfung in jedes materielle Universum eingeht«[153].

Außer »Erweiterungen« hat Kṛṣṇa, entsprechend der gesamten vishnuitischen Tradition, auch Avatāras. Eine Besonderheit der ISKCON-Lehre besteht darin, daß der zehnte und letzte in der Reihe der »Herabkünfte« nicht mehr in der Zukunft erwartet wird, sondern in Caitanya als bereits erschienen gilt[154]. Śiva und Brahmā werden auf den niederen Rang von Halbgöttern verwiesen, obgleich Śiva im Zusammenhang mit der Zerstörung des Universums immer noch eine wichtige Rolle spielt. Der bekannte Abschnitt BhG 7, 20–23, der im Neohinduismus gern als Beleg für die Ansicht zitiert wird, daß die Verehrung der vielen Götter im Grunde nur der einen Gottheit gilt, wird von Svāmī Prabhupāda exklusivistisch gedeutet: »Es ist nicht so, daß jeder, unabhängig davon, welchen Halbgott er auch immer verehre, die höchste Persönlichkeit der Gottheit erreichen wird. Das wird hier geleugnet ...«[155]. Unverkennbar gehört die ISKCON dem breiten Strom des sektarischen Hinduismus an, der sich aus dem Aufkommen der Bhakti herleitet und auch heute noch eine wesentliche, im Westen oft übersehene Komponente des Hinduismus darstellt.

Über das Verhältnis zwischen Gott und der phänomenalen Welt hat die Caitanya-Bewegung eine Theorie entwickelt, die später als acintya-bhedābheda-tattva bezeichnet wurde und besagt, daß die Gottheit gleichzeitig verschieden von (bheda = getrennt) und eins (abheda = ungetrennt) mit der gesamten Schöpfung ist. »Um die materielle Welt zu erschaffen, erweitert sich Kṛṣṇa als Mahā-Viṣṇu, und ähnlich wie sich Mann und Frau verbinden, um Nachkommenschaft zu zeugen, verbindet sich Mahā-Viṣṇu mit māyā, der materiellen Natur ...«[156]. Die Welt ist nur eine vorübergehende Manifestation von Kṛṣṇas niederer Energie. Insofern die Wirklichkeit durch die Māyā verschleiert ist, sind alle Phänomene, einschließlich des menschlichen Körpers, als Māyā zu charakterisieren. Insofern die Energie Kṛṣṇas aber allem zugrunde liegt und ein Teil seiner selbst darstellt, sind die Phänomene real und reflektieren etwas von ihm selbst. Sie sind wie ein Schatten der Wirklichkeit im Sinne des Buches 7 der Republik Platos, sagt der Svāmī[157].

Auch die Anthropologie ist im Sinne der Gleichzeitigkeit von Identität und Verschiedenheit ausgestaltet. Etwas vereinfacht dargestellt, bildet die »Überseele« (paramātma), der lokalisierte Aspekt Viṣṇus, den eigentlichen Wesenskern des Menschen, den es im Yoga zu entdecken gilt. Die individuelle Seele (jīva) ist von der Überseele zugleich getrennt und mit ihr eins. Die Selbstverfehlung des Menschen besteht darin, daß er sich fälschlicherweise mit seinem materiellen Körper identifiziert und damit unter die Herrschaft der Māyā gerät. Wie die überwiegende Mehrheit der indischen Bhakti-Tradition vermeidet die Lehre der ISKCON sowohl den Monismus (Advaita) als auch den Dualismus (Dvaita)[158]. In der Verkündigung Prabhupādas liegt die Betonung freilich auf der Einheit des Menschen mit der Gottheit. Die Seele ist ein Teil der Gottheit wie der Finger ein Teil der Hand ist. Der Unterschied zum Advaita-Vedānta wird freilich in der Vorliebe deutlich, mit der Prabhupāda von der vorgegebenen Beziehung zwischen Gott und Mensch spricht. »Jeder hat eine ewige Beziehung mit dem Herrn, entweder als Meister und Diener, Freund und Freund, Eltern und Kinder, Mann und Frau oder Liebender und Geliebte. Diese Beziehungen sind ewig gegenwärtig. Der ganze Prozeß der spirituellen Verwirklichung und die aktuelle Vervollkommnung des Yoga besteht darin, das Bewußtsein dieser Beziehung wieder lebendig werden zu lassen«[159]. Die verschiedenartigen Beziehungen zu Kṛṣṇa spiegeln sich in pervertierter Form in den entsprechenden irdischen Beziehungen wider, fährt er fort. In veränderter Form kann der gleiche Sachverhalt so ausgedrückt werden, daß der Mensch entweder der Wirklichkeit, nämlich Kṛṣṇa, oder der Illusion dient, da es ihm nicht gegeben ist, selbst Meister zu sein. Beide Aussagen bringen die These zum Ausdruck, daß in jedem Menschen eine latente Liebesbeziehung zu Kṛṣṇa schlummert, die entweder in der Liebe zum Vergänglichen sich einen pervertierten Ausdruck sucht oder unter der Anleitung des Guru erwacht und sich in den zwölf Emotionsstufen (rasa), den fünf grundlegenden und sieben indirekten, entfaltet[160]. Die Abwendung von den Scheinerfüllungen menschlichen Verlangens in der materiellen Welt und die liebende Hinwendung zum Höchsten machen das Wesen des Kṛṣṇabewußtseins aus. Es ist unmittelbar deutlich, daß dieser Ansatz Konsequenzen für das Verständnis der menschlichen Sexualität und menschlicher Beziehungen überhaupt haben muß.

J. Stillson Judah hat auf die Ähnlichkeit mit der christlichen Konzeption des Sündenfalls aufmerksam gemacht[161]. Die ursprüngliche Liebe zu Kṛṣṇa verkehrte sich in Lust, zu deren Befriedigung Kṛṣṇa die materielle Schöpfung manifestierte. Der Mensch hat vergessen, daß er der ewige Diener und Gefolgsmann Kṛṣṇas ist; er will selbst herrschen und kontrollieren. Darum bedarf er der Gnade Kṛṣṇas, die sich in der Begegnung mit dem Guru manifestiert. Er muß aber auch seinerseits die Hindernisse der Gnade aus dem Wege räumen, die falsche Identifizierung mit seinem Körper und seinem empirischen Ich aufgeben und sich aus der Umklammerung durch die Materie befreien, um sich Kṛṣṇa völlig hingeben zu können.

Das vornehmlichste Mittel dazu ist das Rezitieren (chanten) des bzw. der heiligen Gottesnamen. »Da Gott von seinem Namen nicht verschieden ist, können wir direkt, durch das Singen und Sagen seines heiligen Namens, mit Ihm Verbindung aufnehmen ... In den heiligen Schriften steht geschrieben, daß jeder, der auch nur einmal aufrichtig den Namen Kṛṣṇa sagt, von mehr Sünden befreit wird, als er überhaupt imstande ist, jemals zu begehen«[162]. Insbesondere das mahāmantra »Hare Kṛṣṇa, Hare Kṛṣṇa ...«[163] leistet diesen Dienst, weil alle Kräfte der Gottheit in ihren Namen eingegangen sind. Obgleich das individuelle Rezitieren möglich und sinnvoll ist, wird das gemeinsame Saṃkīrtan vorgezogen. Darum ist das gemeinsame Singen in den Straßen auch keine zufällige, durch andere ersetzbare Methode. »Das saṅkīrtana ist die eigentliche Grundlage der Lehren Caitanya Mahāprabhus und somit die eigentliche Grundlage der Hare-Kṛṣṇa-Bewegung.« Ihr Ziel ist es, »die ganze Welt mit dem saṅkīrtana, mit dem Singen der heiligen Gottesnamen zu überfluten«[164]. Mit dem Hinweis darauf, daß Caitanya das Rezitieren des Gottesnamens zum Heilsweg des Kali Yuga erklärt hat, werden andere Praktiken wie z. B. der achtgliedrige Yoga Patañjalis als unwirksam abgelehnt. »Das Zeitalter des Kali ... ist ein Ozean von Fehlern, doch es hat einen großen Vorteil – einfach durch das Chanten der heiligen Namen Gottes kann man Befreiung erlangen«[165]. Im Unterschied zu vedischen Texten, deren Rezitierung strengen Regeln unterliegt, erfolgt das Chanten in der Hare-Kṛṣṇa-Bewegung ungebunden und kann individuell variiert werden. Außer dem Mahāmantra können auch andere Mantras, insbesondere vedische Verse, individuell oder gemeinsam rezitiert werden, wobei das Verständnis des Inhalts keine Rolle spielt. Die Frömmigkeit der Hare-Kṛṣṇa-Bewegung unterscheidet sich durch ihren korporativen und ekstatischen Charakter von der individuellen und enstatischen Eigenart des traditionellen indischen Yoga[166].

Voraussetzung für die Wirksamkeit des Chantens ist freilich die strenge Einhaltung der vier Prinzipien der Lebensführung[167]: 1. Kein Genuß von Fleisch, Fisch und Eiern. Es wird erwartet, daß der Kṛṣṇa-Verehrer nur prasādam zu sich nimmt, Nahrung die zuvor Kṛṣṇa geweiht worden ist. 2. Kein Genuß von Rauschmitteln, einschließlich Alkohol, Drogen, Tabak, Kaffee und Tee. 3. Kein Glücksspiel. Auch dieses Verbot wird extensiv ausgelegt: Es umfaßt alle Arten von frivolem Spiel und Sport sowie jede Unterhaltung, die nicht mit dem Kṛṣṇabewußtsein und der Erfüllung der Pflichten zu tun haben und ähnelt insofern der pietistischen Ablehnung der Adiaphora. 4. Keine unerlaubte Sexualität. Damit ist jede sexuelle Betätigung gemeint, die nicht unmittelbar der Zeugung von Kindern dient, die im Kṛṣṇabewußtsein aufgezogen werden können. Unter das Verbot fallen also alle kontrazeptiven Mittel und Methoden. Diese Regel ist offenbar auf dem Hintergrund der Rolle zu sehen, die die Lust im Zusammenhang mit dem Fall des Menschen aus der Beziehung zu Kṛṣṇa spielt. Sie verdeutlicht die Ablehnung des Sinnengenusses durch die Bewegung. Strenge Einhaltung der vier Grundprinzipien während mindestens sechs Monaten bildet die Voraussetzung für die Initiation. Dem Meister gegenüber verpflichtet sich der Initiand zum unbedingten Gehorsam, er empfängt einen Sanskritnamen, der im allgemeinen mit Dās (Knecht, Diener) endet, und wird in das Chanten eingeführt. Eine weitere Stufe erklimmt der Jünger bei seiner zweiten, der brahmanischen Initiation, bei der ihm die heilige Schnur als Zeichen seiner neuen – spirituell gedachten – Kastenzugehörigkeit verliehen wird. Im Unterschied zu den meisten anderen hinduistischen Bewegungen im Westen wird kein individuelles Mantra gegeben. Die Investitur mit der heiligen Schnur hat es schon bei Prabhupādas Vorgängern gegeben. Walther Eidlitz berichtet, wie sie ihm von seinem Meister verliehen wurde[168].

Die Bedeutung des Guru bzw. »geistigen Meisters«, wie er lieber genannt wird, beruht bei der ISKCON weitgehend auf seiner Funktion als eines authentischen und autorisierten Lehrers. Es wurde schon darauf hingewiesen, daß das vedische Wissen in unverfälschter, von eigener Interpretation unveränderter Form weitergegeben werden muß. Unter den traditionellen Quellen der Autorität (pramāṇa), nämlich Offenbarung bzw. Schrift (śruti bzw. śabda), Vernunft (yukti) und Erfahrung (anubhava) wird in der Caitanya-Tradition der ersteren offenbar besondere Bedeutung zugemessen. Diese Verengung auf eine Quelle der Autorität verstärkt die Tendenz zur buchstäblichen Auslegung und betont die absolute Autorität des Meisters[169]. Denn dieser ist es, der durch die ununterbrochene Sukzession der Gurus (paramparā) und durch sein Gegründetsein im Göttlichen die Unverfälschtheit der Offenbarung garantiert. Daß der Kṛṣṇa-Glaube, wie ihn die ISKCON vertritt, ein reiner Autoritätsglaube ist, wird von Svāmī Prabhupāda selbst immer wieder betont (»Wenn Sie die wirkliche Autorität, den Ursprung des Wissens akzeptieren, dann sparen Sie viel Zeit«[170]) und durch den Verzicht der Anhänger auf eigene Meinung und eigene Interpretation und ihr beständiges Rekurrieren auf Äußerungen des Meisters und Zitieren von Schriftstellen bestätigt.

J. S. Judah stellte fest, daß er bei seinen Kontakten mit der Hare-Kṛṣṇa-Bewegung nie als Sanskritkenner in Anspruch genommen und gefragt wurde[171]. Das hängt damit zusammen, daß authentische Lehre und Information von Nicht-Gottgeweihten nicht erwartet werden kann oder darf. »Die Worte Gottes sind immer erhaben, aber sobald sie von einer Schlange in Form eines Nicht-Gottgeweihten berührt werden, muß man sich sehr vor dem Hören hüten«[172]. Authentische Lehre ist also auf den Meister und – in abgeleiteter Autorität – die von ihm geprägten Jünger beschränkt.
Ein Leben im Kṛṣṇabewußtsein kann sowohl in der Ehelosigkeit als in der Ehe geführt werden. Auf der Basis der Lehre von den vier Lebensstadien (āśrama) wird von Unverheirateten nach der Initiation eine zumindest zweijährige Zeit der Ehelosigkeit als Brahmacārī verlangt. Danach kann er unter Vollzug eines vedischen Ritus mit dem heiligen Feuer die Ehe mit einer Gottgeweihten eingehen, die im Sinne der vier Grundprinzipien zu führen ist. Umgekehrt kann auch ein Haushalter, wenn die Voraussetzungen gegeben sind, die Gelübde des »Mönchs« (saṃnyasin) ablegen, wie es Prabhupāda selbst 1950 getan hat. Dem dritten Lebensstadium des Waldeinsiedlers kann die ISKCON trotz prinzipieller Anerkennung keinen hohen Wert zugestehen, da ihre Frömmigkeit grundsätzlich gemeinschaftsbezogen und aktiv – als Dienst für Kṛṣṇa – ist. Darum ist die bevorzugte Lebensweise für Ledige wie für Verheiratete diejenige im Tempel.
Dort wird gemeinsam die dreimal täglich stattfindende Ārātrika-Zeremonie gehalten, die dem Dienst der in Idolen präsent gedachten Gottheit, dem gemeinsamen Chanten von Mantras, insbesondere des Mahāmantra und dem ekstatischen Tanzen gewidmet ist. Als Götterbilder werden diejenigen von Rādhā und Kṛṣṇa oder die Jagannāth-Idole nach dem Vorbild von Puri bevorzugt. Daneben gibt es Bilder von Svāmī Bhaktivedānta und solche von Caitanya sowie von Advaitācārya, Nityānanda, Gadādhara und Śrīvāsa, die zusammen mit Caitanya den Avatāra bilden[173]. Gemeinsam werden auch die Studienzeiten mit Vorlesungen etc. und die Arbeitszeiten verbracht. Private Meditation im strengen Sinn des Wortes gibt es nicht, wohl aber hat jeder Einzelne täglich achtmal den Rosenkranz mit 108 Perlen zu chanten. Außer den Sanskrit-Mantras werden auch devotionale Gesänge (bhajan) in Sanskrit und Bengali gemeinsam gesungen, keine jedoch in nichtindischen Sprachen.
Die Liste von Beispielen ließe sich verlängern, die die nahezu vollständige Integration der westlichen Kṛṣṇa-Anhänger nicht nur in hinduistische Vorstellungen und Praktiken in der von den Gauḍīya Vaiṣṇavas vertretenen Form, sondern auch in die Hindu-Kultur

dokumentieren. Dazu gehört nicht nur die traditionelle Verehrung der heiligen Kuh, sondern auch das Feiern einer Reihe von Hindufesten, wie dem Wagenfest (Rathayātrā) nach dem Vorbild Puris, den Erscheinungstagen Rādhās, Kṛṣṇas, Caitanyas und dem des Meisters Śrīla Prabhupāda u. a. m.

5. *Aurobindo, die Mutter und Auroville*

Die Ausstrahlung Śrī Aurobindos[174], seines seit 1926 von Mira Richard, geb. Alfassa, der »Mutter« geleiteten Āśrams in Pondicherry und der nach ihm benannten, 1968 gegründeten »Stadt des Zukunftsmenschen« Auroville hat viele Menschen des Westens angezogen. Da Aurobindo (1872–1950) und die Mutter (1878–1973) jedoch nicht umherreisten, schon gar nicht im Westen, und überdies der genius loci eine wichtige Rolle spielt, wie von Besuchern immer wieder bezeugt worden ist, konnte der Schwerpunkt des entstehenden Anhängerkreises nur in Pondicherry liegen, nicht im Westen. Da die Botschaft Aurobindos ihrem Wesen nach nur für einen kleinen Kreis bestimmt und religiöse Propaganda mit ihr nicht vereinbar ist – die Mutter hat den Gedanken an predigende Missionare weit von sich gewiesen[175] – war sie nicht geeignet, etwas den indischen religiösen Bewegungen im Westen Vergleichbares entstehen zu lassen. Insofern gehört sie eigentlich nicht in den Umkreis dieser Untersuchung. Andererseits beschränkt sich die Wirkung Aurobindos nicht auf das Literarische, wie etwa diejenige S. Radhakrishnans. Eine gewisse Tendenz zur Gruppenbildung wohnt ihr inne und hat sich im Lauf der Zeit verstärkt, zumal mit der Gründung Aurovilles und der Entstehung von Freundeskreisen Aurovilles. Außerdem ist die Evolutionsthematik bei den hinduistischen Bewegungen im Westen von erheblicher Bedeutung und läßt sich ohne eine Würdigung Aurobindos schwer verständlich machen.

Eine weitere Schwierigkeit liegt in der Frage, ob es sich bei den Kreisen, die sich um Aurobindo und Auroville gesammelt haben, überhaupt um indische oder gar hinduistische Gruppen handelt. Wohl hat das offizielle Indien Aurobindo als einen seiner großen Söhne gefeiert, und auch Aurobindo selbst hat seine Lehre als eine Entfaltung der vedischen Tradition verstanden. Erst langsam ist er sich seines Abstandes von ihr bewußt geworden[176]. Andererseits hat der 1872 in Kalkutta Geborene seine Jugend in England verbracht und ist erst 1893 als Erwachsener, mit westlichem Bildungsgut vollgesogen, nach Indien zurückgekehrt. Die »Mutter«[177] war eine

französische Jüdin und hatte ihre erste geistige Prägung von den okkulten Traditionen empfangen, denen sie in Frankreich und Nordafrika begegnet war. Unter ihren Mitarbeitern bei der Planung und Verwirklichung von Auroville waren viele Weiße, insbesondere Franzosen. Es ist schwierig, wenn nicht überhaupt unmöglich, die indischen und westlichen Einflüsse zu unterscheiden, zumal Aurobindo grundsätzlich keine Quellen angibt. Es gibt aber zu denken, daß die Basis der Aurobindo-Anhänger in Indien schwach ist und daß Auroville sich bemühen mußte, im eigenen Lande nicht als Fremdkörper zu wirken[178]. Daß die Aurobindo-Anhänger eine Größe sui generis darstellen und nicht ohne weiteres unter die hinduistischen Bewegungen im Westen zu rechnen sind, wird auch daran sichtbar, daß ihre Kommunikation in Indien sich faktisch auf das Englische beschränkt und daß sich das kultische Leben ausschließlich um die Verehrung Aurobindos – den täglichen Besuch seines Grabmals – und der Mutter dreht[179].
Nach dem Tod Aurobindos im Jahr 1950 ist es zur Entstehung kleiner organisierter Gruppen von Anhängern im Westen gekommen, die sich zunächst auf anspruchsvollem intellektuellem Niveau vornehmlich mit dem Studium seiner Schriften und allgemein mit der kulturellen Ost-West-Thematik beschäftigten. Sie sind im Grunde noch der zweiten Phase der elitären, primär intellektuell ausgerichteten Gruppenbildung des Hinduismus im Westen zuzurechnen. 1951 entstand[180], gegründet von dem Aurobindo-Schüler Dr. Haridās Chaudhuri, in San Francisco die »Cultural Integration Fellowship«. 1953 folgten das East-West Cultural Centre, Los Angeles, und die Aurobindo International Center Foundation, New York. 1963 wurde der deutsche Zweig der Internationalen Sri Aurobindo Gesellschaft gegründet (Pfarrer H. Kappes).
Einen stärkeren Praxisbezug vermittelte die Arbeit in und für Auroville. Die Pläne zur Errichtung dieser »Stadt des Zukunftsmenschen« nahmen Mitte der sechziger Jahre im Geist der »Mutter« Gestalt an, knüpfen freilich möglicherweise an Ideen über die Schaffung einer »idealen Gemeinschaft« an, die sie schon 1912, zwei Jahre vor ihrer Begegnung mit Aurobindo, schriftlich niedergelegt hatte[181]. Die 1968 erfolgte Gründung Aurovilles erforderte einen großen praktischen Arbeitseinsatz, ganz im Sinne der Aurobindoschen Hochschätzung der Handarbeit, bei den Bauarbeiten und für das Aufbringen der nötigen Finanzmittel. Auroville wurde das Zentrum für erzieherische, künstlerische und spirituelle Bestrebungen, an denen sich vor allem westliche Jugendliche beteiligten. Heimgekehrte Aurovillianer schlossen sich zu Freundeskreisen zusammen, so z. B. 1971 zur Gemeinschaft der Freunde Aurovilles

in München. Die 1977 erfolgte Umbenennung in »Gemeinschaft zur Förderung von Auroville und Mirapuri e. V.« signalisiert einen weiteren Schritt vorwärts, nämlich den Plan, ein westliches Pendant zu Auroville zu schaffen, das den Namen der 1973 verstorbenen Mutter tragen soll. Schon früher war die Möglichkeit erörtert worden, »die Einkörperung der Seele Europas« könne sich »in einer Neugründung ausdrücken, einem Ort, an dem ein ganzheitliches Gemeinschaftsleben zur Entfaltung kommt«[182]. Dem soll offensichtlich Mirapuri dienen. So stehen sich gegenwärtig zwei Kreise von Aurobindo-Anhängern gegenüber: Die älteren, die stärker intellektuell ausgerichtet sind, und die jüngeren, denen es um das konkrete Experimentieren mit neuen Lebens- und Arbeitsformen geht.

Es ist in diesem Zusammenhang weder möglich noch sinnvoll, die Linien des vielschichtigen Denkens Aurobindos nachzuziehen. Nur jene Elemente daraus, die für das Verständnis der Auroville-Konzeption notwendig sind, bedürfen einer Skizzierung, und zwar in der Gestalt, wie sie von der Mutter nach dem Tod Aurobindos weiterentwickelt worden sind. Es handelt sich dabei erstens um die Bedeutung, die das Konzept der »Herabkunft« (Avatāra) für das Evolutionsverständnis hat, und zweitens um den Gedanken einer Transformation der Materie. Im Denken Aurobindos entspricht dem evolutionären Aufstieg von der Materie über das vitale Leben und das menschliche Bewußtsein (das »Mentale«) bis hin zum Supramentalen der Abstieg einer immer höheren Bewußtseinskraft. »So betrachtet, erscheint jede Stufe der Evolution als das Ergebnis des Herabsteigens einer immer höheren Bewußtseinskraft, die unsere irdische Ebene erhöht und neue Daseinsschichten hervorbringt[183].« War die Materie bereits eine Gestalt verborgenen Lebens, so ist das mentale Bewußtsein wiederum »eine Gestalt und Hülle höherer Zustände« jenseits des Mentalen. Strebendes Bemühen von unten ist auf die gnädige Herabkunft von oben angewiesen, beides zusammen bewirkt die Erschaffung einer Rasse mit dem Prinzip des supramentalen Bewußtseins – Aurobindos Version des Nietzeschen Übermenschen. Aurobindo verbindet also die in der Tradition getrennten Motive des Avatāra und des individuellen Yoga-Aufstiegs und verschmilzt beide zur Idee der kollektiven Evolution. Diese bedarf freilich der Förderung und des Vorbilds Einzelner, in denen die »Herabkunft« des Göttlichen sich manifestiert[184].

In diesem Zusammenhang sind nach der Darstellung von M. Klostermann drei Daten in der Geschichte des Aurobindo-Ashrams von besonderer Bedeutung. Das erstere, der sog. Siddhi-Tag, wird dort alljährlich gefeiert. Am 24.11.1926 erfuhr Aurobindo die Herabkunft noch nicht des supramentalen, wohl aber des übermentalen (overmind-)Bewußtseins ins Physische. Diese Herabkunft, die er mit derjenigen Kṛṣṇas identifizierte, sollte die Herabkunft des Supramentalen vorbereiten (S. 47). Bedeutete das gegenüber den hochgespannten Erwartungen schon eine Verzögerung, so setzte sich dieser Prozeß im Leben der Mutter nach Aurobindos Tod (1950) fort. Am 29.2.1956, zwanzig Jahre nach dem »Siddhi-Tag«, erfuhr die Mutter nach ihrer eigenen Aussage »die Herabkunft des Supramentalen auf die irdische Ebene, in das Schwingungsfeld der Erde«. »Ich . . . stand vor einer großen und massiven goldenen Tür, welche die Welt von dem Göttlichen trennte . . . Ich hob einen mächtigen goldenen Hammer. Ein Schlag . . . und sie zerfiel in Stücke. Dann eilten das supramentale Licht, die supramentale Kraft und das supramentale Bewußtsein in einem ununterbrochenen Strom auf die Erde« (S. 95). Weitere dreizehn Jahre später, am 1.1.1969, erfuhr die Mutter eine weitere Herabkunft, die sich freilich auch noch nicht als die der »supramentalen Persönlichkeit« herausstellte, sondern als die »Herabkunft des Bewußtseins des Zukunftsmenschen«, d. h. des »Bindeglieds zwischen dem Menschen und dem supramentalen Wesen« (S. 154ff.). 1958 hatte die Mutter von der notwendigen »Zwischenstufe« zwischen der supramentalen und der physischen Welt gesprochen und angedeutet, daß sie selbst diese Funktion wahrnehme (S. 98ff.). Nach der Herabkunft des »Zukunftsmenschen« 1969 erklärte sie wiederum: »Es ist merkwürdig, als wenn es mir übertragen worden wäre, alle, die in meine Nähe kommen, damit in Verbindung zu setzen« (S. 158). Das war ein Jahr nach der Gründung von Auroville am 28.2.1968. Ende 1969 drängte die Mutter darauf, Auroville müsse von seinem Zentrum, dem »Matrimandir« (Tempel der Mutter) aus gebaut werden. Diesen Tempel hat sie als »Symbol für die Antwort des Göttlichen auf die Sehnsucht des Menschen nach Vollkommenheit« (S. 186) gedeutet, eine Umschreibung der »Herabkunft«. 1974 heißt es in der Zeitschrift »Für die Zukunft«: »Die Bedeutung des *Matrimandir* ist nicht nur symbolisch, d. h. eine Darstellung höherer Wirklichkeit mit Hilfe stofflicher Mittel. Art und Weise der Anordnung und Bewußtseinskonzentration machen es zu einem Bindeglied (sic!) zwischen den über- und unterbewußten Seinsbereichen des Universums, zu einem Ort der aktiven Manifestation spiritueller Kräfte. So wie die physische Tonschwingung im *Mantra* zum Träger der Urschwingung wird und dem Sucher dadurch das Geheimnis der *Göttlichen Gegenwart* eröffnet, kann die Anordnung der Materie, der atomaren Kräfte und ihrer Schwingungen gebündelter Energie und die sich daraus ergebenden Bildekräfte im *Yantra* zum Tor der Einweihung werden. Man kann darum das *Matrimandir* mit dem tantrischen Purushakara Yantra vergleichen, das im Zentrum die irdische Seinsebene (bhurloka) darstellt und darüber und darunter in einer auf- und absteigenden Reihenfolge sieben überbewußte Seinsebenen (lokas) und sieben unterbewußte Bereiche (talas). Das *Matrimandir* als Konzentrationspunkt der Welten stellt in dieser Funktion den Ort der erleuchtenden Einweihung dar, der Offenbarung der Vergöttlichung der Materie«[185]. Gewiß gibt es auch Aussagen, Auroville sei »die universelle Verwirklichung des Yoga der integralen Transformation«[186] oder ein »Versuch kollektiver Verwirklichung«[187] – Aussagen, die auf den Aspekt menschlicher Verwirklichung in der »Stadt des Zukunftsmenschen« abheben. Andererseits ist Auroville bewußt in einer »tantrischen Form«, in Gestalt eines Maṇḍala angelegt und der »Tempel der Mutter« als »genaue Raumprojektion eines alten tantrischen Symbols, das mit Schöpfung und Einheit zusammenhängt«, bezeichnet worden[188]. Ein Symbol also, aber doch mehr als ein Symbol – daran wird deutlich, daß die Mutter dem Bau als solchem bereits eine fast magisch zu nennende Mittlerfunktion zuschreibt, die ihre eigene Mittlerfunktion als »Zwischenstufe« und »Bindeglied« zwischen supramentaler und physischer Welt auch nach ihrem Tod fortsetzt. Es führt also eine Linie von der Herabkunft des Overminds 1926 über diejenige des supramentalen Lichts usw. von 1956 und des Bewußtseins des Zukunftsmenschen von 1969 bis hin zur Errichtung des Matrimandir. Es handelt sich um Marksteine auf dem Wege der göttlichen »Herabkunft« und des entsprechenden evolutionären Aufstiegs der Menschheit zum supramentalen Bewußtsein. Die Vollendung, die letzte Stufe der Herabkunft, bleibt freilich einer ungewissen Zukunft überlassen, denn obgleich die Mutter eine »Hüterin des Matrimandir« eingesetzt hat, gibt es offensichtlich keine Nachfolge von der Art, daß das Werk Aurobindos und der Mutter mit dem Schlußstein gekrönt werden könnte.

Man möchte gern wissen, ob Aurobindo mit der Entwicklung, die das Werk nach seinem Tod unter der Leitung der Mutter genommen hat, einverstanden gewesen wäre. Angesichts der Vielschichtigkeit seines Werks ist diese Frage wohl nicht mit Sicherheit zu beantworten. Das starke Interesse der Mutter an einem monumentalen, als wirkkräftig gedachten tantrischen Symbolismus ist aber auffällig. Sollte sich der Plan verwirklichen lassen, »Mirapuri« als westliches Gegenstück zu Auroville zu errichten, so würde sich diese Tendenz wohl noch verstärken[189]. Die Errichtung von Zentren zur Verwirklichung auf die Zukunft gerichteter Lebensformen ist als solche nichts Außergewöhnliches. Ein in Riesenbauten und großen Stadtplänen ausgedrückter tantrischer Symbolismus ist jedoch singulär. Gewiß vermag er zu signalisieren, daß der Aufstieg zum Supramentalen in den Augen Aurobindos und der Mutter nicht allein das Ergebnis menschlicher Anstrengung ist. Überdies ermöglichen die Bauprojekte eine Integration von spiritueller Bemühung und körperlicher Arbeit, wie sie Aurobindo vorgeschwebt hat. Andererseits ist schon jetzt abzusehen, daß auf diese Weise die Energien der Auroville- und Mirapuri-Freunde auf lange Zeit hin völlig mit Beschlag belegt sein werden. In Auroville steht man bereits vor der Tatsache, daß die weitläufige Bauplanung sich nicht durchhalten läßt. Auch die sonstigen Experimente, vor allem im erzieherischen und künstlerischen Bereich, werden es auf längere Sicht schwer haben, dem hohen Anspruch, das Hereinbrechen des Supramentalen zu dokumentieren, gerecht zu werden.

In Auroville wird, wie es dem neohinduistischen Denken entspricht, nicht zugestanden, daß der »Tempel der Mutter« ein religiöses Bauwerk sei. Er stehe vielmehr »über allen Religionen«[190]. K. W. Bolle jedoch, der schon 1962 auf die tantrischen Elemente bei Aurobindo hingewiesen hatte[191], muß sich durch die Entwicklung der letzten zehn Jahre bestätigt fühlen. Ein so massiver tantrischer Symbolismus kommt nicht plötzlich aus dem Nichts.

Die Einbeziehung der Materie in den evolutionären Heilsprozeß ist die zweite Konzeption Aurobindos, die im Zusammenhang mit dem Selbstverständnis Aurovilles zu erwähnen ist. Daß sie im Tantrismus vorgebildet war, hat Aurobindo selbst gesehen. »Die Disziplin des Tantra-Yoga ist ihrer Natur nach Synthese. Sie hat die umfassende universale Wahrheit ergriffen, daß es zwei Pole des Seins gibt ... brahman und shakti, Spirit und Natur ... Die Tantra-Methode will die menschliche Natur in die manifestierte Macht des Spirit erheben«[192]. Im Unterschied zum tantrischen Kuṇḍalinī-Yoga setzt Aurobindo aber nicht im Körperlichen, sondern im Mentalen an. »Das uns inspirierende Motiv ist: auf kürzestem Wege zur umfassenden Entfaltung spiritueller Kraft und spirituellen Wesens zu gelangen und dadurch die befreite Natur im Bereich des menschlichen Lebens zum göttlichen Wesen zu erheben«[193]. Die Bewußtseinskraft (chitśakti) kann in die Materie »eindringen« und »ausstrahlen«. In den Augen Aurobindos und der Mutter manifestiert sich der Sieg des Supramentalen in der Transformation der Materie und in der Schaffung eines supramentalen Körpers. Seit 1967 seien die in Auroville geborenen Kinder »von einer sehr

besonderen Art«[194]. Die Zahl der von der Mutter erfahrenen »Herabkünfte« vermehrte sich am 21.2.1972 um die Manifestation eines neuen Körpers: »Ich weiß nicht, ob es der supramentale Körper ist oder ... ein Übergangskörper, aber ich hatte einen neuen Körper, in dem Sinn gänzlich neu, als er geschlechtslos war ...«[195]. So wird denn auch berichtet, daß nach dem Tod der Mutter der Verfall ihres Körpers nur mit erheblicher Verzögerung einsetzte. Ähnliches hatten sich schon die Jünger Svāmī Yogānandas nach dem Tod ihres Meisters von der Friedhofsverwaltung bestätigen lassen[196]. Die Schaffung eines supramentalen Leibes mußte auch deshalb von großer Bedeutung sein, weil sich in ihr die Wiederkehr Aurobindos vollziehen soll. »Ich werde mich wieder offenbaren im ersten Körper, der auf supramentale Weise gebildet wird«[197]. Otto Wolff hat den »Asketizismus und Okkultismus«, der mit der Gestalt der Mutter verbunden wird, als die tragische Seite der Größe von Pondicherry beklagt. »Und darum endet man nicht beim wirklichen Menschen mit seinen wirklichen Möglichkeiten, sondern beim Homunkulus des Okkultismus und der Magie«[198]. Aber ist es nicht Aurobindo gerade um die Transzendierung dieses wirklichen Menschen und seiner Möglichkeiten gegangen?
Die großen Möglichkeiten, die Auroville erzieherischen, künstlerischen und spirituellen Experimenten bietet, reichen allein schwerlich aus, die Herabkunft dessen, was Aurobindo das Supramentale nennt, überzeugend zu dokumentieren. Dazu bedarf es vielmehr der Sprache der Religion: Aurobindo und die Mutter werden als Gefäße der Herabkunft zu Empfängern religiöser Verehrung, tantrischer Symbolismus kennzeichnet die »Stadt des Zukunftsmenschen« als kosmisches Zentrum, an dem Himmel und Erde einander begegnen, und die uralten Hoffnungen der tantrischen Alchemie auf Verwandlung der Materie stehen vor ihrer Erfüllung[199].

6. *Meher Bābā*

Meher Bābā[200] nimmt in mancher Hinsicht eine Sonderstellung unter den hier zu behandelnden Männern ein. Er hat im Westen zwar eine Anhängerschaft gewonnen, nicht aber eine einheitliche Organisation gegründet. Vor allem ist er unter den westlichen Gurus der einzige, der eindeutig als Nichthindu bezeichnet werden kann. Im strengen Sinn sind die Meister des Rādhāsoāmī und des Ruhāni Satsaṅg zwar auch keine Hindus, sie gehören aber dennoch in den weiteren Bereich des Reformhinduismus. Meher Bābā (1894–1969), mit bürgerlichem Namen Merwan Sheheriar Irani, als Sohn persischer Eltern in Puna (Maharashtra) geboren, hat seine religiöse Prägung in einer synkretistischen Atmosphäre empfangen. Seiner Herkunft nach wohl ein Parsi – er bezeichnet sich selbst als »Zoroastrier«[201] – führt er seine 1913 erfolgte religiöse Erweckung auf seine Begegnung mit der islamischen »Sūfī-Heiligen« Hazrat Bābājan zurück, die 1931 im angeblichen Alter von 133 Jahren starb. War es bei dieser Begegnung ein Kuß auf die Stirn, so neun Monate später ein Steinwurf Upasani Bābās (= Kaśināth Govinda Upasani Śāstrī), der ihn an der Stirn traf und ihn für weitere neun Monate in Trance versetzte. Upasani Bābā, ein Brahmane aus der Nähe von Nasik, war ein Schüler des bekannten Sāi Bābā von Shirdi. Sāi Bābā[202] war 1872 als Sechzehnjähriger nach Shirdi gekommen, hatte sich in der dortigen Moschee niedergelassen, nachdem ihm das Verbleiben im Tempel verboten worden war, und hatte eine Wirksamkeit als Asket und Wundertäter begonnen, die ihm unter Hindus und Muslimen einen großen Ruf als Fakīr einbrachte. Nach seinem Tod 1918 wurde sein Grabmal eine Stätte der Verehrung für Angehörige beider Religionen. Einen Nachfolger im strengen Sinn besaß er nicht. Der genannte Upasani Bābā ließ sich 1914 drei Meilen von Shirdi entfernt in Sakuri nieder, wo er vor allem durch den von ihm 1917 gegründeten und von seiner Jüngerin Mātā Godāvarī geleiteten Mädchen-Āśram (Kanyā Kumārī Sthan) bekannt wurde. Bei Upasani Bābā und Mātā Godāvarī hat sich das hinduistische Element, wenngleich in unorthodoxer Gestalt, wieder stärker durchgesetzt. Das trifft auch für den 1926 in einem ganz anderen Teil Indiens, nämlich in Puttaparthi in Andhra Pradesh geborenen und wirkenden Sathya Sāi Bābā zu, der sich zwar als Wiederverkörperung des Sāi Bābā von Shirdi versteht, aber durch keinerlei historische Beziehungen mit diesem verknüpft ist[203].

Im Zusammenhang mit Meher Bābā ist soviel von Bedeutung, daß er in den Umkreis der Sāi-Bābā-(Shirdi-)Tradition gehört, die in ihrem Ansatz synkretistisch ist. Meher Bābā hat die Theorie vertreten, daß die Welt nie ohne fünf Lebende Meister (Sadguru, Quṭb) gewesen ist. Zu denen seiner Zeit zählte er außer den bereits genannten Sāi Bābā, Upasani Bābā und Hazrat Bābājan noch Nārāyaṇ Mahārāj (gest. 1945) von Kedgaon und Tajuddin Bābā (gest. 1925) von Nagpur. Sie seien es gewesen, die die Herabkunft des Göttlichen in Gestalt des Avatāra Meher Bābā veranlaßt hätten[204]. Auch diese fünf Namen verdeutlichen die synkretistische Atmosphäre, die Meher Bābā geprägt hat. Die reichliche Verwendung von Sūfī-Terminologie durch ihn bestätigt das. Oft führt er hinduistische und islamische Begriffe der Kosmologie nebeneinander auf.

Eine weitere Gemeinsamkeit mit der Sāi-Bābā-Tradition liegt in der Unberechenbarkeit und manchmal an Verrücktheit grenzenden Eigenart von Meher Bābās Verhalten. Sein starkes Interesse an Geisteskranken und seine Fürsorge für diejenigen unter ihnen, denen er echten religiösen Wahnsinn zuschrieb, liegt auf dieser Linie.

Charles S. J. White hat auf die Übereinstimmung der Sāi-Bābā-Bewegung mit gewissen Eigentümlichkeiten der sich von Gorakhnāth herleitenden Nāthpanthīs und mit Kabīr aufmerksam gemacht[205]. Wenn das zutrifft, so bestätigt sich einmal mehr die Bedeutung dieses Traditionsstromes, der auch den Rādhāsoāmī und den Ruhāni Satsaṅg und in geringerem Maße die Divine Light Mission durch seine Nachwirkungen beeinflußt hat, für die indischen Bewegungen im Westen. Auch abgesehen von Meher Bābā hat die Sāi-Bābā-Tradition ihre Attraktivität auf Menschen des Westens erwiesen. Sowohl in Shirdi als auch in Puttaparthi gibt es westliche Jünger; in den USA ist eine Reihe von Sathya Sāi Samitis entstanden[206].

Meher Bābā hat seiner Lehre keine zentrale Bedeutung zugemessen, obgleich seine Botschaft in etlichen Büchern zusammengefaßt ist. »Ich kam nicht zu lehren, sondern zu erwecken«[207]. Nicht seine Lehre, sondern seine Liebe wollte er von den Menschen angenommen wissen. Sein Interesse für Bewußtseinsebenen und -zustände, das er mit den Rādhāsoāmīs teilt, soll freilich nicht unerwähnt bleiben. Er unterscheidet zehn Bewußtseinsebenen[208], von denen die ersten sechs mit der Entfaltung der Schöpfung bis hin zur Entstehung des Menschen zusammenhängen. Auf die siebente und achte Ebene der Identitätserkenntnis bzw. des Absorbiertwerdens in Gott läßt er auf der neunten und zehnten Ebene Zustände folgen, die eine Kombination von Gottes- und Normalbewußtsein, d. h. von Versenkung und Handeln ermöglichen – eine Thematik, die sich bis hin zur TM durch viele der indischen Bewegungen im Westen hindurchzieht. Der Einfluß des Sūfismus auf Meher Bābā zeigt sich darin, daß er diese Bewußtseinszustände als die »zehn Zustände (states) Gottes« interpretiert und den Aufstieg zum menschlichen Bewußtsein und weiter zum Gottesbewußtsein als Prozeß deutet, in dem Gott zum Bewußtsein seiner selbst gelangt[209]. Den höchsten Zustand erlangt Gott am Ende dieses Prozesses, nämlich auf der zehnten Ebene in der menschlichen Form des Vollkommenen Meisters. Allein in dieser Gestalt vermag die Gottheit von ihren Attributen vollen Gebrauch zu machen. Der Vollkommene Meister, weit entfernt davon, Gott nur in einer niederen Gestalt zu repräsentieren, erlaubt ihm vielmehr, zu seiner höchsten Vollendung zu gelangen. Unter diesen Umständen ist es

nicht verwunderlich, daß die Selbstprädikationen Meher Bābās keine Grenzen kennen: Er ist der Allerhöchste, der Barmherzige Vater, der Ewige u.a.m.
Seit 1921 stand Meher Bābās Selbstverständnis als Avatār fest. Bereits 1925 legte er ein Schweigegelübde ab, an das er sich bis zu seinem Tod 1969 gehalten zu haben scheint. Die Kommunikation durch ein Buchstabenbrett beendete er erst 1957. So kam es dazu, daß die welterschütternde Botschaft, deren Verkündigung sein Schweigen beenden sollte, ausblieb. Seine öffentliche Wirksamkeit war also erheblichen Einschränkungen unterworfen, auch diejenige im Westen, die 1931/32 mit seiner ersten Reise begann. Vorher hatte er bereits – 1928 – seinen Verwandten Rustom Irani nach England geschickt, in der vergeblichen Hoffnung, englische Schüler für sein Schulprojekt zu gewinnen. Weitere Reisen in den Westen folgten 1934, 1952 und 1956. Bekannt wurden vor allem seine Aufenthalte in Hollywood und seine dortigen Bekanntschaften mit Filmstars. Da er auf die Gründung einer zentralen Organisation verzichtete, kam es zur Bildung lokaler Gruppen und zweier formeller Vereinigungen von »Bābā-lovers«. »Sufism Reoriented« in San Francisco verkörpert die strengere Richtung im Unterschied zur »Society for Avatar Meher Baba« in New York City. Beide Bezeichnungen spiegeln den komplizierten religionsgeschichtlichen Hintergrund wider. Am bekanntesten wurde das lokale »Meher Spiritual Center« in Myrtle Beach, South Carolina.
Wie Svāmī Yogānandas Self-Realization Fellowship erlebte die Meher-Bābā-Bewegung gegen Ende der sechziger Jahre einen neuen Aufschwung durch den Zustrom überwiegend junger Menschen, der auch durch seinen 1969 erfolgten Tod zunächst nicht zurückging. Auch in Europa entstanden einige Zentren (London, Egg/Schweiz). Das Interesse der Hippie-Generation entzündete sich nicht zuletzt an der scharfen Absage, die Meher Bābā der Droge als Mittel der Bewußtseinsveränderung erteilte[210]. Die Anhängerzahl wird für die USA auf 7000 geschätzt[211].

7. Svāmī Śivānanda (Divine Life Society) und seine Schüler

Die 1936 von Svāmī Śivānanda Sarasvatī gegründete Divine Life Society[212] gehört zu denjenigen Gruppen, die nicht zum Zweck der Ausbreitung im Westen gegründet wurden, aber schon früh einzelne Anhänger aus dem Westen gewinnen konnten und schließlich zur Gründung von Zentren in Amerika und Europa fortschritten. Das geschah, in der zweiten Generation, durch eine Reihe von

Jüngern Śivānandas, wie noch zu zeigen sein wird. Der Gründer selbst hat den Westen nicht besucht. Er selbst und einige wichtige seiner Jünger, darunter sein Nachfolger Svāmī Chidānanda, sind ihrer Herkunft nach Südinder aus Tamilnad bzw. Kerala.
Svāmī Śivānanda[213] wurde als P. V. Kuppusvāmī Iyer in Tamilnad geboren, empfing seine Ausbildung am christlichen SPG-College und am Medical College Tanjore, wirkte ungefähr zehn Jahre als Arzt in Malaya, sagte 1923 der Welt ab und ließ sich in Rishikesh von Svāmī Viśvānanda Sarasvatī, einem Mönch aus der Schule Śaṅkaras, initiieren. Christliche Einflüsse aus der College-Zeit scheinen eine nicht unbedeutende Rolle dabei gespielt zu haben. Es wird jedenfalls berichtet, daß er auf seiner geistlichen Suche auch die Bibel und die Imitatio Christi des Thomas a Kempis studiert habe. Auch als Mönch widmete er sich weiter der ärztlichen Tätigkeit, wie auch später die Hospitalarbeit ein fester Bestandteil der Tätigkeit der Divine Life Society in Rishikesh wurde. Die Gründung dieser Gesellschaft erfolgte 1936. 1948 entstand am gleichen Ort die Yoga Vedanta Forest Academy. Aus ihr gingen später einige tüchtige Svāmīs hervor, die Śivānandas Botschaft in den Westen brachten. Der Leiter der Forest Academy, Svāmī Chidānanda, im Jahre 1916 in Südindien als Śrīdhar Rao geboren, übernahm nach Śivānandas Tod 1963 die Präsidentschaft der DLS. Schon vorher, 1959, hatte er, ein früherer Student des Loyola Colleges in Madras, dem eine starke Sympathie für das Christentum nachgesagt wird[214], eine erste Auslandstour begonnen, die ihn drei Jahre lang durch verschiedene Länder führte. Ein anderer Professor der Yoga Vedanta Forest Academy, Svāmī Vishnu Devānanda[215], 1927 als Kuttan Nair geboren, war 1957 in den Westen gekommen und hatte sich 1959 in Montreal in Kanada niedergelassen, wo er ein Sivananda Yoga Vedanta Centre gründete. Die Errichtung weiterer Sivananda Yoga Vedanta Zentren durch den »fliegenden Svāmī« folgte. Von besonderer Bedeutung sind das Hauptquartier in Val Morin in der kanadischen Provinz Quebec und das Zentrum auf Paradise Island (Bahamas). Svāmī Satchidānanda[216], ein Schüler Śivānandas und ehemaliger Professor der Yoga Vedanta Forest Academy, der auch von Ramaṇa Maharṣi und Śrī Aurobindo beeinflußt ist, kam nach einigen Jahren der Wirksamkeit in Sri Lanka 1967 in die USA und wirkte im Rahmen des von ihm gegründeten »Integral Yoga Institute« vor allem unter der amerikanischen Jugend. Ein weiterer Jünger Śivānandas, Svāmī Veṅkateśānanda, errichtete sein Zentrum auf Mauritius im Indischen Ozean und wirkte ebenfalls in den USA, wo er auch mit Svāmī Vishnu Devānanda zusammenzuarbeiten scheint[217]. Auch der

Gründer des 1966 in Winterthur in der Schweiz errichteten »Divine Life Zentrums«, Svāmī Oṃkarānanda[218], ist anscheinend ein Schüler Śivānandas. Er ist freilich vor allem durch Konflikte mit der dortigen Bevölkerung bekannt geworden. Offensichtlich hat es die anziehende Persönlichkeit Svāmī Śivānandas vermocht, eine Reihe qualifizierter Jünger heranzubilden, insbesondere in der Yoga Vedanta Forest Academy, die in der Lage waren, seine Botschaft bereits im Jahrzehnt vor seinem Ableben in den Westen zu tragen. Die Verbindung zum Zentrum in Rishikesh wurde nicht durch organisatorische Zentralisierung aufrechterhalten, sondern war durch das Meister-Jünger-Verhältnis gewährleistet. Das hat freilich dazu geführt, daß im Westen Zentren der Divine Life Society neben solchen der Sivananda Yoga Vedanta Organisation Svāmī Vishnu Devānandas, des Integral Yoga Institutes etc. existieren, in Deutschland z. B. das ältere DLS-Zentrum in Köln neben dem Sivananda Yoga Vedanta Zentrum, das zu Vishnu-Devānanda gehört.
Der Einfluß Śivānandas reicht über den Kreis seiner Schüler hinaus. So ist z. B. Svāmī Chinmayānanda[219], ein Jünger von Taposvāmī Mahārāj, vom Geist Śivānandas geprägt. Der 1916 in Kerala geborene Svāmī Chinmayānanda gründete 1953 in Madras die nach ihm genannte Chinmayānanda-Mission, die sich in ihrer organisatorischen Struktur eng an christliche Vorbilder anlehnt. Obgleich sie, wie die Divine Life Society, ihren Schwerpunkt in Indien hat, verbreitete Svāmī Chinmayānanda die Botschaft seines Meisters auch in wichtigen Städten der USA, richtete Fernkurse über den Vedānta für Ausländer ein und gründete 1962 in Bombay nach dem Vorbild christlicher Seminare eine »Sandipanī Sādhanālaya« genannte Ausbildungsstätte für Missionare des Vedānta.
Vergleicht man das Wachstum dieser Gruppen im Westen mit demjenigen anderer hinduistischer Bewegungen im Westen, die teilweise erst später mit der Arbeit begonnen haben, so ist es deutlich langsamer. Das mag mit der Eigenart der Botschaft Śivānandas zusammenhängen, die fest in einer milde modernisierten hinduistischen Tradition wurzelt und sich gegenüber der Versuchung einer allzu starken Anpassung an den westlichen Starkult und an westliche Vertriebsmethoden als ausreichend resistent erwiesen hat.
In etwa 300 Schriften hat Śivānanda seine auf praktische Verwirklichung und harmonisierende Synthese, nicht auf Originalität zielende Lehre zum Ausdruck gebracht. Das Symbol der Divine Life Society faßt sie in vier Worten zusammen: Diene, liebe, meditiere, verwirkliche! Der Betonung des praktischen Dienens liegt die

Lehre der Bhagavadgītā vom leidenschaftslosen Handeln in der üblichen neohinduistischen Auslegung zugrunde. Śivānanda hat als Advaita-Anhänger keine Schwierigkeiten, den Dienst am Menschen als Gottesdienst aufzufassen, wie es schon Vivekānanda tat. An Vivekānanda erinnert auch seine harmonisierende Schau der verschiedenen Yoga-Pfade. Je nach Veranlagung soll der Mensch einer von vier bzw. fünf Yoga-Arten den Vorzug geben, ohne damit die übrigen zu verwerfen: Der Aktivist dem Karma-Yoga, der emotional Veranlagte dem Bhakti-Yoga, der Intellektuelle dem Jñāna-Yoga und der Disziplinierte dem Rāja-Yoga. Dazu kommt noch der Japa-Yoga, der durch Rezitieren von Gottesnamen und Mantras zur Sündenvergebung und Verwirklichung führt. Das gemeinsame Mantra-Singen spielt eine wichtige Rolle. In seiner Darlegung des Rāja-Yoga folgt Śivānanda dem klassischen Yoga des Patañjali. Obgleich er die moralischen Forderungen betont, die Patañjali unter den vorbereitenden Stufen aufführt, befürwortet er nur eine milde Form der Askese und verlangt keine völlige Entsagung und Weltflucht. Stärker als Vivekānanda hebt Śivānanda die Wichtigkeit der körperlichen Übungen, insbesondere der Atemkontrolle, hervor. Darin kommt bei ihm wie bei seinen Schülern das ärztliche Interesse an Gesundheit und Körperertüchtigung zum Ausdruck, das ihnen bei der Verbreitung ihres Yoga im Westen behilflich geworden ist. In Vishnu Devānandas fünf Punkten tritt dieser Aspekt noch stärker hervor. Vishnu Devānanda, der an der Yoga Vedanta Forest Academy Professor für Haṭha-Yoga war, faßt das Wesentliche in den Worten »Rechte Übung, rechtes Atmen, rechte Entspannung, rechte Diät, sowie positives Denken und Meditation« zusammen. Trotzdem betont er ebenso wie sein Meister Śivānanda die Zusammengehörigkeit von Haṭha- und Rāja-Yoga. Die amerikanisierende Deutung der oberen Stufen des Patañjali-Yoga als »positives Denken und Meditation« kann nicht darüber hinwegtäuschen, daß sie traditionell im Sinne von Überwindung des Dualismus und der Subjekt-Objekt-Spaltung verstanden werden. Auch der Jñāna-Yoga wird traditionell im Sinne der Unterscheidungsfähigkeit zwischen dem Wirklichen und Unwirklichen gedeutet. Traditionell sind auch die Elemente der kultischen Gottesverehrung, die in Indien und auch im Westen verwendet werden. Zu einem Zentrum gehört normalerweise ein Tempel. Die Guruverehrung spielt eine gewisse Rolle. Obgleich Śivānanda gelegentlich der übliche Titel »Mahārāj« beigelegt wird, halten die Versuche, ihn zum Heilbringer, Avatāra oder dergleichen hochzustilisieren, sich in Grenzen. Das gilt auch für seine Jünger. Der geistige Rahmen, in den diese fromme Praxis gestellt wird, ist

derjenige des Neohinduismus. In allgemein gehaltenen, manchmal vage wirkenden Formulierungen ist vom »ethischen und geistigen Idealismus Indiens«, von »weltweiter Wiederbelebung der Geistigkeit«, von »Regeneration der Welt«, »Entfaltung der Persönlichkeit« und von der »Verbreitung der Wahrheit, die allen Religionen zugrunde liegt«, die Rede[220].
Das Geheimnis des Erfolgs und Ansehens der Bewegung um Śivānanda liegt nicht in dem eigenen Beitrag und Profil, sondern, neben dem persönlichen Charisma und den organisatorischen Talenten des Gründers, in der Fähigkeit, die verschiedenen hinduistischen Traditionen harmonisierend zusammenzufassen und das, worin viele aufgeklärte Hindus übereinstimmen, auf gängige Formeln zu bringen und daraus handfeste Regeln und Ratschläge für die Praxis abzuleiten. Auch über den Bereich des Hinduismus hinaus wird eine harmonisierende Schau der Religionen sowie der Vielfalt von Völkern und Klassen vertreten. 1953 rief Śivānanda ein »Weltparlament der Religionen« zusammen – eine Nachahmung der Chicagoer Unternehmung ein halbes Jahrhundert zuvor. Die Gründung von Organisationen wie der »All-World Religions Federation« liegt auf der gleichen Linie. Svāmī Vishnu Devānandas »True World Order« (TWO) und die von ihm 1969 in Kanada durchgeführte »World Brotherhood Convention« führen unter einer veränderten Terminologie das gleiche Programm weiter. Es sind die von Vivekānanda vorgezeichneten Bahnen, auf denen sich das Denken der Divine Life Society und der ihr verwandten Organisationen bewegt, freilich ohne die Schärfe von dessen nationalistischer Ideologie.

8. *Divine Light Mission*

Geschichte

Die 1960 in Delhi gegründete und in Patna registrierte Divine Light Mission[221] ist hinsichtlich ihres indischen Zweiges im wesentlichen das Werk von Śrī Hans (Haṁsa), dem 1966 verstorbenen Vater von Balyogeśvar Śrī Sant Ji Mahārāj, dem jetzigen »Guru Mahārāj Ji«, während der westliche Zweig nach 1970 durch die Tätigkeit des Sohnes entstanden ist. Daß diese Unterscheidung von mehr als nur historischem Interesse ist, hat der Bruch zwischen beiden, über den noch zu berichten sein wird, erwiesen: Der westliche Zweig blieb in der Hand des jungen Guru Mahārāj Ji, der indische dagegen in der der restlichen Familie, d.h. der Witwe und der drei älteren

Söhne von Śrī Hans. Zur frühen Geschichte der Divine Light Mission sind wir auf ihre eigenen Angaben angewiesen, die vor allem in einem Jubiläumsband von 1970 vorliegen und in späteren Veröffentlichungen im wesentlichen wiederholt werden.
Die Divine Light Mission ist unter den hinduistischen Bewegungen im Westen literarisch am wenigsten produktiv gewesen. Zwar liegt von Śrī Hans unter dem Titel »Hans Yog Prakāsh« eine Schrift vor, im übrigen ist man auf veröffentlichte Satsaṅgs von Vater und Sohn angewiesen. Śrī Hans stammt aus Badrinath im Vorgebirge des Himalaya, trat zunächst dem Ārya Samāj bei und war von dessen reformerischen Ideen beeinflußt. Zum Bruch mit dem Ārya Samāj kam es indes, nachdem er seinem Guru Svāmī Sarupānand, genannt Dada Guru[222], begegnet und von ihm in die sog. vier Kriyās eingewiesen worden war, vier Yogatechniken, die noch heute unter der Bezeichnung »Knowledge« die Meditationspraxis der DLM ausmachen. Zum orthodoxen Hindu wurde Śrī Hans freilich nicht. Die Darstellung seiner Wirksamkeit im Jubiläumsband[223] betont seinen Zweifrontenkampf gegen den Ārya Samāj einerseits, der dem Abtrünnigen offenbar nicht zu vergeben bereit war, und gegen die »Mahāmaṇḍaleśvars«, »Sanātana Dharmies« und Śaṅkaracārya Gurus. Offensichtlich handelt es sich um die 1895 in Hardwar und Delhi zur Verteidigung des orthodoxen Hinduismus gegen den Ārya Samāj gegründete Sanātana Dharma Sabhā, die später dem 1902 gegründeten Bhārata Dharma Mahāmaṇḍala beitrat[224]. Die Divine Light Mission entstammt dem Spannungsfeld zwischen reformerischem und orthodoxem Hinduismus sowie dem Islam in Nordwestindien einschließlich des heutigen Pakistan. Vom orthodoxen Hinduismus trennt Śrī Hans seine Ablehnung der Kaste, seine Verurteilung des Ritualismus, seine Initiierung von Frauen und sein Mangel an Sanskritbildung, vom Ārya Samāj vor allem seine Verteidigung des Avatāraglaubens und der Guruverehrung, seine unpolitische Betonung des Spirituellen und wahrscheinlich auch sein irenisches Verhältnis zum Islam. Er gehört in den Zusammenhang des wiederauflebenden Devotionalismus und ähnelt darin dem älteren Rādhāsoāmī Satsaṅg. Er mußte sich gegen Vorwürfe des Ārya Samāj verteidigen, von Missionaren christlich beeinflußt zu sein und Geld angenommen zu haben. Seine eigene Position wird durch seine häufige Berufung auf Kabīr, Nānak, Mīrā Bāī und andere Heilige der Sant-Tradition sowie auf die Bhagavadgītā in Umrissen deutlich. Von den ersteren stammt seine Reduktion des Hinduismus auf die innere Realisierung des Göttlichen und die Guruverehrung, von der letzteren seine Betonung des praktischen Lebens.

Nach Anfängen seiner öffentlichen Wirksamkeit im heutigen Pakistan zog er 1930 – das erste angegebene Datum – nach Delhi. Vermutlich konnte er sich in der Hochburg des Ārya Samāj nicht behaupten. Auch mag dabei eine Rolle gespielt haben, daß er sich in der Auseinandersetzung um das Erbe von Svāmī Sārupānand nicht durchsetzen konnte. Als volkstümlicher Charismatiker konnte er eine wachsende Anhängerschaft um sich sammeln, Āśrams an verschiedenen Orten gründen, eine Anzahl entschlossener Mitarbeiter (Mahātmās) um sich sammeln und von Uttar Pradesh aus seine Bewegung über ganz Indien ausdehnen. Die Gründung der Divine Light Mission (in Hindi: Divya Sandeś Pariṣad, Vereinigung der göttlichen Botschaft) 1960 – sechs Jahre vor seinem Tod – diente offensichtlich der Konsolidierung einer bereits bestehenden größeren Bewegung. Der Jubiläumsband[225] gibt für 1970 die Zahl der Anhänger in Indien, England und Südafrika mit ungefähr 100000 an. Spätere Angaben, die bis vier oder gar sechs Millionen gehen, dürften weniger realistisch sein.
Das mit dem Tod von Śrī Hans 1966 entstandene Nachfolgeproblem wurde innerhalb der »Heiligen Familie« gelöst. Śrī Hans, ein Befürworter des Lebens und sogar des Guru im Stande des Hausvaters, war nach kinderloser erster Ehe[226] eine zweite Ehe eingegangen, der vier Söhne entstammen. Der jüngste von ihnen, am 10. 12. 1957 geboren, mit bürgerlichem Namen Prem Pal Singh Rabat[227], ein Schüler der St. Joseph's Academy in Dehra Dun, war damals acht Jahre alt. Er offenbarte sich nach dem Tod des Vaters der Anhängerschaft als der wiederverkörperte »Guru Mahārāj Ji«, und Berichte wurden publik, daß der Vater ihn zum Nachfolger bestellt habe. Die Mutter behielt als Patron der Mission allerdings entscheidenden Einfluß. Der Satsaṅg[228], in dem der nunmehr Zwölfjährige 1970 in Delhi seine Absicht kundtat, der westlichen Welt zu zeigen, »daß wir in diesem dekadenten Zeitalter dieselben Inder wie zuvor sind«, und ihr Frieden zu bringen, enthält defensiv klingende Passagen, in denen er sich gegen Vorwürfe wehrt, er sei zu jung und ein Schmuggler. Er beklagt das Fernbleiben alter Premies und spricht von einem »Jahr der Prüfung«. Der Aufbruch in den Westen 1971 kann unter diesem Aspekt als eine Flucht nach vorn interpretiert werden.
Die Zeit dafür war ideal. Nach seiner ersten Welttour, die ihn nach Großbritannien, Kanada und den Vereinigten Staaten führte, konnte die Divine Light Mission schnell in der jugendlichen Subkultur Fuß fassen und einige ihrer namhaften Vertreter für sich gewinnen, z. B. Rennie Davis, einen enttäuschten Repräsentanten der politischen Linken. Die Bewegung wuchs schnell, bis es 1974/75 zu

Auseinandersetzungen und schließlich zum Bruch zwischen dem Guru und seiner Mutter kam. 1973 war das DLM-Vermögen in den USA in die Hand des Sechzehnjährigen gelangt; dasjenige in Indien anscheinend noch nicht. Im gleichen Jahr heiratete er Marylin Louise Johnson, seine amerikanische Sekretärin. Sein weltlicher Lebensstil vor allem erregte in Indien Anstoß. Nachdem Vorwürfe wegen Alkohol- und Fleischgenuß sowie Nachtklubbesuch und »illegitimen Beziehungen« nichts gefruchtet hatten, enthob seine Mutter ihn 1975 seiner Stellung und ersetzte ihn durch den ältesten der vier Söhne Bal Bhagavan Ji (Sat Pal Singh Rabat), der sich schon vorher um die Organisation der Divine Light Mission in Amerika verdient gemacht hatte. Obgleich er und die beiden anderen Brüder schon vorher im Westen gewirkt hatten (als Redner, Bandleader etc.), blieb der Jüngste im wesentlichen Herr des westlichen Zweiges – in Deutschland kam es freilich zu einem Wechsel in der Leitung –, während der Älteste in Indien allgemein anerkannt wurde. Die Zahlenangaben für die USA schwanken zwischen 17000 und 100000, für die BRD zwischen 1500 und 6000. Es dürfte hier einige hundert aktive Mitglieder geben. Zur Guru-Pujā in Dortmund versammelten sich Ende September 1978 etwa 10000 Anhänger aus ganz Europa.

Lehre

Eine systematisch entwickelte Lehre hat die Divine Light Mission weder zur Zeit des Vaters Śrī Hans noch der des Sohnes besessen. Beide haben darin eher einen Vorzug als einen Mangel gesehen. Hatte der Vater sich vornehmlich als »Guru der Armen« verstanden und sich in seiner bilderreichen Sprache mehr um praktische Anwendbarkeit als um theoretische Durchdringung bemüht, so blieb doch der Inhalt seiner Satsaṅgs auf dem Hintergrund der hinduistischen Tradition klar verständlich. Die Satsaṅgs jedoch, die der Sohn im Westen gehalten hat und die mit einem Minimum hinduistischer Terminologie und Konzepte auskommen, müssen für den nichthinduistischen Hörer vage bleiben. Der junge Guru erklärt das konzeptionelle Denken, das auch in deutschen Übersetzungen mit dem englischen Wort »mind« bezeichnet wird, als Hauptfeind der unmittelbaren religiösen Erfahrung. So ist es nicht verwunderlich, daß von seinen Anhängern nur wenig Handfestes über die DLM-Lehre zu erfahren ist. Andererseits eröffnet ihnen der Mangel an vorgegebenen Konzepten einen Freiraum für Äußerungen einer spontanen Subjektivität, die wohltuend vom unselbständigen Reproduzieren autoritativ verkündeter Lehren absticht,

wie man es vor allem bei Anhängern der ISKCON antrifft. Wie auch immer die Bewertung ausfallen mag – die geistige Konturlosigkeit der Bewegung fällt allen Beobachtern auf.
Im Zentrum steht bei Vater und Sohn die vierfache Meditationstechnik, die vier »Kriyās«, die Śrī Hans von Svāmī Sarupānand gelernt hatte[229]. Sie wird in der Initiation vom Meister selbst oder einem seiner »Mahātmās« gelehrt. Die vier Kriyās werden als Meditation auf das Licht, den Klang, den Nektar und das Wort bezeichnet und heißen zusammenfassend Wissen, Knowledge. Der Vater sagte klar[230], daß das Wissen um das Brahman (Brahmavidyā) gemeint ist. Er identifizierte es mit der Paravidyā der Muṇḍaka Upaniṣad und der Rājavidyā von Bhagavadgītā 9,2, deutete sie aber willkürlich als die Kenntnis der esoterischen Yogatechnik der Divine Light Mission[231]. Die erste Technik, die Meditation auf das Licht, geht auf die Vorstellung von der Öffnung des Dritten Auges (Śivanetra) zurück, die im tantrischen Yoga eine wichtige Rolle spielt[232]. Hinter der zweiten Technik, der Meditation auf den Klang, stehen der Yoga des Klangs und die Vorstellungen vom Śabd Brahman und vom Namen der Gottheit, die im Yoga des Rādhāsoāmī Satsaṅg von Bedeutung sind[233]. Die Meditation auf den Nektar verwendet eine Technik, die der Atemschulung (Prānāyāma) und dem »Trinken des Nektar bzw. des Somarasa« dient, nämlich das Zurückbiegen der Zunge in den Kehlbereich (Khecarī mudrā)[234]. Bei der Divine Light Mission dient sie aber nur noch dem zweiten Zweck, nicht mehr der Blockierung des Atemweges. Die Meditation auf das Wort ähnelt dem Mantra- bzw. Japa-Yoga. Als Mahāmantra gelten die Worte Haṁsa (Schwan) bzw. Soham (Er ist ich). Die Meditation auf das Licht, den Klang und den Nektar sind ihrem ursprünglichen Kontext weitgehend entfremdet: Nicht der anspruchsvolle Kuṇḍalinī Yoga, sondern das Pressen auf die Augäpfel ruft bei der Initiation Lichteffekte hervor, das Verschließen bzw. Drücken auf die Ohren soll den göttlichen Klang vernehmbar machen, und die Meditation auf den Nektar ist aus dem Zusammenhang mit dem Prānāyāma gelöst. Das »Wissen« der Divine Light Mission, zurückgehend auf Svāmī Sarupānand, kann also als eine Simplifizierung von vier ursprünglich anspruchsvollen Yogatechniken betrachtet werden, die zum Ausgleich dafür additiv nebeneinander angewendet werden. Ähnlich synthetisch wirken auch die Vorstellungen vom Göttlichen: Die letzte göttliche Wirklichkeit, die Kraft, welche die phänomenale Welt hervorgebracht hat, kann als Licht, als Lebenshauch (Prāṇa) oder Wort vorgestellt werden. Die Praktizierung des »Wissens« verbindet den Menschen mit jedem dieser Aspekte des Göttlichen und ermöglicht

die Verschmelzung mit diesem. Die Lehre der Divine Light Mission ist monistisch.
Innerhalb dieses eklektischen Denkens von Śrī Hans dominiert der Einfluß der in Nordindien beheimateten Sant-Tradition, der schon in der Geschichte des Rādhāsoāmī Satsaṅg wirksam war. Von ihr bestimmt ist die Ablehnung äußerlicher Rituale und Zeremonien und die Forderung, das Göttliche im eigenen Inneren zu suchen; damit verbunden die Polemik gegen den trennenden Charakter der in Äußerlichkeiten erstarrten Religionen und gegen die Kastentrennung; ferner die Ablehnung der Askese zugunsten des Lebens im Stande des Haushalters, wie Śrī Hans es selbst geführt hat; die Ablehnung der Bilderverehrung und die Konzentration auf den Guru als die Manifestation des Göttlichen; der hohe Stellenwert der Bhakti in Gestalt der Ananya Bhakti, die von der wesenhaften Einheit zwischen Mensch und Gott ausgeht und sich in der Gurubhakti konkretisiert. Außer der Bhagavadgītā zitiert Śrī Hans, wie erwähnt, reichlich Kabīr, Guru Nānak, Mīrā Bāi und andere nordindische Mystiker; auf sie verweisen auch viele Lieder der Divine Light Mission. Zu ihren Zielen in Indien gehört die Herstellung eines »vernünftigen Gleichgewichts zwischen zeitlichen und spirituellen Dingen« und die Verwirklichung der Einheit der Menschheit. Der letzteren soll die Errichtung eines »Tempels aller Religionen« (Kalyān Bhawan) dienen. Weitere Ziele sind das Eintreten für inneren und äußeren Frieden sowie die Errichtung von Schulen und Krankenhäusern[235]. Diese Ziele passen sich den gängigen neohinduistischen Trends an, ohne die eigene Grundlage der Divine Light Mission preiszugeben.
Die einfache Botschaft des Vaters ist auf dem Weg in den Westen einer noch weiteren Reduktion unterworfen worden. Der oft zitierte Satsaṅg des Sohnes vom November 1970 am India Gate in Delhi, der später sogenannte Peace-Bomb-Satsaṅg, der den Aufbruch in den Westen ankündigte[236], enthielt noch eine Reihe von Aussagen, die nur auf hinduistischem Hintergrund verständlich sind: Das Kali Yuga geht zu Ende, das Satya Yuga wird kommen; der Herr, der Wahre Guru Mahārāj Ji, hat sich in dieser Welt inkarniert etc. Viel stärker als beim Vater treten aber die Selbstaussagen und Selbstoffenbarungen in den Vordergrund. »Welche Augen sind gesegnet? Die den Darshan von Guru Maharaj Ji haben. Welche Stirn ist gesegnet? Die sich vor Guru Maharaj Ji beugt . . .« »Gebt mir eure Liebe, und ich werde euch Frieden geben . . .« »Ich werde die Welt regieren. . . Selbst Löwe und Lamm werden einander umarmen . . .« »Guru Maharaj Ji ist ein Ozean der Liebe.« »Ich erkläre, daß ich Frieden in der Welt schaffen werde.« Der Advaita-

Hintergrund wird sichtbar, wenn betont wird, daß das »Wissen« und Guru Mahārāj Ji bereits in jedem Menschen vorhanden seien, aber der Erweckung bedürfen. Die eigentliche Thematik ist die Auseinandersetzung dieses »Wissens« mit seinem Hauptfeind, dem »Mind«. »Mind« bezeichnet die Tendenz des Menschen, sich an seine selbstgefertigten Konzepte zu klammern und deren Gefangener zu werden, wahrscheinlich auch die ständige Reflexion über das eigene Denken und Handeln, welche die unbefangene Hingabe und das spontane Handeln vereitelt. Das ist, wie das Beispiel Jiddu Krishnamurtis in anderer Weise und auf einem anderen Niveau deutlich macht[237], ein Thema, das für einen Hindu im Westen durchaus bedeutungsvoll sein kann. Dem jungen Guru geht es dabei aber nicht primär um die Spannung zwischen dem durch fremde und eigene Denkmodelle konditionierten Handeln und der freien Spontaneität, sondern um das Entweder – Oder von Hingabe an »Guru Mahārāj Ji«, den einzigen »inkarnierten Herrn« und »Perfekten Meister dieses Zeitalters« einerseits und dem auf rationale Überlegung gegründeten Widerstand des »Mind« andrerseits. Eine wohlwollende Interpretation muß darin nicht unbedingt ein Denkverbot sehen[238], vielmehr kann damit ein Transzendieren des Denkens gemeint sein, wie es dem Wesen der religiösen Entscheidung entsprechen würde. Aufs ganze gesehen ist die Verkündigung des jungen Guru Mahārāj Ji im Laufe seiner Tätigkeit im Westen immer »johanneischer« geworden, d. h., er hat sich immer stärker konkreter Inhalte entledigt und sich auf die Entscheidung gegenüber dem »Ich bin's« seiner Selbstoffenbarung beschränkt.

In einem 1975 in Orlando/Florida gehaltenen Satsaṅg spricht er eine ähnliche Sprache wie amerikanische Evangelisationsfeldzüge: »The Lord Himself reincarnates, reincarnates, reincarnates Himself for the very purpose of saving us. And we do not even realize who gave us the authority to refuse Him ... Because we have got a stupid ego ... we have got our stupid mind ...« »Have we got a contract between us and God that He is not going to flood the world in 1975? ... So when Lord comes to us, accept him. And Lord is *here*. He has always been here ... He might just decide not to go around looking for you. And if he does, you have had it. That's it. It's called ›finito‹ ... So now is the chance ...«[239] Das ist nicht die übliche Sprache hinduistischer Satsaṅgs, sondern die Glaubensforderung eines Heilbringers, der sich als Wiederverkörperung des ewigen »Guru Mahārāj Ji« versteht und mit Hilfe biblischer Sintflutreminiszenzen – wahrscheinlich aus seiner Schulzeit in der St. Joseph's Academy in Dehra Dun – und amerikanischer Evangelisationsmethoden zur Entscheidung ruft.

Eine eigenartige Verbindung von christlicher Metaphorik, hinduistischen Vorstellungen und psychodelischem Slang ist der Refrain eines DLM-Liedes:

»He is the Lord and from Heaven above
Father of wisdom and mother of love
Praise him for he is the King of kings
come all of you children now, dance and sing ...

Run to him and sing for him
and dance for him and make him smile
meditate upon his face
he will make you higher than a mile.

He is the Lord ...«

Die zentrale Stellung des Guru-Jünger-Verhältnisses ist nicht nur das Ergebnis der Reduktion der Botschaft, sondern war in ihr von vornherein angelegt. Die Divine Light Mission betrachtet ihren Meister als Sadguru bzw. Vollkommenen Meister des Zeitalters und schreibt ihm damit eine Heilsmittlerfunktion zu. Auch der Gedanke des Dienens, der letzte der drei Grundsätze Meditation – Satsaṅg – Service, ist durch das Meister-Jünger-Verhältnis geprägt. Er kann zwar im Sinne des Dienstes an der Gesellschaft und am Notleidenden interpretiert werden, ist vor allem aber stets Dienst für Guru Mahārāj Ji und für die Divine Light Mission. Eine bevorzugte Form des Dienstes ist der Arbeitseinsatz für die Organisation und – bei Āśram-Bewohnern – die Überlassung des Einkommens aus der beruflichen Tätigkeit an den Āśram und die Gesamtorganisation.

9. Ānanda Mārga

Geschichte

Der Ānanda Mārga[240], genauer gesagt: Ānanda Mārga Pracāraka Saṅgha, trägt in seiner eigenartigen Verbindung von Tantrismus und sozialem Engagement ganz das Gepräge seines Gründers, des 1921 geborenen Westbengalen Prabhāt Ranjan Sarkar, der sich Ānandamūrti nennt. Über sein Leben vor der Gründung des Ānanda Mārga im Jahre 1955 ist wenig bekanntgeworden. Er übte den unauffälligen Beruf eines Buchhalters einer Eisenbahnwerkstatt aus, war aber ein Verwandter von »Netaji« Subhas Chandra

Bose. Als Student lebte er in dessen Haus und hat ihm ein Buch gewidmet. Man geht wohl nicht fehl, wenn man darin den Ursprung von Sarkars politischem Interesse vermutet. Einen Hinweis auf Sarkars Guru sucht man vergeblich; offensichtlich ist er ein spiritueller Selfmademan, obgleich er seine Erfahrungen im tantrischen Yoga kaum ohne die Initiierung durch einen tantrischen Yogi erlangt haben dürfte. In seiner Lehre ist er selbständig.
Die Gründung des Ānanda Mārga in Bihar verfolgte zwei Ziele: Individuelle Erneuerung durch spirituelle Praxis und Befreiung und Reinigung der Gesellschaft. Die letztere sollte dadurch verwirklicht werden, daß die angeblich korrupten Regierungen durch eine Herrschaft der Moralisten und die von ihnen zu bildende Weltregierung abgelöst würde. Der Ānanda Mārga war also von Anfang an eine »sozio-spirituelle Bewegung«, um eine ihrer Selbstbezeichnungen zu verwenden. In den Jahren nach 1950 kritisierte Ānandamūrti den Kapitalismus, das Kastensystem, forderte eine »Progressive sozialistische Gesellschaft«, geriet aber auch mit den Kommunisten in Streit. In dieser Zeit entwickelte er seine politische Ideologie, die sog. »Progressive Utilization Theory« (PROUT), die auf die volle Nutzung aller physischen, intellektuellen und spirituellen Kraftquellen zum Wohl der ganzen Gemeinschaft zielt. Es entstand eine Reihe von Zweigorganisationen zur Verwirklichung dieser Ziele, so z. B. Renaissance Universal (1958) »eine Zweigorganisation zur kulturellen Erneuerung auf der Basis der Moral und der spirituellen Inspiration«; die Seva Dharma Mission (1962), »ein Orden von Yoga-Mönchen (und später Nonnen), die ihr persönliches Leben aufgegeben haben, um sich ganz dem Dienst der Menschheit zu weihen«; und die »Education, Relief and Welfare Section« (ERAWS, 1963) zur Durchführung von Notstandsprogrammen. Der praktischen Verwirklichung der politischen Lehren Ānandamūrtis dienten das »Proutistische Forum von Indien« und der »Proutistische Block von Indien«. Die Renaissance of Artist's and Writer's Association (RAWA) sollte in den kulturellen Raum hineinwirken, während das Ānanda Mārga Universal Relief Team (AMURT) der Arbeit in Hunger- und Notstandsgebieten gewidmet war. Die meisten dieser Organisationen wurden 1975 unter den indischen Notstandsgesetzen, zusammen mit dem Ānanda Mārga, verboten, ebenso der umstrittene »Voluntary Social Service« (V.S.S.), in Indien auch als »Viśva Sankrānti« bezeichnet, der als paramilitärische Organisation verdächtigt wurde. Auf diese Weise entstanden Grund- und Hauptschulen, Wohlfahrtsvereinigungen, Kinder- und Studentenheime, Herbergen, Armenküchen, Heime für Leprakranke u. a. m. Auch

unter den Ādivāsis entfaltete der AM seine Wirksamkeit. Dabei scheint es zu Reibungen zwischen Ānanda Mārgis und christlichen Missionen gekommen zu sein (Wells S. 6).
Die Zahl der Anhänger und Ganzzeitarbeiter (Avadhūta) wuchs stark an. 1967 kam es zu einem ersten Zusammenstoß, bei dem das AM-Hauptquartier »Ānand Nagar« (Stadt der Glückseligkeit) in Baglata im Purulia-Distrikt/Westbengalen von einer Menschenmenge – AM-Berichte sprechen von aufgehetzten Ādivāsis – angegriffen wurde. Nachdem weitere Zwischenfälle gefolgt waren, in die auch Kommunisten verwickelt waren, verbot die indische Regierung 1969 den Mitgliedern des Indian Administrative Service die Mitgliedschaft beim Ānanda Mārga. Dieser führt das weitgehend auf seinen Kampf gegen die öffentliche Korruption zurück. Die Jahre 1970/71 brachten die Krise. Gestützt auf Beschuldigungen von seiten zweier ehemaliger enger Mitarbeiter, des Generalsekretärs des Voluntary Social Service, Madhvānanda, und des persönlichen Sekretärs Ānandamūrtis namens Viśokānanda, Ānandamūrti habe 1970/71 den Mord an 14 abtrünnigen Mitgliedern veranlaßt und weitere nicht ausgeführte Morde gefordert, wurde er am 29. 12. 1971 verhaftet und am 6. 7. 1972 formell angeklagt. Ānandamūrtis Frau trennte sich 1971, zusammen mit Viśokānanda, von ihrem Mann und belastete ihn später in dem Prozeß, der 1975/76, unter den Bedingungen des von der indischen Regierung erklärten Notstands, in Patna stattfand und mit der Verurteilung von Ānandamūrti und vier Mitangeklagten wegen Mordes an sechs AM-Avadhūtas zu lebenslänglicher Haft endete. Zu Beginn des Notstandes (Juni 1976) waren der Ānanda Mārga und die meisten Zweigorganisationen verboten worden. Sie wurden nach der Wahlniederlage Indira Gandhis im März 1977 wieder zugelassen. 1978 endete der Revisionsprozeß mit einem Freispruch wegen Mangels an Beweisen und der Entlassung aus dem Gefängnis, freilich nur gegen Kaution, weil weitere Mordanklagen noch laufen. Zuvor waren die Bemühungen um seine Freilassung von Drohungen und Gewalttaten begleitet, die einer »Universal Proutist Revolutionary Front« zugeschrieben, von Ānandamūrti jedoch offiziell abgelehnt werden.
Unter diesen Umständen ist es schwierig, sich über die persönliche Integrität Ānandamūrtis, die für die Beurteilung seiner Bewegung nicht irrelevant sein kann, eine klare Meinung zu bilden. Neutrale ausländische Prozeßbeobachter, unter ihnen namhafte Juristen, beurteilen die Bedingungen, unter denen der Prozeß in erster Instanz stattfand, als für Ānandamūrti ungünstig und die ihn belastenden Aussagen als verdächtig. Auch sind die politischen

Interessen, die hinter dem Versuch stehen, den AM zu diskreditieren, offensichtlich. Dennoch bleibt der Eindruck, daß sich im Umkreis des Ānanda Mārga eine Atmosphäre der Militanz bilden konnte, die sich auch in acht Selbstverbrennungen geäußert hat, fünf von ihnen durch westliche Anhänger aus der Schweiz, Deutschland und den USA, unter ihnen zwei Frauen. In einer solchen Atmosphäre kann die Anwendung von Gewalt bzw. von sog. Gegengewalt zumindest von seiten einzelner Mitglieder nicht ausgeschlossen werden. Da die Bewegung in Indien auch als politische Gruppierung arbeitet, wäre das angesichts der politischen Praxis im indischen Parteienstreit nicht verwunderlich. Über die Bedeutung, die dem moralischen Rigorismus und dem Elitebewußtsein in diesem Zusammenhang zukommt, soll an späterer Stelle noch behandelt werden. Ferner muß berücksichtigt werden, daß die von politischen Gegnern verursachte äußere Krise sich nur deshalb so verheerend auswirken konnte, weil sie in den Jahren 1970/71 mit einer inneren Krise zusammenfiel, die als Vertrauenskrise im engsten Kreis um Ānandamūrti bezeichnet werden muß. Schließlich verdient festgehalten zu werden, daß die Geschichte des Ānanda Mārga von 1955 bis zum Ende der sechziger Jahre sich fast nur auf indischem Boden abspielte und in dieser prägenden Anfangsphase trotz universalistischer Ansprüche auf die indische Situation bezogen blieb.

Der Beginn der Ausbreitung des Ānanda Mārga im Westen fällt – zufällig oder nicht – zeitlich mit der zunehmenden Auseinandersetzung um die Organisation in Indien zusammen. Nachdem wahrscheinlich 1967 die Tätigkeit in den USA begonnen hatte, wo sich das AM-Welt-Hauptquartier in Denver/Colorado befindet, traf 1972, dem Jahr der Verhaftung Ānandamūrtis, Ācārya Karuṇānand als erster AM-Missionar auf europäischem Boden in Westberlin ein, wo er mit der Arbeit unter Drogenabhängigen Fuß fassen konnte. Der AM trug im Westen Züge einer »Rettet-Bābā-Bewegung«; schon 1973 wurden in Europa und Amerika Komitees zur Unterstützung Ānandamūrtis gebildet, internationale Organisationen zum Eintreten für ihn gewonnen, Demonstrationen organisiert u.a.m. Die Teilnahme am Auf und Ab seines Geschicks bildete ein wesentliches Element der Beziehung zwischen den westlichen Jüngern, den »Bābā Lovers«, und dem in Indien gefangenen Meister. In Deutschland, West- und Nordeuropa entstanden weitere Zentren, die vom europäischen Hauptquartier in Westberlin geleitet werden. In verschiedenen Bereichen haben sich dem Ānanda Mārga Möglichkeiten zur sozialen Betätigung geboten, bevorzugt im Betrieb von Kindergärten und Naturkostläden. Kleinere Gruppen gibt es nach Angaben des Ānanda Mārga in 27 deutschen Städten. Die Schaffung von Therapiezentren ist geplant; die Bevorzugung natürlicher Heilmethoden hat Mitglieder des Ānanda Mārga in die Heilpraktikerausbildung geführt. Das Zusammenleben in sog. spirituellen Wohngemeinschaften (jāgṛti) wird empfohlen. Auch in Afrika und im außerindischen Asien hat der Ānanda Mārga Anhänger gewinnen können (Kenya, Taiwan, Philippinen etc.). Nach eigenen Angaben hat der Ānanda Mārga insgesamt 2,3 Millionen Anhänger, davon 300000 im Ausland. Faktisch wird die Zahl der aktiven Anhänger sehr viel geringer sein. Man spricht von etwa 3000 Initiierten in der BRD. Die Zahl der aktiven Mitglieder dürfte kaum ein Zehntel davon betragen.

Lehre

Ānandamūrti[241] versteht sich als Tantriker, hat aber in die tantrische Grundlage seiner Philosophie wesentliche Momente der Bhakti und darüber hinaus eine Soziallehre integriert, die von traditionell indischen und von marxistischen Elementen beeinflußt ist. Shaktistische Einflüsse sind kaum zu spüren: Es fehlt die Verehrung der Śakti in Gestalt einer oder mehrerer weiblicher Gottheiten. Zentraler Begriff ist bei ihm Parampuruṣa, zumeist als »höchster Vater« personifiziert und als Gegenstand liebender Hingabe dargestellt. Parampuruṣa ist das einzig wirklich existierende Wesen, hat sich aber mittels der Prakṛti, bzw. der Māyā oder Śakti – alle diese Aussagen finden sich bei Ānandamūrti – entfaltet und ist in »grobe Materie umgewandelt worden« (Baba's Grace 5). Ānandamūrti ist also, wie die Tantriker durchweg, Anhänger des Advaita-Vedānta. Das gibt ihm die Möglichkeit, von der Allgegenwart des Göttlichen in jedem Menschen und im gesamten Kosmos zu sprechen und daraus, wie noch zu zeigen sein wird, sozialethische Konsequenzen zu ziehen, wie es der Neohinduismus auch sonst getan hat. Als Weg zur Vereinigung mit der Gottheit wird, wie es bei einem Tantriker zu erwarten ist, der Kuṇḍalinī-Yoga empfohlen. Er tritt aber sowohl in der Theorie als auch in der Praxis hinter der Bhakti zurück. »Die Einswerdung mit dem höchsten Selbst kann . . . nur mit Hilfe der Hingabe erlangt werden« (Baba's Grace 42). Über den Wegen der Weisheit und des Handelns steht der der Bhakti. Diese wiederum konkretisiert sich in der Hingabe an den Guru. Hinter ihr tritt die Verehrung von Gottheiten des hinduistischen Pantheons an Bedeutung zurück. Trotz der erkennbaren Tendenz des Tantrismus zur Śiva-Verehrung gibt es keine sektarische Bevorzugung einer von ihnen. Auch eine Śakti-Verehrung wird nicht geübt. Im Vordergrund steht die Vereinigung mit Parampuruṣa und die Hingabe an ihn in Gestalt des Guru. So bilden bei Ānandamūrti die tantrische Philosophie, die All-Einheitslehre des Vedānta und die Emotionalität der Bhakti eine Einheit.

Ānandamūrtis Hauptschrift »Ānanda Sūtram« ist in der Form der klassischen Sūtras abgefaßt; kurze Sanskritsätze werden, im Original in Bengali, kommentiert. Auch der Sanskrittext scheint von Ānandamūrti zu stammen. Das Ānanda Sūtram enthält in seinen ersten vier Kapiteln im wesentlichen eine Kosmologie und im fünften Ānandamūrtis Lehre vom Sozialzyklus und der Rolle der »Sadvipras« in ihm. Die Kosmologie lehnt sich an die des Sāṃkhya an, interpretiert die dualistische Sāṃkhyaphilosophie aber im Sinne des Tantrismus, d. h. monistisch: Das Brahman, aus Śiva und Śakti gebildet, gilt als einzige, alles durchdringende Wirklichkeit, Puruṣa bzw. Śiva als causa materialis. In seiner Kommentierung verwendet Ānandamūrti reichlich moderne philosophische und naturwissenschaftliche Begrifflichkeit (Evolution, Telepathie, Wellen etc.), um seine Lehre als wissenschaftlich auszuweisen. Den Prozeß der Selbstentfaltung der »Natur« (prakṛti) zur materiellen Welt bezeichnet er als sañcara, den gegenläufigen Prozeß der Rückkehr zum Ursprung als pratisañcara. Wie die meisten modernen Interpreten des Sāṃkhya verwendet er das Wort »Evolution« für den gesamten Prozeß, manchmal aber auch nur für den zweiten, rückläufigen Teil. Der Wert spiritueller Praxis besteht vor allem darin, daß sie die Evolution beschleunigt; zunächst diejenige des Individuums, deren Ziel in der Rückkehr des Puruṣa zum »Puruṣottama«, dem höchsten Puruṣa, besteht; indirekt aber auch die Evolution des gesamten Kosmos. Spiritueller Fortschritt des Einzelnen und der Gesellschaft bedingen einander. Diese Auffassung bildet ein wichtiges Motiv für das gesellschaftliche Engagement des Ānanda Mārga.

Ānandamūrtis Schrift »Idee und Ideologie« (S. 12f.) offenbart eine weitere Tendenz, die ihn bei der Ausarbeitung seiner Kosmologie geleitet hat. Zunächst folgt er der üblichen Weltentstehungstheorie des indischen Monismus, indem er die Materie aus der Selbstentfaltung des göttlichen Urgrunds entstanden sein läßt. Sein spezielles Interesse zeigt sich in seiner Theorie über die Entstehung des individuellen Geistes. Sie ist für ihn das Ergebnis eines Widerstreits innerhalb der materiellen Welt zwischen nach außen und nach innen gerichteten Kräften, der einen »chemischen Prozeß« in Gang gesetzt hat. Ānandamūrti durchbricht also das Schema der traditionellen Sāṃkhya-Kosmologie, indem er »durch eine logische und analytische Theorie erklärt, daß das Bewußtsein eine Schöpfung der Materie ist« (S. 13) und nicht umgekehrt, wie in der Sāṃkhya-Kosmologie. Andrerseits dringt die Ānanda Mārga-Philosophie »tiefer in die letzte Ursache aller objektiver Existenz ein und verkündet, daß Materie die umgewandelte Form von Puruṣottama . . . ist« (S. 13). »Tiefer« – das kann hier nur bedeuten: Tiefer als der dialektische Materialismus. Die materialistische Weltdeutung erhält bei Ānandamūrti den Rang einer Teilwahrheit zugewiesen: Das Bewußtsein entsteht aus der Materie. Die traditionelle idealistische Weltdeutung behält aber das letzte Wort, denn die Materie ist ihrerseits nichts anderes als das höchste Bewußtsein in verwandelter Gestalt. Ānandamūrtis Lehre ist eine Neuinterpretation der traditionellen indischen Kosmologie im marxistischen Denkhorizont, aber mit antimarxistischer Tendenz. Die politischen Auseinandersetzungen mit den westbengalischen Kommunisten sind keineswegs zufällig.

Was den Yoga betrifft, so wird die Erweckung der Kuṇḍalinī gelehrt, auf der Basis des klassischen Yoga Pantañjalis. Bis zu sieben Initiationen werden dem Sādhaka zuteil, vermutlich dem Aufstieg der Kuṇḍalinī durch die sieben Cakras entsprechend. Die Erweckung der Kuṇḍalinī ist eine Gabe des Guru, der dem Sādhaka seine Kraft vermittelt. Wie im tantrischen Yoga überhaupt, spielen Mantras im Ānanda Mārga-Yoga eine entscheidende Rolle, vor allem bei der Erweckung der Kuṇḍalinī. Sie haben aber auch schützende Macht. »Die Mantras etc. in der Ānanda Mārga Hochzeit sind von der Art, daß die Frage der Scheidung garnicht erst entsteht,« heißt es im Zusammenhang mit der vom Ānanda Mārga propagierten »revolutionary marriage«. Ānandamūrti weicht auch darin von der Orthodoxie ab, daß er nicht nur traditionelle Mantras »geläutert«, sondern auch neue entwickelt hat[242].

Der Erwerb von übernatürlichen Kräften (siddhis) wird verheißen, er darf aber nicht vom Entscheidenden ablenken, nämlich der Liebe zum Parampuruṣa. In der Literatur des Ānanda Mārga wird über die Yoga-Technik jedoch nur wenig geschrieben. Gegenstand ausführlicher und eindringlicher Ermahnungen dagegen ist der sog. Moralkodex, der in Übereinstimmung mit den vorbereitenden Stufen, yama und niyama, des klassischen achtgliedrigen Yoga gelehrt wird. Sogar im sog. »Höchsten Gebot« wird neben der zweimal täglichen Ausübung des Sādhana und neben der missionarischen Verpflichtung, »alle auf den Pfad der Glückseligkeit zu bringen«, die Befolgung von yama und niyama eingeschärft. »Nichtbeachtung dieses Gebotes (sc. der Befolgung von yama und niyama) heißt, sich selbst für unendliche Zeiten der Qual tierischen

Lebens zu unterwerfen« (Ānanda Mārga Yoga 20). Die Vermeidung des tierischen bzw. tierhaften menschlichen Daseins ist wie bei der ISKCON ein zentrales Anliegen des Ānanda Mārga. Er sieht den Menschen am Scheidewege zwischen dem tierischen und dem göttlichen Leben. »Was ist Tantra? Der Prozeß, die Tierhaftigkeit (animality) der latenten Göttlichkeit in die Höchste Göttlichkeit zu verwandeln, wird Tantra Sādhana genannt. Die schlummernde Göttlichkeit in der Tierhaftigkeit wird, in der Sprache der geistigen Sucher, als Kula Kuṇḍalinī bezeichnet«[243]. Das ist eine Variante zur Interpretation des Kuṇḍalinī-Yoga als Verwandlung geschlechtlicher in geistige Energie, wie sie etwa von Gopi Krishna vertreten wird[244]. Die Absage an die Tierhaftigkeit beginnt mit den fünf Forderungen, die bei Patañjali unter »yama« aufgeführt werden: Gewaltlosigkeit, Wahrhaftigkeit, Nichtstehlen, Keuschheit und Nicht-begehren. Was das Verständnis von niyama betrifft, so ist vor allem die Auslegung von tapa (Askese) als »Buße im Dienst am anderen«, insbesondere am Schwächeren, Ärmeren, weniger Gebildeten, Unwissenden und Unterdrückten von Interesse, weil sie dieser Forderung eine soziale Wendung gibt, die ihr von Hause aus nicht eignet. Von noch größerer Bedeutung ist für Ānandamūrti jedoch alles, was unter das Stichwort der Reinheit fällt, das im Sinne der Reinhaltung von Körper, Geist und Umwelt interpretiert wird. Von den »16 Punkten zur Selbstverwirklichung«, in denen eine Zusammenfassung des Verhaltens des Ānanda Mārgī gegeben wird, handeln acht von der Reinigung bzw. Kontrolle des Körpers: Reinigung der Geschlechtsteile (Beschneidung wird empfohlen), Nichtentfernung von Körperbehaarung, Halb- und Vollwaschung zu verschiedenen Anlässen, vegetarische Ernährung und Fastentage u.a.m. werden unter dem Gesichtspunkt der Förderung der Meditationsfähigkeit gefordert. Ein undiszipliniertes Leben ist tierisch und menschenunwürdig. Der Ānanda Mārga vertritt einen anspruchsvollen moralischen Rigorismus, der auf der Überzeugung basiert, daß das Glücksverlangen nur in der Vereinigung mit Gott Erfüllung findet. Wie zu erwarten, sind die moralischen wie die Reinheitsvorschriften de facto ein Einfallstor indischer Lebensart und Kultur. Im Zusammenhang mit dem »Moralkodex« wird in 40 Punkten eine »Anleitung für gesellschaftliches Verhalten« gegeben, die weitgehend eine Reproduzierung eines indischen Knigge darstellt, aber auch den westlichen Sādhakas ans Herz gelegt wird. Die Mönchstracht mit ihrem Turban verstärkt den Eindruck des Exotischen.

Die individuelle Höherentwicklung des Yogi sieht Ānandamūrti in einem unlöslichen Zusammenhang mit der kollektiven Menschheitsentwicklung und polemisiert darum gegen eine ichbezogene, pervertierte Form des Yoga. »Nur für seine eigene spirituelle Entwicklung zu arbeiten, während die übrige Menschheit leidet, ist im Grunde selbstsüchtig«[245]. Der Vereinzelung des individuellen Yogi wirkt auch die Betonung der gemeinsamen Meditation im Dharmacakra entgegen. Dieser tantrische Begriff, der im Bereich des linkshändigen Shaktismus eine fragwürdige Bedeutung gewonnen hat, wird von Ānandamūrti als ein Kreis von mindestens fünf Menschen gedeutet, die sich um spirituelle Entwicklung bemühen. Im Zentrum des Dharmacakra, an dem der Ānanda Mārgī möglichst einmal wöchentlich teilnehmen sollte, steht die gemeinsame Meditation. Aber auch Kīrtan, d.i. gemeinsames Tanzen und Singen des »Siddha-Mantra« mit dem Wortlaut »Bābā Nām Kevalam« (einzig Bābās Name) oder Singen eines Liedes aus dem Ṛgveda sind Bestandteile des Dharmacakra.

Der Zusammenhang von individueller Entwicklung und Entwicklung der Menschheit bzw. dem Dienst an ihr zu diesem Zweck wird von Ānandamūrti auch mit dem Begriffpaar Ādarśa und Iṣṭa, »Ideologie« und »persönliches Lebensziel« verdeutlicht[246]. Inhalt der Ideologie ist der »Universalismus«, d. h. das Einssein mit allen Lebewesen, das Ānandamūrti auch als kosmische Identifikation bezeichnet und als Grundlage des Sozialdienstes betrachtet. Iṣṭa im Sinne des von den Mārgīs »erwählten« Zieles bezeichnet – neben der unpersönlichen Ideologie – die persönliche Dimension der Existenz der Mārgīs. »Strenge gegenüber der Unverletzlichkeit von Iṣṭa bedeutet, für unseren Guru Liebe und Achtung zu empfinden. Wenn unser Ziel die Vereinigung mit dem höchsten Bewußtsein ist, mit dem Geist, der das ganze Universum erfüllt und belebt, dann ist Iṣṭa dessen Kern, ein Modell, ein Beispiel dieses Kosmos. Dies bedeutet aber nicht, eine menschliche Persönlichkeit zu verehren oder anzubeten. Der wirkliche Guru ist das höchste Bewußtsein selbst, die Flamme, die im Herzen jedes Menschen brennt und ihn an seine angeborene Göttlichkeit erinnert«[247]. Guruverehrung als Kern der Hingabe an das höchste Bewußtsein (parampuruṣa) ist also das Wesen von Iṣṭa und das unerläßliche Gegenstück zum ideologischem Kampf. »Wenn ihr kein Ishta habt, könnt ihr nichts tun. Ohne Verehrer des Herrn zu sein, könnt ihr keine Ideologen werden«[248]. Die Ideologie fordert Mut und Anstrengung, das rechte Verhältnis zum Guru aber verlangt Liebe und Hingabe. Beides ist nötig, und so fordern die 16 Punkte denn auch zur »kompromißlosen Strenge gegenüber der Unverletzlichkeit von Iṣṭa und Adarśa« auf.

Die Betonung der Guruverehrung hat Ānandamūrti freilich nicht dazu veranlaßt, sich ausführlich mit der Bedeutung der eigenen Person zu befassen, wie er auch, abgesehen von dem doppelten »Śrī« vor seinem Namen, auf hochtönende Titel verzichtet. Der Avatāra-Titel ist für ihn aus grundsätzlichen Erwägungen nicht brauchbar. Nicht ein »abruptes Herabsteigen« der Gottheit, sondern der allmähliche Aufstieg des Menschen ist für ihn entscheidend. Das hindert seine Anhänger freilich nicht, ihn als »Param Pita Bābā« (Baba, den höchsten Vater) zu verehren und ihm in der poetischen Form eines Liedes (Bhajan) sachlich eine Avatāra-ähnliche Funktion zuzuschreiben: »In Satya Yuga, Baba came in the form of Shiva ... In Dwapar Yuga ... in the form of Krishna ... In Kali Yuga ... Baba came as Anandamurti. All the lokas (= Welten) become saturated with Bliss. No one knows the secret ...«[249] In welchem Umfang das Ānandamūrtis Selbsteinschätzung entspricht, muß offen bleiben. Im strengen Sinn erkennt er nur Gott den Titel des Guru zu (Ānanda Sūtram IV 9). Die erwähnten Selbstverbrennungen – eine eher buddhistische als hinduistische Form des Protests und des politischen Kampfes – sind ein beredtes Zeugnis für die Intensität der Guru-Jünger-Beziehung im Ānanda Mārga. Offiziell lehnt der AM die Selbstverbrennung ebenso ab wie die politische Gewalttat. Von den vier Selbstverbrennungen aus dem Frühjahr 1978 sind jedoch zumindest drei nur einen bzw. wenige Monate nach einem Gefängnisbesuch der Betreffenden bei ihrem Meister erfolgt. Die Selbstverbrennung eines indischen Anhängers wurde aufgrund eines vorherigen Arrangements gefilmt[250]. Diese Praxis wird erst völlig verständlich, wenn man die Soziallehre des Ānanda Mārga und ihre politischen Implikationen berücksichtigt.

Die Soziallehre[251] ist in dem abschließenden fünften Kapitel von Ānandamūrtis Ānanda Sūtram dargelegt. Allein daraus ist schon ihr Stellenwert ersichtlich. Fünf Gruppen spielen in ihr eine Rolle, nämlich die vier Hauptkasten (varṇa) einerseits, die in einer festen Abfolge von Zeitaltern einander in der Herrschaft ablösen, und andrerseits die spirituelle Elite, die er Sadvipras, die wahren Brahmanen oder wahren Intellektuellen nennt. Er hält sich nicht an die klassische Reihenfolge Śūdras, Vaiṣyas, Kṣatriyas, Brahmaṇas, sondern läßt auf die – wie er es sieht – primitiv-anarchische Śūdra-Epoche die Feudalherrschaft der Kṣatriyas und darauf die Ära der Vipras, der »Intellektuellen« oder Brahmanen folgen, die schließlich von der vierten Phase der Vaiṣya-Herrschaft abgelöst wird. Die Anlehnung an moderne Geschichtsschemata, insbesondere das marxistische, ist deutlich: Der Kapitalismus der Vaiṣyas bildet die letzte Phase nach der Feudal- und der Priesterherrschaft. Marxistisch beeinflußt ist auch der Gedanke, daß der Kapitalismus durch eine Revolution der Śūdras beendet wird. Ānandamūrti biegt das marxistische Konzept freilich in das zyklische Denken der indischen Tradition zurück: Die Śūdrarevolution beendet einen vollen Durchgang des »Sozialzyklus« (samāja cakra), führt aber nicht automatisch die endgültige Herrschaft des Proletariats herauf, sondern leitet den nächsten Zyklus ein, der wieder die gleiche Abfolge von Zeitaltern bringen wird. Ānandamūrti erklärt seine Lehre vom Sozialzyklus mit Hilfe marxistischer Dialektik: Jede Herrschaftsepoche, wenn sie in Unterdrückung entartet, führt zur Herausbildung einer Antithese. Die Synthese freilich ist nicht das zwangsläufige Ergebnis der geschichtlichen Entwicklung. Ihre Verwirklichung bedarf eines deus ex machina, nämlich der Sadvipras.

Ānanda Sūtram 5,2 definiert die Sadvipras als »jene spirituell-moralistischen Sādhakas, die durch Anwendung ihrer Macht Sünde und Laster beenden wollen. Sie gehören nicht zur Peripherie dieses Zyklus, denn sie sind dessen Kontrolleure.« Ihre Aufgabe besteht darin, »die Ehrlichen und Unterdrückten zu schützen und die unehrlichen und räuberischen Ausbeuter unter Kontrolle zu bringen.«. Im »Großen Universum« heißt es: »Sadvipras werden die Bewegung der Antithese gegen die weit verbreitete Barbarei, Ungerechtigkeit und Ausbeutung unterstützen und beschleunigen. In der Phase der Synthese werden sie die Führung der Gesellschaft selbst in die Hände nehmen. Das Synthesezeitalter der Sadvipras kann erhalten bleiben, wenn Anpassung an Zeit, Ort und Person vorgenommen werden. Die Gesellschaft wird von den Sadvipras regiert werden . . .« (S. 65) »In Ermangelung einer Sadvipra-Gesellschaft bewegt sich der soziale Zyklus auf seiner natürlichen Bahn. In jedem Zeitalter wird die herrschende Klasse zum Ausbeuter; danach folgt eine Evolution oder Revolution. Ohne den Beistand der Sadvipras besitzt die menschliche Gesellschaft keinen Halt« (S. 31). Es scheint, daß Ānandamūrti dort ernten möchte, wo die Kommunisten gesät haben. Er traut ihnen nicht die Fähigkeit zu, einen Zustand dauerhafter sozialer Stabilität herbeizuführen.

Was die Kampfmethoden betrifft, so können die Sadvipras ihre Herrschaft auf dem Wege der Evolution (krānti) oder der Revolution (viplava) durchsetzen (Ānanda Sūtram 5, 3f). Dabei kann die empfohlene Kampfmethode in Spannung zu ihrer spirituellen Natur treten, obgleich Ānandamūrti dieses Problem nicht zu empfinden scheint. Er schreibt: »Dafür mag er seine Zuflucht selbst zu physischer Gewalt nehmen, weil der Sadvipra die Quelle der Macht zerschlagen muß, die dazu tendiert, Ausbeuter zu werden. Für den Fall, daß die Ksatriya-Klasse Ausbeuter wird, mag der Sadvipra seine Zuflucht zu physischer Gewalt nehmen, und in einem Zeitalter, wo die intellektuelle oder Vipra-Klasse herrscht, wird er eine Revolution im intellektuellen Feld bringen müssen. Im Falle, daß die Vaishyas dominierten, wird der Sadvipra in Wettbewerb treten müssen und Wahlen gewinnen . . .« (Universum 95). Er ist »ein Intellektueller, Krieger, Kapitalist und Arbeiter in ein und derselben Person« (Universum 29). Er ist, wie R. Lenz es ausgedrückt hat, zugleich Yogi und Kommissar[252]. In jüngster Zeit, nachdem es Anschläge gegeben hat, um Ānandamūrtis Entlassung aus der Haft zu erzwingen, ist dieser etwas vorsichtiger geworden, schließt aber die Möglichkeit nicht aus, daß im Fall von Regierungswiderstand gegen die Errichtung des von ihm geplanten »Weltbundes« das Volk aufstehen und ihn mit Gewalt erzwingen wird[253]. Wahrscheinlich sind in dem Bild, das Ānandamūrti von den Sadvipras gezeichnet hat, Elemente des Tantrismus wirksam. Auf seine Art ist der Tantriker ein Übermensch mit übernatürlichen Fähigkeiten, und er steht, trotz des moralischen Rigorismus, im Grunde jenseits der Regeln bürgerlicher Moral.

Im Ānanda Sūtram wendet sich Ānandamūrti gegen den Grundsatz der Gleichheit aller Menschen. Mit dem Hinweis darauf, daß sich die Hervorbringungen der »Natur« (Prakṛti) ihrem Wesen nach durch Verschiedenartigkeit auszeichnen, verurteilt er die Gleichmacherei als »unnatürlich« (5, 8). An die Stelle des Gleichheitsgrundsatzes setzt er seine »Progressive Utilization Theory« (PROUT), die die optimale Nutzbarmachung der dreifachen menschlichen Kraftreserven, der körperlichen, intellektuellen und spirituellen, fordert, welche in seinen Augen die Ungleichheit der Menschen begründen. Zwar sind alle Güter das gemeinsame Eigentum aller, aber daraus folgt nicht ihre gleichmäßige Verteilung. Vielmehr sind alle mit dem Existenzminimum zu versehen, das nach Zeit und Umständen variiert, der Überschuß aber soll nach Maßgabe des Verdienstes an diejenigen verteilt werden, denen die Gesellschaft besondere Dankbarkeit schuldet. Die Kontrolle aber sollte in den Händen der »spirituellen Sādhakas«, der Sadvipras, liegen. Ihre Wirksamkeit ist es, die überhaupt erst das nötige Maß an »Spiritualismus und spiritualistischer Moralität« in den Individuen erweckt, das zum Funktionieren des Kollektivs unabdingbar ist (Ānanda Sūtram 5, 14). Erst die völlige Entwicklung aller Kräfte ermöglicht eine harmonische Gesellschaft. Im Zusammenhang mit der Theorie der progressiven Nutzbarmachung nimmt Ānandamūrti für eine Modernisierung und – ohne den Namen zu nennen – gegen die Zivilisationskritik Mahātma Gāndhis Stellung (Ānanda Sūtram 5, 16). Das Endziel ist die Schaffung eines Weltbundes bzw. einer Weltfamilie, die unter der Leitung einer Weltregierung alle

sozialen und religiösen Gegensätze überwunden hat (Universum 21f, 62).
Diese Theorie ist auf die indische, speziell die westbengalische Situation bezogen und wird nur aus ihr verständlich. Ānandamūrti sieht sich zwischen zwei Machtblöcke gestellt, die indische Bourgoisie, die mit ihrem Reichtum weite Bereiche des indischen Lebens beherrscht und korrumpiert, und die gerade in Westbengalen machtvolle kommunistische Bewegung, und kann sich mit keinem identifizieren. Seine Soziallehre gehört in den Zusammenhang der Suche nach einem dritten Weg Indiens zwischen Kommunismus und Kapitalismus. Das größte Reservoir für seine Anhänger sieht er im Mittelstand; unter soziologischen Gesichtspunkten kann seine Lehre als Mittelstandsideologie auf religiöser Basis interpretiert werden. Inhaltlich trennen ihn von der kommunistischen Bewegung Welten: Er kann weder ihre egalitären Tendenzen noch ihre materialistische Philosophie akzeptieren und ist darum sogar in der russischen Presse angegriffen worden. Was er gegen die beiden Machtblöcke zu stellen hat, ist nichts weiter als ein elitäres Führungskonzept, das er aus einer Neuinterpretation traditioneller Elemente des Hinduismus – Kastensystem, Sāṃkhya-Kosmologie und (neohinduistisches) Evolutionsdenken – gewonnen hat. So ist es kein Wunder, daß er zwischen den großen, reale Interessen vertretenden Machtblöcken zerrieben wurde. Aber nicht nur das Fehlen einer materiellen Machtbasis, sondern die innere Widersprüchlichkeit einer Bewegung, die sich selbst als »sozio-spirituell« versteht[254], mußte sie in Gefahr bringen. Sehr zutreffend hat der englische Jurist W. T. Wells die Schwierigkeit der Frage erkannt, »ob es sich, wie die Margis sagen, um eine spirituelle Bewegung handelt, die versucht, Politiker und Verwaltungsbeamte auf spiritueller Basis zu beeinflussen . . .; oder ob es sich wesentlich um eine politische Bewegung handelt, die danach trachtet, die gegenwärtige indische Regierung mit konstitutionellen Mitteln, wenn möglich, oder nötigenfalls mit Gewalt zu stürzen und durch eine diktatorische Regierungsform zu ersetzen, geführt von P. R. Sarkar«[255]. Diese Frage ist um so berechtigter, als der »Proutist Block of India«, eine der Zweigorganisationen des Ānanda Mārga, an politischen Wahlen teilgenommen hat.
Die frommen Hindus andrerseits mußten nicht nur an der Verquikkung von Religion und Politik Anstoß nehmen, sondern auch an dem von Ānandamūrti geforderten völligen Bruch mit der Kaste, der durch das Zerschneiden der Kastenschnur bei der Initiation dokumentiert wird. In die gleiche Richtung zielt die von Ānandamūrti empfohlene »revolutionäre Eheschließung« über soziale, na-

tionale und Kastengrenzen hinweg. Die Gandhianer wiederum mußten an der Stellung des Ānanda Mārga zur Gewaltlosigkeit Anstoß nehmen. Im Westen mußte Ānandamūrtis Soziallehre wegen ihres ausgeprägten Bezugs auf die indische Sozialstruktur in Anpassungsschwierigkeiten geraten. In der Tat gibt es unter den westlichen Führern des Ānanda Mārga kaum einen, der mit PROUT näher vertraut wäre. So hat man, um der Gefahr einer ichbezogenen Meditation zu entgehen, sich verschiedenen Formen der Sozialarbeit gewidmet und sich im übrigen der Argumentation bedient, die sich schon bei Vivekānanda findet: Im Westen gehe es mehr um psychische Probleme und um die Verbreitung von Spiritualität. In ihrer ursprünglichen Form jedoch »zielt die Lehre Ānandamūrtis auf nichts weniger als auf die Schaffung einer idealen Gesellschaft unter Führung einer Meditationselite, die mit Hilfe des tantrischen Yoga übermenschliche Fähigkeiten entwickelt hat«[256], bzw. auf eine »Yogakratie«, um einen Begriff aufzunehmen, mit dem V. P. Varma die politische Philosophie Aurobindos charakterisiert hat[257].

10. Transzendentale Meditation (TM)

Geschichte

Es ist eine der Absonderlichkeiten des Hinduismus im Westen, daß gerade die TM-Bewegung[258], die sich am deutlichsten vom traditionellen Hinduismus entfernt zu haben scheint, sich ihrer Herkunft aus der hinduistischen Orthodoxie rühmt. Maharṣi Mahés Yogi, der Gründer der TM-Bewegung, bezeichnet sich als Schüler von Svāmī Brahmānanda Sarasvatī (1869–1953), der die letzten zwölf Jahre seines Lebens der Jagadguru Śaṅkarācārya von Jyothir Maṭh war, dem nördlichen der vier auf Śaṅkara zurückgeführten klösterlichen Zentren Indiens. In der Tat hat Mahesh Yogi sich bemüht, wichtige hinduistische Inhalte in einer Weise neu zu interpretieren und auf die Bedürfnisse des Westens auszurichten, daß der Bruch mit der Tradition vermieden wird. Darauf wird an späterer Stelle noch zurückzukommen sein.
Über sein früheres Leben hat Mahesh Yogi nur spärliche Informationen in die Öffentlichkeit gelangen lassen. Sie besagen, daß er als Maheś Prasād Varmā um 1918 in Jabalpur, M. P., also im südlichen Teil des Hindi-sprechenden Nordindien, in einer Kāyastha-Familie geboren wurde, früh spirituelle Interessen zeigte, in Allahabad sich dem Studium der Physik widmete und darin 1940 (?) den Grad

eines Bachelors erlangte. Obgleich daraus keine berufliche Karriere wurde, waren es offensichtlich keine verlorenen Jahre, denn seine Interpretation der hinduistischen Tradition ist vom physikalisch-naturwissenschaftlichen Denken – freilich nicht der modernsten Spielart – geprägt. Selbst sein Kommentar zur Bhagavadgītā spricht wiederholt von der »Mechanik« der Befreiung, der »Mechanik« der Evolution, der Natur etc. Das physikalisch inspirierte Interesse am Funktionieren innerer Vorgänge hat sein Verständnis der Meditation zutiefst beeinflußt. Die folgenden zwölf oder dreizehn Jahre verbrachte er als Schüler von Svāmī Brahmānanda, der 1941 Jagadguru von Jyothir Maṭh geworden war. Dessen Tod 1953 brachte offensichtlich Unruhe in das Leben Mahesh Yogis. Berichte sprechen davon, daß er der Favorit seines Meisters gewesen war, sich 1953 für zwei Jahre nach Uttar Kashi zurückzog – offensichtlich weil dort Svāmī Kṛṣṇānanda Sarasvatī, der Meister Brahamānandas gelebt hatte[259] –, um dann in Madras und anderen Teilen Indiens eine öffentliche Wirksamkeit zu beginnen, über deren Erfolg nichts Genaueres bekannt geworden ist. Es wird gesagt, daß er von Svāmī Brahmānanda vor dessen Tod die Aufgabe erhalten habe, eine einfache Form der Meditation zu entwickeln, die jedermann lernen und praktizieren könne. Auf Svāmī Brahmānanda führt er auch die Inspiration zur Gründung der »Geistigen Erneuerungsbewegung« (Spiritual Regeneration Movement, SRM) 1958 zurück. Als Jahr der Ankunft im Westen wird meistens 1959 angegeben (manchmal 1958), als Ankunftsort zumeist San Francisco (über Kuala Lumpur, Singapore, Hongkong und Hawaii). Die Etablierung der SRM in den USA erfolgte noch 1959; 1960 bildete sich bereits anläßlich einer Blitzreise des Maharishi eine SRM-Landesgruppe Deutschland in Bonn. Die differierenden, unsicheren Berichte über die Zeit vor seiner Reise in den Westen haben verständlicherweise zu Spekulationen Anlaß gegeben. Die SRM war möglicherweise ursprünglich nicht für das Ausland konzipiert worden. Wahrscheinlich liegt auch ein Zeitraum von etwa einem Jahr zwischen Ankündigung der Gründung der SRM und der Reise in den Westen – jedenfalls dann, wenn man das erstere Ereignis auf Ende 1957 und das letztere auf 1959 ansetzt. Die angegebene Reiseroute spricht auch nicht für die Entschlossenheit, der westlichen Welt eine Botschaft zu bringen. Ist, wie Mangalwadi u.a. annehmen[260], der Mißerfolg des Maharishi in Südindien der Anlaß für seine Auslandsreise gewesen?

In der Anfangsphase im Westen scheint Mahesh Yogi seine Botschaft noch weitgehend in religiösem Gewand weitergegeben zu haben. Darauf deuten nicht nur die Titel seiner frühen Schriften hin

(»Der durstige Fisch im See«, 1961; »Die Schatzkammer und der Markt«, 1962); es kommt auch in einem Bericht zum Ausdruck, der unter dem Titel »A Hermit in the House« die Erfahrungen einer Familie beschreibt, die ihn nach seiner Ankunft im Westen beherbergt hat[261]. Sein 1963 in indischer und 1966 in revidierter englischer Ausgabe erschienenes erstes Hauptwerk »Die Wissenschaft vom Sein und die Kunst des Lebens«, das 1962 innerhalb weniger Monate von ihm auf Band gesprochen und von dem amerikanischen Ehepaar Jerome W. und D. Jarvis niedergeschrieben wurde, stellt dagegen einen entschlossenen Versuch dar, die Transzendentale Meditation im Kontext des wissenschaftlichen Denkens des Westens zu interpretieren. 1965 erfolgte die Gründung der »Students International Meditation Society«, SIMS. Sie spiegelt den großen Erfolg wider, den die TM-Bewegung Mitte der 60er Jahre an den unruhigen amerikanischen Universitäten hatte. Weitere Zweigorganisationen folgten: Die »International Meditation Society« IMS und später – für die Propagierung der TM in der Geschäftswelt – die »American Foundation for the Science of Creative Intelligence«, AFSCI. Der entscheidende Mann in der Leitung dieser Organisationen wurde der bereits erwähnte »Jerry« Jarvis. Die Propagierung der TM paßte sich westlichen Bedürfnissen und Methoden an. Die TM wurde als Mittel gegen westliche Hektik, Streß u. dergl. empfohlen und in Kursen gelehrt, für die Gebühren erhoben wurden – eine Erfindung freilich nicht Mahesh Yogis, sondern des Paramahaṃsa Yogānanda und seiner Self-Realization Fellowship. 1966 fand der erste International Teacher Training Course zur Ausbildung von TM-Lehrern in der neu errichteten Meditationsakademie in Shankarcharya Nagar bei Rishikesh am Fuß des Himalaya statt. 1967 brachte Mahesh Yogi seinen Kommentar zu den ersten sechs Kapiteln der Bhagavadgītā heraus. In der traditionellen Art indischer Kommentierung heiliger Schriften dient die freie Interpretation dieser hinduistischen Grundschrift ihm dazu, seine eigene Lehre zu entfalten und sie zugleich als legitime Auslegung hinduistischer Tradition zu erweisen. Gemessen an der »Wissenschaft vom Sein ...« von 1963 enthält der Bhagavadgītā-Kommentar viel mehr hinduistische Substanz; der Zusammenhang der TM, ihrer Meditationstechnik und -psychologie mit der Tradition tritt viel deutlicher hervor. Das scheint auch der Zweck der Abfassung gewesen zu sein. Eine Kommentierung der weiteren Kapitel der Bhagavadgītā liegt bis heute nicht vor.

Die Bezeichnung der TM als »Wissenschaft der schöpferischen Intelligenz« (Science of Creative Intelligence, SCI) scheint 1969 aus dem Bedürfnis von Jarvis entstanden zu sein, sich der akademischen Atmosphäre anzupassen[262]. Im Bhagavadgītā-Kommentar Mahesh Yogis findet sie sich noch nicht; es ist dort nur am Rande von »schöpferischer Intelligenz« die Rede. Der Maharishi hat sich zwar später der Bezeichnung selbst gern bedient, sie scheint aber, wie gesagt, nicht von ihm selbst zu stammen. Das Bemühen, in der akademischen Welt festen Fuß zu fassen, führte zur Durchführung wissenschaftlicher Symposia und experimenteller Untersuchungen meditativer Bewußtseinszustände und seit 1971 zum stufenweisen Aufbau der »Maharishi International University« (MIU), die nach Anfängen in Kalifornien (Santa Barbara) nach Fairfield, Iowa verlegt wurde. Als europäisches Gegenstück wurde 1975 in Weggis, Schweiz, die »Maharishi European Research University« (MERU) gegründet, die freilich auf eine offizielle akademische Akkreditierung verzichten mußte und sich stärker der Untersuchung und wissenschaftlicher Propagierung der Wirkungen der TM widmen soll – eine für die öffentliche Selbstdarstellung der Bewegung sehr wichtige Aufgabe. Beide Institutionen haben eine wichtige Funktion im Zusammenhang mit der Verwirklichung des sog. Weltplans. Der Weltplan, 1972 ausgerufen, hat sich das ehrgeizige Ziel gesteckt, 3600 lokale Zentren und 36 Koordinationszentren zu schaffen, um in allen Ländern ein Prozent der Bevölkerung für die TM zu gewinnen – jeweils ein lokales Zentrum auf eine Million Menschen. (Ein Prozent TM-Praktizierende ist nach dem sog. Maharishi-Effekt ausreichend, um die Kriminalitätsrate zu senken und andere segensreiche Wirkungen auf die Gesellschaft auszuüben.) Die lokalen TM- bzw. SCI-Zentren wurden nun »Weltplan Centers« genannt, und die Gesamtleitung wurde in die Hände des World Plan Executive Council gelegt. Der zeitliche und sachliche Zusammenhang zwischen der Ausrufung des Weltplanes und der Gründung der beiden »Universitäten« ist deutlich: Vor allem MIU dient der Heranbildung der für den Weltplan benötigten TM-Lehrerschaft. Den vorläufigen Höhepunkt bildeten 1975 die Inaugurierung des »Zeitalters der Erleuchtung« (Age of Enlightenment) und 1976 die Schaffung der »Weltregierung für das Zeitalter der Erleuchtung« mit Sitz in Seelisberg/Schweiz. Indem die Weltregierung sich für den »Bereich des Bewußtseins« zuständig erklärt und den nationalen Regierungen helfen will, die Bewußtseinsebene der jeweiligen Bevölkerung anzuheben, nimmt sie eine »Elternrolle« (parental role) in der Völkerfamilie in Anspruch und verspricht, die Trends der Zeit zu regieren und in der ganzen Welt eine ideale Gesellschaft herbeizuführen, wie es in einer Werbeschrift heißt. Dieser Aufgabe sollen die zehn Ministerien dienen: Für Bewußtseinsentwicklung, für natürliches Gesetz und Ordnung, für kulturelle Integrität und Weltharmonie, für Erziehung und Erleuchtung (bzw. Aufklärung, engl. enlightenment), für Feierlichkeiten und Erfüllung, für Wohlstand und Fortschritt, für Information und Inspiration, für Forschung und Entwicklung, für Hauptstädte des Zeitalters der Erleuchtung und für Gesundheit und Unsterblichkeit (sic!). Außer den Ministern gibt es Gouverneure, die für »Hauptstädte» zuständig sind. 1976 und 77 brachten keine neuen organisatorischen Entwicklungen, sondern einen energischen Vorstoß in den Bereich parapsychologischer Phänomene wie Levitation u. ä., die schließlich an die Öffentlichkeit gebracht wurden[263]. Einen schweren Rückschlag mußte die Bewegung hinnehmen, als 1977 ein Gerichtsurteil in New Jersey (USA) den religiösen Charakter der TM feststellte und dem TM-Unterricht in den Schulen dieses Bundesstaates ein Ende bereitete. Sollte es auch in anderen Bundesstaaten zu ähnlichen Urteilen kommen, so wäre der Versuch der TM-Bewegung, in öffentlichen Institutionen der USA wie Schulen, Colleges und der Armee Fuß zu fassen, gescheitert.

Dieser kurze geschichtliche Überblick demonstriert, daß die TM-Bewegung einen Prozeß der Anpassung an den Westen durchgemacht hat. Zugleich signalisiert der Wandel der Namen (Geistige Erneuerungsbewegung, Meditationsgesellschaft, Wissenschaft der schöpferischen Intelligenz, Weltplan, Zeitalter der Erleuchtung, Weltregierung) einen zunehmenden Anspruch auf globale Bedeutung. Andrerseits gibt es auch gegenläufige Tendenzen: Mit der Verwestlichung nimmt auch das Bemühen zu, die rückwärtigen Verbindungen zum indischen Ursprung zu sichern und zu stärken. Der Bhagavadgītā-Kommentar folgt auf die »Wissenschaft vom Sein ...«, nicht umgekehrt, das Zentrum in Rishikesh wurde ausgebaut, der gegenwärtige Jagadguru von Jyothir Math zur Befürwortung der Idee des »Zeitalters der Erleuchtung« gewonnen, an der Verehrung des »Guru Dev« und an der hinduistischen Initiationszeremonie wird eisern festgehalten, ein kleiner Kreis von Jüngern wird über das öffentlich vertretene Minimalprogramm hinaus in die höheren Stufen des Yoga eingeführt. Die konkrete Arbeit hat sich weniger geändert als die Namen, unter denen sie jeweils lief. Ob »Wissenschaft der schöpferischen Intelligenz« oder »Weltregierung« – stets handelt es sich um Propagierung der TM. Die Zahl von 1–1,5 Millionen Meditierender in der Welt bezieht sich offensichtlich auf die Initiationen, ebenso die Zahl 60000–100000 für die Bundesrepublik Deutschland. Da diese Meditation aber überwiegend privat ausgeübt wird, sind Schätzungen der Zahl der wirklich Praktizierenden fast unmöglich.

Obgleich es an Darstellungen der TM-Bewegung nicht mangelt, gibt es faktisch keine zusammenhängende Untersuchung ihrer theoretischen Grundlage[264]. So ist der Eindruck entstanden, daß es ihrem Gründer nur darum gehe, das kostbare Erbe des klassischen indischen Yoga zu billigsten Preisen – und dennoch einträglich – im Westen zu verschleudern, eine im Grunde religiöse Botschaft fälschlich als Wissenschaft auszugeben und damit ein profitables Wirtschaftsunternehmen aufzuziehen. Das sollte aber nicht darüber hinwegtäuschen, daß Mahesh Yogi eine in sich geschlossene Theorie entworfen hat, die, von einer einfachen Meditationstechnik ausgehend, alle Bereiche des Lebens (Politik, Wirtschaft, Erziehung etc.) zu erfassen versucht, und daß er dabei Grundfragen des Neohinduismus aufgenommen hat, vor allem das Bemühen, einen Ausgleich zwischen Spirituellem und Materiellem, Religion und Wissenschaft, zwischen dem Streben nach Befreiung aus der Welt und dem Handeln in der Welt und damit letztlich zwischen Ost und West zu finden. Seit Vivekānanda sind diese Fragen diskutiert und nicht selten in einer allzu simplifizierenden und schematisierenden Weise beantwortet und ad majorem gloriam der hinduistischen Tradition propagandistisch ausgewertet worden. Es empfiehlt sich, die Lehre der TM in diesem Horizont, das heißt aus der Spannung zwischen Tradition und Neuinterpretation zu verstehen. Dabei dominiert in der »Wissenschaft vom Sein« (im folgenden abgekürzt: Wissenschaft) die Neuinterpretation, im Bhagavadgītā-Kommentar (abgekürzt: BhK) dagegen das Bemühen, die Übereinstimmung mit der Tradition herauszustellen und – möglicherweise – der Neuinterpretation auch in Indien Gehör zu verschaffen[265]. Sachlich ist die Botschaft Mahesh Yogis seit der Veröffentlichung der »Wissenschaft vom Sein« dieselbe geblieben, während die schwer zugänglichen Veröffentlichungen der Jahre vor 1963 stärker der Tradition verhaftet zu sein scheinen.

1) Das Verhältnis zur Tradition, wie Mahesh Yogi es sieht, (BhK 9ff) ist durch das Konzept der Bhagavadgītā bestimmt, die einen periodischen Wechsel von Verfall und Erneuerung des Dharma lehrt. Rechte Erneuerung der Tradition geschieht in Anerkennung der alten Lehrer, während Unfähigkeit, die Tradition auf die Probleme der Gegenwart zu beziehen, zu Abspaltungen führt. (Das ist für das Festhalten Mahesh Yogis an der Initiationszeremonie mit ihrer Anrufung der früheren Meister von Bedeutung). Die großen Erneuerer sind für ihn Kṛṣṇa, Buddha, Śaṅkara und Brahmānanda Sarasvatī, sein eigener Guru. Kṛṣṇa habe die »wahre

Philosophie des integrierten Lebens« gelehrt, die Sein, Denken und Handeln umfaßt, seine Nachfolger aber hätten die Dimension des Seins vernachlässigt. Buddha habe – darin folgt Mahesh Yogi Vivekānanda – die Botschaft vom rechten Handeln gebracht, Handeln sei aber nach seinem Tod fälschlich als Mittel zur Erlangung des Nirvāṇa statt als dessen Folge verstanden worden. Śaṅkara schließlich habe die Einheit von Hingabe und Weisheit gepredigt; das Zerbrechen dieser Einheit habe einerseits zur Bildung der Bhakti-Sekten, andrerseits zum Illusionismus (māyāvāda) geführt; von beiden sei die Bhakti nicht mehr als der notwendige erste Schritt für den Suchenden verstanden worden. Śaṅkaras Lehre sei auf den Kopf gestellt worden, indem man »detachment« zur Grundlage und die mönchische Lebensform zur Voraussetzung des rechten Lebens gemacht und damit den Niedergang der indischen Gesellschaft verursacht habe. Erst Brahmānanda Sarasvatī habe die ursprüngliche Lehre der Meister in ihrer Fülle wiederhergestellt. In Umrissen wird in diesem historisch unzutreffenden Geschichtsbild schon das Wesen der TM sichtbar. Sie versteht sich als Synthese der drei Wege der Hingabe, der Weisheit und des Handelns, erschließt das Erbe der Meister dem Durchschnittsmenschen im Stande des Hausvaters, lehnt das illusionistische Weltverständnis ab und wertet Samādhi bzw. Nirvāṇa nicht als Ziel, sondern als Ausgangspunkt des Yogapfades. Während die drei ersten Merkmale sich im neueren Hinduismus häufiger finden, bildet das letztere die deutlichste Abweichung von der Tradition.

2) Das Grundproblem, an dem das Denken Mahesh Yogis sich entzündet, ist die alte Frage des indischen Monismus, wie sich die Bereiche des Absoluten und des Relativen, der Einheit und Vielheit zueinander verhalten und wie der eine aus dem anderen hervorgegangen sein kann. Ganz im Sinne des Advaita-Vedānta geht er davon aus, daß es sich bei beiden Bereichen um ein und dieselbe Wirklichkeit, das Brahman handelt. Absolutes und Relatives sind nur zwei Aspekte des absoluten Seins, »welches, obwohl unmanifestiert in seiner innersten Natur, sich als relative Schöpfung manifestiert« (Wissenschaft 39). Das logische Problem, wie das absolute Sein zugleich absolut und relativ sein kann, beantwortet er zunächst mit dem Hinweis, beides, das unmanifestierte wie auch das manifestierte Absolute, sei die Fülle (Wissenschaft 38), oder volkstümlicher ausgedrückt: »Hundert Prozent des Absoluten und hundert Prozent der relativen Existenz vereinigen sich zu hundert Prozent Leben in der Schöpfung« (Wissenschaft 45). Alle diese Aussagen verraten die Entschlossenheit, der in der indischen Tradition dominierenden Tendenz zu widerstehen, das Relative gegen-

über dem Absoluten abzuwerten. Die »integrale Philosophie« des Maharishi zielt vielmehr auf eine positive Zuordnung beider Bereiche, wie sie im gesamten Neohinduismus angestrebt wird.
Die Terminologie Mahesh Yogis ist variabel. Im Sinne der Tradition charakterisiert er das Absolute als Sein, Bewußtsein und Glückseligkeit, er bezeichnet es als Quelle, Ursprung und Urgrund der Schöpfung, als Wirklichkeit des Lebens, als reine Existenz und reine Potentialität, als reines, d.h. objektloses Bewußtsein und schließlich als Gott. Im Bhagavadgītā-Kommentar verwendet er reichlich die ihm vom Text vorgegebene Sāṃkhya-Terminologie, insbesondere das Begriffspaar puruṣa – prakṛti (Selbst – »Natur«). Das gibt ihm die Möglichkeit eines scheinbar nahtlosen Übergangs zur Sprache der westlichen Naturwissenschaft, die er schon in der »Wissenschaft vom Sein« gern verwendet hatte. In Harmonie mit den Gesetzen der Natur leben, der eigenen Existenz ein »natürliches« Muster geben, die Unterstützung der allmächtigen Natur genießen – von solchen Aufforderungen ist der Bhagavadgītā-Kommentar voll. Die Schöpfung besteht aus »Energieschichten«, das reine Sein dagegen ist weder Materie noch Energie und darum mit den Mitteln der heutigen Physik noch nicht nachweisbar, wohl aber mit denjenigen einer zukünftigen Wissenschaft, die sich mentalen Phänomenen zuwenden wird. Die wissenschaftliche Terminologie kann aber nicht darüber hinwegtäuschen, daß Mahesh Yogi im allgemeinen in den Kategorien der indischen Religionsphilosophie denkt.
Die Entstehung der phänomenalen Welt beschreibt er im Sinne einer monistisch interpretierten Sāṃkhya-Kosmologie: Das unmanifeste Sein manifestiert sich zunächst in subtilen, feinstofflichen, dann aber zunehmend gröberen Formen; so kommt es zur Entstehung des Geistes, des Ich, des Bewußtseins, der Sinne, des Nervensystems und schließlich des Körpers und der Materie – in dieser Reihenfolge. Infolge der Wirksamkeit des »kosmischen Gesetzes« kommt es zu einem sich wiederholenden Zyklus von Entstehung, Erhaltung, Entfaltung und Auflösung. Entscheidend für Erhaltung und Entfaltung der Schöpfung ist das Gleichgewicht der drei Aspekte (guṇas) der Natur (prakṛti), wie es der Sāṃkhya lehrt. Grundlage des rechten Lebens ist die Freiheit von ihnen. »Sei ohne die drei guṇas« – dieser Satz enthält für den Maharishi die Essenz der gesamten Bhagavadgītā (BhG II 45, BhK 126, 384). Denn das Selbst soll von dem Wandel und der Aktivität des relativen Bereichs unberührt bleiben. Das impliziert jedoch in keiner Weise ein negatives Urteil über das Wirken der »Natur«. Zwar ist die Welt nur Erscheinung (mithyā) (Wissenschaft 317), aber nicht irreal. In

den beiden Hauptwerken Mahesh Yogis sucht man das Wort »Māyā« vergeblich. Im Vordergrund steht vielmehr der Begriff »Evolution«, mit dem Mahesh Yogi wie vor ihm manche andere die Selbstentfaltung der prakṛti bezeichnet. Evolution, von den drei guṇas vorangetrieben, bedeutet Schöpfung und ihre progressive Entwicklung zu mehr Glück und Erfüllung (BhK 128). Unter dem Gesichtspunkt der Evolution erscheint die Gesamtheit des Lebens als ein sinnvoll geordnetes, auf Höherentwicklung angelegtes Ganzes, dem der Mensch sich vertrauensvoll überlassen kann und dessen Gesetzen er folgen soll. Da Mahesh Yogi neben der kosmischen Evolution auch eine Evolution des Einzelnen kennt und die letztere die erstere zu fördern geeignet ist, ziehen bei ihm – in der Sāṃkhya-Terminologie ausgedrückt – puruṣa und prakṛti gleichsam an einem Strang. Mit der ursprünglichen Intention des Sāṃ khya[266] hat das nur noch wenig zu tun, um so mehr mit einem Optimismus, der für die Existenz von Leiden und Übel kaum einen Platz hat und besser nach Amerika als nach Indien zu passen scheint. Für Mahesh Yogi ist auch der Bereich des Relativen »sehr gut«.

Das eigentliche Problem besteht für ihn im Übergang vom Absoluten zum Relativen, von der Ruhe des reinen Seins zum Prozeß der Schöpfung und Evolution. Als dessen Auslöser nennt er Lebensodem (Prāṇa) und Werk (Karma) (Wissenschaft 44ff). Prāṇa, schon in den upanischadischen Spekulationen als Grundelement und letzte Wirklichkeit bezeichnet[267], interessiert den Maharishi wegen der Fähigkeit, sich selbst in Schwingungen zu versetzen. Er definiert Prāṇa als das reine Sein hinsichtlich seiner Tendenz, in Schwingungen zu geraten. Für die Frage nach der Ursache der Evolution ist der Prāṇa-Begriff also letztlich unergiebig, weil Mahesh Yogi Praṇa zu einem Aspekt des Seins selbst macht. Die Theorie von den Prāṇa-Schwingungen ist dagegen von höchster Bedeutung für die Meditationstechnik der TM, weil sie deren Mantra-Praxis untermauert. Als weitere Ursache des Evolutionsprozesses wird Karma genannt: Im Zusammenwirken mit Prāṇa läßt Karma den individuellen Geist und Verstand und schließlich das ganze manifestierte Sein entstehen. Da das Karma in der Abfolge der Wiederverkörperungen aber auch umgekehrt ein Produkt früherer Taten und somit des individuellen Geistes ist, steht Mahesh Yogi hier vor der Frage nach dem Ei und der Henne und zieht daraus den Schluß, daß keinem von beiden Priorität zukommt, sondern der Kreislauf von Schöpfung und Erlösung ewig sein muß. Da ferner der strenge Monismus es nicht zuläßt, Karma als einen zweiten Faktor neben das reine Sein des Brahman zu stellen, ist die Folgerung unumgänglich, daß das Sein »die Wirksamkeit des Karma latent zum Zwecke der Schöpfung in sich trägt« (Wissenschaft 50), d.h. das Problem erweist sich als letztlich unlösbar. Die Tendenz zur Selbstentfaltung des reinen Seins muß in diesem selbst angelegt sein, obgleich es von diesem Prozeß unberührt bleibt. Wiederum liegt die eigentliche Bedeutung, die dem Karma im Schöpfungsprozeß zugewiesen wird, im Verständnis der Meditation begründet. Indem der Maharishi das Karma fast mit dem Brahman identifiziert, bringt er das reine, bewegungslose Sein und die Aktivität bewußt in eine enge Verbindung miteinander und bekämpft die Ansicht derer, die ein Leben der Aktivität in der Welt für unvereinbar mit dem Zustand des absoluten Seligkeitsbewußtseins halten. In Wirklichkeit gehe es darum, »das Feld des Karma im Licht des Seins aufleuchten zu lassen«. Um solch eine »Erhöhung und Erleuchtung des Karma« zu bewerkstelligen, ist eine Meditationsform erforderlich, die nicht Verzicht auf das Handeln, sondern – im Sinne der Bhagavadgītā – »Geschicklichkeit im Handeln« lehrt, eben die TM (Wissenschaft 53). Der die TM Praktizierende »vereint die Werte absoluter und relativer Existenz« (Wissenschaft 54). Die mit der These von der Koexistenz von Ruhe und Aktivität entstehenden logischen Schwierigkeiten überbrückt Mahesh Yogi mit geschickten Formeln wie »silent wakefulness« und »restful alertness« und Metaphern, vor allem derjenigen von Pfeil und Bogen: Wie das Zurückziehen der Sehne den kraftvollen Schuß ermöglicht, so auch die Einkehr zur Ruhe das wirksame Handeln.

In anderer Weise steht das, was Mahesh Yogi unter Dharma versteht, an der Nahtstelle zwischen dem Absoluten und dem Relativen. In seiner modernisierenden Interpretation ist Dharma »jene unbezwingbare Macht der Natur, die die Existenz aufrechterhält. Sie erhält die Evolution und bildet die Basis des kosmischen Lebens. Sie unterstützt alles, was die Evolution fördert, und entmutigt alles, was sich ihr widersetzt (BhK 26). Der Dharma konkretisiert sich im Bereich des Relativen in verschiedenen Dharmas, die so etwas wie das jeweilige Lebensgesetz der verschiedenen Wesen, Gruppen, Kulturen, Kasten etc. darstellen. Eine vergleichbare Funktion schreibt Mahesh Yogi dem »kosmischen Gesetz« und den »Gesetzen der Evolution« zu. Das kosmische Gesetz definiert er als das »Gesetz des Universums, das die Grundlage der unzähligen Gesetze ist, die alle Wandlungen in der Schöpfung bewirken.« Es erhält die »Integrität der letzten, innersten Substanz der Schöpfung« nämlich des Absoluten, sorgt aber auch dafür, daß H und O auch in der Verbindung H_2O ihre Identität bewahren

(Wissenschaft 42f). Auch das kosmische Gesetz funktioniert an der Grenze zwischen dem Absoluten und Relativen, es »harmonisiert das unmanifestierte, ewige Sein mit dem manifestierten Feld der verschiedenartigen, relativen Existenz« (Wissenschaft 43, vgl. BhK 471). Im Zusammenhang mit dem kosmischen Gesetz verwendet Mahesh Yogi auch den Begriff der »schöpferischen Intelligenz«, der in der Formulierung »Wissenschaft der schöpferischen Intelligenz« eine so bedeutungsvolle Rolle in der TM-Bewegung spielt. Das kosmische Gesetz sei die Verfahrensregel für kosmische schöpferische Intelligenz, die Entstehung, Erhaltung und Auflösung des Universums bewirkt (Wissenschaft 41). Die übliche Definition der schöpferischen Intelligenz – »jene drängende Lebenskraft, die sich im evolutionären Prozeß durch die Schaffung neuer Formen und neuer Beziehungen im Universum manifestiert«[268] – entspricht inhaltlich weitgehend derjenigen des Dharma und des kosmischen Gesetzes. Alle drei beschäftigen sich mit der Frage nach dem Ordnungsprinzip, das zugleich für Kontinuität und Wandel im Kosmos sorgt. Wenn es von der schöpferischen Intelligenz heißt, sie sei das grundlegende Ordnungsprinzip im Menschen wie in der Natur[269], so wird vollends deutlich, daß es sich auch in dieser westlichen Begrifflichkeit um nichts anderes handelt als um das, was der Neohinduismus unter Dharma versteht. Die »Wissenschaft der kreativen Intelligenz« ist die hinduistische Lehre vom Dharma (Dharmatattva) in modernisierter Gestalt und westlichem Gewand. Auch die Naturgesetzte des Maharishi haben mit den allgemein gültigen Naturgesetzen der Wissenschaften nichts zu tun, sondern entsprechen eher der goetheschen Entelechie, die das jedem Wesen inhärente Wesensgesetz bedeutet und darin dem hinduistischen Verständnis von Dharma und Svadharma ähnelt.

3) Im Prinzip erkennt Mahesh Yogi fünf Wege an, die aus dem Bereich des Relativen in das »Feld des Seins« zurückführen (Wissenschaft 314ff.). In der »Wissenschaft vom Sein« umschreibt er sie in westlicher Terminologie. Der »psychologische oder intellektuelle Weg« bezeichnet das, was traditionell Jñāna-Mārga und Rāja-Yoga genannt wird. Die Kontemplation der Einheit mit dem Göttlichen im Sinne des Tat tvam asi beurteilt der Maharishi als Selbsthypnose, die im Stande des Hausvaters zeitlich unerschwinglich ist, überdies zur Persönlichkeitsspaltung führen kann und ohne die Praxis der TM nicht zum Ziel führt. Der »emotionale Weg«, d.h. der Bhakti-Mārga, findet Zustimmung und wird weitgehend mit der TM gleichgesetzt. Der »physiologische Weg«, d.h. der Haṭha-Yoga findet wegen seiner Bemühung um Reorientierung des Nervensystems Beifall, der »psycho-physiologische Weg« gilt als

Vorbild der TM, weil er eine Verbindung verschiedener Yoga-Formen darstellt. Alle sind jedoch für den Hausvater nicht geeignet. Die TM aber ist es und wird – horribile dictu – als »mechanischer Weg zur Gottverwirklichung« bezeichnet, weil sie auf die Hilfe der Unterscheidungskraft und des Gefühls verzichtet und auf dem »mechanischen« Weg der inneren Wahrnehmung beruht. Einen grundsätzlichen Unterschied zwischen der inneren und äußeren sinnlichen Wahrnehmung erkennt Mahesh Yogi nicht an. Weil die TM das Handeln einbezieht, identifiziert er sie mit dem Karma-Yoga der Bhagavadgītā und nennt sie den »Weg zur Erleuchtung über das Handeln« (Wissenschaft 339). Sie gibt jedem Menschen, auch dem intellektuell und emotional weniger entwickelten, insbesondere dem modernen Hausvater, die Möglichkeit, durch den richtigen Gebrauch der Wahrnehmungsfähigkeit zur Gottverwirklichung zu gelangen, wie Mahesh Yogi feststellt (Wissenschaft 340). In Wirklichkeit läßt sich die TM keinem der traditionellen Mārgas präzise zuordnen. Das liegt an ihrer harmonisierenden und eklektischen Tendenz. Am ehesten läßt sie sich als eine Mischung von Mantra- und Karma-Yoga mit gewissen Elementen des Bhakti-Yoga charakterisieren. Es fällt auf, daß der Maharishi trotz seiner Berufung auf Śaṇkara den Jñāna-Yoga am deutlichsten kritisiert. So wenig der Gedanke an Brot satt macht, erklärt er wiederholt, so wenig führt das Denken an Gott zur Gottverwirklichung.
Die TM dagegen unterscheide sich gerade dadurch von Kontemplation und Konzentration, daß sie die Ebene des bewußten Denkens transzendiert und durch immer subtilere Gedankenschichten hindurch zur »Quelle der Gedanken« hinabstößt. Als diese gilt ihm jener Bereich des absoluten Seins und reinen Bewußtseins, der als der unbewegte Beweger der Ursprung der phänomenalen Welt ist. Gleichsam das Fahrzeug auf diesem Weg nach innen ist ein Mantra, zumeist ein einsilbiges tantrischen Ursprungs[270]. Sein wiederholtes Rezitieren vermittelt den Eindruck eines Übergangs von gröberen zu immer subtileren Bewußtseinszuständen und kulminiert im Zustand absoluter Ruhe. Der Maharishi zweifelt nicht daran, daß es die Ruhe des absoluten Seins, in religiöser Terminologie: Gott selbst ist. In der Sprache der Wissenschaft, wie er sie versteht, handelt es sich um den Bereich der schöpferischen Intelligenz, die der Ursprung aller Gedanken ist. Psychologisch gesehen, soll es bei der Technik der TM um ein Zurückverfolgen des Gedankens in den Bereich des Unbewußten, d.h. um eine Bewußtseinserweiterung gehen, die eine Mobilisierung des vollen intellektuellen Pontentials ermöglicht. Die Grundlage der TM ist also eine Theorie des Denkvorgangs, für deren Richtigkeit nachträglich zwar wissen-

schaftliche Beweise gesucht werden, die aber wahrscheinlich in den Erfahrungen ihren Ursprung hat, die der Maharishi mit der Mantra-Meditation gemacht hat. Nicht von ungefähr wird ständig betont, daß nur der die TM Praktizierende sie beurteilen kann.
Die TM vermittelt aber nicht nur eine Gotteserfahrung, den Kontakt mit den Quellen des schöpferischen Denkens, Bewußtseinserweiterung in die unbewußten Schichten hinein und eine volle Mobilisierung des intellektuellen Potentials, sondern darüber hinaus auch Macht über die Natur. Denn der Bereich des reinen Seins ist auch der Sitz der Naturgesetze und des kosmischen Gesetzes, das, wie bereits erwähnt, die Basis aller Naturgesetze darstellt. Der Meditierende kann darum in eine Position gelangen, »von der aus man alle Naturgesetze kontrollieren und die allmächtige Kraft der Natur nach seinem Bedürfnis, seinem Wunsch oder Belieben nutzen kann«, wie es schon in der »Wissenschaft vom Sein« heißt (S. 111), freilich nur, indem man sich selbst der Natur unterwirft. Hat der Mensch erst höhere Bewußtseinsebenen erreicht, kann er zum schweigenden Werkzeug der Natur werden, seine Wünsche sind nicht mehr diejenigen seines selbstsüchtigen Ich, sondern die Bedürfnisse der Natur selbst und gehen darum auch in Erfüllung. Die Unterstützung des kosmischen Gesetzes »ermöglicht die Verwirklichung jeder Bestrebung und die höchste Erfüllung des Lebens« (BhK 472). Das vollzieht sich zunächst nur im Geist des Meditierenden, macht sich aber darüber hinaus in der Wirklichkeit bemerkbar, d. h. Gewünschtes kann sich auch für andere sichtbar materialisieren, das Gefühl des Schwebens während der Meditation kann sich in Levitation konkretisieren usw. Über solche parapsychologische Phänomene bei fortgeschrittenen TM-Meditierenden hat es denn auch Berichte gegeben. Da der »Natur« eine evolutionäre Tendenz innewohnt und das Wünschen der Meditierenden diese Tendenz verstärkt, kommt ihnen eine entscheidende Bedeutung für die Evolution zu. Noch wichtiger als der »Maharishi-Effekt«, d. h. der segensreiche Einfluß, den ein Prozent Meditierender auf die Gesamtbevölkerung ausüben, ist die Macht der im Seelisberger Zentrum versammelten Meditationselite über den Lauf der Evolution. Denjenigen, welche die »ritam bharapragyan« genannte Bewußtseinsebene dauerhaft etabliert haben, wird die Fähigkeit zugeschrieben, in Übereinstimmung mit der Evolution das Paradies herbeizuführen, vor allem natürlich der Meditationskraft des Maharishi selbst[271]. Dieses Konzept erinnert an die Kraft (»force«), mit der Śrī Aurobindo in der Einsamkeit seines Āśrams den Lauf der Welt, insbesondere des spanischen Bürgerkrieges und des 2. Weltkriegs, meinte beeinflussen zu können[272]. Die Besonderheit

der TM besteht also in den Augen Mahesh Yogis darin, daß sie herabführt in die Tiefe, in der der Mystiker dem Göttlichen begegnet, in den kreativen Bereich, aus dem der Künstler lebt, in das Unbewußte der Tiefenpsychologie und schließlich auch zu den innersten Geheimnissen der Natur. »Gotteserkenntnis, Selbsterkenntnis und Naturerkenntnis fallen in einem Akt zusammen und sind mit ein und derselben Technik ›leicht und mühelos‹ zu erlangen«[273]. Sie werden »mechanisch«, d. h. »ohne intellektuelles oder emotionales Eingreifen«, ohne Jñāna und Bhakti verwirklicht (Wissenschaft 339).

Es liegt hier, wie von Kritikern der TM bemerkt worden ist, eine Reduktion des achtgliedrigen Yogapfades, wie er in Patañjalis Yoga-Sūtra gelehrt wird, auf ein Minimum vor. Die ethischen und asketischen Voraussetzungen des Yoga, die bei Patañjali unter yama und niyama genannt sind, werden für den Anfänger und durchschnittlichen Meditierenden faktisch zunächst außer Kraft gesetzt. Atemschulung (prāṇāyāma) und Yogaposituren (āsanas) spielen nur eine marginale Rolle. Ganz zu schweigen von tantrischen Praktiken, etwa der Erweckung der Kuṇḍalinī, über die sich bei Mahesh Yogi kaum ein Wort findet. (Tantrische Einflüsse liegen freilich in seiner Mantra-Praxis vor.) Wenn kritisch bemerkt wird, die TM-Technik fange erst bei der Zurückziehung der Sinne (Pratyāhāra) an[274], so entspricht das nicht dem Verständnis Mahesh Yogis. Dieser läßt vielmehr die Praxis des Yoga mit der Endstufe, dem Samādhi, beginnen und geht von dort aus gleichsam den Yoga-Pfad bis zum Anfang zurück. Unter Berufung auf Bhagavadgītā II, 59 erklärt er die Kontrolle der Sinne nicht zur Voraussetzung, sondern zur Folge der Gottrealisation (BhK 15, 160), läßt also den Imperativ aus dem Indikativ folgen. Denn für ihn folgt aus dem Sein das Denken und aus diesem wiederum das Handeln, so daß eine Seinsveränderung die Voraussetzung für verändertes Denken und Handeln bildet. Die Seinsveränderung aber resultiert aus der Praxis der TM. Diese führt also »leicht und mühelos« zum rechten Lebensstil. Das Vergessen der Seinsdimension gilt ihm als der große Fehler, der zur Entartung der hinduistischen Tradition geführt hat (BhK 10ff.).

4) Das von der TM öffentlich propagierte Minimalprogramm sollte freilich nicht darüber hinwegtäuschen, daß auch sie einen Fortschritt auf dem Yogapfad kennt und in kleinen Kreisen zu praktizieren versucht, nämlich den Aufstieg zu höheren Bewußtseinszuständen jenseits des Transzendentalen Bewußtseins. Außer den drei normalen Bewußtseinszuständen (Tiefschlaf, Traum, Wachen) kennt sie noch vier höhere, insgesamt also sieben[275]. Der Maharishi

entwickelt diese Lehre in einer etwas gekünstelt wirkenden Auslegung des sechsten Kapitels der Bhagavadgītā (BhK 381 ff.). Auf das Transzendentale Bewußtsein, das mit dem Savikalpa Samādhi identifiziert und auch Ātmānanda genannt wird, folgt das kosmische Bewußtsein (= Brahmānanda bzw. Nirvikalpa Samādhi oder Nitya Samādhi), darüber das sog. Gottesbewußtsein und schließlich – nur am Rande erwähnt – das Einheitsbewußtsein. Für die beiden letzten Bewußtseinszustände verzichtet die TM-Literatur weitgehend auf Sanskritbezeichnungen. Die TM gehört zu denjenigen Bewegungen, die den Menschen noch über das Ziel des klassischen Yogapfades hinauszuführen versprechen. An höheren Himmelssphären ist Mahesh Yogi freilich nicht interessiert, sondern an Bewußtseinsebenen, in denen zwei schwierige Fragen der indischen Religionsgeschichte jeweils verschieden beantwortet werden können, nämlich die nach dem Verhältnis zwischen dem in sich ruhenden Selbst und der Aktivität sowie die nach der Beziehung zwischen dem persönlichen und unpersönlichen Wesen der Gottheit. Hinsichtlich des ersten Problems geht er von der Lehre der Bhagavadgītā aus, daß ein Handeln, das seine Früchte nicht begehrt (niṣkāma karma), den Menschen vom Zwang entbindet, neues Karma zu produzieren, und darum mit dem Streben nach Erlösung in Einklang steht. Der Zustand des Transzendentalen Bewußtseins, das erste Ziel der TM, kann gleichzeitig mit aktiver Betätigung nicht aufrechterhalten werden. Das kosmische Bewußtsein dagegen ermöglicht die Koexistenz von Ruhe und Aktivität; das Selbst wird als unberührt von jeder Aktivität und die eigene Aktivität als Äußerung der »göttlichen Intelligenz« bzw. der »Natur« erfahren. Der Meditierende hat auf dieser Stufe die Hauptforderung der Bhagavadgītā, die Freiheit von den drei Guṇas (II 45), auch im aktiven Zustand erfüllt. Das kosmische Bewußtsein erweist sich auch darin als permanent (nitya samādhi), daß dank des verfeinerten Nervensystems Ärger und Begehren gar nicht mehr entstehen können, der Mensch also den Stand des non posse peccare erreicht hat. Auf der noch höheren Ebene des Gottesbewußtseins schließlich hört die Erfahrung der Dualität von Selbst und Aktivität auf. Diese Dualität geht in der Einheit der Gotteserfahrung auf. Das höchste Ziel des Yogapfades ist für Mahesh Yogi dasjenige eines Karma-Yogin, der aktiv handelnd dennoch vom Handeln unberührt bleibt und seine Aktivität als Äußerung einer fremden, ihm wohlgesinnten Macht erfährt, nämlich der »Natur«.

Auch die Spannung zwischen dem personalen und impersonalen Gottesverständnis wird mit Hilfe der Lehre von den Bewußtseinsebenen aufgelöst. Am Anfang steht die Aussage: »Das Geheimnis der Gottverwirklichung liegt darin, den Gedanken an Gott (thought of God) zu transzendieren. Ein Gedanke, der Gedanke bleibt, verschleiert das Gottesbewußtsein. Auch Gefühle verbergen die gesegnete Glückseligkeit. Der Gedanke an Gott findet Erfüllung in seiner eigenen Auslöschung. Und auch das Gefühl muß aufhören, damit das Herz sich füllt mit der grenzenlosen Gottesliebe« (BhK 444). Dieses Transzendieren erfolgt in der Praxis der TM und begründet das direkte Verhältnis des Menschen zu Gott auf der Ebene nicht des Denkens, sondern des Seins. Von dort aus greift es auch auf die Ebenen des Fühlens, Denkens und schließlich der sinnlichen Erfahrung über. Das geschieht im Zustand des kosmischen Bewußtseins, in welchem »der persönliche Gott auf der Ebene der Sinne« erfahrbar wird. Die entsprechende Praxis ist die Hingabe (devotion) an die »kosmische Existenz, die um der Hingabe und Verehrung willen in Gott individuell gemacht« worden ist (BhK 468), d.h. die Hingabe an die persönlich vorgestellte Gottheit. Von dort geht der Weg weiter zum Gottesbewußtsein und zum Zustand der völligen Einheit. Der Höhepunkt besteht darin, »to realize the supreme oneness of life in terms of one's own self« (BhK 449). Auf dieser Stufe hört die Hingabe zwar eigentlich auf, aber dennoch zögert Mahesh Yogi, das Element der Bhakti auf der höchsten Ebene ganz auszuschließen, und entscheidet salomonisch, die Frage, ob diese Vollendeten mit Gott »spielen« – die »Līlā« der Bhakti – oder mit ihm eins werden sollen, sei zwischen ihnen und Gott auszumachen, und zwar »auf der Ebene der Einung«, wo es keine Ausschließlichkeit mehr gibt. Die Unterscheidung von mehreren Bewußtseinsebenen erlaubt dem Maharishi also, eindeutige Antworten auf die uralten Fragen nach dem Wesen des Göttlichen und nach dem Verhältnis zwischen der vita activa und der vita contemplativa zu vermeiden.

5) Mahesh Yogi hat seinen Versuch, die hinduistische Tradition, oder, wie er selbst sagen würde: das vedische Wissen neu zu interpretieren, pragmatisch begründet (Wissenschaft 343ff.). Die Lehre der TM solle in jedem Zeitalter mit dem Massenbewußtsein im Einklang stehen und auf die Wünsche, Bedürfnisse und Bestrebungen der Menschen bezogen sein. In der Gegenwart könne sie darum nicht mehr in religiösen Begriffen gelehrt, sondern müsse auf Politik und Wirtschaft bezogen werden. Auf der gleichen Linie liegt das Bemühen, die TM als Wissenschaft zu propagieren. Dieser Pragmatismus – das wird oft verschwiegen – findet seine Grenze dort, wo es um die Reinheit und Integrität der Lehre geht. Denn »die Wirksamkeit der Lehre hängt von ihrer Reinheit ab« (Wissenschaft 343). Das hat Mahesh Yogi dazu veranlaßt, trotz der Nach-

teile, die ihm daraus entstehen mußten, an der Initiationszeremonie mit ihrer Anrufung der Götter und Meister sowie an den tantrischen Mantras festzuhalten. Die Nachteile hängen damit zusammen, daß der zeitweise erfolgreiche Versuch, TM in Schulen und anderen staatlichen Institutionen der USA auf staatliche Kosten lehren zu lassen, bei der dortigen scharfen Trennung von Staat und Kirche scheitern mußte, wenn erst einmal die religiöse Basis der TM gerichtsnotorisch wurde, wie es 1977 in New Jersey tatsächlich geschehen ist. Wie nahe es lag, diese hinduistische Badehose auch noch auszuziehen (um eine Metapher aus der Entmythologisierungsdebatte zu gebrauchen), haben abgespaltene Gruppen wie die »Gesellschaft für Individual-Entwicklung RRA e.V.« in Deutschland und Einzelpersönlichkeiten wie Dr. Herbert Benson in den USA bewiesen, die sich kurzerhand der Initiationszeremonie entledigt und die Mantras durch religiös neutrale Lautkombinationen ersetzt haben[276]. Daß Mahesh Yogi an beidem festgehalten hat, erweist ihn gerade da, wo es um die magische – nicht nur psychische – Wirksamkeit von Mantras und Riten geht, als Hindu. Insofern waren seinem Versuch einer nichtreligiösen Interpretation der hinduistischen Tradition von vorneherein Grenzen gesetzt. Auf der gleichen Linie liegt seine grundsätzliche Anerkennung der Autorität der Veden und – innerhalb Indiens – des Kastensystems (BhK 65–68, 191f.). Der Wunsch, sich in Indien die Tür offen zu halten, mag dabei auch eine Rolle gespielt haben.
Wenn ihm der Vorwurf der Täuschung gemacht worden ist[277], so ist das im Blick auf die öffentliche Selbstdarstellung der TM, vor allem in den USA im Zusammenhang mit der Schulfrage, nicht unbegründet. Andrerseits war sein Programm seit spätestens 1963 der Öffentlichkeit durch die »Wissenschaft vom Sein« zugänglich, die sog. Heilige Tradition, die den Kern der Initiationszeremonie bildet, war teilweise im BhK abgedruckt, und seine Stellung zur Kaste und zur Bedeutung der Mantras war dort auch nachzulesen. Sein Versuch, die hinduistische Tradition in der Sprache der Wissenschaft zu interpretieren, ist offensichtlich propagandistisch motiviert. Die Frage nach der Legitimität eines solchen Unternehmens ist damit freilich noch nicht negativ entschieden. Problematischer ist, daß Mahesh Yogi über die Versuche Vivekānandas und Yogānandas, den Vedānta bzw. den Kriyā-Yoga als wissenschaftlich auszugeben, nicht grundsätzlich hinausgekommen ist. Auch für ihn ist dasjenige wissenschaftlich, was nicht der Wissenschaft widerspricht und was auf Erfahrung gegründet ist bzw. durch Erfahrung nachprüfbar ist (Wissenschaft 358). »Wissenschaftlich« bedeutet in diesem Zusammenhang vor allem Verzicht auf die Vielfalt mythi-

scher, ritueller und dogmatischer Traditionen und Konzentration auf eine Meditationspraxis und den dazu gehörigen religionsphilosophischen Deutungshorizont, der als solcher keineswegs wissenschaftlich erwiesen sein muß. Die Bedeutung der Erfahrung für das Denken Mahesh Yogis ist unbestreitbar. Die Analyse seines Systems hat gezeigt, daß es auf Erfahrungen der Mantra-Meditation aufbaut, die an den unwahrscheinlichsten Stellen in seinem Philosophieren durchschlagen. Der Deutungshorizont dieser Erfahrungen ist jedoch keineswegs von den Wissenschaften, sondern von der indischen Tradition vorgegeben. Die Ausführungen Mahesh Yogis über die Naturgesetze und über die schöpferische Intelligenz haben verdeutlicht, daß die versuchte Neuinterpretation im Geist der Wissenschaft auf das Terminologische beschränkt ist und daß unter dem dünnen Lack der Wissenschaftlichkeit überall der Sāṃkhya-Philosoph bzw. Neohinduist sichtbar wird. Darum beschränkt sich das Gespräch zwischen der TM und den Wissenschaften auch weitgehend auf den Aufweis von Analogien zwischen beiden. Für manche Psychologen und Physiologen ist das Experimentieren mit höheren Bewußtseinszuständen von Interesse, andere Wissenschaftler mögen in der TM eine optimistische, vom Evolutionsgedanken und vom Monismus geprägte Weltanschauung attraktiv finden. Aufs Ganze gesehen ist der Versuch einer Neuinterpretation im Geist der Wissenschaften in traditionellen indischen Denkschemata steckengeblieben.

Das gilt in vielleicht noch stärkerem Maße für den Versuch, die TM auf die politischen und wirtschaftlichen Probleme der Zeit hin zu interpretieren. Soweit es sich dabei um utopische Weltverbesserungsvorstellungen handelt, laufen sie auf uralte indische Vorstellungen vom goldenen Zeitalter hinaus: Im Kṛta Yuga brauchten die Menschen nicht zu kaufen und zu verkaufen, denn was sie benötigten, bekamen sie durch die Kraft des Gedankens, heißt es im Mahabhārata[278]. Was die Äußerungen Mahesh Yogis zur Verbrechensbekämpfung, zur Verbesserung des politischen Zusammenlebens usw. betrifft, so münden sie alle im Propagandistischen und fallen durch das Fehlen ernsthafter Sachbeiträge hinter die Leistungen von Männern wie S. Radhakrishnan zurück. Da im System Mahesh Yogis nur für Scheinkonflikte und Scheinprobleme Platz ist, muß man annehmen, daß problembezogenes Nachdenken durch die TM eher verhindert wird. (»Die Antwort auf jedes Problem ist, daß es kein Problem gibt. Der Mensch erkenne diese Wahrheit, dann ist er ohne Probleme«, BhK 66). Was schließlich die Bedeutung der TM für das praktische Leben des Individuums betrifft, so wird die Echtheit der auf »mechanischem Weg« erlang-

ten Gotteserfahrung gewiß nicht nur unter Christen, sondern auch unter Hindus[279] umstritten bleiben. Die Bemühung um eine Meditationsweise, die Ruhe und Aktivität, Introversion und Extraversion sinnvoll miteinander zu verbinden vermag, könnte noch am ehesten von bleibender Bedeutung sein. In keinem anderen Bereich ist Mahesh Yogi so sehr bei der Sache und zugleich auf sich selbst gestellt. Nur hier hat er sich faktisch – wenngleich nicht grundsätzlich – von der Tradition getrennt oder sie zumindest in einer so gewagten Weise interpretiert, daß man von einer Neuinterpretation sprechen kann. Ansonsten ist er trotz aller Bemühungen ein erstaunlich altmodischer Hindu.
Trotz der Selbständigkeit dieser Neuinterpretation ist ihre Abhängigkeit von etlichen Motiven und Konzeptionen unübersehbar, die von Aurobindo vertreten worden sind. Das gilt für den zentralen Begriff der Evolution und für die Rolle einer Meditationselite für den evolutionären Fortschritt, ferner für das Interesse an parapsychologischen Phänomenen und für das Handeln in Übereinstimmung mit der Natur. Das letztere Konzept Aurobindos hat D. S. Sarma in einer Weise charakterisiert, die auch für die Lehre des Maharishi zutreffen würde: »to stand aloof, as it were, from himself and watch how the machinery of Nature works in him, while the divine grace comes and operates. He should be a silent witness . . .«[280]. Unter diesem Gesichtspunkt betrachtet, kann die Lehre Mahesh Yogis als popularisierter und trivialisierter Aurobindo charakterisiert werden.

11. Svāmī Muktānanda

Svāmī Muktānanda[281] gehört zu jenen Gurus, die den größten Teil ihres Lebens in Indien verbracht haben und erst relativ spät in den Westen gekommen sind. Der 1908 in der Nähe von Mangalore (Karnataka) geborene Svāmī verließ erst 1974 seine Heimat, um bis 1976 eine Welttour zu veranstalten, die ihn nach Australien, Europa und den USA führte und ihm eine auf über 20000 geschätzte westliche Anhängerschaft verschaffte[282]. Im Alter von fünfzehn Jahren begegnete er dem Siddha-Yogi Nityānanda, einem illiteraten Mann von ungewöhnlicher Gemütsverfassung, der in Ganeshpuri, in einiger Entfernung von Bombay, seinen Āśram hatte. Die Begegnung mit Nityānanda veranlaßte den Jugendlichen, sein Elternhaus zu verlassen und Sādhu zu werden. Nach eigenen Angaben kam er mit einer Reihe von Gurus in Berührung, darunter solchen aus dem Umkreis des Sāi Bābā von Shirdi und Meher Bābās wie Upasani Bābā von Sakuri und Narāyaṇ Mahārāj von Kedgaon. Diese Namen verweisen nach Maharashtra. In diesem Bundesstaat, nämlich in Yeola, scheint Muktānanda auch einen Teil seiner Jugend verbracht zu haben[283]. Die geistigen Einflüsse aus diesem geographischen Bereich sind in seinem Schrifttum unverkennbar. Er zitiert bevorzugt Jñāneśvara, Tukārām, Eknāth und Nāmdev, also Vertreter der Marāthā-Mystik[284], die sich durch Betonung der Guruverehrung und Kastenkritik auszeichnet und darin dem geistigen Hintergrund des Rādhāsoāmī Satsaṅg verwandt ist. Ein besonderes Kennzeichen, das sich auch bei Muktānanda wiederfindet, ist die mit der mystischen Erfahrung verbundene emotionale Erschütterung, die sich durch Schwitzen, Weinen u.ä. äußert. Schließlich kehrte Muktānanda zu Svāmī Nityānanda nach Ganeshpuri zurück, empfing 1947 von diesem seine letzte Initiation und erlangte in einer von ihm sehr dramatisch dargestellten Weise 1956 im Alter von 48 Jahren spirituelle Befreiung und blieb danach bei seinem Meister bis zu dessen Ableben im Jahr 1961, um dann sein Erbe in Ganeshpuri anzutreten. Er vermehrte die Reputation des Āśrams, insbesondere unter Bombayer Geschäftsleuten, die ihm auch den äußeren Ausbau ermöglichten. Auch Suchende aus dem Westen fanden den Weg zu ihm, schon bevor er, wie erwähnt, 1974 zu seiner Welttour aufbrach. In den USA fand er seine Anhänger nicht mehr, wie früher aufgetretene Gurus, vornehmlich in der jugendlichen Subkultur, sondern unter Berufstätigen mit einem hohen Prozentsatz an Rechtsanwälten, Schauspielern und Psychologen[285]. Wahrscheinlich handelt es sich überwiegend um die Schichten, die die Klientel von growth centers der Human Potential-Bewegung wie Esalen bilden[286]. Von dort jedenfalls hat Muktānanda offensichtlich die Idee übernommen, sein Siddha-Yoga-Programm als 24-Stunden-Marathon unter dem Namen »Siddha Yoga Intensive« anzubieten.

Der Tantriker und Śiva-Verehrer Muktānanda lehrt die Erweckung der Kuṇḍalinī, von ihm auch als Chiti bzw. Chitśakti (Bewußtseinskraft) bezeichnet, durch Śaktipāt, d.h. Kraftübertragung vom Guru auf den Schüler. Sie kann durch Blick, Berührung u.ä. erfolgen. Das ist in der Tradition des indischen Yoga nicht unüblich. Aus der neueren Geschichte ist vor allem das Beispiel Rāmakrishnas bekannt geworden, der bei Vivekānanda eine heftige Erschütterung auslöste, indem er ihm den Fuß auf die Brust setzte. Bei Muktānanda ist die Kraftübertragung freilich zur zentralen Yoga-Technik geworden. Das hängt wohl mit der außerordentlichen Betonung zusammen, die der Kontakt und die völlige Identifizierung mit dem Guru bei ihm erfahren. Eine weitere Besonder-

heit Muktānandas liegt in der Lehre von den Kriyās, worunter er Yoga-Posituren (Yogāsanas) und Yoga-Gebärden (Yoga mudrās) versteht, die sich während der Meditation automatisch, ohne eigenes Zutun, einstellen. Der Kuṇḍalinī-Yoga hat bei ihm einen wilden, ekstatischen Charakter. Der Yogi, dessen Kuṇḍalinī der Guru durch seine Kraftübertragung erweckt hat, ist nicht mehr Herr seines Körpers, sondern entdeckt, daß er automatisch wie ein Löwe brüllt oder aber auch sich in Krämpfen windet u.a.m. Die Wahrnehmung von Farben während der Meditation ist bei Muktānanda ebenfalls von großer Bedeutung und gilt als Maßstab des Yoga-Fortschritts. Von der »roten Aura« über die »weiße Flamme« und das sog. »schwarze Licht« führt der Yoga-Pfad zur »blauen Perle«, dem Kennzeichen endgültiger Befreiung.
Das Zentrum ist weiterhin der zu Ehren Svāmī Nityānandas »Śrī Gurudev Siddha Yoga Āśram« genannte Āśram in Ganeshpuri. Aber auch Svāmī Muktānanda selbst genießt kultische Ehren in Indien, den USA und im »Sri Gurudev Dhyan Mandir« in Johannesburg, Südafrika. Er gilt als Guru, Paramahaṁsa und Avatār. Er scheint Amerikaner wie Baba Ram Dass – den Psychologen Richard Alpert – und Werner Erhard, den Gründer von »est« (Erhard Seminars Training) beeinflußt zu haben, die selbst als weiße Gurus bzw. Psycho-Gurus ihre eigene Anhängerschaft gewonnen haben[287].

12. *Healthy-Happy-Holy-Organization (3HO)*

Die Healthy-Happy-Holy-Organization[288], von Yogi Bhajan 1969 in den Vereinigten Staaten gegründet, ist im Zusammenhang mit den indischen religiösen Bewegungen im Westen deswegen von besonderer Bedeutung, weil sie trotz ihrer Anwendung von allgemein hinduistischen Yoga-Techniken eindeutig sikhistisch ist und ihren Anhängern Gelegenheit gibt, der Sikh-Kommunität formell beizutreten und sich auch äußerlich als Sikhs zu erkennen zu geben, nämlich durch das Tragen des Turbans und den Verzicht auf Haarschnitt. Yogi Bhajan, um 1929 als Harbhajan Singh Puri geboren, hat viele Jahre seines Lebens dem weltlichen Leben gewidmet. Nach einem Studium der Ökonomie an der Punjab Universität in Chandigarh verbrachte er achtzehn Jahre als Offizier der Armee und in der Zollverwaltung. Der Familienvater von drei Kindern begann 1969[289] im East-West Center von Los Angeles Kuṇḍalinī-Yoga zu lehren, faßte unter den jungen Leuten der Hippie-Kultur Fuß und gründete 1969 die »3HO«. In der Folgezeit konnte sie sich verbreiten und eine Reihe von Zentren in den USA gründen, die teilweise »Guru Ram Das Ashram« genannt werden, nach dem dritten Sikh-Guru, (nicht nach dem südindischen Svāmī Ramdas alias Vittal Rao, der 1954 mehrere nichtindische Länder besuchte). Ein wichtiges Mittel zur Gewinnung und Festigung der Anhängerschaft sind zehntägige Sonnenwend-Veranstaltungen, die im Sommer im Westen und im Winter im Osten der USA durchgeführt werden.

Dabei werden nicht nur tantrische Yoga-Techniken, sondern auch Sūfi-Tanz und ostasiatische Selbstverteidigungstechniken wie T'ai Chi, Aikido und Kung Fu eingeübt sowie Texte aus der Heiligen Schrift der Sikh-Religion, dem Guru Granth gesungen. Die Verwendung von Sūfi-Tänzen und Techniken wie Aikido und T'ai Chi steht in Übereinstimmung mit der Praxis in den psychologisch ausgerichteten »growth centers« wie Esalen[290] und dient außer der Selbstverteidigung auch der Förderung des Körperbewußtseins. Darin zeigt sich weniger die Bereitschaft zum Synkretismus als zur Anpassung an die nordamerikanische Situation.

Eine wichtige Rolle spielen gemeinschaftliche Atem- und körperliche Übungen, insbesondere der sog. »feurige Atem« (breath of fire). Indem sie die Übenden bis an die Grenzen ihrer Kraft und darüber hinaus strapazieren, sollen sie eine innere Reinigung und die Ausbildung der »Aura« bewirken. Ergänzt werden sie durch intensives gemeinsames Mantra-Singen, insbesondere des Mantra »Ek Oṁkar Sat Nām Śrī Wha Guru«. Dieses verweist deutlich auf jene Tradition, die dem Sikhismus und den Rādhāsoāmīs gemeinsam ist und schon an früherer Stelle behandelt worden ist[291]. Wie bei den Rādhāsoāmīs, so bildet die Lehre vom »Klangstrom«, der den Urstoff des Kosmos bildet, auch hier den Hintergrund. Die Verwendung von Mantras beim gemeinsamen Singen und in der individuellen Meditation dient dem Ziel, den Menschen in Harmonie mit den »kosmischen Kräften« zu bringen. Eine Besonderheit von 3HO sind yogische Partnerübungen in großen Gruppen, bei denen sich Männer und Frauen in langen geschlossenen Reihen gegenübersitzen und durch Mantra-Rezitieren und strapaziöse körperliche Übungen so etwas wie ein kollektives »magnetisches Feld« aufbauen, wobei der »polaren Energie« des Männlichen und Weiblichen besondere Bedeutung zugemessen wird[292]. Orthodoxe Sikhs haben in den USA gegen diesen Versuch, Sikhdharma und hinduistische Yoga-Techniken zu kombinieren, protestiert[293]. Das sikhistische Element schlägt am stärksten im Praktischen und Rituellen durch. Die bereits besprochenen Übungen sind weniger auf die Schaffung innerer Ruhe und Distanz zur Welt als auf die

Entwicklung einer inneren Dynamik gerichtet. Dem entspricht es, wenn bei der streng vegetarischen Ernährung anders als bei den meisten indischen Bewegungen im Westen stark gewürzte »rajasische« Nahrung den Vorzug erhält vor der »sattvischen«. (Diese Unterscheidung geht auf die drei »Guṇas«, die Aspekte der Urnatur zurück: sāttvika, rājasa und tāmasa; unter ihnen ist die zweite die aktive Potenz). Nicht das Zölibat, sondern die (Ein)ehe gilt als obligatorisch. Diejenigen unter den 3HO-Anhängern, die der Sikh-Gemeinschaft beitreten, verpflichten sich zur Befolgung von sieben Regeln: 1. Annahme des Schöpfergottes und des Granth-Sahib, 2. Meditation vor dem Sonnenaufgang, 3. Übernahme der sikhistischen Haar- und Kleidertracht, 4. Vegetarismus und Verzicht auf Drogen, Alkohol etc. 5. ehrlicher Erwerb des Lebensunterhalts, Fürsorge für die Notleidenden und Dienst an der Gemeinschaft, 6. Leben in der (Ein-)Ehe, 7. Militärdienst im Falle des Angriffs oder ein entsprechender Ersatzdienst. Für den Dienst in der 3HO werden weiße Sikh-Geistliche ordiniert, auch Frauen. Yogi Bhajan gilt als »minister of the Sikh Dharma for the western hemisphere« durch Ernennung durch die Sikh-Hierarchie in Indien und fungiert als eine Art Bischof der erwähnten Geistlichen. Sein exklusiver Anspruch, ähnlich dem der Rādhāsoāmī-Meister, kommt darin zum Ausdruck, daß er sich als der »Mahan Tantric of this time«, als der einzige lebende tantrische Meister bezeichnet. Die 3HO geht von allen indischen religiösen Bewegungen im Westen wohl am weitesten darin, daß sie ihre Anhänger ermutigt bzw. ihnen Gelegenheit gibt, mit der neuen Religion zugleich auch eine neue Kultur und ethnische Zugehörigkeit zu übernehmen. A. Ṭobey spricht mit Recht von einer »acquired ethnicity« der westlichen 3HO-Angehörigen[294].

Die traditionelle Sikh-Dynamik, die bei 3HO spürbar ist, scheint sich in die Dynamik des neuen Kontinents gut einzufügen. Bei den Sonnenwend-Veranstaltungen findet allmorgendlich eine doppelte Flaggenhissung statt: Neben der »Flagge der Wassermann-Nation« weht die amerikanische, und »God bless America« wird gesungen. Die grundsätzliche Bejahung des Militärdienstes und die Empfehlung an alle 3HO-Anhänger, eine Selbstverteidigungstechnik zu erlernen, bedeuten einen erheblichen Schritt fort von der Ideologie der jugendlichen Subkultur, aus der viele von ihnen stammen, hin zu traditionellen amerikanischen Werten. Die Ordination von Frauen ist eine erstaunliche Anpassung an moderne Tendenzen. Für die Kindererziehung befürwortet Yogi Bhajan die Methoden Maria Montessoris. Die deutlichste Anpassung an die Ideologie der amerikanischen Subkultur und an die ältere religiöse Subkultur des

Okkultismus ist das Bekenntnis zum neuen bzw. zum Wassermann-Zeitalter, welches das christlich geprägte Fische-Zeitalter ablösen soll[295]. Diese Vorstellung hat in der Selbstdarstellung der 3HO eine große Bedeutung. Ein rechter 3HO-Anhänger ist ein »Aquarianer« und zugleich ein Lehrer, der anderen hilft, Aquarianer zu werden. Die eigene Flagge ist, wie erwähnt, die der neuen Wassermann-Nation von gesunden, glücklichen und heiligen Menschen, die heranzubilden die entscheidende Aufgabe Yogi Bhajans und seiner Organisation ist. Ihre Zahl soll bei 150000 liegen.

II. Missionswissenschaftliche Aspekte

A. Von der Volksreligion zur Weltreligion

1. Einführung

Jede Religion, die missionarisch aktiv werden oder, neutraler ausgedrückt, sich über ihren traditionellen Bereich hinaus weltweit ausbreiten will, muß im wesentlichen zwei Voraussetzungen erfüllen. Sie muß ein universales Sendungsbewußtsein oder, wie G. Mensching es ausgedrückt hat, einen extensiven Absolutheitsanspruch entwickeln[1], und sie muß sich, sofern sie es noch nicht getan hat, von ihrer ethnischen Grundlage lösen und dadurch zu einer Weltreligion werden. »Überhaupt setzt bewußte Mission den Bruch dieser Gleichsetzung (sc. einer gegebenen mit der Heilsgemeinschaft) voraus.«[2] Ist nur eine dieser beiden Voraussetzungen erfüllt, so kann sich eine dauerhafte missionarische Dynamik nicht entfalten. So hat das Judentum in den letzten vorchristlichen Jahrhunderten zwar ein universales Sendungsbewußtsein entwickelt, sich aber nicht grundsätzlich von seiner ethnischen Grundlage lösen können. Erst das Urchristentum hat diesen entscheidenden Schritt tun und darum eine missionarische Dynamik entwickeln können, die die jüdische weit übertraf[3]. Andrerseits kann eine Weltreligion, wenn sie sich ihres universalen Anspruches nicht mehr ausdrücklich bewußt ist, zeitweise faktisch zur Volksreligion (im Sinne einer ethnischen Religion) einer bestimmten Region degenerieren, wie sich aus dem Bereich aller Weltreligionen reichlich belegen läßt. Aus diesem Grund waren Hinduismus und Theravāda-Buddhismus in der Zeit unmittelbar vor ihrer Renaissance im 19. Jahrhundert missionarisch gleichermaßen kraftlos, obgleich der Buddhismus im Unterschied zum Hinduismus von Hause aus eine missionarische Weltreligion ist. Zur Mission gehört also beides, das Wollen und das Können, das aktive Sendungsbewußtsein und die Entschränkung bzw. Ablösung von der ethnischen Grundlage, die im folgenden als Entethnisierung bezeichnet werden soll.

Zur Entethnisierung gehört faktisch auch eine mehr oder weniger umfangreiche Entritualisierung. Der Übergang vom Judentum zum Christentum und vom Hinduismus zum Buddhismus war durch eine Absage an den spätjüdischen bzw. brahmanischen Ritualismus gekennzeichnet. In beiden Fällen handelt es sich zwar um einen so tiefgehenden Bruch mit der alten Religion, daß es zur Entstehung einer neuen kam; aber zumindest beim Urchristentum steht die Entritualisierung in unmittelbarem Zusammenhang mit der Heidenmission. In teilweise legendarischer Gestalt spiegelt sich dieser Prozeß in der Apostelgeschichte: Konnten Nichtjuden zur Taufe zugelassen werden? Konnte man sie ohne Furcht vor ritueller Verunreinigung in ihren Häusern besuchen? Durfte man den ersten Schritt tun, um unter ihnen Mission zu treiben? Konnte man ihnen die Last ritueller Vorschriften, das »Joch, welches weder unsere Väter noch wir haben tragen können« (Act 15, 10), ersparen usw.? Wie es dem Urchristentum nicht leicht fiel, klare Antworten auf solche Fragen zu finden, so auch den hinduistischen Gruppen im Westen, wie noch zu zeigen sein wird.

Das Sendungsbewußtsein des Hinduismus[4] ist ein Ergebnis der Renaissance dieser Religion im 19. Jahrhundert, die zur Entstehung des Neohinduismus führte. Diese wiederum wäre ohne die aufgezwungene Begegnung mit der westlichen Zivilisation und dem Christentum undenkbar. Dieser Sachverhalt ist so häufig beschrieben worden, daß es hier nicht wiederholt zu werden braucht. Auch ist allgemein anerkannt, daß dieser Prozeß drei Phasen durchlaufen hat[5]: Eine erste Phase der Assimilierung christlicher bzw. westlicher Inhalte mit dem Ziel, das hinduistische Erbe nach dem Vorbild des Christentums neu zu formulieren. Danach die Phase der Defensive bzw. der exklusiven Konsolidierung mit deutlichen antiwestlichen und antichristlichen Untertönen, und schließlich die dritte Phase der Offensive bzw. Expansion, in der der Hinduismus ein universales Sendungsbewußtsein entwickelte und daraus die konkrete Konsequenz zog, im Westen das zu treiben, was als »Gegenmission« bezeichnet worden ist. Dieser Prozeß steht im engsten Zusammenhang mit der Entstehung eines indischen Nationalismus, ja ist teilweise identisch damit[6]. Der Brāhma Samāj, der Ārya Samāj und die Rāmakrishna-Mission stellen je ein Beispiel für die drei Phasen dar. Der Neohinduismus hat also, so scheint es, den Hinduismus aus einer Volks- bzw. Geburtsreligion zu einer missionarischen Weltreligion gemacht. Dieses Denkschema prägt weithin die Darstellung des missionarisch gewordenen Hinduismus und seiner Aktivitäten. Sie setzt zumeist bei Vivekānanda ein, kann die Theosophische Gesellschaft einschließen, zieht die Linie über Aurobindo zu Radhakrishnan aus und bezieht vielleicht noch Gandhi und gandhianische Bewegungen ein[7]. Ein kurzer Blick auf die faktisch im Westen tätigen hinduistischen Gruppen zeigt indes schon, daß dieses Denkschema für das Verständnis der organisierten Hindu-Mission im Westen unzureichend ist. Von den Größen des Neohinduismus haben nur Vivekānanda und Aurobindo, der letztere indirekt, Anstöße zur Bildung von – zahlenmäßig überdies relativ schwachen – Gruppen im Westen gegeben. Der Einfluß der übrigen beschränkt sich weithin auf das Literarische. Als Sprecher des Hinduismus insgesamt hat sich außer Vivekānanda keiner der im Westen tätigen Gurus gefühlt. Sie setzen zwar das erstarkte Sendungsbewußtsein des Neohinduismus in der einen oder anderen Weise voraus, beziehen ihre missionarische Dynamik aber zu einem nicht geringen Teil aus Motiven, die älter als der Neohinduismus sind.

Damit stellt sich die Frage nach der innerindischen missionarischen Dynamik verschiedener Strömungen, Bewegungen und Gruppen. J. Gonda schreibt, ausgehend von der Unterscheidung von Mission und religiöser Propaganda: »Obgleich der Hinduismus keine Mission organisierte, hat es, wie schon bemerkt, immer eine Propaganda gegeben.«[8] Ein Blick auf die tiefgreifenden Wandlungen, die die religiöse Landkarte Indiens im Verlauf der letzten zwei bis drei Jahrtausende durchlaufen hat, verdeutlicht, daß es – trotz Karma-Lehre, trotz der prinzipiellen Bereitschaft zu einem hohen Maß an religiöser Duldsamkeit und anderer den missionarischen Impetus hemmender Faktoren[9] – an intensiven Bemühungen, andere Menschen für eine bestimmte Lehre oder Yogatechnik bzw. für ein bestimmtes Ritual zu gewinnen, nicht gefehlt haben kann. Die teilweise massiven Bemühungen, den Einfluß des Buddhismus und Jinismus zurückzudrängen[10], sind ebenso bekannt wie die missionarische Wirksamkeit sektarischer Bhakti-Bewegungen und Reformbewegungen. »Gerade die Bhakti hat auch so etwas wie innerindische Missionsbewegungen hervorgebracht.«[11] Die folgende Untersuchung wird von Fall zu Fall klären müssen, ob das Sendungsbewußtsein einer Bewegung sich stärker aus solchen alten, innerhinduistischen oder aus allgemein neohinduistischen Quellen speist, oder anders ausgedrückt: ob sie sich primär als Vertreter des Hinduismus insgesamt oder einer seiner vielen Traditionen verstehen. Damit steht die Frage im Zusammenhang, ob und in welchem Umfang die Lehre einer bestimmten Bewegung als neohinduistisch oder stärker als traditionell hinduistisch zu beurteilen ist. Ein Indiz ist schon damit gegeben, daß manche von ihnen erst nach Jahrzehnten innerindischer Tätigkeit sozusagen in den Westen übergeschwappt sind, ohne daß ein erkennbarer Bruch zwischen der innerindischen und außerindischen Ausbreitung festzustellen wäre[12]. Das Fehlen dieses Bruchs setzt freilich voraus, daß der Neohinduismus den Prozeß der Entethnisierung vorangetrieben und damit die missionarische Grenzüberschreitung auch solcher Gruppen ermöglicht hat, die stärker traditionell geprägt sind. Genau genommen, ist der Begriff der Entethnisierung im Zusammenhang mit dem Hinduismus cum grano salis zu verstehen. Denn nicht die ethnische Qualifikation des Inderseins, sondern die Zugehörigkeit zu einer Kaste konstituiert in soziologischer Hinsicht das Hindusein. Die Ausbreitung des Hinduismus in Südostasien[13] beschränkte sich im ersten nachchristlichen Jahrtausend nicht auf Auslandsinder, sondern erfaßte im Rahmen einer kulturellen Expansion vor allem die Oberschicht einiger südostasiatischer Völker. Sie vermittelte kultische, rituelle und soziale Inhalte des Hinduismus, einschließlich der Kastenordnung, die sich freilich nicht in der Gesamtbevölkerung der betroffenen Reiche durchsetzen konnte, wenn man von Bali absieht. Unter islamischer und englischer Herrschaft hat sich Vergleichbares nicht wiederholt. Faktisch hatte der Hinduismus in Indien den Charakter einer Volksreligion. Ein wichtiger Schritt zur Entethnisierung und Entritualisierung bestand darin, daß das Verbot der Seereise ins Ausland seine frühere Bedeutung verlor. Trotzdem bleibt festzuhalten, daß die Missionstätigkeit des Hinduismus im Westen nicht deshalb etwas Neues darstellt, weil sie außerhalb Indiens und außerhalb des Kreises der Auslandsinder geschieht, sondern weil sie ohne gleichzeitige Ausbreitung des Kastensystems vor sich geht und sich an einzelne wendet. Entethnisierung bedeutet, auf den modernen Hinduismus angewendet, Loslösung der religiösen Dimension des Hinduismus von seiner sozialen, nämlich der Kaste[14].

Insofern stellt sie das Gegenteil der Art dar, wie sich der Hinduismus bzw. Brahmanismus innerhalb Indiens ausgebreitet hatte. Dieser Prozeß, auch als Sanskritisierung bezeichnet, führte zur Absorbierung ganzer Stämme, Klans und Gruppen, die bestimmte brahmanische Reinheits- und Speisevorschriften und Opferrituale an Stelle der überkommenen zu übernehmen bereit waren. »Der einzelne wird nie als einzelner, sondern nur als Glied eines Verbandes, Glied nicht der hinduistischen Gemeinschaft, sondern eines Sonderverbandes innerhalb dieser.«[15] In neuerer Zeit konnte diese Praxis damit begründet werden, daß es sich um *Wieder*aufnahme Abgefallener handele. In Gestalt der Śuddhi-Zeremonie[16] konnte diese Prozedur auch auf Familien und Individuen angewendet werden, die vom Islam oder Christentum in den Schoß des Hinduismus zurückzukehren wünschten. Es wird zu untersuchen sein, wie die verschiedenen Bewegungen im Westen mit den sozialen und rituellen Implikationen fertig geworden sind, die sich aus der Aufnahme einzelner Nichtinder ergaben, und wie sie sich zu dem traditionellen Selbstverständnis des Hinduismus als Varnāśrama Dharma, als Ordnung der Kasten und Lebensstadien stellen. Wie auch immer die Antwort lauten mag – die hinduistischen Gruppen im Westen wenden sich in ähnlicher Weise an einzelne, wie viele von ihnen sich zuvor innerhalb Indiens an einzelne Hindus gewandt haben. Trotz der beträchtlichen Unterschiede zwischen einer sektarischen Missionstätigkeit unter Hindus und einer solchen unter Nichthindus haben beide miteinander mehr gemeinsam als die letztere mit der Aufnahme ganzer Kasten in den Hinduismus.

Eine letzte Voraussetzung für hinduistische Mission im Westen ist die bereits erwähnte Entritualisierung. Der Zusammenhang von Entritualisierung und Entethnisierung ist im Hinduismus damit gegeben, daß wesentliche Teile des rituellen Bereichs mit der Kaste verbunden sind. Furcht vor ritueller Verunreinigung zwingt den Hindu dazu, eine Reihe von Berufen, die als verunreinigend gelten, den Kastenlosen zu überlassen und die zur Erhaltung der rituellen Reinheit notwendigen Vorschriften betreffs Speisen, Waschungen und gesellschaftlichem Umgang zu beachten. Da den orthodoxen Hindus neben dem Kastenlosen auch der Ausländer als unrein gilt, standen die Hindu-Missionare im Westen besonders in der Anfangszeit vor dem Problem, wie westliche Jünger mit den indischen Glaubensbrüdern Umgang pflegen, indische Tempel besuchen und ähnliche Schwierigkeiten meistern konnten. Genaugenommen war schon die Seereise ins Ausland verunreinigend und ein Anlaß für den reisenden Hindu-Missionar, sich mit dem ganzen Komplex des Ritualismus auseinanderzusetzen. Der Brahmane Rām Mohan Roy hatte bei seiner Englandreise, von der er nicht mehr zurückkehrte, bereits vor diesem Problem gestanden, und der junge Gandhi, ein Vaiṣya nur, wurde aus dem gleichen Grund aus seiner Kaste exkommuniziert. Nicht unmittelbar mit der Kaste zusammenhängend, aber nicht weniger wichtig, war die Frage, ob und in welchem Umfang solche hinduistischen Praktiken wie der Tempelkult und die Saṃskāras, insbesondere die Hochzeits- und Totenriten, für die westlichen Jünger verbindlich erklärt werden sollten. Ohne eine zumindest partielle Entritualisierung konnte ein westlicher Jünger weder im Westen noch in Indien zurechtkommen. Es wird sich im folgenden zeigen, daß sich zur Lösung dieses Problems sehr verschiedene Möglichkeiten anboten, vom ritualisierten Tageslauf der Hare-Kṛṣṇa-Mönche bis zur fast völligen Entritualisierung im Leben eines durchschnittlichen TM-Anhängers. Die Untersuchung beschränkt sich auf einige ausgewählte Bewegungen (RM, SRF, ISKCON, RS, DLM, AM), wobei der Schwerpunkt des Interesses auf jener Frühzeit liegt, in der der Weg in den Westen noch keine Selbstverständlichkeit war.

2. *Rāmakrishna-Mission*

Der Aufbruch Svāmī Vivekānandas und der von ihm 1897 gegründeten Rāmakrishna-Mission in den Westen ist von besonderem Interesse, weil er auch für spätere Bewegungen das Eis gebrochen hat. Gedeckt von dem ungeheuren nationalen Prestige Vivekānandas hatten es seine Nachfahren leichter, die traditionellen geographischen Grenzen des Hinduismus zu überschreiten und neue Wirkungsmöglichkeiten unter Nichtindern zu erschließen. Um so dringlicher stellt sich die Frage nach der Eigenart von Vivekānandas Sendungsbewußtsein. Dieser Thematik ist eine Reihe von Untersuchungen gewidmet, die im Rahmen dieser Arbeit nicht durch eine weitere ergänzt werden kann[17]. Hingegen erscheint es lohnend, die einschlägigen Äußerungen Vivekānandas in ihrer zeitlichen Abfolge zu untersuchen und die Bedeutung seiner konkreten Begegnung mit dem Westen für die Errichtung eines dauerhaften Missionswerkes herauszuarbeiten. Seine Reise nach Amerika zum Parlament der Religionen, die er am 31. 5. 1893 antrat, verfolgte, wie noch zu zeigen sein wird, zunächst andere Ziele. Schon vor ihm hatten – P. Devanandan[18] hat darauf aufmerksam gemacht – Rām Mohan Roy und Keshub Chandra Sen Großbritannien besucht, um dort ihr Verständnis des Hinduismus als einer rationalen theistischen Religion zu propagieren, ohne jedoch die Errichtung von Zentren zur Ausbreitung des Hinduismus zu beabsichtigen.

Was Vivekānanda betrifft, hat schon Marie Louise Burke[19] aufgrund neueren Materials über Vivekānandas Amerika-Aufenthalt Zweifel an der üblichen Darstellung angemeldet, insbesondere an der Annahme, Vivekānanda habe schon in der ersten Phase seiner dortigen Tätigkeit das doppelte Ziel verfolgt, dem Westen die Botschaft des Vedānta zu predigen und falschen, von christlichen Missionaren verbreiteten Vorstellungen über den Hinduismus entgegenzutreten. In Wirklichkeit habe er sich erst gegen Ende des Jahres 1894, also gut ein Jahr nach seinem Auftreten in Chicago, dazu entschlossen.

Was Vivekānanda neben oder sogar vor seinen Plänen, am Weltparlament der Religionen teilzunehmen, nach Amerika getrieben hat, war der Wunsch nach Kommunikation mit anderen Nationen im Interesse der Entstehung einer eigenen indischen Nation[20] und das Verlangen nach Hilfe für die Massen der indischen Armen, die nicht Religion, sondern materielle Hilfe benötigten[21]. Er pflegte sich auf Rāmakrishnas Wort zu berufen: »Religion ist nichts für leere Bäuche.« Seine Äußerungen in Amerika, die im folgenden nach seinen »Complete Works« mit Band- und Seitenzahl und, soweit für das Verständnis nötig, mit Angabe von Jahr und Monat zitiert werden, beziehen sich in der ersten Phase häufig auf das Sammeln von Geldmitteln. Schon vor dem Weltparlament in Chicago bekannte er im September 1893 »Ich kam hierher, um Hilfe für mein verarmtes Volk zu suchen«[22]. Ähnlich schrieb er an Freunde in Indien (V 23, 1893). Zu Recht wurde der Brief berühmt, in dem er im März 1894 die Eingebung geschildert hat, die ihm am Kap Comorin, am Ende einer langen Wanderung durch weite Teile Indiens, zuteil wurde. Wandermönche, anstatt »die Leute Metaphysik zu lehren – das alles ist Wahnsinn«, sollten von Dorf zu Dorf gehen, Erziehungs- und Sozialarbeit leisten, um der Nation ihre verlorene Individualität wiederzugeben und den Massen zu helfen. »Ich reiste umher auf der Suche nach Geldmitteln; aber glaubt ihr, das Volk von Indien würde Geld geben? ... Deshalb bin ich nach Amerika gekommen, um selbst Geld zu verdienen ... Wie unser Land arm an sozialen Tugenden ist, so fehlt es diesem an Spiritualität. Ich gebe ihnen Spiritualität, und sie geben mir Geld« (VI 226). Ähnlich heißt es in seinem Brief an den Mahārāja von Mysore: »Ich konnte es in Indien nicht bewerkstelligen (nämlich das Los der Massen zu verbessern), und das war der Grund dafür, daß ich in dieses Land kam« (IV 362ff., Juni 1894). »Wir werden sie unsere Spiritualität lehren und das Beste in ihrer Gesellschaft assimilieren«, schreibt er schon Ende 1893 (V 23). Gegen die Mleccha-Ideologie, die Abwertung des Ausländers, stellt er sich bereits 1894 (V 40). Und schon 1892 schreibt er, Indien müsse sehen, »wie die Maschine der Gesellschaft in anderen Ländern arbeitet, und freie und offene Kommunikation halten mit dem, was im Geist anderer Nationen vorgeht ...« (V 2, Sept. 1892). Vivekānanda hat in dieser ersten Phase seiner Mission im Westen seinen Blick ständig auf sein Mutterland gerichtet – eine Tatsache, die mit dem Hinweis auf seine indischen Adressaten nicht ausreichend erklärt ist. Er spricht als Reformer und religiöser Nationalist[23]. Die Notwendigkeit, indische Spiritualität im Westen zu verbreiten, resultiert aus dem Zweifel, um nicht zu sagen: aus der Verzweiflung Vivekānandas an der Reformfähigkeit seines Landes ohne Hilfe von außen und ist für ihn Teil eines umfassenden und notwendigen Austausches zwischen Ost und West, in welchem freilich der Osten das bessere Teil beizutragen habe. Der Zweifel an der Reformfähigkeit Indiens ohne Hilfe von außen und die Hoffnung auf eine Rückwirkung der »Westmission« auf die Reform der indischen Gesellschaft haben Vivekānanda auch später nicht verlassen. »Ein Schlag außerhalb Indiens geführt gleicht hunderttausend Schlägen innerhalb« (V 88, 1896). »Unser Feld ist Indien, und der Wert ausländischer Anerkennung liegt darin, Indien wachzurütteln« (V 36, September 1894). Er plant, indische Jünger in den Westen, aber auch westliche Jünger nach Indien zu bringen und meint, diese »weißen Gesichter« würden dort mehr Einfluß haben als die Hindus (V 81, 1896). Die Komplementarität von Ost und West, von Spiritualismus und Materialismus hat er auch nach seiner Rückkehr nach Indien hervorgehoben. »Der Westen stöhnt unter der Tyrannei der Shylocks und der Osten stöhnt unter der Tyrannei der Priester; eins muß das andere in Schach halten. Denkt nicht, daß einer allein der Welt helfen sollte . . .« (III 158; 1897). Darum sollen die Mönche des Rāmakrishna-Ordens in »beidem, westlicher Wissenschaft und indischer Spiritualität« ausgebildet werden (V 338). Auch der Advaita-Āśram in Almora dient diesem Ziel[24]. Seine Aussage über Shylock- und Priesterherrschaft hat Vivekānanda mit der Theorie untermauert, daß Zeiten der Erweckung und des Niedergangs in steter Folge wie eine Wellenbewegung einander ablösen, weil jede Erweckung sehr bald zur Herrschaft einer Priesterklasse entartet und somit eine materialistische Reaktion herausfordert (III 157). Es ist Vivekānanda, der spätere hinduistische Missionsbewegungen gelehrt hat, ihre Propaganda im Westen nicht als Einbahnverkehr, sondern als Teil eines »Gebens und Nehmens« zu verstehen, das der Herstellung eines gesunden Gleichgewichts von Spiritualismus und Materialismus dient.

Diese Konzeption – Komplementarität von Ost und West, Austausch von Geld und Spiritualität, Wirksamkeit im Ausland als archimedischer Punkt, um den Hebel an das indische Problem anzusetzen – findet sich bei Vivekānanda – zumindest in Ansätzen – schon zur Zeit seiner ersten Reise nach Amerika von 1893, hat aber offenbar nicht ausgereicht, um ihn zur Errichtung dauerhafter Zentren für die Ausbreitung des Vedānta zu veranlassen. Um die Mitte des Jahres 1894, nach Abschluß der ersten großen, von einem professionellen Büro vermittelten Vortragsreise, setzt eine Zeit des Schwankens über der Frage ein, ob er nach Indien zurückkehren soll (V 27f., 33f., Mai und September 1894). Im Oktober des Jahres fällt die erste Äußerung, daß er länger bleiben wird (V 49)[25]. »Jeder möchte, daß ich nach Indien hinüberkomme . . . Hier ist ein weites Feld . . . Wo auf Erden ist ein besseres Feld als hier für die Propagierung aller hohen Ideen?« (V 39f., Oktober 1894). Um den Jahreswechsel 1894/95 folgt die Errichtung eines festen Quartiers in New York. Vieles spricht für Burkes Schlußfolgerung, »that the idea of teaching Vedanta to the West did not fully evolve in his mind until the last of 1894«[26]. Dabei muß die Erfahrung des »weiten Feldes« eine wichtige Rolle gespielt haben. Schon im Juni 1894 hatte Vivekānanda dem Mahārāja von Mysore von dem Eifer berichtet, mit dem »jedes bißchen der großen Gedanken der heiligen Veden, welche dem furchtbaren Ansturm der modernen Wissenschaft standhalten und von ihm unbeschädigt bleiben«, im Westen aufgenommen wird (IV 361 f.). Er zieht daraus den Schluß, daß der Westen mehr »spirituelle Zivilisation« braucht wie Indien mehr materielle (IV 362).

Hier klingt der Ton an, der nach Vivekānandas Rückkehr 1897 zum triumphierenden Angriffssignal auf den Westen anschwellen sollte, stets begleitet von einem Urteil über die westliche Situation, das auf Mangel an Spiritualität, Versinken im Materialismus und Hilflosigkeit gegenüber den Anforderungen des wissenschaftlichen Zeitalters lautet. Diese Analyse ist später von westlichen Jüngern Vivekānandas aufgenommen worden[27]. Offensichtlich fand sich das neu erwachte Selbstbewußtsein des Hinduismus, dessen machtvollster Sprecher eben Vivekānanda war, durch die Begegnung mit dem Westen bestätigt. Man mag mit Otto Wolff[28] die propagandistische Schwarzweißmalerei des Svāmī bedauern, kann ihm aber zumindest subjektive Ehrlichkeit und einen guten Blick für die Bruchstellen der westlichen Zivilisation nicht absprechen. Die Aufnahmebereitschaft in Amerika und die Analyse der westlichen Situation in der Begegnung mit ihr haben, so darf man folgern, eine wichtige, vielleicht sogar entscheidende Rolle bei dem Entschluß des zeitweilig schwankenden Svāmī gespielt, aus seinem Amerika-Aufenthalt mehr als eine vorübergehende Episode zu machen. Die Hindu-Mission betrat das Haus des Westens nicht zuletzt deswegen, weil sie die Tür offen fand.

In dem Maße, wie Vivekānanda sich der neuen Aufgabe in Amerika zuwandte, trat sein nationales Reformanliegen zurück, ohne freilich je seine Macht über ihn zu verlieren. Das bedeutete für ihn offensichtlich die Befreiung aus einer inneren Spannung, die man als Spannung zwischen dem Reformer und Nationalisten einerseits und dem Jünger Rāmakrishnas und Saṃnyāsin andrerseits charakterisieren kann. Insbesondere das Sammeln von Geldmitteln empfand er zunehmend als demoralisierend (V 43, 1894). Im Februar 1895 gibt er den Weisen der Vorzeit darin recht, daß das Sammeln für einen Saṃnyāsin nicht gut ist, und stellt fest, daß er dabei sei, diese »kindischen Ideen« abzuschütteln. Vielleicht seien diese »verrückten Wünsche« notwendig gewesen, um ihn nach Amerika zu bringen, jetzt aber fühle er sich mehr wie ein Mönch (VI 216f.). Deutlicher konnte er den Wandel im Verständnis seiner Aufgabe im Westen nicht zum Ausdruck bringen. Daß ihn die erwähnte Spannung auch später in Indien begleiten sollte, geht aus dem emotionalen Ausbruch hervor, mit dem er auf den Vorwurf Svāmī Yogānandas reagierte, seine philantropischen und sozialen Aktivitäten seien das Ergebnis seiner westlichen Erziehung und seiner Auslandsreisen und nicht in Übereinstimmung mit den Gedanken des Meisters Rāmakrishna. ».. . Bhakti ist sentimentaler Unsinn, der einen impotent macht . . . Wen kümmert eure Bhakti und Mukti? . . . Ich bin nur der Nachfolger des Mannes, der andren dient und hilft, ohne sich um seine eigene Bhakti und Mukti zu kümmern.«[29] Der Ausbruch ließ solche Zweifel an der Legitimität seiner Rāmakrishna-Nachfolge zwar ein für allemal verstummen, beweist aber zugleich, daß hier ein unbewältigtes Problem für ihn lag, das erst gegen Ende seines Lebens, als er sich zunehmend zurückzog, aufhörte ihn zu bedrängen. In den Jahren 1895/96 konnte er sich in Amerika und England vornehmlich seiner Tätigkeit als Guru und Mönch widmen; die Mission im Westen hatte ein stärkeres Eigengewicht erhalten, weil sie nun auf Dauer angelegt war.

Die Untersuchung der inneren Entwicklung Vivekānandas während seines Amerika-Aufenthalts zeigt also: 1. Der Gedanke einer systematisch betriebenen Expansion des Hinduismus im Westen war kein Motiv, sondern vielmehr ein Ergebnis seiner Amerikareise. 2. Er hängt damit zusammen, daß in dem inneren Konflikt Vivekānandas zwischen Reformer und Mönch zeitweilig der Mönch obsiegte. 3. Die Erfahrung der »offenen Tür« hat dabei eine konstitutive Rolle gespielt. Hatte Vivekānanda bereits 1894 in seinem Brief an den Mahārāja von Mysore die Hoffnung geäußert, in 50 Jahren würden »die Gebildeten der Welt so weit sein, an die Ewigkeit der Seele und der Schöpfung zu glauben und an Gott als unsere höchste und vollkommene Natur« (IV 362), so verbinden die Reden, die er nach seiner Heimkehr in Paramakudi (III 155ff.) und Madras gehalten hat, die Botschaft von dem drohenden Zusammenbruch des Westens mit dem Aufruf zur Welteroberung durch indisches »Denken«, indische »Spiritualität« und »Rasse«. Die Austauschbarkeit der Begriffe signalisiert die nationalistische Reaktion auf die Erniedrigung durch die Kolonialherrschaft und auf die Polemik der christlichen Mission, während der Begriff »Eroberung« an jenes Kreuzzugsdenken erinnert, das der christlichen Mission so oft in Indien zum Vorwurf gemacht worden ist. Die Eroberung der Hälfte der Vereinigten Staaten stehe in zehn

Jahren bevor (V 87). Europa wird gewarnt, es werde zu Staub zerfallen, wenn es nicht Spiritualität zu seiner Grundlage macht (III 159). Die westliche Welt lebt auf einem Vulkan. Sie hat tief aus dem Becher des Vergnügens getrunken und darin Nichtigkeit gefunden (III 277). Aber nicht nur mit dem Elend des Westens wird der Aufruf begründet, sondern mit dem Argument, daß allein Expansion, Eroberung die Lebendigkeit einer Religion garantiert (III 277). »Du mußt expandieren, wenn du leben willst ... Ich ging nach Amerika und Europa ... Ich muß, denn das ist das erste Zeichen der Erweckung (»revival«) des nationalen Lebens, Expansion ...« (III 272). Der Svāmī meditiert über den Unterschied zwischen »racial religions« und »spreading religions«. Auch die ersteren müssen in den Kampf der letzteren um Welteroberung eingreifen, denn da jede Religion Eigentümlichkeiten einer bestimmten Rasse widerspiegelt, wäre eine rigide Gleichheit bedrohlich. »Das Ende scheint deshalb nicht Zerstörung, sondern Vervielfältigung der Sekten (›sects‹) zu sein, bis jedes Individuum sich selbst eine Sekte ist. Andrerseits wird eine neue Einheit entstehen durch die Verschmelzung aller existierender Religionen in einer großen Philosophie«, wie es in einem undatierten, unvollständigen Artikel Vivekānandas heißt, der in der Mai-Ausgabe 1955 von Prabuddha Bhārata veröffentlicht wurde[30]. Seine eigene Rolle sieht Vivekānanda in Parallele zu derjenigen Gautama Buddhas. »Ich habe eine Botschaft für den Westen, wie Buddha eine Botschaft für den Osten hatte« (Silvester 1894)[31]. »Darum muß, nach dem buddhistischen Kaiser Aśoka, einmal mehr die Welt von Indern erobert werden« (III 276). Diese Äußerungen zeigen, daß die Umwandlung des Hinduismus von einer ethnischen in eine Universalreligion, die ein Kennzeichen des Neohinduismus ist, von Vivekānanda bewußt als Aufgabe ergriffen worden ist.

Die Darstellung der »Missionsmotive« Vivekānandas und der Rāmakrishna-Mission wäre unvollständig ohne die Schilderung jener rein religiösen Antriebe, die sich, abseits von aller nationalistisch geprägten Propaganda, in frommen Anekdoten ausspricht. Es ist schwer, eindeutig zu bestimmen, wo die historische Erinnerung aufhört und die Legende beginnt. Auf die Zeit von 1886/87 nimmt der Bericht über den Weihnachtsabend Bezug, an dem Vivekānanda, damals noch Narendra, die Geschichte Jesu und der Apostel erzählt und seine Mitjünger ermahnt habe, selbst Apostel zu werden und die neue Botschaft ins Ausland zu tragen[32]. Christliche Anklänge – an Joh. 10, 16 – zeigt auch ein von amerikanischen Jüngern berichteter Vorfall. Svāmī Turīyānanda habe ihnen berichtet: »Einst erzählte unser Herr (Rāmakrishna) uns, er habe andere

Jünger, die eine andere Sprache sprächen, andere Sitten hätten, irgendwo fern im Westen. ›Die werden mich auch anbeten‹, hatte der Meister gesagt, ›diese sind auch Mutters (Kālīs) Kinder‹«. »Ihr seid diese Jünger« sagte der Svāmī (Turīyānanda) sehr feierlich, »Mutter hat es mir offenbart«. »Es herrschte tiefe Stille; wir konnten es kaum glauben; wir waren bis in die Tiefe unserer Herzen aufgewühlt.«[33] Auf die Amerikareise als solche bezieht sich der Traum Vivekānandas aus der Zeit, in der ihn seine Amerikapläne beschäftigten: Sein Meister Rāmakrishna sei vom Ufer ins Wasser geschritten und habe ihm zu folgen gewinkt[34].

In mehr als einer Hinsicht sind die beiden ersten Erzählungen aufschlußreich. Sie datieren Sendungsauftrag und -bewußtsein in eine Zeit zurück, in der sie sich sonst nicht zuverlässig belegen lassen; die zweite Geschichte beruft sich sogar auf ein ipsissimum verbum des Meisters. Biblische Motive fließen in die Ausgestaltung des hinduistischen Sendungsbewußtseins wie selbstverständlich ein. Und schließlich geben solche Anekdoten von der Atmosphäre, in der sich die Wirksamkeit der ersten Svāmīs in Amerika vollzog, viel mehr wieder als Vivekānandas flammende Aufrufe.

Die Berichte amerikanischer Jünger[35] zeichnen ihn und die zur Verstärkung herbeigerufenen Svāmīs durchaus nicht als Propagandisten, sondern als fromme Jünger Rāmakrishnas und gebildete Gurus. Vivekānanda nicht auf dem Podium, sondern bei der Küchenarbeit, mit seinen neugewonnenen Anhängern scherzend; im Garten mit ihnen intensiv meditierend, aus dem Schatz der heiligen Schriften austeilend und stets eine Atmosphäre heiterer »Spiritualität« ausstrahlend. In dieser Atmosphäre sind einige seiner grundlegenden Schriften entstanden. J. J. Goodwin schrieb seine Vorträge mit und brachte sie in druckreife Form[36]. »Ich bringe ihnen allen Shivoham, Shivoham (= Ich bin Shiva) bei, und sie alle wiederholen es, unschuldig und rein wie sie sind und tapfer über alle Maßen« (VI 231). Bis an die Enden der Welt sollen die Ausgesandten »Spiritualität und Entsagung« lehren, »jene Ideale, die aus den Wäldern von Indien hervorgegangen sind und allein zur indischen Erde gehören« (III 156). Im Brief an den Mahārāja von Mysore nennt Vivekānanda als Gegenstand der Lehre im Westen den Glauben »an die Ewigkeit der Seele und der Schöpfung« und an »Gott als unsere höchste und vollkommene Natur« (IV 362). Dieses sind religiöse Inhalte im strengen Sinne des Wortes, es ist die Essenz der Hindu-Religion, wie Vivekānanda sie verstand, und um sie ist es ihm, abseits von aller Ideologie und Propaganda, im Westen zu allererst gegangen.

Insofern hat W. Ṭhomas[37] recht, wenn er die Lehre Vivekānandas in

Amerika als »just old-fashioned ›knowledge‹ and ›meditation‹ of India« charakterisiert. Die Darstellungen der Rāmakrishna-Mission aus ihren eigenen Reihen warnen mit Recht vor einer einseitigen Charakterisierung Vivekānandas als Reformer und Patriot. Solche Deutungen, wie sie von westlicher Seite gern vorgetragen werden, würden ihn zeichnen als einen »kopflosen Torso; Vivekananda ohne Ramakrishna«[38]. Die Berichte westlicher Jünger scheinen das zu bestätigen. Darum hat wohl auch der indische Christ Paul Devanandan mit Recht festgestellt, daß nur die dauernde Anwesenheit eines hingebungsvollen Korps von indischen Svāmīs in den Vedāntazentren verhindern könne, daß der vedantische Hinduismus auf amerikanischem Boden seine Eigenart und Vitalität verliert[39].

Zusammenfassend kann festgestellt werden, daß der Aufbruch der Bewegung um Rāmakrishna und Vivekānanda in den Westen zunächst nichts anderes war als eine Lebensäußerung dessen, was Cyrus R. Pangborn im Anschluß an Anthony F. C. Wallace eine »Revitalisierungsbewegung« genannt hat[40]. Der Aufbruch beginnt als Öffnung des Hinduismus nach außen zum Zweck einer Kommunikation zwischen indischer Spiritualität und westlicher Weltweisheit, die als komplementär angesehen werden. Im Unterschied zum traditionellen christlichen Missionsverständnis und zu demjenigen mancher heutzutage im Westen wirkender Hindugruppen ist die »Westmission« bei Vivekānanda nicht als Einbahnstraße verstanden, sondern als Teil eines wechselseitigen kulturellen Austausches. Im Prozeß der Revitalisierung formiert der Hinduismus sich neu, entwickelt einen aktiven Weltbezug, soziales Engagement und ein offensives Sendungsbewußtsein. Die Entdeckung bestimmter Bruchstellen im Leben des Westens bestätigt das neu erwachte Überlegenheitsgefühl und führt zur Errichtung eines dauerhaften »Missionswerkes« im Westen. Dabei wird die religiöse Sendung als Weltsendung Indiens gedeutet und als solche innerhalb Indiens propagiert. Faktisch wird eine zeitlose neovedantische Religiosität gelehrt, die das Ideal mönchischer Entsagung mit dem Wissen um die Ewigkeit und Göttlichkeit der Seele verbindet. In den im Mai 1897 formulierten Statuten der Rāmakrishna-Mission überwiegt der Aspekt der Öffnung nach außen. Das »Foreign Department« hat die Aufgabe, »ausgebildete Mitglieder des Ordens in Länder außerhalb Indiens zu senden«. Dies geschieht, »um engere Beziehungen und besseres Verstehen zwischen Indien und fremden Ländern herbeizuführen«. Das Mittel dazu besteht darin, »Zentren ins Leben zu rufen für die Verkündigung des Vedanta«[41].

Nachdem die ersten westlichen Jünger gewonnen worden waren,

stand Vivekānanda freilich vor der Frage, in welcher Weise sie der Hindugesellschaft zugeordnet werden und sich gegenüber den kultisch-rituellen Traditionen des Hinduismus verhalten sollten. Dabei verband er eine konservative Einstellung gegenüber der Kaste mit einer heftigen Kritik an den rituellen Skrupeln seiner Landsleute, insbesondere denen in Südindien. Die rituelle Diskriminierung des Ausländers als Mleccha betrachtete er als Indiens Verhängnis, weil sie den Umgang mit ihnen und die Aufnahme fremder Ideen unterband (C. W. V 40). Den »Don't touchism« bewertete er als eine nationale Krankheit und weigerte sich schlicht, ihn als Bestandteil des Hinduismus anzuerkennen. Don't touchism und »Religion im Kochtopf« galten ihm als »orthodoxer Aberglaube«, der überall der nationalen Tüchtigkeit im Wege stand[42]. Auch persönlich scheint er nicht übermäßig skrupulös gewesen zu sein. Jedenfalls mußte er sich von Paul Deussen Vorhaltungen über die gesundheitlichen Gefahren des abendlichen Pfeifenrauchens in ihrem gemeinsamen Hotelzimmer gefallen lassen[43]. Er wußte freilich, daß seine Landsleute den engeren Kontakt mit westlichen Jüngern scheuen würden und war erleichtert, als die Mutter, die Frau des verstorbenen Rāmakrishna, sich zur Mahlgemeinschaft mit westlichen Jüngerinnen bereit fand. »Shri Mutter ist hier (sc. in Belur), und die europäischen und amerikanischen Damen besuchten sie kürzlich, und was denkst du? *Mutter aß mit ihnen sogar dort!* Ist das nicht großartig?« (C. W. VIII 448). Zu den Geburtstagsfeierlichkeiten Rāmakrishnas, die 1898 im Kālītempel von Dakshineswar stattfinden sollten, wurden ausländische Jünger jedoch nicht zugelassen, so daß die Veranstaltung verlegt werden mußte[44].

Das Kastensystem als soziale Einrichtung fand Vivekānandas Zustimmung, zumal wenn z. B. ein geborener Brahmane auch die Tugenden eines »wahren Brahmanen« aufwies. Nur das Kasten*bewußtsein* zerstöre die nationale Einheit und soziale Kohäsion[45]. Das Kastensystem bildet also den Rahmen, in dem er das Problem der Aufnahme westlicher Konvertiten als Hindus zu lösen versucht. Er macht keinen Unterschied zwischen der Integration ganzer Gruppen als neuer Kasten, wie es sie immer gegeben hat, und der Aufnahme einzelner, die er, wie erwähnt als »born aliens« bezeichnet. Solche Neubekehrte sollten sich zu neu zu bildenden, besonderen Kasten zusammenschließen und sich aus der reichen Vielfalt des Hinduismus jene religiösen Formen auswählen, die ihnen zusagten. Denn »das Wesen unseres Glaubens besteht einfach in seiner Freiheit des Ishta« (C. W. V 163 f.). Faktisch bedeutet das, daß er die Lösung des Problems den Neubekehrten selbst überließ. Auch im Hinblick auf den Kult wurde pragmatisch verfahren. 1905/06 wurde in San Francisco der sog. Hindutempel errichtet; im Advaita Āśram in Almora, der der Begegnung von Ost und West gewidmet war, wurde dagegen mit Absicht der Bilderdienst untersagt[46]. Vivekānanda hat also versucht, die Probleme der Integration von Konvertiten pragmatisch, aber im Rahmen der Hindu-Orthodoxie zu lösen. Das letztere sollte freilich bloße Theorie bleiben; als Kasten haben sich westliche Jünger nie organisiert. So ist dieser Gedanke Vivekānandas in späterer Zeit m.W. auch nicht mehr aufgenommen worden.

3. *Self-Realization Fellowship*

In der Begründung, die Paramahaṁsa Yogānanda seiner Mission im Westen gibt, dominiert das religiöse Element, das bei Svāmī Vivekānanda in diesem Zusammenhang zwar nicht fehlte, aber doch eher eine Randerscheinung war. In seiner »Autobiographie eines Yogi«[47] führt Yogānanda seine Mission auf eine Inspiration des mythischen »Bābāji« anläßlich eines 1894 in Allahabad stattfindenden Kumbha Melā zurück. Ausgangspunkt ist das Bedauern Svāmī Yukteśvara Giris darüber, daß westliche Gelehrte durch die religiösen Trennungen daran gehindert werden, die Werte eines solchen Melā zu erkennen. Als Antwort darauf befürwortet »Bābāji« einen goldenen Mittelweg und wechselseitigen Austausch zwischen westlicher Aktivität und östlicher Geistigkeit, beauftragt ferner Yukteśvara mit der Abfassung eines Büchleins über die grundlegende Einheit zwischen den Schriften der Hindus und Christen und verheißt ihm einen Schüler, der den Kriyā-Yoga im Westen verbreiten werde. Dieser Schüler ist natürlich kein anderer als Yogānanda, und das Büchlein ist Svāmī Yukteśvaras »Heilige Wissenschaft«, das durch konsequente Anwendung der allegorischen Auslegung von Bibelstellen, vornehmlich der Johannesoffenbarung, die Übereinstimmung des Christentums mit der Sāṃkhya-Philosophie zu erweisen versucht[48]. Im Fortgang der Erzählung Yogānandas empfängt dieser die Weisung »Bābājis«, nach Amerika zu fahren, sowie Yukteśvaras Segen[49].

Diese legendenhafte Darstellung aus der Feder Yogānandas stammt aus dem Jahr 1946 und provoziert natürlich die Frage nach ihrem historischen Kern und nach der Richtigkeit der Datierung des entscheidenden Anstoßes auf das Jahr 1894, ein Jahr nach der Amerikareise Vivekānandas. Svāmī Yukteśvara selbst berichtet in der Einleitung zu seiner »Heiligen Wissenschaft« nur von »Bābā-

jis« Auftrag, durch die Abfassung des Buches die Schranke zwischen den verschiedenen Religionen zu beseitigen, welche die dem Materialismus verfallenen Menschen des Westens daran hindert, die Bedeutung eines Kumbha Melā zu erfassen[50]. Hinweise auf Yogānandas Amerikatätigkeit, überhaupt auf eine Ausbreitung im Westen durch indische Svāmīs und der Gedanke der Komplementarität von Ost und West werden von Yukteśvara überhaupt nicht erwähnt und sind offenbar nachträglich von Yogānanda in seine Erzählung des von Yukteśvara berichteten Vorfalls eingetragen worden. Einflüsse Vivekānandas, vor allem seiner Konzeption einer Komplementarität von Ost und West, sind mit hoher Wahrscheinlichkeit anzunehmen. Der Kern besteht in dem Wunsch Yukteśvaras, durch Überwindung religiöser Gegensätze Menschen des Westens in Indien den Weg zum Hinduismus leichter finden zu lassen. Dazu würden Hinweise passen, bereits Yukteśvaras Guru, der 1895 verstorbene Lāhiḍi Mahāśaya, habe europäische und amerikanische Jünger gehabt[51]. Dem entspricht auch der Tenor des Buches, das in seiner Argumentations- und Interpretationsweise mehr an die frühen Meister des Rādhāsoāmī Satsaṅgs als an Vivekānandas um Details unbekümmerte Rhetorik erinnert. Die Schlußfolgerung liegt nahe, daß das Bemühen um Herausstellung der Einheit der Religionen, um Gewinnung europäischer und amerikanischer Anhänger sowie der Glaube an die universale Bedeutung des Kriyā-Yoga in der Tat schon vor Yogānanda in der Tradition seines Guru lebendig waren, daß Yogānanda aber diese Konzepte im Sinne Vivekānandas gedeutet, d.h. um Vivekānandas Ideen einer Komplementarität von Ost und West und der Verbreitung indischer Spiritualität im Westen bereichert hat.
Die Datierung des entscheidenden Anstoßes auf das Jahr 1894 ist freilich ungesichert. Zwar ist die ausführliche Einleitung zur »Heiligen Wissenschaft« auf 1894 datiert, Yogānanda selbst hat aber in seiner Autobiographie berichtet[52], daß die einzelnen Kapitel ursprünglich im Journal »Sadhusambad« erschienen und erst später zu einem Buch zusammengefaßt worden sei. Anregung zur Abfassung des Buches, Veröffentlichung einzelner Kapitel im »Sadhusambad«, Zusammenfassung in einem Buch zusammen mit einer ausführlichen Einleitung – das alles in dem einen Jahr 1894 erscheint nicht glaubhaft. Da mir das Buch nur in der von der Self-Realization Fellowship veröffentlichten Form zugänglich war, muß die Frage der Datierung seiner Einleitung offenbleiben. Unbezweifelbar hat aber der Entschluß Yogānandas, 1920 nach Amerika zu reisen, um dort den Kriyā-Yoga seines Meisters zu verbreiten, eine Vorgeschichte, die bis zur Zeit um die Jahrhundertwende und

vielleicht noch weiter bis zu dem 1895 verstorbenen Lāhiḍi Mahāśaya zurückreichen dürfte.

Die Frage nach einer eventuellen Abhängigkeit von Vivekānandas Sendungsbewußtsein ist nicht eindeutig zu beantworten. Daß Yogānanda gewisse Konzepte mit hoher Wahrscheinlichkeit von Vivekānanda übernommen hat, ist bereits erwähnt worden. Dagegen fehlt ihm Vivekānandas nationales Pathos völlig. Nicht zur Eroberung der Welt durch indische Rasse und Spiritualität weiß Yogānanda sich berufen, sondern schlicht zur Verbreitung des Kriyā-Yoga[53]. Freilich nicht im sektarischen Sinn, denn der Kriyā-Yoga gilt als die wissenschaftliche Basis für die Einheit aller Religionen, wie sie der Vedānta für Vivekānanda war. Yogānandas Verständnis von religiöser Einheit geht unverkennbar auf seinen Meister zurück, nicht auf Vivekānanda. Der Unterschied zwischen Vivekānanda und Yogānanda tritt in »Bābājis« Anweisungen an Yogānanda am deutlichsten hervor: »Vergiß, daß du als Hindu geboren bist, aber werde deswegen kein Amerikaner; nimm das Beste von beiden Völkern an. Bleibe dein wahres Selbst: ein Kind Gottes . . .«[54]. Vivekānanda hat niemals vergessen, daß er als Hindu geboren wurde; Yogānanda aber weiß sich zum religiösen Weltbürger ohne spezielle Loyalität zu einer bestimmten Nation und Kultur berufen. Hierin gleicht er eher Krishnamurti, von dem jemand, der ihn gut kannte, gesagt hat: »He himself feels that he belongs everywhere and nowhere in particular«.[55] So ist es denn auch bezeichnend, daß Yogānanda im Unterschied zu Vivekānanda in den USA gestorben ist und offenbar auch kein Bedürfnis empfand, in Indien zu sterben. Versteht man unter »Entethnisierung« die Loslösung einer religiösen Botschaft von ihrem völkischen und nationalen Mutterboden, so muß man feststellen, daß sie bei Yogānanda zugleich tiefreichender und unproblematischer erfolgt ist. Seine Konzentration auf das Religiöse muß ihm seine Arbeit im Westen erleichtert haben. Innere Spannungen und Brüche zwischen mönchischer Berufung und weltlichen Aktivitäten, Religiosität und Nationalismus, zwischen indischer Herkunft und westlichem Arbeitsfeld, wie sie Vivekānanda kennzeichnen, sind bei ihm nicht wahrzunehmen. Mit Yogānanda ist die Hindu-Mission im Westen dem nativistischen bzw. nationalistischen Kontext entnommen. In dieser Hinsicht ist er, nicht Vivekānanda, zukunftsweisend geworden.

Alles deutet darauf hin, daß Yogānanda die entscheidende Prägung seines Sendungsbewußtseins aus der Tradition seiner Meister empfangen und sie nur durch einige Konzeptionen Vivekānandas bereichert hat. Bei der Bewertung der Gemeinsamkeiten muß auch die geographische Situation berücksichtigt werden. Serampore, der Sitz Svāmī Yukteśvaras, liegt nicht weit vom Zentrum der Rāmakrishna-Mission in Belur entfernt. Zieht man noch die Tatsache in Erwägung, daß – wie später noch zu zeigen sein wird, – zu Beginn des 20. Jahrhunderts auch in der bengalischen Kṛṣṇa-Bhakti sich die entscheidende Öffnung zum Westen hin vollzog[56], so fällt die Bedeutung Bengalens ins Auge. Die Anfänge des Aufbruchs des Hinduismus in den Westen sind ein Erzeugnis des bengalischen Geistes oder zumindest der bengalischen Situation, die durch eine besonders frühe und intensive Begegnung mit westlichem und christlichem Gedankengut gekennzeichnet ist[57]. In diesem Zusammenhang sollte auch nicht übersehen werden, daß Vivekānanda und Yogānanda, die beiden ersten Exponenten des organisierten Hinduismus auf westlichem Boden, Studenten des Scottish Church College in Kalkutta waren – ein Ergebnis, das wohl kaum in der Absicht der Gründer dieses Instituts gelegen hat.

4. Internationale Gesellschaft für Kṛṣṇa-Bewußtsein (ISKCON)

Die verschiedenen Bhakti-Bewegungen Indiens haben schon immer die Tendenz gehabt, eine missionarische Dynamik zu entfalten, die ebenso in ihrem sektarischen Charakter wie im Wesen religiöser Begeisterung begründet liegt. Die ISKCON beruft sich auf Caitanya selbst. Er habe seinen Nachfolgern den Befehl gegeben: »Verkündigt überall Kṛṣṇa-kathā (die Erzählungen von Kṛṣṇa).«[58] Die ISKCON begründet damit auch ihre Bestrebungen außerhalb Indiens. Der sektarische Charakter dieses Sendungsbewußtseins wird daran deutlich, daß es der Name Kṛṣṇa ist, der den eigentlichen Gegenstand der Verkündigung ausmacht. »Es ist das Ziel der ISKCON, die ganze Welt mit dem Singen der heiligen Gottesnamen (sc. Kṛṣṇas) zu überfluten.«[59] In völliger Umkehrung der Missionsbegründung der Rāmakrishna-Mission und verwandter Bewegungen verspricht die ISKCON nicht die Überwindung religiöser Zerspaltung durch die synthetische Kraft indischen religiösen Denkens, sondern ruft »zurück zur Gottheit«, wie der Titel ihres Magazins lautet, und meint damit keinen anderen als Kṛṣṇa. Im Unterschied zur Vedānta-Mission verzichtet die ISKCON darum auch nicht auf kontroverstheologische Themen. Schon die Berichte über Caitanyas Wirksamkeit sind reich an Kontroversen, vor allem mit Anhängern des Vedānta. Auch Bekehrungen von Muslimen werden erzählt. Zwei von Caitanyas wichtigsten Mitarbeitern waren bekehrte indische Muslime[60]. In neuerer Zeit macht

Śrīla Prabhupāda zwar Versuche, sich mit dem Christentum besser zu arrangieren, ohne jedoch den Eindruck einer sektarisch begründeten Missionstätigkeit verwischen zu können. Die Wirksamkeit Caitanyas vollzog sich im Horizont Indiens, speziell Bengalens und Orissas. Man gewinnt aus der Lektüre von Prabhupādas Schriften aber nicht den Eindruck, daß die Wirksamkeit außerhalb Indiens für ihn einen qualitativen Unterschied zur Werbung für Kṛṣṇa innerhalb der indischen Grenzen bedeutet. Eher scheint er die damit gegebenen zusätzlichen Schwierigkeiten und Probleme zu unterschätzen. Die Tätigkeit im Westen wirkt bei ihm wie die geradlinige Fortsetzung der innerindischen Ausbreitung der Kṛṣṇa-Verehrung.

Die missionarische Dynamik ist gleichsam institutionalisiert im öffentlichen Saṃkīrtan, der, wie J. S. Judah zu Recht feststellt[61], zugleich ein Zeugnis der Kṛṣṇaverehrer für ihren Glauben und eine Weise ist, andere mit der Bewegung bekannt zu machen und zu bekehren. Saṃkīrtan ist für die ISKCON keine beliebige Missionsmethode, sondern »die eigentliche Grundlage der Lehren Caitanya Mahāprabhus und somit die eigentliche Grundlage der Hare-Kṛṣṇa-Bewegung«[62]. Der Funke der Ekstase soll überspringen. Das setzt freilich ein eindeutiges Bekenntnis zum emotionalen Charakter der Bewegung voraus, und genau das ist unter den Gauḍīya-Vaiṣṇavas in Indien heute nicht überall gegeben[63]. Im Westen mußte wiederum die Eigenart der Missionsmethode die Anhängerschaft der ISKCON im wesentlichen auf die religiöse Subkultur der Jugendlichen beschränken.

Die Loslösung von der ethnischen Grundlage hat die ISKCON dadurch ermöglicht, daß sie die Institution der Kaste zugleich spiritualisiert und universalisiert. Spiritualisierung bedeutet in diesem Zusammenhang, daß – ganz im Sinne des Neohinduismus – die Kastenzugehörigkeit nicht an die Geburt, sondern an die spirituelle Qualifikation gebunden wird, an »Eigenschaft (guṇa) und Werk (karma)«, wie im Anschluß an BhG 4, 13 festgestellt wird[64]. Universalisierung bedeutet, daß die Gliederung in vier Kasten als unabdingbare Voraussetzung einer jeden gesunden Gesellschaftsordnung erklärt wird, auch außerhalb Indiens. Diese Einstellung scheint das Ergebnis einer längeren Auseinandersetzung in der Caitanya-Bewegung über die Kastenfrage und über die Zulassung von Nichthindus zu sein. Das kastenkritische Erbe der Bhakti-Bewegung hat sich unter den Anhängern Caitanyas als wirksam erwiesen, ebenso freilich das Unvermögen der Bhakti, die Kaste im sozialen Bereich wirksam zu überwinden. Einerseits werden von Caitanya Äußerungen von der Art überliefert, daß Gottes Gnade sich nicht um Kaste und Familie kümmere und daß die Kṛṣṇa-Bhakti auch den Kastenlosen zu verkünden sei. Auch wurde grundsätzlich zugestanden, daß selbst Nichtbrahmanen die Stellung eines Guru und sogar eines Gosvāmī einnehmen dürften. Die Konzentration auf die innerliche Gottesliebe mußte zur Abwertung äußerer Observanzen führen[65]. Über der Kastenzugehörigkeit durch Geburt steht die spirituelle Qualifikation: »Sogar Śūdras, wenn sie Glauben an den Herrn Gott haben, sind die beste Klasse von Heiligen; und diejenigen, die solchen Glauben nicht haben, sind in Wirklichkeit Śūdras, welcher Klasse sie auch immer angehören mögen«, soll Caitanya gesagt haben[66]. Andrerseits haben Brahmanen und brahmanischer Kastengeist in der Caitanya-Bewegung eine starke Position behaupten können. Viele der Gosvāmīs gehörten dem Brahmanenstand an und widersetzten sich entschieden jeder Erweichung der Kastenregeln[67]. Die Betonung der spirituellen Qualifikation schloß eine Respektierung der Kaste im sozialen und kultischen Bereich nicht aus. Selbst Caitanya ließ Kastenunterschiede offensichtlich in diesen Bereichen gelten. Einem seiner Lieblingsjünger, Haridās, wurde der Eintritt in die Tempel von Puri verboten, weil er früher dem Islam angehört hatte[68].

Unter solchen Umständen mußte die Initiierung von Nichtindern als Gauḍīya-Vaiṣṇavas umstritten sein. Diese Konsequenz aus dem kastenkritischen Ansatz der Bhakti wurde erst im ersten Drittel dieses Jahrhunderts gezogen, als Śrīla Prabhupādas Meister Bhaktisiddhānta in dem Gauḍīya-Vaiṣṇava Saṃpradāya durchsetzte, daß jeder Mensch – das bezog sich zunächst gewiß auf Kastenlose – ein Gauḍīya-Vaiṣṇava werden kann. Śrīla Prabhupāda stellt die Bedeutung dieses Schritts ausdrücklich heraus, wenn er feststellt, daß erst mit ihm die Ausbreitung der Bewegung im Westen ermöglicht wurde[69]. In diesen Zeitraum um den 1. Weltkrieg herum fällt auch die Initiierung von Mitteleuropäern wie Ernst Georg Schulze und Walther Eidlitz in die Kṛṣṇa-Bhakti Caitanyas. Auch sie erhielten wie die Angehörigen der ISKCON in ihrer zweiten, der sog. brahmanischen Initiation, die Kastenschnur[70]. In der Verleihung der heiligen Schnur an Kṛṣṇa-Verehrer dokumentiert sich die Spiritualisierung des Konzepts der Kaste, in ihrer Verleihung an Nichtinder seine Universalisierung. Daß damit die Probleme der Anerkennung westlicher Kṛṣṇajünger in Indien noch nicht gelöst sind, zeigt sich darin, daß diese bis heute keinen Zutritt zu irgendeinem der größeren vishnuitischen Tempel in Indien zu haben scheinen, unabhängig davon, ob sie von den Gauḍīya-Vaiṣṇavas oder anderen vishnuitischen Gruppen kontrolliert werden. Das gilt natürlich auch für den Jagannāth-Tempel in Puri, trotz seiner engen Assozi-

ierung mit Caitanya[71]. Das mag einer der Gründe für die Errichtung eines eigenen Kṛṣṇa-Balarāma-Tempels der ISKCON in Vrindaban sein[72].
Mit der Universalisierung der Kastenordnung geht die ISKCON – jedenfalls in dieser Eindeutigkeit – sowohl über die Bhakti-Tradition als auch über den Neohinduismus hinaus[73]. Gewiß sind von alters her Gruppen und Stämme in das hinduistische Kastensystem einbezogen worden. Auch ist die antibrahmanische Polemik Śrīla Prabhupādas durchaus nicht singulär, so z. B. die Behauptung, die Anerkennung eines Brahmanenstandes aufgrund von Geburt unabhängig von der »brahmanischen Qualifikation« habe die indische Kultur getötet[74]. Die Begründung der religiösen Propaganda im Westen mit der Notwendigkeit, einen neuen Brahmanenstand zu schaffen, dürfte aber singulär sein. »Diese Propaganda ist dazu gedacht, in der ganzen Welt Brahmanen zu schaffen, denn das Brahmanen-Element fehlt. Wer ernsthaft zu uns kommt, muß ein Brahmane werden. Deshalb sollte er die Beschäftigung eines Brahmanen annehmen und die Beschäftigung eines kṣatriyas oder śūdras aufgeben.«[75] »Einer mag zur śūdra-Klasse gehören, aber um die soziale Ordnung zu erhalten, muß man einige der śūdras trainieren, Brahmanen zu werden ... So kann man in jeder Gesellschaft sehen, daß es Chaos gibt, wenn nicht diese vier Abteilungen vorhanden sind.«[76] Der Svāmī sieht offensichtlich kein Problem darin, daß ein Nichtinder Hindu im Sinne des Varnāśrama Dharma wird. Da in seinen Augen die Existenz eines intakten, auf Geburt gegründeten Kastensystems in Indien sowieso eine unzulässige Fiktion darstellt, würde für ihn die Wiedergeburt innerhalb einer Kaste keine Lösung bedeuten. Zum wahren Brahmanen wird man durch Kṛṣṇabewußtsein und durch die brahmanische Initiation, die er jetzt auch an den Suchenden im Westen vollzieht. Nach den bisherigen Anzeichen zu urteilen, scheint die indische Gesellschaft als ganze freilich nicht bereit zu sein, den Status anzuerkennen, den er seinen westlichen Jüngern zuschreibt.
Die Brahmanen-Theorie der ISKCON hat politische Implikationen, die bei der Beurteilung dieser Bewegung üblicherweise, aber zu Unrecht übersehen werden. Die brahmanische Qualifikation der ISKCON-Mönche stattet diese mit dem Anspruch aus, als Ratgeber bei den Mächtigen Gehör zu finden. Die Weigerung einer Regierung oder eines Gesellschaftssystems, diesem Rat zu folgen, sich im Sinne der Kastenordnung zu organisieren und insbesondere Alkohol- und Fleischgenuß zu unterbinden, wird unverblümt als Verbrechen bezeichnet. »Wenn die führenden Politiker sich weigern, die Autorität Kṛṣṇas, Gottes, anzuerkennen, muß man solche

Führer dann nicht als Kriminelle im wahrsten Sinne des Wortes bezeichnen?«[77], fragt Hansadutta dāsa Adhikarī, einer der führenden Männer der Bewegung. Die Militanz, die sich in solchen Worten ausdrückt, scheint schon die Gauḍīya-Mission gekennzeichnet zu haben. »Unsere Mission war gefürchtet. Wir waren gegen alle«, lautet die Aussage eines älteren Gauḍīya-Missionars, der in Indien und im Westen gewirkt hat[78]. Diese exklusive, religiös-kulturell-politische Sektenmentalität muß ein starkes Sendungsbewußtsein hervorbringen, das leicht zur Kollision mit der Umwelt führen kann.

Die Analyse des Sendungsbewußtseins der ISKCON hat gezeigt, daß in ihm das alte, innerindisch wirksame, sektarische Sendungsbewußtsein der Bhakti, speziell der Gauḍīya-Vaiṣṇavas wirksam ist, das sich auf einen »Missionsbefehl« des Gründers Caitanya beruft: Verkündigt überall Kṛṣṇa-kathā. Wie bei der Untersuchung der Self-Realization Fellowship hat sich herausgestellt, daß die 1966 begonnene Tätigkeit der ISKCON im Westen eine längere Vorgeschichte hat, die bis zur Jahrhundertwende und darüber hinaus zurückreicht: Zu Bhaktivinodas Beginn in Kanada 1896[79], zu Bābā Bhāratis Wirksamkeit am Anfang des Jahrhunderts und zur Öffnung der Bewegung für westliche Jünger unter dem Einfluß Bhaktisiddhāntas. Trotz mancher Übereinstimmungen mit der Rāmakrishna-Mission und der Self-Realization Fellowship ist die Originalität des Ansatzes unbestreitbar. Die gemeinsame bengalische Szene legt den Schluß nahe, daß die Väter bzw. Vorväter der Rāmakrishna-Mission, der Self-Realization Fellowship und der ISKCON, nämlich Vivekānanda, Yukteśvara Giri und Bhaktisiddhānta Saraswatī Exponenten einer Zeitströmung waren, die nicht von ungefähr ihren Ausgang von Bengalen nahm und Bewegungen verschiedenster Herkunft erfaßte.

5. *Rādhāsoāmī-Satsaṅg und Ruhāni Satsaṅg*

Die Ausbreitung der Rādhāsoāmī-Botschaft in den Westen ist das Ergebnis eines natürlichen Wachstums, über das in den Schriften der Bewegung kaum reflektiert wird. Was für die Rāmakrishna-Mission ein Problem bedeutete, nämlich die Loslösung vom ethnischen Wurzelboden des Hinduismus und von den rituellen Schutzmauern, mit denen er sich umgeben und aufgegliedert hatte, war von Anfang an ein Kennzeichen des Rādhāsoāmī-Satsaṅg gewesen. Schon auf indischem Boden hatte er sich als eine kastenfreie religiöse Gemeinschaft konstituiert, in der die Überwindung ritueller Kastenvorschriften durch gemeinsame Mahlzeiten (bhaṇḍārā)[80] dokumentiert wurde. Erleichternd mußte sich auch das Fehlen von Bilderverehrung und hinduistischem Ritual auswirken. Vom aufstrebenden indischen Nationalismus hatte er Abstand gehalten. Bereits Farquhar[81] hat sich über den Mangel an Nationalgefühl gewundert, den er zu seiner Zeit – vor dem ersten Weltkrieg – bei Satsaṅgīs vorfand. So ging dem Rādhāsoāmī-Satsaṅg zugleich das nationale Pathos des Vivekānandaschen Sendungsbewußtseins[82] und dessen Sorge um das gesamtindische Schicksal ab. Das mußte eine Wirksamkeit im Westen unproblematischer, aber auch weniger dringlich erscheinen lassen.

Die größte Erleichterung einer Ausbreitung im Westen liegt in der mystischen Eigenart der Botschaft und in der daraus resultierenden Reduktion auf den Surat Śabd Yoga und die ihm zugrunde liegenden kosmologischen Theorien begründet. Hinduismus, Islam und Sikhismus wurden im Prinzip gleichermaßen als unzureichend abgelehnt, ihre Mystiker jedoch als Zeugen des eigenen Weges in Anspruch genommen. Die religiöse Terminologie war von Anfang an weitgehend austauschbar. Schon der Gründer Shiv Dayāl Singh verwies auf analoge Sūfītermini[83], um die Universalität seiner mystischen Erfahrungen aufzuweisen. Die Technik der assimilierenden Zitierung läßt sich, wie sich gezeigt hat, ohne Schwierigkeit auf die Bibel und auf christliche Literatur anwenden[84]. Allerdings sind die sich dabei ergebenden Sinnentstellungen gravierender als bei der Zitierung von sūfitischen und sikhistischen Belegstellen. Auch sind der Übertragung der Rādhāsoāmī-Terminologie in den christlichen Sprachbereich deutlichere Grenzen gesetzt, weil vor allem die komplizierte kosmographische Begrifflichkeit dort keine Entsprechungen hat. Trotzdem trifft es zu, daß eine kulturelle Grenzüberschreitung dem Rādhāsoāmī-Satsaṅg im Vergleich zu anderen indischen Bewegungen leicht fällt, weil die Probleme der Entritualisierung und Entethnisierung schon von seinem Ursprung her weitgehend gelöst sind.

Wenn sich sein zahlenmäßiges Wachstum trotzdem in engen Grenzen hält, so liegt das an anderen Faktoren, die auch in Indien wirksam sind und verhindert haben, daß der Rādhāsoāmī-Satsaṅg dort über eine zahlenmäßige Stärke von etlichen 100000 hinausgekommen ist. Der Rādhāsoāmī-Satsaṅg versteht sich als eine Bewegung, die auf »Proselytieren« im Sinne der religiösen Mitgliederwerbung verzichtet[85]. Das hängt mit der Unterscheidung zwischen erlösungsfähigen und -unfähigen Seelen zusammen, die so ernst genommen wird, daß eine endgültige Scheidung zwischen beiden als Abschluß eines kosmischen Prozesses erwartet wird, der mit der

Verkündigung des heiligen Mantra Rādhāsoāmī begonnen hat. Dieser Prozeß, in dessen Verlauf die Angehörigen aller Religionen die befreiende Erkenntnis erlangen können, kann nicht durch irgendeine Missionstätigkeit von menschlicher Seite aus gefördert werden[86]. Erlösungsfähigkeit setzt eine gewisse karmische Disposition voraus. Ist sie vorhanden, so kann nichts die Begegnung des potentiellen Schülers mit dem Meister verhindern. Der Meister nimmt ja schon bei seiner Zeugung und Inthronisation einen Teil des Karmas seiner zukünftigen Schüler auf sich[87]. Diese Unterscheidung zwischen Erwählten und Nichterwählten sowie der Glaube an einen selbsttätig ablaufenden kosmischen Prozeß setzen der religiösen Propaganda deutliche, im Detail jedoch schwer bestimmbare Grenzen. A. P. Mathur, der der Agralinie angehört, bedauert die Tatsache, daß die meisten Rādhāsoāmīgruppen entgegen dem Geist ihres Glaubens sich der Propaganda gewidmet haben und nennt ausdrücklich die Beāsgruppe[88]. Diese wiederum würde dem von ihr abgespaltenen Ruhāni Satsaṅg ähnliche Vorhaltungen machen können. Denn von den Anfängen in Agra über die Wirksamkeit Jaimal Singhs und Sawan Singhs in Beās bis zu Kirpal Singhs Ruhāni Satsaṅg ist eine Steigerung der proselytierenden Bemühungen insbesondere unter Nichtindern festzustellen. Seit der Zeit des zweiten Agra-Gurus Rai Shāligrām[89] haben sich immer wieder einzelne Weiße dem Rādhāsoāmī-Satsaṅg (Agra) angeschlossen. Die Beāsgruppe warb vor allem durch eine umfangreiche englischsprachige Buchproduktion um ausländische Anhänger. Der bekannteste unter ihnen war der Amerikaner Dr. J. P. Johnson, ein baptistischer Geistlicher, der seine Tätigkeit als Indienmissionar abgebrochen, sich der Chirurgie gewidmet hatte, dann für die Botschaft des Rādhāsoāmī Satsaṅg gewonnen wurde und – neben den Meistern – zu einem ihrer maßgeblichen Interpreten heranwuchs[90]. Kirpal Singh schließlich hat eine ausgedehnte Reisetätigkeit durch westliche Länder unternommen und sich am stärksten an die Öffentlichkeit gewandt, während sich die Wirksamkeit des Rādhāsoāmī Satsaṅg (Beās) im Westen zumeist abseits der Öffentlichkeit in kleinen Kreisen abspielt. Die Rādhāsoāmī-Bewegung als ganze umfaßt als Ergebnis einer über 100jährigen Geschichte eine zahlenmäßig zwar nicht imponierende, aber weit verstreute außerindische Anhängerschaft in den USA, England, Deutschland, Italien, Frankreich, Griechenland, Afrika, Australien, Kanada, Südamerika, Neu-Seeland und Malaysia[91], die in der Offenbarung der Rādhāsoāmī-Meister den vollkommenen, allen Religionen überlegenen Pfad zur Erlösung erblickt. Dieses rein religiöse, von allen nationalen, rassischen und sozialen Beschränkungen freie Überlegenheitsbewußtsein dürfte das Geheimnis der Ausbreitung des Rādhāsoāmī Satsaṅg sein.

6. *Divine Light Mission*

Die Divine Light Mission gehört wie der Ānanda Mārga zu den Bewegungen, die nicht zum Zweck der Ausbreitung im Westen gegründet worden sind und den Weg dorthin ohne innere Notwendigkeit gefunden haben. Es wurde bereits erwähnt, daß der Aufbruch der Divine Light Mission in den Westen u. a. von der inneren Krise veranlaßt sein mag, die nach dem Tod des Gründers 1966 entstanden zu sein scheint. Anscheinend hat die Bewegung schon vor 1970 einige westliche Jünger gehabt, die zu diesem Schritt ermutigt haben mögen. Innerhalb Indiens hat es ihr unter Führung von Śrī Hans nicht an missionarischem Impetus gefehlt. Seine engsten Mitarbeiter, die Mahātmās, werden als »a band of missionaries« bezeichnet. Inhaltlich unterschied sich das Sendungsbewußtsein der indischen Divine Light Mission trotzdem wohl kaum von demjenigen anderer sektarischer Guru-Bewegungen, die ihrem Gründer eine besondere Bedeutung zuschreiben, indem sie ihn als Sadguru, Avatāra oder ähnliches verehren. Der für den Erfolg ausschlaggebende Faktor wird das Charisma des Gründers gewesen sein. Die Divine Light Mission war dank des in ihr lebendigen Erbes der Sant-Tradition von vorneherein nicht irgendwelchen rituellen, kastenmäßigen oder regionalen Beschränkungen unterworfen. Das sollte ihr bei ihrer späteren Tätigkeit im Westen zugute kommen. Auch der Erfolg im Westen hängt nicht mit dem besonderen Charakter der Botschaft zusammen. Das »Charisma des Kindes, gesteigert zur messianischen Relevanz« (C. Colpe[92]), hat dabei gewiß eine ebenso große Rolle gespielt wie die enorme Publizität und die Aufnahmebereitschaft der jugendlichen Subkultur. Der junge Guru Mahārāj Ji ist das deutlichste Beispiel dafür, wie leicht sich Guruverehrung mit Starkult und Charisma mit Public Relation-Techniken verbinden, aber auch von ihnen entstellt werden können.

7. *Ānanda Mārga*

Ānandamūrti hat dem Ānanda Mārga den Stempel seines kämpferischen Überzeugungswillens und seines ganz unindisch wirkenden missionarischen Eifers aufgeprägt. Schon der Name seiner Organisation – Ānanda Mārga Prachāraka Saṅgha – enthält das Motiv der Propaganda, und der ordensähnliche Zusammenschluß seiner Mönche und Nonnen, die Seva Dharma Mission, dürfte nicht von ungefähr die christliche Bezeichnung »Mission« tragen, nicht nur in der englischen Übersetzung des Namens wie bei der Divine Light Mission (Divya Sandeś Pariṣad), sondern im indischen Original. Neben der täglichen Ausübung des Sādhana und der Befolgung von yama und niyama, dem sog. »Moralkodex« enthält das »Höchste Gebot« als drittes Element die Missionspflicht: »Auf daß niemand solche Qualen (sc. des selbstverschuldeten tierischen Lebens) erleide und jeder in der Lage sei, sich unter dem liebevollen Schutz des Herrn der Ewigen Glückseligkeit zu erfreuen, ist es unabdingbare Pflicht jedes Ananda Margis, sich zu bemühen, alle auf den Weg der Glückseligkeit zu bringen. Es ist wahrhaftig ein Teil der Meditation, andere auf den Weg der Rechtschaffenheit zu führen« (Die 16 Punkte, o. J. S. 18). Die Missionspflicht wird hier individualistisch begründet, als Rettung des anderen vor den Qualen einer schlechten Wiederverkörperung und als notwendige Lebensäußerung echter Meditation. Im letzteren Motiv kommt die Eigenart von Ānandamūrtis Meditationsverständnis besonders klar zum Ausdruck: Sorge allein um die eigene spirituelle Entwicklung ist »selbstsüchtig«. Die Zeiten der einsiedlerischen Zurückgezogenheit sind vorbei. »Diejenigen, die sich um wahre spirituelle Entwicklung bemühen, müssen sich auch um die Gesellschaft kümmern, damit sie nicht den übrigen Teil der Menschheit hinter sich lassen . . ., weil unsere spirituelle Entwicklung mit der Entwicklung der gesamten Menschheit verbunden ist« (Die 16 Punkte, 1976, S. 40). Mit dieser Feststellung hat Ānandamūrti die individualistische Begründung der missionarischen Wirksamkeit hinter sich gelassen. Sein Glaube an die Interdependenz individueller und kollektiver Entwicklung erlaubt ihm nicht die Gelassenheit, mit der der Hinduismus häufig auf das Treiben der weniger gut Disponierten herabblickt. Daraus folgt die Pflicht, anderen zu dienen, indem man nicht nur ihre spirituellen Empfindungen »weckt« und sie »inspiriert«, sondern sie »klar vor ausartendem Verhalten warnt«. Bestandteil wahrer spiritueller Übung ist die »Verantwortung für die körperliche, geistige und spirituelle Entwicklung aller Menschen dieser Erde, entsprechend unseren Fähigkeiten« (Die 16 Punkte, o. J. S. 19). (Nicht »entsprechend *ihren* Fähigkeiten«, wie es in hinduistischen Äußerungen sonst heißen würde.) Die Bedeutung dieses Dienstes für den Meditierenden selbst liegt darin, daß dieser »mit einer ungeheuren kosmischen Energie erfüllt« wird. Diese Aussagen stellen einen Bruch mit der Selbstgenügsamkeit des traditionellen indischen Yogi und dem toleranten Gewährenlassen dar, das das indische Leben sonst häufig auszeichnet. Wenn individuelle und kollektive Entwicklung einander wechselseitig bedingen, hört diese Form von Toleranz gegenüber dem Verhalten des anderen auf und wird durch einen Geist der »Verantwortung« und des »Warnens« ersetzt. Ānandamūrtis Sendungsbewußtsein ist in seinem Verständnis des Wesens spiritueller Entwicklung begründet. Es ist übrigens gerade diese Betonung der Verantwortung für andere etc., die das Meditationsverständnis des Ānanda Mārga im Westen attraktiv erscheinen läßt.

Der missionarische Eifer Ānandamūrtis und sein Sendungsbewußtsein sind darüber hinaus auch in dem politischen Charakter seiner Botschaft begründet. »Seid Sadvipras und macht auch andere zu Sadvipras« (Universum S. 35) – dieser Ruf Ānandamūrtis erhält seine Dringlichkeit aus der besonderen Bedeutung, die er den Sadvipras, dieser spirituellen Weltelite, für die politische Zukunft der Menschheit zuschreibt. Sie spiegelt sich auch in den politischen Kampfliedern, die von den Margis neben den Bhakti-Gesängen gesungen werden.

»The world's eyes are watching
oppressed and forgotten
they wait for the footsteps as they wake in the morn' . . .
And those who exploit us can't own or possess us
for the marching has started to a new dawn for man
We dance the brave dance of Shive the warrior
to drown out all fears with fire sword . . .«

Der Refrain eines anderen Liedes bekräftigt die Gewißheit:

»We will establish a new world
we will build a new human society.«

Dahinter steht Ānandamūrtis Glaube, den Schlüssel für die Schaffung einer Welt ohne rassische, politische und Klassenschranken zu besitzen. Der Anspruch, eine die Gegensätze versöhnende oder zumindest transzendierende Botschaft zu besitzen, ist im Neohinduismus seit den Tagen Vivekānandas immer wieder erhoben worden. Bei Ānandamūrti verbindet er sich mit der Gewißheit, alle zu seiner konkreten Durchsetzung nötigen Elemente gefunden zu haben: die richtige spirituelle Praxis zur Heranbildung einer politischen Elite, die den Schlüssel zur Geschichte liefernde politische Ideologie und – in seiner eigenen Person – den Brennpunkt für die gläubige Hingabe an das höchste Bewußtsein. Trotz der bei ihm vorhandenen Reste des zyklischen Denkens hängt das Sendungsbewußtsein Ānandamūrtis mit der Rolle zusammen, die er und seine Anhänger im gegenwärtigen linear verlaufenden Geschichtsprozeß spielen zu können meinen. Auch dieser Teil seines Missionsverständnisses führt über den Bereich des traditionellen Hinduismus hinaus.

Freilich ist Ānandamūrtis Sendungsbewußtsein inhaltlich auf die innerindische Situation bezogen. Überwindung von Kastentrennung und frommem Meditationsegoismus zugunsten des sozialen Engagements sind in der indischen Situation relevantere Anliegen als außerhalb Indiens, und die »revolutionäre Eheschließung« ist im westlichen Kontext weniger revolutionär als dort. Freilich hat der Versuch, zwischen meditativer Wendung nach innen und sozialer Verantwortung nach außen das rechte Gleichgewicht zu finden ebenso wie der praktizierte Internationalismus auch im Westen seine Attraktivität erwiesen, aber Ānandamūrtis Denken ist an der indischen Situation orientiert; wahrscheinlich war er früher nie im Ausland. Der Übergang in fremde Kulturen wird bei ihm kaum reflektiert, sieht man einmal von der emphatischen Versicherung ab, daß die Menschheit nur *eine* Kultur habe (Universum 26). Aber gerade diese Behauptung läßt es fraglich erscheinen, ob er darin ein Problem gesehen hat. Man gewinnt den Eindruck, daß er seine Aufgabe zwar von Anfang an theoretisch in einem universalen Horizont gesehen, sie aber faktisch nur im indischen Horizont durchreflektiert hat. Eine Äußerung aus seiner Feder über die Motive, Probleme und Bedeutung einer Ausbreitung im Westen sucht man vergeblich. Auch liegt der zahlenmäßige Schwerpunkt seiner Bewegung trotz der Verfolgungen immer noch in Indien. So liegt der Schluß nahe, daß der Ānanda Mārga zu denjenigen Bewegungen gehört, die, mit einer grundsätzlich universalen Botschaft ausgestattet, zunächst in Indien beheimatet, im Zeitalter einer zunehmenden »kulturellen Zirkulation« mehr oder weniger zufällig die indischen Grenzen überschritten haben und ins Ausland »übergeschwappt« sind. Es sei denn, die beginnende Krise des Ānanda Mārga in Indien habe gegen Ende der sechziger und Anfang der siebziger Jahre die Aussendung von Missionaren mit dem Ziel veranlaßt, der Bewegung eine unangefochtenere Heimstatt zu schaffen und das Ausland am Schicksal des Gründers zu interessieren.

Die Voraussetzungen zu solch einer Grenzüberschreitung waren damit gegeben, daß der Ānanda Mārga mit dem Hinduismus als Sozialsystem faktisch gebrochen hatte, indem er das Kastensystem mit kaum zu überbietender Schroffheit ablehnte; daß die Furcht vor ritueller Verunreinigung, soweit sie mit der Kaste zusammenhängt, überwunden war, und daß der Pūjā keine zentrale Bedeutung beigemessen wurde.

8. Ergebnis

Die historische Untersuchung hat gezeigt, daß die Entstehung des missionarischen Sendungsbewußtseins des Hinduismus sich am besten religionsgeographisch erklären läßt. Weder die überragende Einzelpersönlichkeit Vivekānandas noch seine Neuinterpretation der Tradition in Gestalt des Neo-Vedānta reichen allein dazu aus. Die Vorgeschichte der Self-Realization Fellowship und der ISKCON reicht bis in die Zeit Vivekānandas zurück, die Geschichte des Rādhāsoāmī Satsaṅg bis in die Mitte des vorigen Jahrhunderts. Die Begegnung mit dem Westen und dem Christentum in Bengalen sowie diejenige mit dem Islam in Nordindien haben verschiedene hinduistische Traditionen dazu veranlaßt, ihre eigene Botschaft als universal zu verstehen und sie so zu formulieren und zu propagieren, daß sie für Nichthindus verständlich und annehmbar wurde[93]. Die Bedeutung der Religionsbegegnung für die Entstehung eines Missionswillens läßt sich auch biographisch belegen. Viele der Hindumissionare im Westen sind Zöglinge von Missionsschulen und -Colleges: Vivekānanda, Yogānanda, Kirpal Singh, Guru Mahārāj Ji u. a. m. Die universalisierende Neuformulierung der eigenen Tradition geschah teilweise inklusivistisch, d. h. die Übereinstimmung der eigenen Tradition mit der bislang als überlegen geltenden Religion wurde betont. P. Hacker hat darauf hingewiesen, daß der Inklusivismus als Waffe zur religiösen Selbstbehauptung in der Situation der Unterlegenheit (an Zahl, Prestige etc.) dienen kann[94]. Die Fähigkeit, andere Religionen inklusivistisch zu umfassen, konnte allerdings auch als Erweis der eigenen Überlegenheit interpretiert werden, wie es zuerst bei Vivekānanda geschah. Aber auch exklusivistische, sektarische Tendenzen finden sich bei den hinduistischen Bewegungen im Westen und sind als Missionsmotive zu erkennen.

Die Mehrheit der hinduistischen Bewegungen im Westen nimmt nicht für sich in Anspruch, für den Hinduismus als ganzen zu sprechen. Der Grund dafür liegt nicht nur darin, daß das Wort Hinduismus westlichen Ursprungs ist. Vielmehr handelt es sich überwiegend um »konfessionelle« Mission, in dem Sinne, wie J. Gonda das Wort gebraucht, wenn er den Hinduismus als ein »Konglomerat von Konfessionen« bezeichnet[95]. Gegenstand der

Propagierung sind bestimmte Yogatechniken – Yogānandas Kriyā-Yoga, Maharishi Mahesh's Transzendentale Meditation etc. – bzw. bestimmte Formen der Gottesverehrung – die Kṛṣṇa-Bhakti Caitanyas, die Verehrung Parampuruṣas usw. – oder bestimmte Heilsmittler-Ansprüche einzelner Sektenhäupter, die sich als Sadgurus u. ä. verstehen. Insofern diese Gruppen sich als einen oder sogar den einzigen legitimen Ausdruck der hinduistischen Gesamttradition verstehen und auch faktisch an ihr partizipieren, ist es natürlich berechtigt, von hinduistischer Mission zu sprechen. Ihr Sendungsbewußtsein ist aber überwiegend aus den Quellen der eigenen partikularen Tradition gespeist, die nicht selten auf eine lange Vorgeschichte verweisen kann und älter als der Neohinduismus ist. Der deutlichste Beweis dafür liegt in der Tatsache, daß die TM und die ISKCON – rein westliche Organisationen – zeitweise westliche Anhänger als weiße Missionare der TM-Technik bzw. der Kṛṣṇa-Bhakti nach Indien geschickt haben[96], offensichtlich ohne das Empfinden zu haben, sie würden Eulen nach Athen tragen.

Während im frühen Stadium der Sprung in den Westen noch als ein Problem empfunden und reflektiert wurde, wirkt er bei manchen Gruppen, die ihn erst nach dem 2. Weltkrieg getan haben, eher zufällig und unreflektiert. Interne Schwierigkeiten (DLM), Erfolglosigkeit in Indien (TM), Übergangensein bei der Guru-Nachfolge der Mutterorganisation (Kirpal Singh) und ähnliches mögen dabei eine größere Rolle gespielt haben als grundsätzliche Überlegungen, obgleich sich das in den genannten Fällen natürlich nicht mit Sicherheit behaupten läßt.

Es lassen sich vier Idealtypen[97] des Sendungsbewußtseins unterscheiden, d. h. Typen, die nur selten in reiner, unvermischter Form auftreten. Der erste zeigt sich am deutlichsten bei Vivekānanda, findet sich aber auch bei anderen Gruppen, z. B. in den Statuten der Divine Light Mission: Östliche Spiritualität und westlicher Materialismus werden als komplementär angesehen; die eigene Wirksamkeit dient der Herstellung einer gesunden Balance zwischen beiden. Der zweite Typus ist im Vorhergehenden nicht erörtert worden, weil er erst im Zusammenhang mit der Frage nach der Stellung zu den Religionen, speziell zum Christentum, behandelt werden soll: Die eigene Botschaft wird als Beitrag zur Herstellung einer umfassenden Synthese der Religionen und als hermeneutischer Schlüssel zu ihrem Verständnis betrachtet. Auch dieser Typus geht auf Vivekānanda zurück, findet sich aber in der einen oder anderen Form bei fast allen Bewegungen; in reinster Gestalt vielleicht bei der Divine Life Society Svāmī Śivānandas. Der dritte Typus ist das sektarische Sendungsbewußtsein, das sich auf die exklusive Bedeutung der eigenen Botschaft oder die exklusive Rolle des eigenen Sadguru bezieht. Das trifft vor allem auf die ISKCON und auf den Rādhāsoāmī Satsaṅg sowie die Divine Light Mission zu. Der vierte Typus speist sein Sendungsbewußtsein aus dem Glauben, den Schlüssel zur Errichtung einer idealen Gesellschaftsordnung oder zur evolutionären Weltverbesserung zu besitzen. Dazu gehören vor allem der Ānanda Mārga und die TM. Typische Mischformen sind die Rāmakrishna-Mission, die die Idee der Komplementarität von Ost und West mit dem Anspruch verbindet, eine Synthese aller Religionen herzustellen, und die ISKCON, die neben einem sektarischen Sendungsbewußtsein auch den Anspruch vertritt, eine ideale Gesellschaftsordnung herstellen zu können. Es zeigt sich, daß der Hinduismus im Westen eine außerordentlich breite Skala von Vorstellungen, Zielen und Traditionen in sich schließt und nicht auf einige verallgemeinernde Formeln gebracht werden kann.

Neben einer bestimmten Form des Sendungsbewußtseins bedurfte es der Ablösung von der ethnischen Grundlage, damit eine Bewegung westliche Jünger gewinnen konnte. Unter diesem Gesichtspunkt betrachtet, ist es nicht verwunderlich, daß zunächst solche Bewegungen dazu in der Lage waren, die aus ihrer Tradition ein kritisches Verhältnis zur Kaste und zum brahmanischen Ritualismus mitbrachten. Das gilt für die von Kabīr herkommende Tradition, die den Rādhāsoāmī Satsaṅg und die Divine Light Mission beeinflußte, für die Bhakti, vor allem in Gestalt der Kṛṣṇa-Verehrung Caitanyas, und für den Tantrismus. Aus diesen Traditionen kommt die Ablehnung der Kaste, sei es grundsätzlich oder zumindest im kultischen Bereich. Solche Einflüsse haben schon früh, wahrscheinlich bereits im vorigen Jahrhundert, zu Bemühungen um Gewinnung westlicher Anhänger, zunächst in Indien, geführt. Daß eine solche Einstellung nicht immer ohne Auseinandersetzung zustande kam, beweist der Kampf Svāmī Bhaktisiddhāntas in der Gauḍīya-Mission. Die einfachste Lösung dieses Problems lag darin, die Kastenzugehörigkeit von der Geburt abzulösen und unter Berufung auf Stellen wie Bhagavadgītā 4, 13 als spirituelle Qualifikation zu interpretieren. Diese Einstellung konnte innerhalb Indiens als relative Anerkennung der bestehenden Sozialordnung gedeutet werden und ermöglichte es im Ausland, das ganze Problem zu vergessen. Ein Beispiel für diese pragmatische, unkämpferische Lösung ist Svāmī Yogānanda (SRF)[98]. Man findet sie unter hinduistischen Svamis im Westen häufiger als die recht konservative Einstellung Vivekānandas, dem es als Reformer nicht möglich war, dem Kastenproblem den Rücken zuzukehren. Selbst ein Mann aus einer so orthodoxen Tradition wie Maharishi Mahesh Yogi geht einfach davon aus, daß die Kaste eine innerindische Angelegenheit ist und kümmert sich nicht um sie. Man konnte die spiritualisierend gedeutete Kaste aber auch als Baustein für den Entwurf einer idealen Gesellschaftsordnung verwenden: Die spirituelle Elite der Menschheit werden die wahren Brahmanen sein. Das real existierende Kastensystem wird emphatisch abgelehnt – der Ānanda Mārga dokumentiert das bei der Aufnahme von Kastenhindus durch das Zerschneiden der Kastenschnur –, aber im Namen einer wahren, auf spirituelle Praxis gegründete Bahmanenschaft – was wiederum die ISKCON durch das Anlegen der Kastenschnur bei der »brahmanischen Initiation« versinnbildlicht.

Im Bereich von Kultus und Ritus macht sich die Verschiedenheit der Traditionen, aus denen die Bewegungen kommen, bemerkbar. Die Rādhāsoāmīs hatten sich bereits in Indien in dieser Hinsicht vom Hinduismus distanziert, den Kult ganz auf den Guru bzw. sein Mausoleum konzentriert und sich auf eine farblose Begehung einiger Hindufeste und auf eine Gestalt des Satsaṅgs beschränkt, die an christlichen Gottesdienstformen orientiert war[99]. Die im eigentlichen Sinne hinduistischen Gruppen haben im Westen teilweise ein gewisses Maß an hinduistischen Zeremonien beibehalten; vor allem die ISKCON hat auf die mehrmalige tägliche Pūjā, auf das Hochzeitsritual und auf das Feiern von Hindufesten nicht verzichtet. Am anderen Ende des Spektrums steht die TM, die religiös und kulturell neutrale Jahreszeitenfeste begeht, allerdings an der Initiationszeremonie mit der dazu gehörigen Pūjā festhält, wenngleich sie deren religiöse Bedeutung herunterzuspielen versucht[100]. Zu ernsthafteren Schwierigkeiten kommt es erst bei Besuchen in Indien, wie die Beispiele der Rāmakrishna-Mission und der ISKCON zeigen. Zulassung zu den Tempeln und Kommensalität mit indischen Glaubensbrüdern sind die Hauptprobleme. Es ist bezeichnend, daß die ISKCON die Ausführung der Totenriten für den verstorbenen Svāmī Prabhupāda der Mutterorganisation, der Gauḍīya-Mission, überlassen mußte, weil sie das komplizierte Ritual selbst nicht beherrscht. Die etwa achtzigjährige Geschichte der hinduistischen Mission im Westen zeigt, daß die Ablösung hinduistischer Vorstellungen und Praktiken von der sozialen und rituellen Basis nach einigen Anfangsschwierigkeiten im Ausland recht leicht vor sich ging, während innerhalb Indiens sich das Eigengewicht der Institutionen bemerkbar macht.

B. Hinduistischer Inklusivismus und Exklusivismus in der Beurteilung des Christentums

1. Einführung

Seit Vivekānanda hat sich der Neohinduismus intensiv mit dem Christentum, vor allem mit der Gestalt Jesu auseinandergesetzt. Das ist teilweise auf beachtlichem Niveau und mit erheblicher Detailkenntnis geschehen. Dabei haben sich neben Religionsphilosophen wie S. Radhakrishnan die Mönchstheologen der Rāmakrishna-Mission ausgezeichnet: Svāmī Abhedānanda, Nikhilānanda, Akhilānanda, Ranganāthānanda und andere Svāmīs. Daß sie hier nicht so gewürdigt werden, wie es ihre Leistungen verdienen würden, hat seinen Grund nicht nur in der notwendigen Beschränkung, sondern auch darin, daß sie für die hinduistischen Bewegungen im Westen insgesamt nicht repräsentativ sind. Die meisten neueren Svāmīs setzen sich mit dem Christentum viel oberflächlicher auseinander, und ihre Stellungnahmen sind nicht selten durch die taktischen Bedürfnisse einer religiösen Minderheit in einem Maße bestimmt, das dem Niveau nicht immer zuträglich ist. Darin spiegelt sich auch die religiöse Ausgangslage ihrer gegenwärtigen Anhänger wider: Sie waren zu einem großen Teil vom Christentum so wenig vorgeprägt, daß sich eine intensive Beschäftigung mit diesem erübrigte. Das häufige Bekenntnis, erst die Begegnung mit dem jeweiligen Guru habe ihnen einen Zugang zur christlichen Tradition erschlossen, signalisiert das religiöse Vakuum, in das die hinduistischen Bewegungen gestoßen sind. Unter diesen Umständen konnten solche Gruppen, die erst nach dem 2. Weltkrieg in den Westen gekommen sind, es sich leisten, ihre Stellung zum Christentum mit viel weniger Aufwand zu bestimmen, als es die älteren, insbesondere die Rāmakrishna-Mission getan hatten.

Die Beschäftigung mit dem Christentum ist häufig eingebettet in ein Gesamtkonzept, das über das Wesen der Religion und über die konkreten Religionen Aussagen macht und auf diese Weise die eigene Position bestimmt. Wie bereits bei der Analyse des Sendungsbewußtseins wird auch hier wieder deutlich, daß die sektarisch ausgerichteten Gruppen nicht vom Gegensatz bzw. Unterschied zwischen dem Gesamtphänomen Hinduismus und den nichthinduistischen Religionen ausgehen, sondern ihren eigenen Heilsweg den anderen inner- und außerhinduistischen Traditionen gegenüberstellen. So kommt z. B. beim Rādhāsoāmī Satsaṅg, Ruhāni Satsaṅg und bei der ISKCON der Hinduismus als solcher überhaupt nicht in den Blick. Gemeinsam ist allen Gruppen die Tendenz, das belastete Wort »Religion« für konkurrierende Traditionen zu gebrauchen, sich selbst aber als wesenhaft verschieden darzustellen, als Wissenschaft, Philosophie oder Mystik[101]. Auch in diesem Abschnitt beschränkt sich die Untersuchung auf eine repräsentative Auswahl von Bewegungen: Rāmakrishna-Mission, Rādhāsoāmī und Ruhāni Satsaṅg, Self-Realization Fellowship, Divine Light Mission, TM und ISKCON.

2. *Rāmakrishna-Mission*[102]

Christopher Isherwood hat, wie erwähnt, die These, daß alle Religionen im wesentlichen übereinstimmen, als eine der Grundlehren der Rāmakrishna-Mission bezeichnet[103]. Den Ausgangspunkt dafür bilden die geistlichen Erfahrungen Rāmakrishnas[104], der sich nicht nur in die traditionellen hinduistischen Erlösungswege, sondern auch in den Islam und das Christentum einführen ließ, sich für eine bestimmte Zeit – manchmal nur drei oder vier Tage – intensiv und exklusiv mit den heiligen Schriften der jeweiligen Religion beschäftigte, sich mit ihren kulturellen Eigentümlichkeiten bis hin zur Kleidung identifizierte und schließlich die Vereinigung mit der Gottheit erfuhr. Die Beschäftigung mit dem Islam und dem Christentum gipfelte jeweils in einer Vision des Religionsstifters. Der visionär geschaute Christus umarmte Rāmakrishna, verschmolz mit ihm und vermittelte ihm – so Rāmakrishnas Deutung – die Erfahrung des Brahman mit Eigenschaften (saguṇa brahman). Erfolgte die Einführung Rāmakrishnas in den Islam durch einen Sūfīmeister, so diejenige in das Christentum nicht durch einen Christen, sondern durch den Hindu Sambha Charan Mallik[105]. War schon allein dadurch ein hinduisiertes Christusverständnis nahegelegt, so zeigt die Deutung der Christuserfahrung durch Rāmakrishna eine deutliche Tendenz zur Assimilation der Christusgestalt im hinduistischen Sinn. C. A. Stark charakterisiert Rāmakrishnas Erfahrungen als »spirituelle Realisationen durch die Praxis von bhāvas«[106], d. h. von Formen der Hingabe, wie sie in der Bhakti entwickelt und systematisiert worden sind, und stellt fest, daß diese kurzfristigen »Bekehrungen«, wie er sie nennt, sich nicht um die Assimilierung eines gesamten religiösen Erbes bemühen, weil nicht das ihr Ziel sei, sondern die Suche nach Gott. Was Rāmakrishna in Wirklichkeit erlebte, war die Eignung der Gestalt fremder Religionsstifter zur Auslösung jener Emotionen, die in den Traditionen der indischen Bhakti als Kennzeichen der Gotteserfahrung gelten. Er selbst interpretierte seine Erfahrungen als Verifikation der Tatsache, daß alle Religionen Wege zu Gott sind. Vivekānandas monistisches Religionsverständnis findet sich bei ihm freilich noch nicht. Dazu würde auch nicht ganz die Tatsache passen, daß Rāmakrishna in den kurzen Perioden seiner Beschäftigung mit dem Christentum und dem Islam offensichtlich zur Verehrung von Hindu-Gottheiten unfähig war, während Vivekānandas Religionsverständnis unbefangen ein solches gleichzeitiges Nebeneinander möglich erscheinen läßt.

Die zentrale Bedeutung Rāmakrishnas für das Religionsverständnis der Rāmakrishna-Mission kommt in der Erklärung zum Ausdruck, die alle ihre Mitglieder abzugeben haben: »Ich betrachte Sri Rāmakrishna als eine Illustration und Verkörperung der Ewigen Religion, dessen Leben und Lehren einem helfen, den Plan und Zweck aller Religionen der Welt und die ihnen zugrunde liegende Wahrheit und Harmonie zu verstehen. Ich betrachte alle Religionen als Wege zu Gott und werde versuchen, in Frieden und Gemeinschaft mit den Anhängern aller Religionen zu leben«[107].

In der Rāmakrishna-Mission und im Neohinduismus überhaupt sind Rāmakrishnas Erfahrungen freilich in der monistischen Interpretation Vivekānandas[108] wirksam geworden. Ihr gilt der Vedānta als universale Religion, weil er nicht auf die historische Person eines Religionsstifters, sondern auf Prinzipien gegründet sei. Schon Śaṅkara hatte andere Weisen der Gottesverehrung, z. B. die Verehrung eines persönlich vorgestellten Gottes, als niedere, im Bereich der Māyā verharrende Formen gelten lassen[109]. Obgleich Vivekānanda keinen Zweifel daran läßt, daß für ihn die Verehrung des unpersönlichen Brahman die höchste Form der Gottesverehrung darstellt, betrachtet er, über Śaṅkara noch hinausgehend, die niederen Formen als notwendige Durchgangsstufen zur Verehrung der unendlichen göttlichen Wirklichkeit. In offensichtlicher Anlehnung an westliche Vorstellungen vertritt er das Konzept einer evolutionären Entwicklung des Gottesverständnisses (C. W. IV 147f.; II 105ff., 141ff.). Die Religion der »ungebildeten Massen« war stets der Glaube an strafende und belohnende Gottheiten »draußen im Universum«. Darüber hinaus führt der Weg zur mystischen Gotteserkenntnis des allgegenwärtigen Gottes »in mir«, und nur wenige Auserwählte gelangen zur höchsten Form, nämlich der Erfahrung der Identität von Ātman und Brahman. Es wurde schon in der Analyse der Rāmakrishna-Mission darauf aufmerksam gemacht, daß Vivekānanda, unbeschadet seiner Position als Advaita-Anhänger, auch den »Monismus des Unterschiedenen« (viśiṣṭādvaita) und den Dualismus (dvaita), wie sie in den verschiedenen Bhakti-Schulen vertreten wurden, als vorbereitende Stufen gelten läßt. Hatte Rāmakrishna fragwürdige tantrische Praktiken mit dem Hinweis gerechtfertigt, jedes Haus habe schließlich auch eine Tür für den Latrinenkehrer, so sind in Vivekānandas Augen die »übelsten Religionen nur schlechte Lesarten der Wahrheit« (C. W. V 132). »In allen Religionen wandern wir von niederer zu höherer Wahrheit, niemals vom Irrtum zur Wahrheit«. »Die gesamte Religion ist im Vedanta enthalten, d. h. in den drei Stufen der Vedanta-Philosophie, dem Dvaita, Visishtadvaita und Advaita ... Dvaita, auf die Ideen der Volksgruppen Europas angewendet, ist das Christentum« (C. W. V 64). Vivekānanda verbindet die These, daß konkrete Religion immer auch durch ethnische und individuelle Eigentümlichkeiten bedingt seien, mit der traditionellen Vorstellung der Wahlgottheit (iṣṭa devatā). »Die Essenz unseres Glaubens besteht einfach in dieser Freiheit des ishta« (C. W. V 164). Für Vivekānanda ist »iṣṭa« eine unverzichtbare Eigentümlichkeit hinduistischer Gottesverehrung (C. W. III 131, 184)[110]. Im Unterschied zum traditionellen Hinduismus dient ihm dieses Konzept zu einer synthetischen Schau der gesamten Religionsgeschichte, einschließlich der außerindischen.

Die harmonisierende Schau der miteinander konkurrierenden Erlösungswege (mārga) und die Lehre vom iṣṭa bilden den hermeneutischen Schlüssel Vivekānandas zum Verständnis der außerindischen Religionen, insbesondere des Christentums. So wendet er das Drei-Stufen-Schema auf die Verkündigung Jesu an, beginnend mit der für die ungebildeten Massen bestimmten Anrufung des »Vaters im Himmel« über das mystisch verstandene »Ich bin im Vater und ihr in mir und ich in euch« bis zum »Ich und der Vater sind eins«, das Vivekānanda im Sinne der Erfahrung der Nicht-Dualität interpretiert (C. W. IV 148; II 142f.; VIII 6). Durch eine assimilierende Interpretation der Evangelien wird Jesus als vollendeter Yogi, Lebend-Erlöster (Jīvanmukta) und Advaitin gedeutet und der Menschheit zur Verehrung empfohlen. Jesus erscheint in dieser Deutung vor allem als von der Sinnenwelt unberührter Entsagender, während Kreuz und Auferstehung völlig zurücktreten. Vivekānanda kann sogar ausdrücklich leugnen, daß der Erlöser selbst gestorben sei[111].

Wenn er bekennt, er als Orientale könne Jesus von Nazareth nicht anders denn als Gott verehren (C. W. IV 147), so dient das nicht der Herausstellung der Einmaligkeit Jesu, sondern vielmehr seiner Einordnung in die lange Reihe der göttlichen Propheten der Menschheit. Obgleich selbst ein Advaitin, bedient Vivekānanda sich zu diesem Zweck des in der Bhakti-Theologie entwickelten

Avatāra-Konzepts. Da mit ihm notwendig der Gedanke der Pluralität und Wiederholbarkeit verbunden ist, ist es besonders geeignet, eine Sonderstellung Jesu im Kreise der Religionsstifter von vorneherein auszuschließen.

Es ist hier nicht der Ort, die Problematik der von Vivekānanda vertretenen religiösen Toleranz zu diskutieren. Es ist aber gerechtfertigt, auf den hohen polemischen Stellenwert hinzuweisen, den dieses Konzept für Vivekānanda in der Auseinandersetzung mit dem Christentum gehabt hat. Es ermöglichte ihm, dem Christentum, ohne eine schroffe Ablehnung auszusprechen, im Vergleich zum Vedānta eine inferiore Stellung zuzuweisen, eine Haltung moralischer Überlegenheit einzunehmen, der proselytierenden christlichen Mission in Indien das Lebensrecht zu bestreiten und zugleich das Recht auf eigene religiöse Propaganda im Westen zu begründen. Paul Hacker hat das als »mit werbender Nebenabsicht verbundene inklusivistische Haltung« bezeichnet. »Die Praxis, das Fremde unterordnend dem Eigenen anzuschließen, diese eigentümliche Mischung von doktrinärer Toleranz und Intoleranz, scheint eine dem indischen Geiste besonders gemäße Form der religiösen Selbstbehauptung und vielleicht auch der religiösen Werbung zu sein.«[112]

Vedānta als auf Prinzipien beruhende Universalreligion, evolutionäre Entwicklung des Gottesverständisses, inklusivistische Anerkennung aller Religionen als – mehr oder weniger – wahr, assimilierende Interpretation Jesu und Inanspruchnahme seiner Person für den Advaita-Vedānta, Deutung des Christentums als dualistische Bhakti – alle diese Grundzüge des Vivekānandaschen Denkens sind von den nachfolgenden Theologen der Rāmakrishna-Mission aufgenommen worden und haben auch über ihren Kreis hinaus den Neohinduismus beeinflußt, wie z. B. an der Konzeption S. Radhakrishnans leicht zu erkennen ist[113]. Das gilt auch für die Christentumskritik der Rāmakrishna-Mission. Im Prozeß der assimilierenden Deutung der Gestalt Jesu kommt es zu einer Unterscheidung dessen, was an ihr im Sinne des Advaita-Vedānta universal ist, und dem, was als partikular gilt, aus dem jüdischen bzw. semitischen Hintergrund erklärt und darum abgelehnt wird. Vivekānanda sah in Jesus die »Inkarnation der Juden« und im Christentum den »Ausdruck der konzentrierten Energie innerhalb der jüdischen Rasse«, einer Energie, die in einer Epoche der Stagnation und des Konservatismus keinen anderen Ausweg gefunden habe (C. W. IV 140f.). Die Partikularität Jesu sei damit gegeben, daß jeder Prophet eine Schöpfung seiner eigenen Zeit und Rasse sei. Die Argumente der Christentumskritik haben sich seit Vivekānandas Zeiten verfeinert, aber nicht grundsätzlich geändert. Für Svāmī Ranganāthānanda ist das Christentum eine »unbehagliche Kombination des Universalen und Tribalen, des Spirituellen und Dogmatischen, des Friedlichen und Leidenschaftlichen« und bedarf darum der Führung durch eine »adäquate Weltanschauuung«, die in Gestalt des Vedānta sich anbietet[114].

Daß Vivekānanda sich klar gegen jede Konversion aussprach, hängt natürlich auch mit seiner Abneigung gegen die Tätigkeit der christlichen Mission in Indien zusammen. Darüber hinaus ist es eine logische Konsequenz seines Religionsverständnisses, das auf Transzendieren der verschiedenartigen theistischen und mystischen Religionsformen in Richtung auf die Erfahrung der einen, ungeteilten göttlichen Wirklichkeit zielt. Im Rahmen dieses Religionsverständnisses muß die Frage der Religionszugehörigkeit zum Adiaphoron werden; das Verweilen bei der »unbehaglichen Kombination des Universalen und Tribalen« ist im Grunde für den, der sie längst transzendiert hat, nicht zumutbar. Die Institutionalisierung der Advaita-Erfahrung in Gestalt der Vedānta-Zentren mit ihren eigenen Riten und Lehren schuf aber im Westen faktisch ein Konkurrenzunternehmen zur Institution der Kirchen. Die Institutionalisierung einer Erfahrung, die alle Gegensätze transzendieren will, ist im Grunde ein Widerspruch in sich selbst. Auf die Fragwürdigkeit des Unterfangens, aus dieser Erfahrung so etwas wie eine neue Religion werden zu lassen, hat Śivendra Prakāsh als Hindu mit Recht hingewiesen[115]. Diese Bedenken gegen die praktische Durchführbarkeit des Konzepts Vivekānandas wird durch eine Untersuchung des Mitgliederverhaltens von Vedānta-Gesellschaften bestätigt, die ergab, daß von denen, die aus einer Kirche direkt zur Vedānta-Gesellschaft gestoßen waren, etwa die Hälfte die früheren Bindungen an ihre Kirchen gelöst hatte[116]. In die gleiche Richtung weist die Aussage von amerikanischen Jüngern Svāmī Turīyānandas: »Der Swāmī hatte uns zu Hindus gemacht, während wir mitten in Amerika lebten«[117]. Vivekānanda seinerseits befürwortete die Aufnahme von ausländischen Konvertiten in den Schoß des Hinduismus – ein Bruch mit der Tradition, der das Ende des Hinduismus als einer rein ethnischen Religion eingeläutet hat. Vivekānanda sieht darin freilich nur die Fortführung einer uralten Praxis (C. W. V 163).

Vivekānandas Haltung angesichts des erwähnten Widerspruchs wird verständlicher auf dem Hintergrund seiner Erwartung, daß es zu einer Vervielfältigung der Sekten bis dahin kommen werde, daß »jedes Individuum sich selbst eine Sekte ist«, während durch die Verschmelzung aller existierenden Religionen in einer großen Philosophie eine neue Einheit entstehen würde[118]. Das ist doch wohl so zu verstehen, daß zwischen der philosophisch geprägten Universalreligion einerseits und der sich zunehmend individueller gestaltenden religiösen Verwirklichung andererseits die institutionalisierten Religionsformen als Zwischeninstanzen an Bedeutung verlieren werden. Diese Tendenz zur Privatisierung der Religion ist von Vivekānanda, was den Westen betrifft, wohl im wesentlichen richtig eingeschätzt und überdies durch die Tätigkeit der Vedānta-Gesellschaften gefördert worden. Vivekānanda sah einen Zusammenhang zwischen der Absage an Konversionen und dem Abbau religiöser Differenzen: »Der Christ soll kein Hindu oder Buddhist werden; doch der Hindu oder Buddhist soll auch kein Christ werden. Sondern jede Religion soll sich den anderen angleichen und doch ihre Eigenart behalten und nach ihren eigenen Gesetzen wachsen«[119].

Seinen architektonischen Ausdruck hat das Religionsverständnis der Rāmakrishna-Mission im Zentrum in Belur gefunden, das Stilelemente verschiedener hinduistischer und islamischer Richtungen verschmolzen hat und eine Gebetshalle einschließt, deren Grundriß die Gestalt eines Kreuzes aufweist[120]. Auch der Festkalender der Rāmakrishna-Mission bezeugt ihre Inklusivität: Neben Hindufesten und Buddhas Geburtstag werden auch Weihnachten und Ostern gefeiert, freilich nicht der Karfreitag.

3. *Rādhāsoāmī Satsaṅg*

Die ältere Rādhāsoāmī-Literatur, insbesondere die der Agratradition, bringt mit Hilfe ihrer Lehre von den kosmischen Sphären und Hierarchen ihre Beurteilung der anderen Religionen bzw. religiösen Praktiken unverblümt zum Ausdruck[121]: Der Grund für die Existenz verschiedener Religionen liegt in der großen Anzahl kosmischer Hierarchen, die aus ihrer eigenen Sphäre Propheten, Avatāras und Lehrer als Botschafter auf die Erde schickten. Ihre Zeit ist abgelaufen, seitdem Rādhāsoāmī Dayāl in Kabīr zunächst eine Art Vorläufer sandte und sich schließlich in Shiv Dayāl Singh und den nachfolgenden Meistern des Rādhāsoāmī Satsaṅg »inkarnierte«. Alle religiösen Offenbarungen vor der Zeit Kabīrs entstammen – so die Agralinie – bestenfalls der mittleren Hauptregion Brahmāṇḍ. Während der Surat Śabd Yoga in der fünften Subregion Sach Khand Ursprung und Ziel hat, stammen die Veden nur aus der zweiten Subregion Trikuṭi, obgleich einige Seher der Vorzeit bis zur obersten Subregion von Brahmāṇḍ vordrangen. Christus und

Mohammed haben die zweite Subregion Trikuṭi nicht ganz erreicht. Die Religionen »hatten ihre Brauchbarkeit in vergangenen Zeiten, sind als Hilfe für die Erreichung des letzten Zieles aber alle wertlos. Sie waren Werkzeuge Kals, nicht Radhasoami Dayals, und können darum nicht helfen, ihn zu erreichen«[122]. Da der Sitz der Seele – laut Rādhāsoāmī-Lehre die Zirbeldrüse – ihnen unbekannt ist, können sie nicht die richtige Konzentrationsmethode lehren. Wer die Religionsstifter und ihre Ansicht über den Rādhāsoāmī Satsaṅg kennenlernen möchte, kann sich vom Lebenden Meister einführen und – nach ausreichender Übung – ein Interview mit ihnen in den von ihnen bewohnten Sphären vermitteln lassen, wie J. P. Johnson sagt[123]. Insgesamt werden die Religionen nach dem Vorbild der Kabīrpanthīs dem Herrschaftsbereich der Negativen Macht zugewiesen[124].

In der neueren Literatur der Beāslinie, vor allem soweit sie sich an westliche Leser wendet[125], tritt der kosmologische Aspekt bei der Beurteilung anderer Religionen weniger in den Vordergrund. Das mystische Religionsverständnis Śiv Dayāl Singhs wird aufgenommen: Wahre Religion ist individuelle Verwirklichung im Gegensatz zur Veräußerlichung und Erstarrung der Religionen; sie ist individuelle Errettung aus den Fängen der Welt, im Unterschied zur Weltverbesserung. Zustimmend zitiert Johnson den Satz Vivekānandas, es sei gut, in einer Kirche geboren zu sein, schlecht aber, dort zu sterben; gut, als Kind geboren zu sein, schlecht dagegen, ein Kind zu bleiben[126]. An die Stelle der überlegenen Nachsicht, mit der der Neo-Vedānta auf die Religion der breiten Massen herabsieht, ist freilich ein deutlich ablehnender Klang getreten. Stärker als im Neo-Vedānta wird auch die Nutzlosigkeit religiöser Buchweisheit betont.

Eine positivere Sicht der Religionen in der Literatur des gesamten Rādhāsoāmī Satsaṅg ergibt sich daraus, daß ihre Schriften, soweit möglich, als Zeugen der Rādhāsoāmī-Lehre in Anspruch genommen werden. Eine assimilierende Schriftdeutung, ähnlich derjenigen der Rāmakrishna-Mission, sucht und findet Belegstellen für wichtige Lehren wie den Yoga des Klangstroms und die Guruverehrung[127]. In diesem Sinn kann Brahm Śaṅkar Miśra von Teiloffenbarung (partial revelation) in der Zeit vor Kabīr sprechen[128] und Madhav Prasād die »comprehensiveness and completeness« des Rādhāsoāmī-Glaubens rühmen, der traditionell kontroverse Positionen harmonisierend zusammenfaßt[129]. Als »Erfüllung« der Religionen bezeichnet sich der Rādhāsoāmī Satsaṅg m. W. trotzdem nicht. Im Unterschied zum Neo-Vedānta versteht er seine Lehre als Überbietung der vedischen Einsichten und als »endzeitliche«, d. h.

im Kali-Yuga gültige Offenbarung vormals geheimen Wissens. Während die Agrameister die Neuheit der mit Kabīr einsetzenden, der obersten kosmischen Sphäre entstammenden Offenbarungen betonen, legen die Beās-Theologen Gewicht auf die Feststellung, daß es zu allen Zeiten Lebende Meister gegeben habe[130], ohne daß deutlich wird, ob ihnen allen schon die Geheimnisse der obersten Sphäre zugänglich waren. Bei J. P. Johnson verbindet sich das Kali-Yuga-Konzept mit einem westlich geprägten Evolutionsgedanken[131]. Der Degenerationsprozeß, wie ihn die traditionell-indische Lehre von der Abfolge der vier Zeitalter (Kṛta – Tretā – Dvāpara – und Kali-Yuga) annimmt, habe schon vor 400000 Jahren, innerhalb des Dvāpara-Yuga, seinen Tiefpunkt erreicht, seitdem – und insbesondere seit dem Beginn des Kali-Yuga vor 5000 Jahren – habe die Menschheit sich unter dem Einfluß eines stärkeren Zuflusses von Spiritualität wieder aufwärts entwickelt[132]. Diese Zeit des Aufstiegs sei es, die durch Funde belegt und von der Paläontologie erschlossen worden ist. Der Darwinismus habe im Prinzip recht, habe aber das, was in Wirklichkeit der Mensch im Zustand tiefster Degeneration war, als im Aufstieg begriffenes Tier mißverstanden. In Wirklichkeit führe die Evolution unter dem Antrieb einer neu erwachenden Spiritualität die degenerierte Menschheit langsam aber stetig wieder auf die Höhe eines neuen Goldenen Zeitalters. Johnson sieht – im Unterschied zu Aurobindo und Maharishi Mahesh – die Aufgabe der Meister nicht darin, die Evolution voranzutreiben. Die Abfolge der Zeitalter ist ein automatischer Weltprozeß, und es gehört nicht zu den Pflichten der Meister, in ihn einzugreifen. Wohl aber tragen sie zur Verstärkung spiritueller Einflüsse bei, indem sie einzelne Menschen mit dem Hörbaren Lebensstrom verbinden. Im Wandel der Zeitalter sind die Lebenden Meister die Fackelträger einer besseren Welt[133]. In dieser Verbindung mit dem Evolutionsgedanken hat Johnson der Kali-Yuga-Thematik – vielleicht ungewollt – einen neuen Sinn gegeben. Besagt der Hinweis auf das Kali-Yuga eigentlich, eine bestimmte Yogatechnik sei eine leichte, dem verminderten spirituellen Potential der Gegenwart angepaßte und darum nur relativ überlegene Methode der Befreiung aus der Welt, so bringt er bei Johnson die Überlegenheit des eigenen Yoga im absoluten Sinn zum Ausdruck. Dies ist das Ergebnis einer Interpretation der traditionell hinduistischen Konzeption im Licht westlichen Evolutionsdenkens[134]. Trotzdem liegt sie ganz in der Intention der früheren Meister, die ja stets die absolute Überlegenheit des Surat Śabd Yoga über alle früheren Praktiken behauptet hatten.

Am deutlichsten bekundet sich der exklusive Anspruch des Rādhāsoāmī Satsaṅg in der bereits geschilderten Lehre vom Sant Sat Guru bzw. Lebenden Meister. Der Glaube an seine Unentbehrlichkeit beim Aufstieg der Seele in die höchsten Sphären und an die Notwendigkeit der sektarischen Initiation macht den Rādhāsoāmī Satsaṅg vollends zur sektarischen Bewegung. Selbst wenn ein Religionsstifter wie z. B. Jesus als ein Lebender Meister der Vergangenheit anerkannt wird, bleibt die Initiation durch den gegenwärtigen Meister und damit die Zugehörigkeit zum Rādhāsoāmī Satsaṅg für den Christen ein absolutes Muß[135]. Schon J. N. Farquhar[136] hatte festgestellt, daß der Rādhāsoāmī-Glaube zwar als ein »Extra« hingestellt wird, zur Ergänzung einer jeden Religion geeignet, daß aber klar ausgesagt wird, außerhalb des Satsaṅg gebe es kein Heil. Freilich kennt der Rādhāsoāmī Satsaṅg nicht ein klares Entweder-Oder von Heil und Unheil, sondern eine Abstufung verschiedener Heils- und Unheilszustände.

Es ist nach dem Gesagten nicht verwunderlich, daß das Verbleiben von Rādhāsoāmīs in ihrer angestammten Religion als Adiaphoron hingestellt wird. Aus der Frühzeit des Satsaṅg, als er sich noch deutlicher als esoterische Geheimgesellschaft verstand[137], stammt die Äußerung Rai Shāligrāms[138]: »Es ist für die Anhänger dieses Glaubens nicht bindend, ihrem früheren (!) Glauben und seinen äußeren Observanzen abzusagen, oder mit anderen Worten, es ist ihnen überlassen, ob sie es tun oder nicht, je nachdem ob sie alle Widerstände und Hindernisse auf ihrem Weg leicht überwinden können oder es schwierig finden, ihnen am Anfang entgegenzutreten; innerlich müssen sie sich jedoch an die Praxis halten, die vom Rādhāsoāmī Satsaṅg vorgeschrieben ist ...« Erscheint hier – in der unverblümten Sprache der Frühzeit – die Aufrechterhaltung früherer religiöser Bindungen in taktischem Licht, so wird sie bei Johnson mit deutlichem neohinduistischem Vokabular aus der Sache begründet: »... daß niemand seine Liebe zu Jesus aufzugeben braucht, weil er auf dem Pfad eines jetzt lebenden Meisters wandert. Tatsächlich wird er dann durch den Pfad ein weitaus besserer Christ ...«[139].

Aus diesen Grundsätzen ergibt sich die Beurteilung einzelner Religionen von selbst. Die Literatur des Rādhāsoāmī Satsaṅg beschäftigt sich nicht mit dem Hinduismus als ganzem, sondern mit seinen einzelnen Traditionen, vornehmlich seinen Yogamethoden. Da, wie erwähnt, sogar die als Verfasser des vedischen Schrifttums geltenden Seher der Vorzeit (ṛṣis) die mittlere Brahmāṇḍsphäre nicht überschritten haben sollen und der Rādhāsoāmī-Glaube sich überhaupt nicht auf Schriften gründe, weder diejenigen des Hinduismus noch andere[140], kann von einer Anerkennung der Autorität der Veden nicht die Rede sein. Dieses und die Ablehnung der Kaste stellen den Rādhāsoāmī Satsaṅg nach orthodoxen Maßstäben außerhalb des Hinduismus. Den Yoga der Bhagavadgītā lehnt Johnson mit der Begründung ab, er diene nach eigener Aussage der Weltverbesserung, nicht der Befreiung aus der Welt[141]. Der klassische Patanjali-Yoga vermag nicht über die Brahmāṇḍsphäre hinauszuführen. Als Zeugen des Hörbaren Lebensstroms stehen vor allem der Sikhismus und Sūfismus sowie bestimmte hinduistische Yogatraditionen in Ansehen, aber auch die Logoslehre des Christentums. Sikhismus und Sūfismus werden auch wegen der Bedeutung gelobt, die sie – der Sikhismus in seiner ursprünglichen Gestalt – dem Meister zumessen, während Buddhismus und Theosophie unter dem gleichen Gesichtspunkt abgewertet werden[142].

Was das Christentum betrifft, so hat sich der Rādhāsoāmī Satsaṅg in seiner Frühzeit mit ihm m. W. nicht näher auseinandergesetzt. Darin drückt sich, im Unterschied zum Brāhma Samāj und der Rāmakrishna-Mission und ihrem intensiven Interesse am Christentum, der genuin indische Charakter der Bewegung aus[143]. Das Christentum erhält seinen Platz in der Reihe derjenigen Religionen zugewiesen, die die Brahmāṇḍsphäre nicht übersteigen, einen relativ bescheidenen Platz unterhalb von Trikuṭi überdies. Moderne westliche Rādhāsoāmī-Autoren[144] aus der Beāsgruppe folgen weithin den aus der Rāmakrishna-Mission bekannten Denkmustern: Der mystisch interpretierte Christus wird gegen das dogmatische Christentum, angeblich ein Produkt des Paulus, ins Feld geführt. Der ehemalige Baptistenmissionar J. P. Johnson nennt dieses »eins der merkwürdigsten und absurdesten aller theologischen Systeme«[145]. Es gibt auch im Christentum »gelegentliche und zufällige Erlebnisse« mystischer Art, die Meister und ihre Schüler aber übten vollkommene Kontrolle über ihre Erfahrung aus. Das Christentum wisse um die zentrale Bedeutung der Liebe und um die Immanenz des Reiches Gottes »in euch«. Die beliebte Hypothese von den Lehrjahren Jesu in Indien wird aufgenommen. Der Schlüssel zum Verständnis Jesu und der Bibel ist die Anerkennung der Lebenden Meister. Aufschlußreich ist Johnsons Auseinandersetzung mit den Wundern und dem Sterben Jesu. Johnson macht die alte Kritik des Rādhāsoāmī Satsaṅg an Wunderausübung und Wundersucht[146] zum Angelpunkt seiner Argumentation: Jesus mußte sterben, »ein Opfer seiner eigenen Gnadenkräfte«, weil man nicht ungestraft Menschen hilft, die eine solche Gunst noch nicht selbst verdient haben. Wegen seiner unverdienten Heilungswunder mußte Jesus einen Teil des Karma der Geheilten auf sich nehmen. Obendrein erregten gerade Heilungswunder den Zorn des Sanhedrin. So hinterließ Jesus wegen seines unbeabsichtigten und unnötigen Sterbens einen Haufen unzureichend ausgebildeter Jünger, die nicht in der Lage waren, seine Botschaft rein zu bewahren. Johnson weiß wohl, daß auch die Meister Karma auf sich genommen haben, aber nur das Karma wohlvorbereiteter und innerlich gereifter Menschen. Der unbedachte Umgang mit fremdem Karma bessert nichts, sondern beschwört nur größere Schwierigkeiten herauf. Dieser Grundsatz muß notwendig zur Kritik an einem voraussetzungslosen Gnadenhandeln führen, wie es in der Christologie und Ethik des Christentums vertreten wird. Dem Rādhāsoāmī Satsaṅg machen die Ansprüche des johanneischen Jesus in den »Ich bin«-Worten überhaupt keine Schwierigkeiten. Jesus habe sie zu Recht erhoben, nämlich als der Lebende Meister seiner Zeit, so wie es heute die gegenwärtigen Meister – des Rādhāsoāmī Satsaṅg – tun[147].

Dieser Überblick verdeutlicht, daß die Aussagen des Rādhāsoāmī Satsaṅg über andere Religionen und insbesondere über das Christentum sich zunehmend allgemein-neohinduistischen Einschätzungen angenähert haben, ohne jedoch ihre besondere Eigenart aufzugeben. Neohinduistisch ist das mystische Religionsverständnis, das sich selbst an der Spitze einer pyramidenförmigen Hierarchie von Religionen sieht. Dies drückt sich auch im Bauplan des neuen Mausoleums Śiv Dayāl Singhs in Svāmībāg aus. Dessen verschiedene Stockwerke »drücken durch ihre Stilform die Lehren des Christentums, des Hinduismus und des Islam aus, symbolisch überwölbt durch die goldplattierte Kuppel des Rādhāsvāmī-Glaubens«[148]. Aus dem gleichen Bereich stammt die Einbeziehung des Evolutionsdenkens, die freilich bei Johnson einen besonderen Charakter hat. Typisch neohinduistisch sind auch die assimilierende Schriftinterpretation bzw. die Bereitschaft, eine variable religiöse Semantik verschiedensten Ursprungs zu verwenden[149], und der Anspruch, den Christen zu einem besseren Christen etc. zu machen. Zu den Eigentümlichkeiten des Rādhāsoāmī Satsaṅgs gehören die Abwertung anderer Religionen mit Hilfe kosmologischer Spekulationen und – fast gnostizierend – mit Hilfe der Konzeption der Negativen Macht, vor allem aber die sektarische Guru-Konzeption. Wohl haben, wie erwähnt, auch neovedāntische Gruppen die Tendenz, sektarische Züge zu entwickeln oder zumindest faktisch als Kirchenersatz zu fungieren. Aber im Falle des Rādhāsoāmī Satsaṅg sind das keine Verzerrungen des ursprünglichen Ansatzes, vielmehr liegen sie in der sektarischen Natur der Bewegung selbst begründet.

»Gott schuf den Menschen, und der Mensch schuf Religionen«[150], lautet die Formel, auf die Kirpal Singh sein Urteil über die Religionen bringt und mit der er sein mystisches Religionsverständnis bekundet. Unter dem Titel »Die Krone des Lebens. Die Yogalehren und der Weg der Meister-Heiligen«[151] hat er eine detaillierte systematische Einschätzung der wichtigsten Yoga-Wege und Weltreligionen, sowie des »Advaitismus« und einiger neuerer Bewegungen vom Standpunkt des von ihm vertretenen Surat Śabd Yoga herausgebracht. Auch hier folgt er zumeist den Ansichten der Rādhāsoāmī-Meister: Der Yoga des Klangstroms fängt dort an, wo andere Yogatechniken aufhören (S. 14); er ist »in gewissem Sinne der leichteste von allen« (S. 30, vgl. S. 182); die Götter (devatās) verführen die Yogins zum Verweilen in niederen Regionen (S. 72); die schweren Anforderungen des traditionellen Yogapfades schließen die gesamte Menschheit mit Ausnahme einiger weniger aus, der wahre, von Kabīr und Nānak gezeigte Weg aber macht Spiritualität zur »freie(n) Gabe der Natur, so wie die Sonne, die Luft und das Wasser«, er ist gleichermaßen für Kinder und Erwachsene, Familienväter und Saṃnyāsins (S. 99); die meisten Propheten kommen nur aus der mittleren Region (S. 130); der Advaita-Vedānta bedarf der Ergänzung durch die rechte Yogapraxis (S. 147). Bei der Beurteilung der Weltreligionen überrascht die positive Einschätzung des Islam als Ganzem. Nicht verwunderlich ist die positive Bezugnahme auf die Sūfīs und ihre Mystik des Tones (S. 232ff.). Innerhalb des Hinduismus (S. 206ff.) werden Sonnenanbetung, die Lehre vom Śabda-Brahman und der Mantra-Yoga als Zeugen für den Yoga des Lichtes und Tones herausgestellt; jetzt aber sei »die Religion in Indien genau wie anderswo zu bloßem Kastengeist und Zeremonie abgesunken . . . Das Licht ruft in die Finsternis und die Finsternis begreift es nicht« (S. 213). Ähnlich der Buddhismus (S. 214ff.). Den Sikh-Schriften wird eine »einzigartige Stellung« zuerkannt, weil sie den ersten Versuch darstellten, die Einheit aller Religionen zu veranschaulichen (S. 239); die Lehren von Kabīr und Nānak stellen »die letzte Entwicklung dar von der Mystik des inneren Sehens und Hörens zum Pfad des Surat Shabd Yoga« (S. 241), der Sikhismus sei heute aber selbst eine Religion mit äußeren Formen und Ritualen geworden (S. 247). Die Lehren Christi schließlich (S. 223ff.) werden von Kirpal Singh mit Hilfe einer recht freien Bibelinterpretation und Heranziehung apokrypher Schriften (S. 168ff.) als Zeuge des Hörbaren Lebensstroms in Anspruch genommen, Christus wird als Mensch des Ostens, ge-

prägt von orientalischer Mystik, gedeutet und Paulus zum Schöpfer der meisten christlichen Lehrsätze erklärt. Glockengeläut und Altarkerzen gelten als unverstandene Überbleibsel früheren Wissens um die beiden Prinzipien von Ton und Licht. Den Anspruch, das Licht der Welt zu sein, habe Jesus nicht »in seiner sterblichen Eigenschaft« erhoben, sondern als einer, der wie alle großen Meister mit dem Wort eins geworden war. Um der inneren spirituellen Aufforderung zu entgehen, habe man ihn zum Sündenbock gemacht, der unsere Sünden trägt (S. 232).
Nach der Auffassung von Hilde Dressel sind die Werke Kirpal Singhs geeignet, auch dem Abendländer ein neues und tieferes Verständnis für das Christentum zu vermitteln. Es sei an der Zeit, »daß sich das Christentum von der Auffassung befreit, die einzige Religion zu sein, die erlösen kann«[152]. »Wir müssen bei unserem jeweiligen Glauben bleiben, uns aber über ihn erheben, und sollten Anhänger des wahren Glaubens werden, nämlich Gott und seine gesamte Schöpfung zu lieben«, sagt Kirpal Singh[153].

5. *Self-Realization Fellowship*

Das sechste der fünfzehn Ziele der Yogadā-Sat-Saṅga-Bewegung bringt ihre Stellung zum Christentum und zu den Religionen allgemein klar zum Ausdruck. Es geht darum, »durch ein wissenschaftliches System der Realisierung die absolute grundlegende Harmonie und Einheit von Christentum, Hindu-Yoga-Lehre und allen wahren Religionen zu begründen«[154]. Ausgangspunkt ist Yogānandas Religionsverständnis: Der Mensch sucht nach ewig bestehender (sat), ewig bewußter (cit) Glückseligkeit (ānanda) und findet sie nur in Gott. Der einzige Weg zu diesem Ziel ist die »Intuition«, die im Unterschied zur sinnlichen und intellektuellen Erkenntnis eine unmittelbare Anschauung der Wirklichkeit ermöglicht. Mit dem westlichen Begriff der Intuition umschreibt Yogānanda nichts anderes als seinen Kriyā-Yoga, den »wissenschaftlichen Yoga-Weg«, der darin besteht, die Lebensenergie durch die Cakras aus dem Körper nach oben zu leiten, im Geist zu sammeln und auf diese Weise die Erfahrung Gottes zu machen, also einen westlich interpretierten Kuṇḍalinī-Yoga. Auf dem Pfad dieser »universellen Religion« entsteht die Frage nach der Verschiedenheit der Religionen und ihrer Gründer überhaupt nicht. Um diese Behauptung zu untermauern, greift Yogānanda auf die von seinem Meister Yukteśvara entwickelte Methode der allegorischen Bibelauslegung zurück. Yukteśvara hatte entschlossen das Mantra Oṃ mit dem semitischen Amen, die Neugeburt in der Taufe mit dem Bhakti-Yoga, den Śabd des Klang-Yoga mit dem »Wort« des Evangeliums, die sieben Cakras mit den sieben Leuchtern bzw. Sternen der Johannesoffenbarung, die 24 Ältesten aus Apk 4,4 mit den 24 Guṇas des Sāṃkhya usw. identifiziert[155]. Yogānanda hat sich bemüht, diese eklektische Methode des Bibelumgangs seinen Schülern zu vermitteln. Sie ist Gegenstand des Fortgeschrittenenkurses, den er seinen Anhängern anbot. Offensichtlich weiß er, daß eine kursorische Bibellektüre zu einem anderen Verständnis führen könnte und empfiehlt daher, täglich nur einen Vers zu lesen und ihn zu »fühlen«[156]. In seiner Autobiographie (S. 376) berichtet er, mit deutlichen Anklängen an die visionären Erfahrungen Rāmakrishnas, ihm sei bei seiner monatelangen Arbeit an einer geistigen Deutung des Neuen Testaments eine Christusvision zuteil geworden, in der ihm der Herr als Jüngling von etwa 25 Jahren erschienen sei. Die Meditation hat hier eine assimilierende, d. h. Fremdheiten hinweginterpretierende und Unterschiede einebnende Funktion. Sie wirkt sich bei Yogānanda wie bei manchen seiner geistigen Nachfolger auf der westlichen Szene darin aus, daß sie die besondere Eigenart anderer Religionen und insbesondere des Christentums, sowie die Spannung zwischen dem Bibeltext und ihrer eigenen religiösen Erfahrung kaum noch in den Blick bekommen, im Unterschied zur Tradition Vivekānandas und der Rāmakrishna-Mission, die zwar auch von der wesenhaften Einheit der Religionen ausgeht, von dort aus aber zu einer Unterscheidung zwischen – in ihrem Sinn – echter religiöser Erfahrung und anderen konträren Inhalten der Bibel kommt, die sie als jüdische Eierschalen betrachtet. Aufs Ganze gesehen hat die für den Dialog und die religionsgeschichtliche Arbeit viel unfruchtbarere Methode Yogānandas sich in der Folgezeit durchgesetzt.

Beide Traditionen ziehen daraus freilich die gleichen Schlüsse. Auch für Yogānanda gilt: »Geistige Wahrheit ist eine: In der Interpretation durch Christen wird sie Christentum genannt; durch Hindus Hinduismus usw.« Der wahre Anhänger des Yogodā braucht sich von seiner Kirche nicht zu trennen; er kann sich einfach einen methodistischen Yogi, unitarischen Yogi, römisch-katholischen Yogi, jüdischen oder Muslim-Yogi nennen usw.[157]. Wie die Rāmakrishna-Mission und der Rādhāsoāmī Satsaṅg ihrem harmonisierenden Religionsverständnis in Indien in Gestalt der Tempel von Belur und Agra einen architektonischen Ausdruck verliehen haben, so Yogānanda durch den Bau einer »Kirche der Religionen«, ausgerechnet in Hollywood, die die »gnadenreichen Statuen von Lahiri Mahasaya, Sri Yukteswar, Krishna, Buddha,

Konfuzius, Moses, dem heiligen Franz von Assisi und eine herrliche Wiedergabe des letzten Abendmahls in Perlmutter«[158] friedlich miteinander vereint, während der Islam taktvollerweise nicht mit einer Statue Mohammeds, sondern durch ein Bild der Kaaba zu Mekka geehrt wird. Obgleich bei Yogānanda von einer echten, inhaltlichen Verchristlichung des Kriyā-Yoga keine Rede sein kann, hat sein schwungvoller poetischer Geist noch eher die Grenze zum Synkretismus überschritten als die Mönche der Rāmakrishna-Mission.

6. *Divine Light Mission*

Die Stellung der Divine Light Mission zu den Religionen und zum Christentum ist durch zwei Grundsätze bestimmt. Erstens ist das von Guru Mahārāj Ji verkündete »Wissen« selbst keine Religion, sondern die Grundlage aller Religionen, nämlich diejenige Erfahrung, die schon Buddha, Kṛṣṇa, Jesus usw. offenbart haben und die dann in den organisierten Religionen verlorenging. Der pragmatische und experimentelle Zugang zur religiösen Grunderfahrung, vielleicht auch die mangelnde Kompetenz Guru Mahārāj Jis wird in seiner Äußerung deutlich: »Ich habe über diese Religionen nichts zu sagen, denn ich habe sie nicht ausprobiert«[159]. Diese deutliche Distanzierung hindert ihn freilich nicht an der Ankündigung, er werde alle Religionen vereinigen. In dieser Hinsicht folgt er dem seit Vivekānanda vorgegebenen Schema des Neohinduismus. Der zweite Grundsatz entstammt dem Sadguru-Konzept, wie es ähnlich auch im Rādhāsoāmī Satsaṅg vertreten wird. Noch deutlicher als sein Vater erhebt der junge Guru Mahārāj Ji den Anspruch, der einzige »Vollkommene Meister« des Zeitalters zu sein. »Es kann nur einen Vollkommenen Meister geben, denn Vollkommenheit ist unendlich, man kann sie einfach nicht teilen. Es kann nur einer sein«[160].

Auf das Christentum angewendet bedeutet diese Konzeption, daß Jesus als der Vollkommene Meister seiner Zeit anerkannt wird[161], der Christ damit aber nicht der Notwendigkeit enthoben ist, die Initiation durch den jetzigen »Lebenden Meister« zu suchen. Das »Wissen« liefert den hermeneutischen Schlüssel zur Bibel, in der vor allem die Aussagen über das göttliche Wort, den göttlichen Namen und das göttliche Licht als Hinweis auf die Wort-, Klang- und Lichtmeditation interpretiert werden. Die Verwendung christlicher Terminologie bleibt aber ohne inhaltliche Rückwirkung auf das hinduistische Grundmuster der Divine Light Mission-Verkündigung und erlaubt es noch nicht, diese als synkretistisch zu bezeichnen. Zwar werden zentrale hinduistische Themen wie z. B. die Lehre vom Karma und Saṃsāra kaum noch erwähnt. Das resultiert jedoch nicht in der Aufnahme von Elementen anderer Religionen, sondern in der Reduktion und in der bereits erwähnten Konturlosigkeit. Die wenigen erkennbaren religiösen Konzepte – der monistische Ansatz (»Verschmelzen« mit der Gottheit bzw. dem »Wissen«), die Herkunft der Meditationstechniken aus der Yoga-Tradition und das Religionsverständnis – sind jedoch deutlich hinduistisch.

7. Transzendentale Meditation

Der Gründer der TM-Bewegung, Maharishi Mahesh Yogi[162], folgt weithin dem neohinduistischen Denkschema: Die Essenz aller Religionen ist im Grunde ein und dieselbe; die Religionen aber haben sie vergessen und sind in Dogmatismus und Ritualismus erstarrt; was sie zu ihrer Wiedererstarkung brauchen, ist nichts anderes als die Praxis der TM. Innerhalb dieses Rahmens kommt natürlich die Eigenart seines Denkens zum Ausdruck: Der Zweck der Religion ist es, »das individuelle Leben auf die Naturgesetze einzustimmen, so daß es natürlich im Strom der Evolution fließt« (Wissenschaft 283); ein Mensch mit wirklicher Religion sollte »ein lebender Gott sein, das Sprache gewordene Göttliche, und nicht ein sich mühender Mensch mit einem Glauben an Gott, der nach der Bedeutung des Göttlichen sucht« (282); was den Religionen fehlt, ist eine »praktische Technik«, die zu diesem Ziel führt (290); die »Grundvoraussetzung jeder Religion sollte es sein, daß es für den Menschen nicht notwendig ist, zu leiden« (289). Die TM stellt die »Erfüllung der Religion« dar, weil sie diese Ziele »leicht und mühelos« verwirklichen kann. Vor allem ermöglicht sie überhaupt erst ein religiös-sittliches Leben. Denn dieses ist in den Augen des Maharishi die Folge des Gottesbewußtseins, das durch transzendentales Meditieren erlangt wird, nicht dessen Voraussetzung. Die Art, wie Mahesh Yogi das Verhältnis zwischen TM und den Religionen bestimmt, ähnelt strukturell dem Verhältnis von Indikativ und Imperativ bzw. von Evangelium und Gesetz in der christlichen Theologie.

Mahesh Yogi definiert die TM aber nicht nur als Kern und Erfüllung der Religionen, sondern auch als Wissenschaft. Schon frühere hinduistische Bewegungen standen in dieser Spannung zwischen religiöser und wissenschaftlicher Selbstdarstellung. Beim Maharishi kommt das Bemühen hinzu, den religiösen Charakter der TM in der Öffentlichkeit überhaupt zu bestreiten, seine Meditationstechnik als säkulares Mittel zur Entspannung etc. zu deuten und dafür in den USA öffentliche Mittel zu erhalten, die einer religiösen Bewegung aus rechtlichen Gründen versagt bleiben müßten. Das Verhältnis zwischen TM und den Religionen stellt sich, auf dieser Ebene diskutiert, selbstverständlich anders dar. Denn die Anwendung einer säkularen Entspannungstechnik berührt religiöse Loyalitäten nicht und kann allenfalls eine positive Wirkung auf der vorbereitenden Stufe haben. Im Gespräch mit dem Christentum bzw. über es argumentiert Mahesh Yogi bevorzugt auf dieser Ebene. In einem Gespräch mit christlichen Mönchen in den USA vertrat er die Ansicht, daß zwar alle großen religiösen Traditionen Lebensweisheiten enthalten, sich aber dem spirituell weniger entwickelten Menschen nicht verständlich machen können, weil dieser durch Streß und andere Hindernisse zum Hören unfähig geworden sei. Die Meditation könne gerade in der christlichen Welt die Hindernisse auflösen und das Evangelium wieder vernehmbar machen[163]. In dieser Weise stellt die TM sich als nichtreligiöse Entspannungstechnik dar, die mit dem Christentum vereinbar, ja ihm förderlich sei. Das Argumentieren auf diesen zwei Ebenen muß die Stellung der TM zum Christentum widersprüchlich, manche meinen auch: irreführend und verlogen erscheinen lassen[164]. Denn es ist schwer einzusehen, wie ein und dieselbe Meditationstechnik zugleich Essenz bzw. Erfüllung aller Religionen und eine religiös neutrale Entspannungstechnik sein kann.

Angesichts dieser Unklarheit empfiehlt es sich, zur Beschreibung der TM als einem »mechanischen Weg zur Gott-Verwirklichung« zurückzukehren (Wissenschaft 336ff.): Mit Hilfe der Mantra-Meditation wird die normalerweise nach außen gerichtete sinnliche Wahrnehmung nach innen gekehrt und erfährt eine zunehmende Verfeinerung der Eindrücke, bis sie das Stadium erreicht, das als reines Bewußtsein, absolute Ruhe oder reines Sein charakterisiert wird. Ohne diesen »nach innen gerichteten mechanischen Wahrnehmungsvorgang« gibt es für Mahesh Yogi keine wirkliche Begegnung mit Gott im Bereich des Seins, sondern nur ein Denken an bzw. Reden über Gott im konzeptionellen Bereich. Von Religion im üblichen Sinn des Wortes und von »Mystik« unterscheide sich diese Meditationstechnik durch die Abwesenheit religiöser Gefühle und Gedanken. Wie der Gedanke an Brot nicht satt macht, so der Gedanke an Gott nicht eins mit ihm. Daraus resultiert die Forderung, religiöse Gefühle und Vorstellungen jedweder Art müßten transzendiert werden. Das ist aber offensichtlich nicht im Sinne der theologia negativa zu verstehen, wie es sie in der mystischen

Tradition fast aller Religionen gibt. Das Transzendieren, das die theologia negativa erstrebt, setzt eine intensive Beschäftigung mit der jeweiligen Tradition voraus[165] – der Zen-Buddhist muß die Sūtras studiert haben, bevor er sie verbrennt –, während das von Mahesh Yogi empfohlene Transzendieren auf eine religiöse Vorbereitung dieser Art verzichten kann und »rein mechanisch« mit Hilfe der Mantra-Meditation direkt zur Gott-Verwirklichung führen soll. Das ist die Technik, von der er sagt: »Laßt Menschen aller Religionen sie übernehmen, laßt sie sich daran freuen und dabei stolz auf ihren Glauben bleiben« (Wissenschaft 288). Die Religionen erscheinen in diesem Zitat – typisch neohinduistisch – als Gegenstand eines partikularen Stolzes, während die TM sich als eine spirituelle Praxis (Sādhana) von universaler Gültigkeit versteht, nämlich als die einzige Methode, die das Ziel aller Religionen, die Begegnung mit dem Göttlichen, dem Urgrund des Seins, für alle Menschen erreichbar macht. Das entspricht weniger Vivekānandas Darstellung des Vedānta als Yogānandas Einschätzung des Kriyā-Yoga. Im Hinblick auf das Sādhana vertritt die TM also durchaus einen exklusiven Anspruch: Ohne die Methode des Transzendierens mit Hilfe der Mantra-Meditation verfehlen die Religionen ihr Ziel. Andrerseits kann die TM auf das religiöse Gewand verzichten; die Erreichung des Ziels ist gesichert, unabhängig davon, ob das Individuum religiöse Vorstellungen und Gefühle hegt oder nicht. Anders ausgedrückt: Die TM kann sowohl religiös als auch nichtreligiös praktiziert werden, führt aber so oder so zur »Gott-Verwirklichung«.

Auf dieser Ebene erscheint, wenn man von den Voraussetzungen Mahesh Yogis ausgeht, seine These von der Vereinbarkeit der TM mit dem christlichen Glauben und mit der Zugehörigkeit zu anderen Religionen in sich logisch und frei von Täuschungsversuchen. Ob die Religionen ein Bedürfnis danach empfinden werden, sich durch den »mechanischen Weg der Gott-Verwirklichung« zur Erfüllung und Erneuerung führen zu lassen, ist freilich eine andere Frage. Was aber die Argumentation betrifft, es handle sich bei der TM nur um eine säkulare Entspannungstechnik, die als solche mit dem christlichen Glauben vereinbar sei, so fällt es schwer, ihr völlige subjektive Ehrlichkeit zuzugestehen. Zumindest Mahesh Yogi selbst weiß ganz genau, daß seine Meditationstechnik im Zusammenhang mit religiöser Betätigung sehr viel mehr bedeuten will als nur eine vorbereitende und zum Hören disponierende Entstressung. Bei dieser Argumentation handelt es sich wohl um den – in seinen Augen legitimen – Versuch, dem Unwissenden auf der Ebene der Unwissenheit zu begegnen.

Inhaltlich kann Mahesh Yogi seine Lehre nicht zur Deckung mit wichtigen Aussagen des Christentums bringen. Mit anderen hinduistischen Bewegungen teilt er seine Vorliebe für Luk 17,21: Das Himmelreich ist »in euch«. Sein optimistisches Wirklichkeitsverständnis findet sich in Matth. 6,33 bestätigt: Dem nach dem Gottesreich Trachtenden werde alles andere »zufallen«. Damit völlig unvereinbar erscheint ihm dagegen die Vorstellung vom leidenden Christus: »Nein, nein, nein. Christus litt niemals. Der Mensch erblickte ihn als leidend ... Seine Botschaft war die der Seligkeit«[166].

8. *Internationale Gesellschaft für Kṛṣṇabewußtsein*

Eine theistische »Gnadenreligion«[167] wie die indische Bhakti muß ihr Verhältnis zu anderen Religionen und insbesondere zum Christentum naturgemäß anders bestimmen als der Vedānta es tut, denn sie kann nicht wie dieser den Gott der Bibel als eine unter vielen Manifestationen des unpersönlichen Brahman auf niederer Seinsebene zugleich anerkennen und abwerten. Sie steht in ihrer Ablehnung der »Unpersönlichkeitslehre«, wie Śrīla Prabhupāda sie bezeichnet[168], in einer Frontstellung gegen den Vedānta, die derjenigen des Christentums vergleichbar ist, wie umgekehrt der Vedānta das Christentum als eine Sonderform der Bhakti betrachten kann[169]. Eine weitere strukturelle Gemeinsamkeit von Bhakti und Christentum ist darin zu sehen, daß beide auf ihre eigene Art eine Religion des wahren Gottesnamens sind[170]. Das aber bringt sie zur gleichen Zeit in Gegensatz zueinander, weil die Frage nach dem rechten offenbarten Gottesnamen von ihnen in einer unvereinbar scheinenden Weise beantwortet wird: Kṛṣṇa oder Christus.
So ist es nicht verwunderlich, daß die Stellungnahme zum Christentum, wie Śrīla Prabhupāda sie entwickelt, sich wesentlich von dem Denkmuster unterscheidet, das die Rāmakrishna-Mission entwickelt hat und von anderen hinduistischen Bewegungen mit bestimmten Modifikationen übernommen worden ist. Offensichtlich hat der Svāmī in dieser Frage eine Entwicklung durchgemacht, die von der Notwendigkeit diktiert wurde, über eine rein negative Stellung gegenüber dem Christentum hinauszukommen. Diesen Eindruck erweckt jedenfalls ein Vergleich früherer gelegentlicher Äußerungen mit einer gründlicheren Auseinandersetzung mit dem Christentum, die in dem Büchlein »Christus, Krischto, Kṛṣṇa« ihren Niederschlag gefunden hat. Es enthält eine Wiedergabe von Gesprächen, die Prabhupāda im Sommer 1974 mit Graf Dürck-

heim, Prof. Porsch, Kardinal Danielou und Pater Emmanuel Jungclausen in Schloß Rettershof, dem deutschen Zentrum der Bewegung, geführt hat.

Eine ältere Äußerung des Svāmīs über das Christentum argumentiert in neohinduistischer Weise mit der kulturellen und sittlichen Überlegenheit Indiens über die semitische Kultur, in der die biblischen Schriften entstanden sind. Was dem Christentum fehle, sei eine Philosophie. »Dieses Religionssystem wurde vor ungefähr 2000 Jahren einigen Hirten gelehrt, viertklassigen Menschen ... Jesus Christus lehrte als erstes: ›Du sollst nicht töten‹. Das bedeutet, er predigte zu Mördern, zu zehntklassigen Menschen. Wie soll nun diese für zehntklassige Menschen bestimmte Religion für erstklassige Menschen annehmbar sein? ... Die Zeiten der Dogmen und unsinnigen Philosophien sind vorbei. Sie können nicht standhalten; aus diesem Grunde ist die christliche Religion im Verfall begriffen, sie ist praktisch schon tot. Niemand geht mehr in die Kirche. Es gibt dort keine Philosophie, es gibt dort keine Wissenschaft. Wie soll also jemand ihr nachfolgen?« Dieses geistige Ergebnis eines Morgenspaziergangs mit seinen Schülern in Los Angeles aus dem Jahr 1973[171] steht in seiner negativen Einschätzung in einem bemerkenswerten Gegensatz zu Äußerungen, die Śrīla Prabhupāda im folgenden Jahr in seinen Rettershofer Gesprächen gemacht hat. Sie dienten dem erklärten Ziel, die völlige Übereinstimmung von Kṛṣṇaverehrung und Christusglauben aufzuweisen[172]. Wohl wird das kulturelle Argument wiederholt – freilich nicht in den Gesprächen selbst, sondern in einem anschließenden Aufsatz –, und im Gespräch mit Kardinal Danielou wird das Fehlen einer christlichen Philosophie bemängelt, aber es wird zugestanden, daß durch Befolgung christlicher Prinzipien Vollkommenheit erlangt werden könne[173], und die katholischen Priester werden zur Zusammenarbeit mit der ISKCON aufgefordert. Śrīla Prabhupāda hat mit sicherem Instinkt das entscheidende Problem erfaßt, das in der Verschiedenheit des angerufenen Gottesnamens besteht und löst es, indem er den Christus-Namen einfach von Kṛṣṇa ableitet, wobei die Sanskritform kṛṣṭo, im Sinne von »Anziehung« übersetzt, als Brücke dient[174]. Kṛṣṇa wird gleichfalls sprachlich als der »Allesanziehende« gedeutet. Diese pseudolinguistische These wird untermauert, indem der Svāmī die gängige Hypothese aufnimmt, Jesus habe Indien besucht und dort religiöse Geheimnisse kennengelernt, und als Beleg auf angebliche apokryphe Evangelien verweist, in denen der Vegetarismus und die Reinkarnationslehre gelehrt werden[175]. In einem weiteren Aufsatz wird anhand einer Fülle von biblischen Texten die These aufgestellt, auch die Bibel fordere das Chanten des Gottesnamens. Die Folgerung: »Suchen Sie sich also einen Namen Gottes aus und chanten Sie ihn. Und wenn Sie keinen kennen, dann nehmen Sie ihn von uns.«[176] »›Christo‹ oder Kṛṣṇa – es ist dieselbe Sache. Lassen Sie uns also zusammenarbeiten und chanten, und wenn Sie Vorurteile haben, den Namen ›Kṛṣṇa‹ zu chanten, dann chanten Sie eben ›Christo‹ oder ›Krischto‹«. Als Legitimation dient ein Vers Caitanyas: »Gott hat Millionen und Abermillionen von Namen, und jeden dieser Namen kann man chanten, weil jeder dieser Namen die gleiche Kraft wie Gott die Person hat ...«[177]. Als das weiterhin Trennende bleibt die Frage des Vegetarismus, die in den Gesprächen einen breiten Raum einnimmt: »Wenn Sie keine Tiere töten und den Namen ›Christus‹ chanten, wird alles vollkommen werden«[178]. Für den Svāmī impliziert das fünfte Gebot die Notwendigkeit der vegetarischen Lebensweise. Es erscheint zweifelhaft, ob dieser Versuch, mit dem Christentum ins reine zu kommen, für mehr als den externen Gebrauch bestimmt ist. Trotzdem ist der Versuch interessant, die Gemeinsamkeit zu betonen, die in dem Wissen beider um die Notwendigkeit liegt, den göttlichen Namen in irgendeiner Weise anzurufen, und das Trennende in derjenigen ethischen Frage zu suchen, in der die kulturelle Kluft zwischen Indien und dem Westen am deutlichsten zum Ausdruck kommt.

9. *Ergebnis*

Es hat sich gezeigt, daß die verschiedenen hinduistischen Bewegungen im Westen keineswegs eine einheitliche Linie in ihrer Verhältnisbestimmung zum Christentum und anderen Religionen verfolgen. Das auf Synthese und Harmonisierung gerichtete Religionsverständnis des Neohinduismus stellt nur einen von insgesamt vier Typen dar, die sich deutlich voneinander unterscheiden. In reiner Form findet es sich nur in der Rāmakrishna-Mission und den Gruppen um Svāmī Śivānanda. Das bedeutet nicht, daß dem Inklusivismus des Neohinduismus ein reiner Exklusivismus anderer Gruppen gegenübersteht. Bei diesen kommen vielmehr auch neohinduistische und allgemeinhinduistische Motive bis zu einem gewissen Grad zum Zuge, stehen aber in Spannung zu eigenständigen Ansätzen eines exklusiven Absolutheitsanspruches. Diese beziehen sich entweder auf die Lehre vom Sadguru, auf eine Bhakti-Theologie des göttlichen Namens oder auf eine als universal gültig verstandene Yogatechnik. Einschließlich des neohinduistischen Religionsverständnisses finden sich also vier Typen der Stellung zu anderen

Religionen und zum Christentum. Der zweite Typus liegt überall dort vor, wo ein Gruppenhaupt sich als Sadguru bzw. Lebender Meister des gegenwärtigen Zeitalters versteht, ohne dessen Gnade und ohne Initiation in dessen esoterische Yogatechnik es keine Befreiung gibt. Das ist beim Rādhāsoāmī Satsaṅg und Ruhāni Satsaṅg der Yoga des Klangs, und bei der Divine Light Mission sind es die vier Kriyās, die zusammen das »Wissen« ausmachen. Die Wertung der Vorstellungswelt anderer Religionen kann verschieden ausfallen. Sie hat faktisch eine Entwicklung durchgemacht, die unter allgemein neohinduistischem Einfluß von einer fast gnostisch anmutenden negativen zu einer positiveren Einschätzung geführt hat. Exklusivismus hinsichtlich der Heilsbedeutung des jeweiligen Sadguru und der jeweiligen Yogatechnik kann sich hier mit einem Inklusivismus im konzeptionellen Bereich verbinden. Der dritte, nämlich der Bhakti-Typus, ist im Westen in einer vergleichsweise exklusivistischen Gestalt vertreten durch die ISKCON. Die Unsicherheit, mit der Svāmī Prabhupāda diese Thematik behandelt hat, zeigt, daß die theistische Bhakti einen erheblichen Spielraum für die Bestimmung ihres Verhältnisses zum Christentum hat. Das wird durch die innerindische Bhakti bestätigt, in der von der Identifizierung von Viṣṇu und Śiva bis hin zur streng exklusiven Anrufung eines einzelnen Gottes viele Schattierungen möglich sind[179]. Bei der ISKCON scheinen bislang die exklusivistischen Tendenzen zu überwiegen. Der vierte Typ erhebt exklusive Ansprüche hinsichtlich der Überlegenheit bzw. Einmaligkeit der jeweiligen Yogatechnik. Es wurde bereits erwähnt, daß die Bewegung des Sadguru-Typs eine derartige Tendenz haben. Ohne Sadguru-Konzept tritt sie in schwacher Form in Svāmī Yogānandas Self-Realization Fellowship und deutlicher bei der TM auf. Yogānandas Kriyā-Yoga und die Technik der TM werden als die ursprünglich in allen Religionen bekannte, später aber vergessene universale Technik verstanden. Die Ähnlichkeit mit dem neohinduistischen Religionsverständnis Vivekānandas liegt auf der Hand. Der Neo-Vedānta, den Vivekānanda als Universalreligion versteht, ist aber keine bestimmte Meditationstechnik, sondern ein geistiges Konzept, für dessen Realisierung eine Reihe von Yoga-Methoden zur Verfügung stehen. Auch Śivānanda empfiehlt für verschiedene Menschentypen verschiedene traditionelle Yoga-Arten, statt für eine Technik einen universalen Anspruch zu erheben. Das aber tun die Vertreter des vierten Typus, wenngleich sie verwandten Yogatechniken einen gewissen Wert zuerkennen können. Die Betonung der Yogatechnik erlaubt ihnen eine inklusivistische Toleranz im konzeptionellen Bereich: Im Grunde gelten die religiösen Vorstel-

lungen als irrelevant, zumindest gegenüber der praktischen »Verwirklichung« als sekundär. Der vierte Typ hat es am leichtesten, sich als »wissenschaftlich« und nichtreligiös zu verstehen, weil alles auf die durch Meditationspraxis verifizierbare Erfahrung und auf die gesundheitsfördernden Wirkungen abgestellt ist. Zwar betonen fast alle hinduistischen Bewegungen im Westen den gesundheitlichen Wert ihrer Meditationsformen, bei vielen von ihnen spielen jedoch daneben typisch religiöse Phänomene wie die Guruverehrung oder eine bestimmte religiöse Weltanschauung und Gottesvorstellung eine wichtige Rolle. Wird jedoch alles auf die Meditationstechnik abgestellt, so ist eine säkularisierende Interpretation einfach zu bewerkstelligen, wie man an der Wirksamkeit Yogānandas und Maharishi Maheshs studieren kann. Für die Stellung dieser Bewegungen zum Christentum ist das von großer Bedeutung. Denn es erlaubt ihnen, dieses Verhältnis auf der religiösen und der nichtreligiösen Ebene jeweils verschieden zu bestimmen: Auf der religiösen Ebene wird der Anspruch erhoben, dem Christentum die verlorene Dimension der praktischen Verwirklichung zurückgeben zu können und seine eigentliche Intention zu erfüllen, während auf der säkularen Ebene die Meditation etwa vorhandene religiöse Loyalitäten unberührt lassen soll.
Dieser kurze Überblick bestätigt keineswegs die Ansicht, der exklusivistischen christlichen Mission stehte eine inklusivistische Hindu-Mission gegenüber. Gewiß sind fast alle hinduistischen Gruppen im Westen in dem Sinne inklusivistisch, daß sie ihre eigene Wahrheit in anderen Religionen wiederfinden und dadurch bestätigt sehen. Dieser Inklusivismus ist aber im Verhältnis zum Christentum in zweierlei Hinsicht eingeschränkt. Erstens verbindet sich zumeist eine formale Anerkennung mit einer faktischen inhaltlichen Ablehnung, und zweitens wird bei einer Reihe von Gruppen die inklusivistische Anerkennung von Wahrheit bzw. Teilwahrheiten im Christentum durch exklusive, sektarische Ansprüche überlagert. Was das erstere betrifft, so geht man wohl nicht zu weit, wenn man den Versuch, in der Bibel und in der christlichen Tradition Belege für den Advaita-Vedānta, den Yoga des Klangs, die vier Kriyās des »Wissens«, die Technik der Transzendentalen Meditation usw. zu finden, als gewaltsam und letztlich als gescheitert beurteilt. Im Grunde heben sie sich schon gegenseitig auf. Im innerindischen Kontext war eine wechselseitige Anerkennung shivaitischer und vishnuitischer Formen der Gottesverehrung ziemlich unproblematisch, weil es tatsächlich ein vergleichsweise hohes Maß an Übereinstimmung zwischen beiden gab. Als viel schwieriger hat es sich erwiesen, eine bestimmte Form des Yoga –

und darum handelt es sich bei diesen Gruppen fast immer – als Basis des Christentums zu erweisen.
Dieses Bestreben bedient sich zweier Methoden. Es versucht, einen esoterischen Sinn der Bibel zu erheben oder eine Urform des Christentums zu rekonstruieren oder beides. Der vermeintliche esoterische Schriftsinn erweist sich dadurch als fiktiv, daß man sich nur auf eine geringe Anzahl von Schriftstellen beruft und zumeist nicht mehr beweist, als daß bestimmte religiöse Metaphern und Begriffe (Wort, Licht, Klang usw.) universal gebraucht werden und sich auch im Christentum finden. Da ein hermeneutischer Schlüssel für das Verständnis der gesamten Schrift damit nicht gewonnen wird, bleibt diese praktisch unbeachtet. Die von Yogānanda empfohlene Methode, isolierte Bibelverse zu »empfinden«, ist dafür repräsentativ. Eine theoretische Erklärung dafür, daß der überwiegende Teil der Bibel und der christlichen Tradition sich der assimilierenden und hinduisierenden Deutung[180] widersetzt, lieferte in jüngerer Zeit die Verfallstheorie. Jesus wurde als Advaitin oder als Vertreter dieser oder jener Yogatechnik interpretiert, dessen reine Botschaft von seinen Anhängern später zunehmend mißverstanden und korrumpiert wurde. Dieses Denkschema, das auf die europäische Aufklärung zurückgeht und zuerst durch Ram Mohan Roy nach Indien gelangte[181], findet sich vor allem in der Rāmakrishna-Mission und in der späteren Tradition des Rādhāsoāmī Satsaṅg. Die vermeintliche monistische oder mystische Urform des Christentums erweist sich bei näherem Zusehen als ebenso fiktiv wie der vermeintliche esoterische Schriftsinn. Während sich S. Radhakrishnan bei seiner Uminterpretation der Gestalt Jesu noch mit einem gewissen Recht auf einige Ergebnisse der Leben-Jesu-Forschung stützen konnte[182], haben Versuche, Jesus als Zeugen der Mantra-Meditation, des Klang-Yogas oder der vier Kriyās zu interpretieren, ohne eine derartige Unterstützung auskommen müssen. Darum bleibt die inklusivistische Anerkennung des Christentums formal; konkrete christliche Inhalte aber werden abgelehnt oder als irrelevant betrachtet. Das Bekenntnis der Urgemeinde zum Gekreuzigten und Auferstandenen und die paulinische Kreuzestheologie werden entweder stillschweigend übergangen oder zum Gegenstand einer verständnislosen Polemik gemacht, wie bei Svāmī Ranganāthānanda von der Rāmakrishna-Mission und bei J. P. Johnson sowie Kirpal Singh aus der Rādhāsoāmī-Tradition nachzulesen ist[183]. Das Sterben des Gottessohnes wird, ähnlich wie in der Gnosis, als unakzeptabel empfunden und uminterpretiert. Nur bei einigen Vertretern der Rāmakrishna-Mission bahnt sich ein tieferes Verständnis für diese Dimension des Christlichen an[184].

Methodologisch hat dieses Unvermögen darin seinen Grund, daß der hermeneutische Zirkel außer Kraft gesetzt und durch eine Dialektik von Uminterpretation und Ablehnung dessen ersetzt wird, was sich der Uminterpretation widersetzt: Der esoterische Schriftsinn bzw. die Urform des Christentums stehen von vorneherein fest, und die Verfallstheorie erklärt alle Widersprüche und verhindert ein tieferes Verstehen. Auf dem Boden des hinduistischen Inklusivismus erwächst kein tieferes Bedürfnis nach Verstehen. Die gleiche Dialektik bestimmt auch die Stellungnahme der hinduistischen Gruppen zur Frage der Kirchenzugehörigkeit ihrer Anhänger. Da sie das Christentum besser zu verstehen glauben als es sich selbst versteht, nehmen sie für sich in Anspruch, ihre Anhänger zum wahren Christentum zurückzuführen und überlassen es ihnen, ob sie Mitglieder einer Organisation bleiben wollen, die von ihrem Ursprung längst abgefallen ist.

Die zweite Einschränkung einer inklusivistischen Anerkennung des Christentums besteht darin, daß sie von sektarischen, exklusiven Ansprüchen überlagert wird. Das gilt nicht für die Bewegung vom Typ der Rāmakrishna-Mission und der Divine Life Society Svāmī Śivānandas. Die exklusivistischen Tendenzen können, wie bereits festgestellt wurde, mit einer sektarischen Form der Gottesverehrung (ISKCON), mit der Heilsbedeutung einer religiösen Führergestalt (Rādhāsoāmī Satsaṅg, Ruhāni Satsaṅg, Divine Light Mission) oder mit dem Einzigartigkeitsanspruch einer Meditationstechnik (TM) zusammenhängen. Stets beziehen sie sich stärker auf die Praxis als auf die Theorie. Das entspricht dem hinduistischen Verständnis von inhaltlicher Toleranz, das dem Einzelnen weitgehend freistellt, was er glauben will, aber Fragen des praktischen Vollzugs häufig zum Gegenstand heftiger Kontroversen macht[185]. Darüber hinaus macht sich die Tatsache bemerkbar, daß sich gerade sektarische Bewegungen zur Missionstätigkeit im Westen veranlaßt fühlen, wie sich bei der Analyse des Sendungsbewußtseins herausgestellt hat. Solche sektarischen Ansprüche können sogar aus der Bibel begründet werden: Das Selbstzeugnis des johanneischen Jesus »Niemand kommt zum Vater denn durch mich« (Joh 14, 6) wird vom Rādhāsoāmī Satsaṅg auf den gegenwärtigen Sadguru bezogen. Mit Hilfe einer inklusivistischen Bibelauslegung wird der Exklusivismus des Christentums gegen dieses selbst gerichtet. Überhaupt ist die Wertung des Christentums durch den Rādhāsoāmī Satsaṅg und verwandte Gruppen am deutlichsten negativ geprägt: In ihren Augen fehlt dem Christentum sowohl der Lebende Meister als auch die richtige, systematisch eingeübte Meditationstechnik.

Bei der Anhängerschaft hinduistischer Bewegungen im Westen kommen natürlich auch Tendenzen zum Zuge, die nicht aus dem Hinduismus, sondern aus der Biographie Einzelner stammen. Ablehnung des Christentums hängt häufig weniger mit der jeweiligen Gruppenzugehörigkeit als mit persönlicher Erfahrung aus früheren Jahren zusammen. Umgekehrt bezeugen nicht wenige, erst durch ihren Guru einen neuen Zugang zur christlichen Tradition und zur Gestalt Jesu gefunden zu haben. Freilich handelt es sich dabei um ein hinduistisch uminterpretiertes Christentum. Noch andere empfinden die Spannung zwischen christlichen und hinduistischen Einflüssen als schwer zu lösendes Problem, während solche, die z. B. die TM als säkulare Entspannungstechnik praktizieren, oft die Existenz eines religiösen Loyalitätskonflikts nicht empfinden und entschieden abstreiten.

III. Das westliche Umfeld

1. Einführung

Das Hauptinteresse der vorliegenden Arbeit liegt, wie bereits in der Einleitung bemerkt, bei der bislang vernachlässigten religions- und missionswissenschaftlichen Frage nach dem Ursprung und dem Sendungsbewußtsein der hinduistischen Bewegungen im Westen. Freilich hat es sich schon in der Einzelanalyse als notwendig erwiesen, auf solche Veränderungen hinzuweisen, die durch das Bemühen entstanden sind, sich dem westlichen Kontext anzupassen. Manchmal widerwillig, manchmal allzu bereitwillig sind die Svāmīs und Gurus auf die Bedürfnisse und Voraussetzungen ihrer westlichen Adressaten eingegangen, haben ihre eigene Tradition in westlichen Denkformen ausgedrückt oder gar neu interpretiert und haben Einfallstore, die sich ihnen boten, benützt. Dieser Prozeß der Anpassung ist nicht ein Ergebnis von Schreibtischarbeit, sondern von Interaktion, und zwar nicht nur mit dem Westen allgemein, sondern mit bestimmten Gruppen und Milieus samt den in ihnen lebendigen Bedürfnissen und Denkmustern. Es sind vor allem neu gewonnene Anhänger gewesen, durch die die Gurus damit konfrontiert worden sind. Aber auch die Methoden verwandter Gruppen westlichen Ursprungs konnten Anregungen geben. Dieser Bereich der Interaktion hinduistischer Bewegungen mit bestimmten westlichen Gruppen, geistigen Strömungen und Einzelpersonen wird im folgenden als ihr »westliches Umfeld« bezeichnet. Es ist jener Bereich, in dem es einen Austausch von Ideen und Praktiken sowie eine Fluktuation von Anhängern in beiden Richtungen gegeben hat und gibt.

Über dieses Umfeld, wie es sich in den vergangenen achtzig Jahren hinduistischer Missionstätigkeit im Westen entwickelt hat, gibt es keine zusammenfassende Untersuchung. Was es gibt, sind Darstellungen bestimmter Teilbereiche, z.B. diejenige J. S. Judahs über die Hare-Kṛṣṇa-Bewegung innerhalb der nordamerikanischen Gegenkultur der späten sechziger und frühen siebziger Jahre. Die Grenzen solcher Analysen liegen erstens in ihrer mangelnden Übertragbarkeit auf europäische Verhältnisse und zweitens in ihrer Zeitgebundenheit. Der Nachwuchs dieser Gruppen kommt gegenwärtig schon nicht mehr aus der Gegenkultur, von früheren Jahrzehnten ganz zu schweigen. Über die Herkunft und die Motive der Anhängerschaft hinduistischer Gruppen im Westen gibt es aus dem achtzigjährigen Zeitraum ihrer Tätigkeit nur relativ wenige empirisch gesicherte Daten. Wohl aber vermag eine Untersuchung des westlichen Umfeldes in dieser Zeit darüber einigen Aufschluß zu geben. Die Tatsache z. B., daß Anhänger Vivekānandas zuvor in der Neugeistbewegung und der Christlichen Wissenschaft Erfüllung ihres Suchens zu finden gehofft hatten und daß andere den umgekehrten Weg von Vivekānanda zur Neugeistbewegung gingen, ist auch ohne Kenntnis biographischer Details vielsagend, wenn man mit diesen Bewegungen vertraut ist. Die Analyse des Umfeldes kann konkrete empirische Erhebungen zwar nicht ersetzen, macht ihr weitgehendes Fehlen aber leichter erträglich.

Außer den wenigen empirischen Untersuchungen gibt es – vorwiegend soziologische – Theorien, welche die sich periodisch wiederholenden Wellen religiösen, okkulten und spiritistischen Interesses zu erklären versuchen. Einige von ihnen werden im Folgenden noch zur Sprache kommen. Aber so gewiß die hinduistischen Bewegungen im Westen vom Aufleben einer neuen Religiosität profitiert haben, so sind sie doch mehr als nur ein Symptom dieses Vorgangs. Es wurde bereits in der Einleitung darauf hingewiesen, daß sie nicht einseitig aus den Bedürfnissen und Defiziten des westlichen »Missionslandes«, sondern aus der Dialektik von Tradition und Situation heraus zu verstehen sind. Ihr relativ beachtlicher Erfolg wird nur aus einer Zusammenschau der verschiedenen Aspekte verständlich. Die Untersuchung des westlichen Umfeldes läßt die Dialektik zwischen Situation und Tradition, d. h. zwischen den vorgefundenen Bedürfnissen des Westens und dem Eingehen bzw. Nichteingehen darauf von seiten der hinduistischen Gruppen im Sinne von Herausforderung und Antwort deutlicher hervortreten. Sie ermöglicht es, statt mit Hilfe globaler Theorien das Phänomen der »neuen Religiosität« zu deuten, den Ort und die Funktion der hinduistischen Gruppen innerhalb dieses Phänomens präziser zu bestimmen.

Die Analyse des westlichen Umfeldes und des Verhältnisses hinduistischer Bewegungen zu ihm vermag insbesondere vier Aspekte zu erhellen. Erstens wird nach der Anpassung an den Westen und der daraus möglicherweise resultierenden Neuinterpretation der mitgebrachten Tradition gefragt. Dabei kann es sich um mehr oder weniger marginale westliche Interpretamente im Sinne einer äußerlichen Anpassung und Übersetzung handeln, es gibt aber auch Versuche, die mitgebrachte hinduistische Tradition in einen westlichen Interpretationsrahmen zu stellen und von daher neu zu formulieren. Interpretamente bzw. Interpretationsrahmen sind häufig einer bestimmten Gruppe bzw. geistigen Strömung aus dem

Umfeld entnommen: dem Unitarismus, der Neugeistbewegung, der Theosophie, der Hippie-Ideologie, der humanistischen Psychologie oder einer anderen. Die Einzeluntersuchung wird das belegen. Der zweite Aspekt betrifft den umgekehrten Vorgang, nämlich den Einfluß hinduistischer Bewegungen bzw. des Hinduismus allgemein auf ihr westliches Umfeld. Der Austausch von Konzepten und Anhängern zwischen diesen beiden ist wechselseitig. Die Wirkung der Hindu-Mission im Westen beschränkt sich noch weniger als die der christlichen Mission in Indien auf die Gewinnung von Anhängern. Neben die Konversion – im weitesten Sinne des Wortes – tritt die Diffusion von Ideen und Praktiken. Diese wirkt innerhalb des erreichten Umfeldes aber wiederum im Sinne einer praeparatio hinduistica, d.h. einer Vorbereitung zur Gewinnung weiterer Anhänger und zur Förderung der eigentlichen Missionsarbeit. Diese führt wiederum zu weiterer diffuser Verbreitung und so fort. Das resultiert schließlich in einem Geflecht wechselseitiger Durchdringung östlicher und westlicher Elemente innerhalb des Umfeldes, in dem sich die Herkunft einzelner Motive kaum noch feststellen läßt. Dieser Vorgang läßt sich von der Ausstrahlung der Neu-England-Transzendentalisten über die Theosophische Bewegung bis zu gewissen Tendenzen der humanistischen Psychologie verfolgen. Da in diesen Prozeß der liberale Flügel des amerikanischen Christentums teilweise einbezogen worden ist, hat auch er im Sinne einer praeparatio hinduistica bzw. als Einfallstor gewirkt, wie leicht nachzuweisen ist. Der dritte Aspekt betrifft das Resultat dieses Prozesses wechselseitiger Beeinflussung von Bewegungen und ihrem Umfeld. Während das Umfeld synkretistische Züge aufweist, stellt sich bei den hinduistischen Bewegungen im Westen die Frage, ob die unbezweifelbaren Veränderungen, denen sie im Westen unterworfen waren, so stark sind, daß auch die Bewegungen nicht mehr als hinduistisch, sondern als synkretistisch oder als religiöse Neubildungen zu bezeichnen sind. Das Problem wird noch dadurch kompliziert, daß es in zunehmendem Maße nicht mehr religiöse, sondern säkulare Elemente des Westens sind, die von den hinduistischen Bewegungen im Westen assimiliert wurden, so daß sich die Frage stellt, ob der klassische Synkretismusbegriff noch auf sie anwendbar ist. Der vierte Aspekt betrifft die Frage, in welchen speziellen westlichen Problemfeldern bzw. Krisenbereichen sich einzelne hinduistische Bewegungen angesiedelt haben. Die meisten von ihnen haben ihre vorgegebene Tradition in der Weise interpretiert, daß sie sie auf eine oder mehrere Themenbereiche bezogen haben, z.B. auf das Verhältnis von Religion und Wissenschaft, auf die Thematik eines gesunden »natürli-

chen« Lebens bis hin zur ökologischen Problematik. Die Kenntnis dieser Problemfelder trägt zum Verständnis des Erfolges bei, den hinduistische Bewegungen im Westen gehabt haben.
Die folgende Analyse des westlichen Umfeldes geht historisch vor, beginnt mit der Rolle der unitarischen und universalistischen Kirchen der USA bei der Ausbreitung des Hinduismus im Westen, behandelt sodann kurz Neugeistbewegung, Christliche Wissenschaft, Okkultismus und Spiritualismus, um sich ausführlicher der Theosophischen Gesellschaft und einer ihr verwandten noch relativ jungen Gruppe zu widmen, die sich Eckankar nennt. Detaillierter werden Phänomene der letzten ein bis zwei Jahrzehnte im Hinblick auf ihre Bedeutung für das Verständnis der hinduistischen Bewegungen untersucht, nämlich die jugendliche Sub- und Drogenkultur und die sog. Human Potential-Bewegung. Im Zusammenhang mit der letzteren wird Bhagwan Shri Rajneesh als ein Beispiel für eine Synthese westlicher Psychologie und östlicher Religionen mit Ausstrahlungskraft in den Westen dargestellt[1].

2. *Unitarier und Universalisten*

Die Bedeutung der amerikanischen Unitarier und Universalisten, die sich 1961 zur »Unitarian Universalist Association« zusammengeschlossen haben[2], für die Ausbreitung des Hinduismus im Westen kann schwerlich hoch genug veranschlagt werden. Die Unitarische Kirche war die Schirmherrin des Kongresses religiöser Liberaler, der 1920 Svāmī Yogānanda nach Boston einlud[3]. Auch hinter der Einladung Svāmī Vivekānandas und anderer Vertreter östlicher Religionen zum Weltparlament der Religionen in Chicago 1893 anläßlich der dortigen Weltausstellung standen unitarische Kreise. Auf die Bedeutung des Weltparlaments für die Ausbreitung nicht nur des Hinduismus, sondern auch des Theravāda- und des Zen-Buddhismus im Westen ist bereits an früherer Stelle hingewiesen worden[4]. Der evangelikale Protest gegen die Durchführung dieser Veranstaltung signalisiert, daß man sich über mögliche Folgen dieses Ereignisses durchaus nicht im unklaren war[5]. Für die Unitarier lag sie dagegen auf der Linie ihres Eintretens für Toleranz, Freiheit in Glaubensfragen und für ein universalistisches Verständnis von Wahrheit, die durch alle Religionen hindurchscheine. Da sie überdies keine Freunde der äußeren Mission sind, konnte ihnen Vivekānandas Polemik gegen diese nur recht sein[6]. Auch in späterer Zeit haben Hindu-Svāmīs in unitarischen und universalistischen Kirchen Raum für die Darlegung ihrer Lehre gefunden. Svāmī

Satchidānanda, ein Schüler Śivānandas und Aurobindos und der Gründer des »Integral Yoga Instituts«, hielt in der Zeit der Studentenunruhen einen Gottesdienst für etwa 200 Jugendliche in einer universalistischen Kirche[7]. Die Verbindung mit den Unitariern begann lange vor Vivekānanda im Zusammenhang mit der Auseinandersetzung Ram Mohan Roys mit den Serampore-Missionaren über das von ihm 1820 veröffentlichte Buch »The Precepts of Jesus, the Guide to Peace and Happiness«[8]. Roys rationalistisches und theistisches Religionsverständnis, das er fälschlicherweise für das der Upanischaden hielt, war für die baptistischen Missionare unakzeptabel. Aber statt Roy überzeugen zu können, verloren sie einen der ihren, William M. Adam, an ihn. Adam, von seinen Kollegen nunmehr als »der zweite gefallene Adam« bezeichnet, begründete 1821 in Kalkutta eine unitarische Kirche, die eng mit Roys Brāhma Samāj zusammenarbeitete. Auf diese Weise kam es zu einer »Allianz mit den unitarischen Kirchen in Britannien und Amerika«[9], die durch die Englandbesuche Roys (1831–33) und Keshub Chandra Sens (1870–71) gefestigt wurde. Beide fanden unter englischen Unitariern ein begeistertes Echo auf ihr Eintreten für eine universale theistische Religion, die die verschiedenen historischen Religionen transzendiert. Der englische Unitarier Dr. Martineau gab den Gemeinsamkeiten zwischen beiden Seiten begeisterten Ausdruck: »Es scheint mir, daß der Besuch Keshub Chander Sens eine Demonstration war, daß unsere Kirchen mit ihrer Definition des Christentums Unrecht haben und daß sein wahres Wesen nicht in der lehrhaften und historischen Maschinerie liegt, sondern in der Spiritualität, die durch diese Maschinerie unseren Seelen nahegebracht wird«[10].

In der Zwischenzeit war der amerikanische Unitarismus tiefer unter den Einfluß indischen Denkens gekommen. Ralph Waldo Emerson, als Sohn eines unitarischen Geistlichen in Boston geboren und selbst zeitweise als solcher tätig, hatte nicht nur Gedanken des philosophischen Idealismus und der Romantik Europas aufgenommen, sondern war auch in direkten Kontakt mit hinduistischen Konzeptionen gekommen[11]. Zusammen mit seinem Freund Henry D. Thoreau hatte er um 1840 Übersetzungen indischer Schriften wie der klassischen Fabelsammlung Hitopadés und des Gesetzbuches des Manu studiert und widmete sich ihrer Verbreitung. Ihre tiefe Einwirkung auf seinen Geist drückte sich am unmittelbarsten in solchen Gedichten aus, die Titel wie »Brahma« und »Maya« tragen. Die verschiedenartigen Einflüsse resultierten bei ihm und auch bei den anderen Neu-England-Transzendentalisten in der pantheistisch geprägten Vorstellung einer Weltseele, die sich in der

Einzelseele verkörpert. Im Zusammenhang dieser Untersuchung ist Emersons Einfluß auf den Unitarismus von Interesse. Obgleich er im Streit mit dem traditionellen, deistisch geprägten Unitarismus seiner Zeit lag, hat Emerson wesentlich dazu beigetragen, daß der Unitarismus sich in Richtung eines pantheistischen Immanenzdenkens wandelte[12]. Der Unitarismus, mit dem Vivekānanda und Yogānanda es über ein halbes Jahrhundert später zu tun bekamen, war also schon durch eine zumindest indirekte Begegnung mit hinduistischem Denken hindurchgegangen. Das komplizierte Geflecht wechselseitiger Beeinflussung geht aber noch weiter. Man muß mit der Möglichkeit rechnen, daß Vivekānanda von Emerson beeinflußt worden ist. Jedenfalls dominierten in Vivekānandas Bücherei in Belur Werke von Herbert Spencer und R. W. Emerson, wie Besucher berichtet haben[13]. Und schließlich hat Emerson auch die Neugeist-Bewegung in einer späteren Phase beeinflußt, und seine Worte sind so etwas wie deren inoffizielle Bibel geworden[14]. Die Neugeist-Bewegung wiederum gehört zum engeren Umfeld des Hinduismus in Amerika und hat insbesondere auf Svāmī Yogānanda abgefärbt, wie noch zu zeigen sein wird.
Als die organisierte Hindu-Mission in den USA ihr Werk begann, traf sie bereits auf Kreise und Institutionen, auch christliche, deren Denken von hinduistischen Einflüssen geprägt war, teilweise synkretistischen Charakter trug und im Sinne einer praeparatio hinduistica wirkte.

3. Neugeist-Bewegung und Christliche Wissenschaft

Als Vivekānanda und die Vedānta-Gesellschaften ihr Werk in den USA begannen, fanden sie ihre ersten Anhänger in einem Umfeld, das von der Theosophie, der Neugeist-Bewegung und der mit ihr verwandten Christlichen Wissenschaft geprägt war. Im Vedānta hätten sie, so bezeugen Anhänger Vivekānandas, jenen Mittelweg zwischen christlicher Orthodoxie und aufgeklärtem Liberalismus gefunden, den sie vorher bei jenen drei Bewegungen vergeblich gesucht hätten[15]. Zwischen dem Vedānta und diesen Gruppen bestand zugleich ein Verwandtschafts- und ein Konkurrenzverhältnis: Ein Kreis der Christlichen Wissenschaft hatte schon Vivekānanda eingeladen, eine Neugeist-Gruppe holte im Jahr 1900 Svāmī Abhedānanda zum Vortrag. Die Hindu-Svāmīs bewiesen die Attraktivität des Vedānta, indem sie aus diesen Kreisen Anhänger gewannen; zugleich bemühten sie sich um Abgrenzung von diesen Gruppen: Vivekānandas Urteil über die Theosophie ist vernichtend, etwas freundlicher, aber doch deutlich klärt Abhedānanda in seinem Buch »Attitude of Vedanta towards Religion« gleich zu Beginn seine Position gegenüber Theosophie, Spiritualismus und Christlicher Wissenschaft. Auch Svāmī Yogānanda hielt es für nötig, 1926 in einem Aufsatz das Verhältnis zwischen Christlicher Wissenschaft und Hindu-Philosophie näher zu bestimmen[16]. Das Ehepaar Charles und Myrtle Fillmore, das Vivekānanda unterstützt hatte, gründete später einen eigenen Zweig der Neugeist-Bewegung, die Unity School of Christianity[17].

Die Gemeinsamkeit zwischen Vivekānandas bzw. Yogānandas Denken und dem der Neugeist-Bewegung[18] liegt in der Ablehnung eines materialistischen Weltbildes zugunsten eines philosophischen Idealismus: Phineas Parkhurst Quimby (1802–1866), der geistige Vater der Neugeist-Bewegung, glaubte ebenso wie nach ihm Mary Baker-Eddy an die Überlegenheit des Geistes über die im Grunde irreale Materie. Krankheit sei weder ein äußerliches körperliches Übel noch eine Strafe Gottes, sondern das Ergebnis falschen Denkens, und Heilung dementsprechend nicht durch medizinische Behandlung, sondern nur durch Umdenken zu erlangen. Der Name »Neugeist« (New Thought) setzte sich erst gegen Ende des 19. Jahrhunderts als Bezeichnung für eine Reihe autonomer Gruppen durch, die durch die sog. New Thought Alliance zusammengehalten wurde. Ein Teil dieser Gruppen verstand sich eindeutig als christlich und organisierte sich als Kirchen, so z. B. die Church of Divine Science, die Church of Religious Science und die bereits erwähnte Unity School of Christianity. Durch Warren Felt Evans gewannen das sog. affirmative Gebet und das »positive Denken«, d. h. die Herbeiführung des erwünschten Zustandes durch seine betende und denkende Vorwegnahme, einen zentralen Platz in der Neugeist-Bewegung[19].

Was die von Mary Baker-Eddy 1879 gegründete Christliche Wissenschaft betrifft, so ist insbesondere Yogānandas These bemerkenswert, daß die Urfassung von Mrs. Baker-Eddy's Hauptwerk »Science and Health« bis zur 33. Auflage hinduistische Einflüsse durch Zitate aus der Bhagavadgītā deutlich dokumentiere. Erst später habe man sie weggelassen[20]. Hinduistische Einflüsse liegen auch, wie bereits erwähnt, im Denken R. W. Emersons vor, das die Neugeist-Bewegung zunehmend geprägt hat. Es ist unverkennbar, daß diese Bewegungen, die für Vivekānandas und Yogānandas Tätigkeit als praeparatio hinduistica wirksam waren, ihrerseits bereits literarische Einflüsse des Hinduismus aufgenommen hatten. Der umgekehrte Vorgang, nämlich die Rückwirkung der Neugeist-Bewegung auf die hinduistischen Gruppen, beginnt noch nicht bei

Vivekānanda, sondern erst bei Yogānanda. Es ist schon in der Darstellung der von ihm gegründeten Self-Realization Fellowship darauf hingewiesen worden, daß Yogānanda Heilungsversammlungen abhielt, sich des affirmativen Gebets bediente und sich auf diese Weise entschlossen den Bedürfnissen des neuen Kontinents anpaßte. Daß der Einfluß des Neugeist-Denkens auf hinduistische Gruppen sich nicht darin erschöpft hat, beweisen die fünf »Grundformeln« des Śivānanda-Jüngers Svāmī Vishnu Devānanda: Richtige Körperübungen, richtige Atmung, richtige Entspannung, richtige Ernährung und richtiges positives Denken. Die dritte und fünfte Grundformel sind westlichen Ursprungs, die fünfte geht letztlich auf die Philosophie der Neugeist-Bewegung zurück.

4. *Okkultismus, Spiritualismus und Theosophie*

Die historische Beziehung von Okkultismus und Spiritualismus[21] zu den indischen Bewegungen im Westen und zu indischen Religionen überhaupt ist lockerer und schwerer zu bestimmen als im Falle der Neugeist-Bewegung und der Christlichen Wissenschaft. In diesen Gesamtzusammenhang gehören sie freilich schon deswegen, weil das Interesse an asiatischen Religionen und das Aufleben von Okkultismus und Spiritismus sachlich und zeitlich zusammenfallen und Symptome sich periodisch wiederholender Wellenbewegungen sind, so in der zweiten Hälfte des 19. Jahrhunderts und in den sechziger und siebziger Jahren dieses Jahrhunderts. Die Wechselbeziehung zwischen orientalischen Religionen und okzidentalem Okkultismus ist alt und so schwer überschaubar, daß sie ein eigenes Forschungsgebiet für sich darstellt, das zu bearbeiten über den Rahmen dieser Arbeit hinausführen würde. Darum ist es ratsam, sich auf die Darstellung solcher okkulten und spiritualistischen Motive zu beschränken, die bei der Rezeption und Interpretation indischer Religionen im Westen eine Rolle gespielt haben.
Das Streben nach okkulten Kräften ist eine Gemeinsamkeit der abendländisch-okkulten Traditionen und derjenigen asiatischen Religionen, in denen Yoga praktiziert und zur Erlangung übernatürlicher Kräfte (siddhis) eingesetzt wird. Wohl warnen Hinduismus und Buddhismus vor den Gefahren einer einseitig auf den Erwerb solcher Kräfte gerichteten Yogapraxis, sie erlauben aber andererseits keinen Zweifel daran, daß er ein legitimes Ziel und integraler Bestandteil dieser Religionen ist[22]. Das gemeinsame Interesse an dieser Art von Naturbeherrschung bei Okkultisten und Hindus bzw. Buddhisten führt zu einem gewissen Maß an gegen-

seitiger Aufgeschlossenheit, insbesondere von seiten des Okkultismus. Esoterische Verlage vertreiben Literatur aus beiden Lagern, ohne einen großen Unterschied zu machen.

Tiefgreifender ist der Einfluß der okkultistischen Vorstellung, das christliche Fische-Zeitalter werde durch das Wassermann-Zeitalter abgelöst werden, auf die Rezeption und Interpretation hinduistischer Lehren im Westen. Schon Emanuel Swedenborg[23] hatte, wahrscheinlich im Anschluß an gewisse mittelalterliche Zeitspekulationen, angenommen, seine neue Bibelinterpretation markiere eine neue göttliche Dispensation. Die Vorstellung vom Wassermann-Zeitalter spielt auch im amerikanischen Okkultismus des vorigen Jahrhunderts, dessen erster Philosoph der 1826 geborene Andrew Jackson Davis war, eine wichtige Rolle und ist überdies in der Lehre der Theosophischen Gesellschaft und der von ihr abgespaltenen Gruppen eingegangen. Levi H. Dowling verfaßte ein »Aquarian Gospel«. Von seiten der Okkultisten und Esoteriker wurden und werden die indischen Gruppen im Westen als »New Age Groups«, d.h. als dem Wassermann-Zeitalter zugehörige Gruppen anerkannt und begrüßt[24]. Diese Charakterisierung ist auch von einigen dieser Gruppen selbst übernommen worden, z.B. von der »Healthy-Happy-Holy-Organisation« des Sikh-Guru Yogi Bhajan[25]. Das ist mehr als eine äußere Anpassung, denn hinter dem Dispensationalismus der okkulten Tradition steht ein Zeitverständnis, das dem traditionell indischen diametral entgegengesetzt ist. Dieses geht von einem zunehmenden Verschleiß kosmischer Energien aus und gelangt so zu einer Verfallstheorie, der gemäß vier Zeitalter aufeinander folgen, eins immer schlechter als das vorangehende, bis sich die Welt in einer kosmischen Katastrophe erneuert und die Abfolge der vier Zeitalter von vorn beginnt[26]. Dem okkulten Dispensationalismus dagegen liegt die optimistische Vorstellung einer fortschreitenden und zur Vollendung drängenden göttlichen Offenbarung zugrunde, die sich leicht mit dem optimistischen Evolutionsdenken des 19. Jahrhunderts verbinden konnte. Beides findet sich denn auch im Denken der Theosophischen Gesellschaft.

Der amerikanische Spiritualismus hat von Swedenborg auch die Vorstellung übernommen, daß der Mensch die Fähigkeit erlangen kann, die physische Sphäre zu verlassen und die sechs darüber liegenden geistigen Sphären zu schauen[27]. Auch diese Vorstellung findet sich in der Theosophie ebenso wie in jenen indischen Traditionen, auf die die Kosmologie des Rādhāsoāmī Satsaṅg zurückgeht. Freilich muß auch mit der Möglichkeit gerechnet werden, daß okkulte Traditionen von der Himmelreise der Seele durch die kosmischen Sphären die Kosmologie der Rādhāsoāmīs beeinflußt haben, und zwar durch Vermittlung der Theosophie, wie H. von Glasenapp andeutet[28]. Auch die Evolutionslehre, die Yogānandas Meister Svāmī Yukteśvara entwickelt hat[29], geht möglicherweise auf die Bekanntschaft mit theosophischen Lehren zurück, die wiederum aus der okkulten Tradition stammen. Svāmī Yukteśvara hatte, abweichend vom traditionellen indischen Kalender, ausgerechnet, daß die kosmische Abwärtsentwicklung im Jahre 499 n. Chr. ihren Tiefpunkt erreicht und ein neuer Aufstieg begonnen hat. 1699 habe das Kali-Yuga und 1899 die Übergangszeit zum Dvāpara-Yuga (Dvāpara-Sandhi) geendet. Das Jahr 1899 markierte für Yukteśvara also den Beginn des Dvāpara-Yuga, ganz im Gegensatz zum traditionellen indischen Zeitdenken, das auf das Kali-Yuga die kosmische Katastrophe folgen und darauf den Kreislauf der vier Yugas von neuem beginnen läßt. Wahrscheinlich würde eine Durchsicht theosophischer Schriften eine ähnliche Berechnung zutage fördern, denn auch Rudolf Steiner datiert das Ende des Kali-Yuga auf 1899[30].

Wenn die Hypothese zutrifft, daß die Rādhāsoāmī-Kosmologie und die Zeitalterberechnung Svāmī Yukteśvaras bereits in Indien von theosophischen Ideen beeinflußt worden sind, so hat die Theosophie nicht erst im Westen, sondern schon in Indien eine Vermittlerfunktion zwischen der Vorstellungswelt des westlichen Okkultismus und Spiritualismus und den östlichen Religionen wahrgenommen. Freilich ist auf beiden Seiten auch das Trennende bewußt geblieben: Vor allem die Reinkarnationslehre hat bei der Auseinandersetzung innerhalb des spiritualistischen Lagers als Schibboleth gewirkt[31]. Während Madame Blavatzky und andere im Anschluß an den französischen Spiritualisten Allan Kardec (= M. Ravail) diese Lehre akzeptierten, lehnten andere sie im Anschluß an Andrew Jackson Davis mit dem Argument ab, daß kein Geist, der einmal den Aufstieg begonnen hat, wieder in den Körper zurückkehre. Diese Position hat sich auch die 1893 gegründete »National Spiritualist Association of Churches of the United States of America« zu eigen gemacht. Gibt es also gewisse Unterscheidungsmerkmale zwischen stärker westlich und überwiegend östlich geprägten Vorstellungen, so ist der präzise Nachweis der Herkunft in anderen Fällen schwierig oder gar unmöglich. Denn wichtige Konzeptionen wie die vom Aufstieg der Seele durch die Himmelssphären, von den feinstofflichen Körpern und von den Möglichkeiten, okkulte Kräfte zu erwerben, sind den beiden großen Traditionsströmen gemeinsam.

5. Die Theosophische Gesellschaft

Die 1875 von Helena Petrowna Blavatzky und Henry Steel Olcott in New York gegründete Theosophische Gesellschaft[32] bildet einen aufschlußreichen Kontrast zu den indischen Bewegungen im Westen, weil sie nicht das Ergebnis indischer Bemühungen ist, indische Religion in den Westen zu verpflanzen, sondern das Resultat westlicher Anstrengungen, hinduistische und buddhistische Inhalte eklektisch auf einen vorgegebenen westlichen Stamm aufzupfropfen[33]. Europäer und Amerikaner, ihrer eigenen Tradition mehr oder weniger entfremdet, haben jene Inhalte in ihr okkultistisch und spiritualistisch vorgeprägtes Konzept zu integrieren versucht und dabei erfahren müssen, daß die verschiedenen Elemente ihres synkretistischen Unternehmens keineswegs geeignet waren, als Beweis für die These von der wesenhaften Einheit aller Religionen zu dienen, sondern immer wieder auseinandergestrebt und die Organisation dabei großen Belastungen ausgesetzt haben. Es hat sich gezeigt, daß die 1913 von der Theosophischen Gesellschaft abgespaltene Anthroposophische Gesellschaft Rudolf Steiners, die der abendländisch-christlichen Tradition wesentlich stärker verpflichtet und den östlichen Einflüssen gegenüber eher zurückhaltend war[34], mehr Konsistenz besitzt und darum krisenfester war. Aus diesem Grund und wegen des bevorzugt behandelten nordamerikanischen Kontextes wird auch nicht sie, sondern ihre Mutterorganisation hier dargestellt.

Die größte Bedeutung der Theosophischen Gesellschaft in ihrer Frühphase liegt auf dem Gebiet der hinduistischen und buddhistischen Renaissance. Die außerordentliche Leistung, die Annie Besant, die zweite Präsidentin der Theosophischen Gesellschaft, für die Wiederaufrichtung des hinduistischen Selbstbewußtseins vollbracht hat, hat in Indien allgemeine Anerkennung gefunden. Auch der ceylonesische Buddhismus hat ihrem Vorgänger Olcott viel zu verdanken. 1880 kam er auf Einladung des buddhistischen Hohepriesters Sumangala nach Ceylon, wurde dort zusammen mit Madame Blavatzky Buddhist, verfaßte einen allgemein anerkannten buddhistischen Katechismus und wirkte für die Förderung des buddhistischen Schulwesens, das gegenüber dem christlichen benachteiligt war. »So tat er für den Buddhismus in Ceylon, was Mrs. Besant später für den Hinduismus in Indien tat«[35]. Die Geschichte der Theosophischen Bewegung kann auch unter dem Gesichtspunkt betrachtet werden, daß die Begegnung mit Indien und Ceylon Menschen wie Olcott, vor allem Frauen wie A. Besant und – in geringerem Maße – H. P. Blavatzky, die aus verschiedenen

Gründen dem Christentum entfremdet und im Westen ihrer Chancen beraubt waren, eine geistige Alternative und neue Betätigungsfelder eröffnet hat.

J. Frohnmeyers[36] Unterscheidung von vier Phasen in der Entwicklung der theosophischen Bewegung ist trotz ihrer Schematik immer noch hilfreich: Die Theosophie unter dem Zeichen des Spiritismus, unter dem des Buddhismus, des Hinduismus und schließlich der abendländischen Wissenschaft. Die erste Phase beginnt mit der 1831 in Rußland geborenen Helena Petrowna Blavatzky geb. Hahn, die nach dreimonatiger Ehe ihren Mann verlassen hatte und auf ihrer unsteten Wanderschaft durch verschiedene Länder mit okkulten und spiritistischen Praktiken bekannt geworden war, für die sie offensichtlich eine besondere Disposition besaß. Folgt man der Darstellung ihres Lebens aus der Feder von Annie Besant[37], so begegnete sie bereits 1851 einem der angeblich in Tibet residierenden Mitglieder der »Großen Weißen Bruderschaft«, dem »Mahatma« Kut Humi, der ihr ankündigte, sie werde zur Gründerin einer weltweiten Gesellschaft werden. Seit dieser Zeit sei sie im Kontakt mit »Kut Humi«, »Moriya« und anderen Boten der großen Hierarchie gewesen. J. N. Fahrquhar[38] hat schon 1915 gegen diese Version Einspruch erhoben und darauf aufmerksam gemacht, daß in ihrem ersten, 1877 entstandenen Werk »Die entschleierte Isis« nicht von den tibetischen Meistern, wohl aber von Geistern Verstorbener, insbesondere von einem »John King« die Rede sei. »Isis unveiled« schöpft aus den Traditionen des Okkultismus, und die »Mahatmas« spielen erst nach der Übersiedlung Blavatzkys und Olcotts aus den USA nach Indien und in der 1888 erschienenen »Geheimlehre« eine Rolle. Die erste Phase, also die Jahre bis zur Übersiedlung nach Indien 1878/79 sind durch eine Vorliebe für das Magische und Dämonische und durch das Bemühen gekennzeichnet, die alten Religionen und deren okkulte Tradition gegenüber der harten Verurteilung von seiten der christlichen Kirchen in Schutz zu nehmen. Mit dem erklärten Ziel der Theosophischen Gesellschaft, zum Verständnis unter den Religionen beizutragen, hat das noch nichts zu tun. Vielmehr geht ihr Kampf um die Rehabilitierung von Okkultismus und Spiritismus, die jahrhundertelang unter dem christlichen Anathema gestanden hatten[39].

Die zweite Phase, unter dem Zeichen des Buddhismus, beginnt mit der Reise nach Indien. Die Hoffnung Blavatzkys und Olcotts auf Zusammenarbeit und Verschmelzung der Theosophischen Gesellschaft mit Dayānanda Sarasvatīs Ārya Samāj erfüllen sich nicht[40]. Die gemeinsame Abneigung gegen das Christentum bildete keine ausreichende Basis. Es folgten Jahre reger Tätigkeit in Indien und dem damaligen Ceylon, die ihren Höhepunkt in der 1882 erfolgten Verlegung des Hauptquartiers der Theosophischen Gesellschaft nach Adyar bei Madras und ihren Tiefpunkt in der Aufdeckung betrügerischer Tricks im Zusammenhang mit den Botschaften der »Meister« im Jahre 1884 haten, die Frau Blavatzky zur schleunigen Abreise aus Indien veranlaßten[41]. Die Kontakte mit ceylonesischen Buddhisten hatten, wie erwähnt, zur Konversion Blavatzkys und Olcotts zum Buddhismus geführt[42]. Auch Charles Webster Leadbeater, ein geweihter anglikanischer Priester, der sich 1883 der Theosophischen Gesellschaft anschloß und der Leiter ihrer esoterischen Sektion und zeitweilig Krishnamurtis Erzieher wurde, wandte sich bei seiner ersten Ankunft im Osten dem Buddhismus zu, was ihn freilich nicht hinderte, sich später – mit den »Segnungen des Herrn Maitreya« – zum Regionalbischof der Liberal-Katholischen Kirche konsekrieren zu lassen[43]. A. P. Sinnet beschrieb die okkulten Lehren der Theosophie unter dem Titel »Esoterischer Buddhismus«[44]. Erst nach der Ankunft Blavatzkys und Olcotts in Indien entwickelte sich das Konzept der »Großen Weißen Bruderschaft«, jener vollendeten Seelen, die, dem Kreislauf der Wiedergeburten entronnen, die Welt regieren und durch besonders Auserwählte wie Madame Blavatzky der Menschheit ihre Weisheit mitteilen. In Blavatzkys »Geheimlehre« haben diese »Offenbarungen« ihren deutlichsten Niederschlag gefunden. Der zeitliche Zusammenhang macht deutlich, daß Madame Blavatzky ihre alte Botschaft durch Aufnahme indischer Vorstellungen anreichern und der Situation anpassen wollte.

Die dritte Phase, im Zeichen des Hinduismus, hängt mit der Person und dem Werk der 1847 in England als Tochter eines Arztes geborenen Annie Besant zusammen. Bei aller Verschiedenheit in Charakter und persönlichem Format sind Übereinstimmungen mit Frau Blavatzkys Biographie erkennbar. A. Besants Ehe mit einem anglikanischen Geistlichen scheiterte, aus welchen Gründen auch immer, ihre hochkirchlich geprägte Frömmigkeit zerbrach – ein Vorgang, den sie in ihrem Buch »Mein Pfad zum Atheismus« geschildert hat[45]. Auf die Dauer konnten der Atheismus und Materialismus sie ebenso wenig befriedigen wie ihre soziale Tätigkeit als Fabianerin. Den entscheidenden Anstoß brachte die Lektüre der »Geheimlehre« und die Begegnung mit der Autorin H. P. Blavatzky im Jahre 1888. 1893, drei Jahre nach dem Tod Madame Blavatzkys, reiste A. Besant nach Indien, trat dort sofort als entschiedene und – selbst in den Augen nachdenklicher Hindus – unkritische Verteidigerin alles Hinduistischen und Indischen überhaupt auf, gründete 1898 das Central Hindu College, aus dem die Benares

Hindu University entstehen sollte, trat 1907 die Nachfolge des verstorbenen Olcott als Präsident der Theosophischen Gesellschaft an, gründete 1911 den »Orden des Sterns im Osten«, der den Brahmanenknaben Jiddu Krishnamurti als den kommenden »Weltenlehrer« proklamierte, machte einen kurzen, aber erfolglosen Versuch, die Reform des Kastensystems und anderer Mißstände zu fördern, stürzte sich 1914 in die Politik, wurde 1918 zur Präsidentin des Indischen Nationalkongresses gewählt, um schließlich ihren politischen Einfluß an Mahātma Gandhi zu verlieren[46]. Vom Hinduismus verschaffte sie sich in kurzer Zeit weitgehende, wenngleich nicht gründliche Kenntnisse und hat, wie die Theosophische Gesellschaft auch in späterer Zeit, viel für eine popularisierende Übersetzung und Verbreitung hinduistischer Schriften getan. Läßt sich also für den Beitrag A. Besants zur indischen Renaissance eine Fülle von Belegen beibringen, so kann bei ihr von einer in die Tiefe gehenden Hinduisierung der theosophischen Lehre nicht gesprochen werden, wie noch zu zeigen sein wird.

Die letzte Phase, unter dem Zeichen abendländischer Wissenschaft, hat in der Darstellung Frohnmeyers[47] nur noch regionale Bedeutung. Sie hat Person und Werk Rudolf Steiners zum Inhalt, der 1913 mit der Muttergesellschaft brach, die Anthroposophische Gesellschaft begründete und ihr seinen Stempel aufprägte. Unter seinem Einfluß traten die indischen Zuwächse zur ursprünglichen okkultistisch geprägten Lehre der Theosophischen Gesellschaft wieder zurück, obgleich er wichtige Konzepte wie z. B. die indische Lehre von Karma und Reinkarnation in der theosophischen Interpretation festgehalten und weiterentwickelt hat[48].

Untersucht man die Bedeutung Indiens und seiner Religionen für die Ausbildung der Theosophie näher, so zeigen sich Unterschiede hinsichtlich der Motivation und des Stellenwertes. Um mit der Übersiedlung Blavatzkys und Olcotts von den USA nach Indien zu beginnen, die zur Verlegung des Hauptquartiers nach Adyar führte, so resultierte sie wohl weniger aus der Sehnsucht nach dem Ursprungsland des Hinduismus als aus der Unhaltbarkeit der Situation in New York nach gewissen Enthüllungen[49]. Anders freilich die Übersiedlung von A. Besant, die schon vor ihrer Abreise Indien als ihr »wahres Mutterland« bezeichnete[50]. Die Konzeptionen der sog. Akasha-Chronik und des Buches »Dzyan«, das der »Geheimlehre« H. P. Blavatzky zugrunde liegen soll[51], gehören in die Reihe der pseudobuddhistischen bzw. -hinduistischen Begriffsbildungen und Vorstellungen, die in der gesamten indischen Religionsgeschichte nicht belegt sind. Die Verwendung der Vorstellung vom endzeitlichen Buddha Maitreya durch die

Theosophen, vornehmlich in der Anwendung auf den »kommenden Weltenlehrer« Krishnamurti, gehört in den Bereich der variablen religiösen Semantik. Der buddhistische Name kann durch solche anderer Herkunft ersetzt werden: So wurde Krishnamurti dem Westen antikisierend als »Alkyone« oder in christlicher Terminologie als Vehikel des kommenden Christus vorgestellt[52]. Von dieser Art ist auch die Verwendung hinduistischer und pseudohinduistischer Terminologie für die siebenteilige Anthropologie. Diese entstammt in Wirklichkeit der mittelalterlichen okkulten Tradition; die Theosophie aber benützt dafür die Terminologie der indischen Lehre von den fünf (!) Leibhüllen (kośas), Madame Blavatzky sogar die pseudo-hinduistische Bildung Kāmā-Rūpa (als sog. »tierische Seele«[53]). Die Konzeption H. P. Blavatzkys von der »Großen Weißen Bruderschaft« knüpft an die Vorstellung des Mahāyāna-Buddhismus an, daß eine Vielzahl vollendeter Buddhas in ihrem »Leib des Genusses« (sambhoga-kāya) von ihren Verehrern geschaut werden können, sie begnaden und als Bodhisattvas segnen[54]. Die »Bruderschaft« der Mahatmas wird von Theosophen mit den Eingeweihten (Adepten) der Rosenkreuzer identifiziert[55]. Andere theosophische Lehren stammen eindeutig aus der indischen Tradition. Von ihnen sind einige zu zentralen, unlösbar mit dem Ganzen der theosophischen Lehre verbundenen Konzepten geworden, die auch in Rudolf Steiners Anthroposophie ihren Platz behalten haben. Dazu gehört vor allem die Lehre von Karma und Reinkarnation, die in H. P. Blavatzkys »Entschleierter Isis« noch ausdrücklich geleugnet, in ihrer »Geheimlehre« nur halbherzig rezipiert wurde und sich erst bei A. Besant voll durchgesetzt hat[56]. Die Integration dieser Lehre in die Theosophie war um so leichter, als schon im klassischen Yoga die Kenntnis früherer Existenzformen zu den übernatürlichen Kräften gezählt wurde[57]; die früheren Existenzen und die aus ihnen resultierenden karmischen Bedingungen konnten zum Gegenstand des Hellsehens gemacht werden, das vor allem in der Theosophie C. W. Leadbeaters eine bedeutungsvolle Rolle spielte. So wurde entdeckt, daß »Jesus« um 13500 v. Chr. die Ehefrau eines südindischen Kaisers, später der Vater Julius Caesars u. a. m. war[58]. Indischen Ursprungs ist in den Grundzügen auch die Lehre von der zyklischen Entwicklung der Welt, der gemäß die Erde sieben Entwicklungsstufen und auf jeder von ihnen wiederum sieben Runden zu durchlaufen hat, aus denen je sieben Wurzelrassen und aus diesen wiederum je sieben Unterrassen entstehen. Die Grundzüge dieser Lehre finden sich im nepalesischen Buddhismus und im Viṣṇu Purāṇa[59]. Die Bedeutung dieses Konzepts liegt darin, daß es den geschichtlichen Rahmen für das erwartete Kommen des Weltenlehrers abgibt, das A. Besant zunächst für den Westen ankündigte, bis auf Betreiben C. W. Leadbeaters J. Krishnamurti für diese Rolle designiert wurde. Das Kommen des Weltenlehrers war dazu bestimmt, das Auftreten einer neuen Unterrasse einzuläuten[60]. Indischen Ursprungs sind auch zahlreiche der Konzentrations- und Meditationsübungen, wenn sie auch mit solchen okkultistischen Ursprungs vermischt sind[61]. Das Ziel der Übungen, wie es in der Theosophie und der Anthroposophie definiert wird, ist freilich weder mit der buddhistischen Erkenntnis der vier Wahrheiten vom Leiden[62] noch mit der hinduistischen Einheitserfahrung von Ātman und Brahman identisch. Die Rezeption hinduistischer und buddhistischer Inhalte geht also nicht in jene Tiefe, in der das für die jeweilige Religion charakteristische Heilsverständnis aufleuchtet. Vielmehr werden sie in das okkultistisch und spiritistisch vorgeprägte Gesamtverständnis integriert.

Da diese Basis recht schmal ist, kann man die Theosophie als eine nicht völlig geglückte synkretistische Neubildung betrachten. Das wird durch die immer wieder auftretenden zentrifugalen Kräfte bestätigt, die ihre Einheit gefährden und nur mühsam dadurch verdeckt werden, daß man auf ein theosophisches Gesamtsystem verzichtet und eine Pluralität individueller theosophischer Erkenntnisse gelten läßt[63] und die Theosophische Gesellschaft als »Treffpunkt aller, die Gott oder dem Menschen zu dienen versuchen« definiert[64]. Sieht man einmal von personell bedingten Auseinandersetzungen ab, an denen die ersten Jahrzehnte der Theosophischen Gesellschaft keinen Mangel kannten, so war es vor allem das Konzept des Weltenlehrers und die Ausrufung von J. Krishnamurti als solchen, die zu Spannungen und Spaltungen führte. Zusammen mit der Propagierung seiner angeblichen früheren Existenzen war sie der Anlaß für eine ernsthafte Entfremdung zwischen der Theosophischen Gesellschaft und vielen Hindus und führte darüber hinaus zum Bruch mit der von Rudolf Steiner geleiteten deutschen Sektion und zur Bildung der Anthroposophischen Gesellschaft[65]. Später, als Krishnamurti sich nicht mehr in die ihm zugedachte Rolle fügen wollte, hatte A. Besant alle Mühe, zwischen ihm, den beunruhigten Mitgliedern des »Ordens des Sterns im Osten« und der kritisch eingestellten Esoterischen Sektion zu vermitteln. Umgekehrt waren die Esoterische Sektion und in ihr insbesondere die Person Leadbeaters umstritten. Auf dem Höhepunkt der Auseinandersetzung um Krishnamurti sah sich A. Besant 1928 sogar veranlaßt, die Esoterische Sektion zu schließen, machte diesen Schritt freilich bald wieder rückgängig, nachdem

Krishnamurti sich von der Theosophischen Gesellschaft getrennt hatte[66]. Nicht wenige Mitglieder wünschten, zur »reineren« Form der Theosophie, wie sie von H. P. Blavatzky vertreten worden sei, zurückzukehren[67]. Diese Auseinandersetzungen verraten eine Unsicherheit hinsichtlich des wahren Wesens dieser komplexen Größe Theosophie. Das Problem kann auch als Frage nach dem inneren Zusammenhang der von H. P. Blavatzky proklamierten und bis heute gültigen drei Ziele der Theosophie formuliert werden[68]: 1. Universelle Bruderschaft der Menschheit, 2. Studium der Weltreligionen und Eintreten für die »alte asiatische Literatur«, 3. Erforschung der psychischen und spirituellen Kräfte. Je nachdem, ob religiöse Einheit, asiatische Religionen oder okkultistische Forschung betont werden, verändert sich das Bild dieser Bewegung.

Die zentrifugalen Kräfte machen sich auch bei der Frage der institutionellen Gestalt und religiös-weltanschaulichen Affiliierung bemerkbar. Die Theosophische Gesellschaft hat sich so disparater Organisationsformen bedient wie Freimaurerlogen einerseits und der Liberal-Katholischen Kirche andererseits, und Krishnamurti seinerseits hat ein reformiertes hinduistisches Zeremoniell eingeführt[69]. So sehr eine solche Mannigfaltigkeit auch dem Ziel religiöser Einheit entsprechen mag, so unübersehbar sind auch die daraus entstandenen Probleme und Spannungen[70].

Die Frage nach der Bedeutung Indiens und der aus ihm hervorgegangenen Religionen für die Ausbildung des theosophischen Denksystems kann also nur differenzierend beantwortet werden. Inhalte dieser Religionen sind zu verschiedenen Zwecken rezipiert worden: Zur semantischen Bereicherung und Anpassung, zur Ausformung eigener Konzepte, die sich zwar indischer Sprachformen bedienen, jedoch inhaltlich und z.T. auch sprachlich als pseudohinduistisch bzw. -buddhistisch bezeichnet werden müssen, und schließlich die Rezeption zentraler indischer Vorstellungen, die, losgelöst vom charakteristischen Heilsziel sowohl des Hinduismus als auch des Buddhismus, das theosophische Denken bereichern und beeinflussen, ohne es umzugestalten. Darin erweist sich die Theosophie als synkretistische Religionsbildung. Daß hinduistische Gruppen sich davon zu distanzieren wußten, macht vor allem die erwähnte Polemik Vivekānandas deutlich: »Die Hindus ... benötigen nicht die toten Geister von Russen und Amerikanern ... Man stößt einen Seufzer der Erleichterung darüber aus, daß diese wundervolle Weisheit geheimgehalten wird«[71].

Daß der okkultistisch-theosophisch-orientalische Synkretismus immer noch produktiv ist, erweist sich an Neubildungen wie Eckankar[72]. 1965 von dem Amerikaner Paul Twitchell gegründet, hat diese Bewegung sich auch in europäischen Ländern einschließlich der Bundesrepublik verbreitet. Zugleich ist sie ein Beweis dafür, daß auch Weiße die Rolle des Guru bzw. Meisters übernehmen können, die früher Asiaten vorbehalten war. Die wenigen kritischen Darstellungen von Eckankar[73] betonen einseitig die Beziehungen zur Theosophie und übersehen die frappante Ähnlichkeit mit wichtigen Lehren des Rādhāsoāmī Satsaṅg. Schon der Name entstammt offensichtlich der Rādhāsoāmī-Tradition. Paul Twitchell deutet »Eck« als den Hörbaren Lebensstrom bzw. Gott, und »Eckankar« als »Mitarbeiter Gottes«. Im weiteren Sinne bezeichnet »Eckankar« in der Darstellung Twitchells die »alten Wissenschaften des Seelenreisens« durch die kosmischen Sphären bzw. die höheren Bewußtseinszustände. Wahrscheinlich soll diese pseudolinguistische Erklärung die Tatsache verschleiern, daß Twitchell diesen Begriff der Rādhāsoāmī-Tradition entnommen hat, wo er ohne das c in der Form Ekankar, Ek-Omkar oder Ekonkar geschrieben und als »waltende Gotteskraft« oder der »höchste, allumfassende Gott« erklärt und mit dem hörbaren Lebensstrom und »Namen« identifiziert wird[74]. Der sprachliche Zusammenhang mit der Vorstellung der Einheit des Göttlichen und mit dem Mantra Oṃ ist klar erkennbar. Hier wie überhaupt in allen Texten und insbesondere in den Glossaren von Eckankar verrät sich, daß Twitchell und sein Nachfolger Darwin Gross das orientalische Vokabular willkürlich und unbelastet von linguistischen Kenntnissen interpretieren.

Aus der Rādhāsoāmī-Tradition stammt ferner die Vorstellung von der Negativen Macht (Kāl Nirañjan), die die Seele am Aufstieg in höhere Regionen zu hindern trachtet; weiterhin die Vorstellung, daß die Seele über jene kosmischen Sphären hinaus, denen die Religionen entstammen, in die fünfte Region vorstoßen muß, mit der der Bereich des reinen, von der Materie unberührten Geistes beginnt. Die Kosmologie ist hinsichtlich der Anordnung und Bezeichnung der verschiedenen Himmelssphären sowohl von den Rādhāsoāmīs als der Theosophie beeinflußt. Am deutlichsten dokumentiert sich die Nähe zum Rādhāsoāmī Satsaṅg und die Distanz zur Theosophie in der Betonung der Notwendigkeit des Lebenden Meisters als eines exklusiven Heilsmittlers, die ja einen wichtigen Bestandteil der antitheosophischen Polemik des Rādhāsoāmī und

Ruhāni Satsaṅg ausmacht. Annie Besant wird nicht dem Seelenreisen-System, sondern dem »Intellektualismus« zugerechnet[75]. Auch hier wird freilich ein Kompromiß Twitchells mit der Theosophie erkennbar: Hat die Seele erst einmal die fünfte Region erreicht, so bedarf sie keiner Führung mehr, sondern durchwandert allein und nach eigenem Gutdünken die kosmischen Sphären. Typisch theosophisch dagegen ist die Anschauung, Paul Twitchell (indisierend: »Paulji«) sei vom »tibetischen ECK-Meister Rebazar Tarzs« in der Kunst des Seelenreisens unterwiesen, und zwar auf der »Seelenebene«, eben jener fünften Sphäre, die bei den Rādhāsoāmīs »Sach Khand« heißt. 1965 sei Twitchell zum 971. Lebenden Meister bzw. Mahanta des altehrwürdigen »Ordens der Vairagi« erhoben worden. Vor seinem Tode 1971 habe er den »Stab der Macht«, das Mahanta-Szepter an seinen Nachfolger Darwin Gross weitergereicht.

Auch Elemente des Sūfismus und des chinesischen Denkens hat Twitchell seinem System integriert. Der Name der höchsten Gottheit, beim Rādhāsoāmī Satsaṅg und Ruhāni Satsaṅg »Rādhāsoāmī«, wird als »Sugmad« angegeben, die Grundschrift der Eckankar-Lehre, deren Original nach theosophischem Vorbild in den »Tempeln der goldenen Weisheit« auf den verschiedenen Himmelssphären aufbewahrt sein soll, als Shariat-ki-Sugmad. Unterhalb der fünften Sphäre befindet sich der Bereich der Dualität, dessen Eigentümlichkeit Twitchell mit Hilfe der chinesischen Vorstellung von der Polarität des männlichen und weiblichen Prinzips (Yin und Yang) beschreibt. Von daher – und möglicherweise von Vorstellungen C. G. Jungs und noch älteren Lehren von der androgynen Natur des Menschen, aber auch der Hinduismus kennt eine Polarität des Männlichen und Weiblichen – ist seine Anthropologie bestimmt: Jeder Mensch ist zugleich männlich und weiblich; das wahre Menschsein besteht in der Herstellung des Gleichgewichts beider Elemente. Dieser Vorgang wird »Seelenpaarung« genannt. Auch das Verhältnis von Mann und Frau sieht Twitchell unter diesem Aspekt: Es geht auch bei der Ehe um die Wiederherstellung der ursprünglichen Einheit und die Überwindung der Dualität. Ohne Hilfe der männlichen Seele kann die weibliche nicht mit dem göttlichen Lebensstrom in Kontakt treten. Erst aufgrund der Vereinigung mit dem männlichen Pendant kann sie in ihre göttliche Heimat, in die fünfte Region zurückkehren. Umgekehrt ist auch die männliche Seele auf die weibliche angewiesen: Erst die Harmonie und Balance zwischen beiden ermöglicht die Überwindung der Dualität und macht den besonderen Sinn der Ehe aus, die bei Eckankar eine positive Wertschätzung erfährt. Beides, die Hoch-

schätzung der Ehe und die Vorstellung einer gewissen Inferiorität der Frau hinsichtlich der Heilserlangung, findet sich gleichermaßen bei den Rādhāsoāmīs[76].
Wie bei jenen – und übrigens auch bei der TM – wird auf der Reise durch die höheren kosmischen Sphären bzw. Bewußtseinszustände das Göttliche in seinen verschiedenen Aspekten erfahren: Dabei führt der Weg über die Erkenntnis Gottes (des Sugmad) als Liebe und als Macht zum Innewerden der Identität der Seele mit ihm und schließlich zur Erfahrung »Ich bin Gott, der Vater ... der Sohn ...«. In der letzten Erkenntnis, daß es keinen Gott gibt außer des Menschen eigenem Selbst, gipfelt die Überwindung der Dualität und die Erlangung der wahren Gotteserkenntnis. Darum bildet auch nicht die Vereinigung mit der Gottheit das Ziel, sondern ein Leben als »Mitarbeiter Gottes«. Ans Ziel gelangt, sucht die Seele selbst ihren Aufenthaltsort und ihre Tätigkeit aus. Sie kann die Aufgabe eines »spiritual traveler« übernehmen, der freiwillig in die unteren Regionen zurückkehrt, um anderen beim Aufstieg zu helfen, wie »Rebazar Tarzs« es für Paul Twitchell tat.
Man würde das Anliegen von Eckankar mißverstehen, wollte man es als eine Art transzendentalen Tourismus interpretieren. Gewiß spielt das – im weiteren Sinne des Wortes – »gnostische« Streben nach Erkenntnis höherer Welten eine Rolle. Es ist aber eng auf die Bewältigung konkreter Lebensprobleme bezogen, wobei die alte, dem Okkultismus wie dem tantrischen Yoga zugrundeliegende Vorstellung, daß die »obere« und die »untere« Welt übereinstimmen und sich die eine von der anderen her bestimmen läßt, eine überbrückende Rolle spielt. Das Leben auf der »physischen Ebene« reflektiert das der Astralebene und unterliegt überdies karmischen Gesetzmäßigkeiten, die auf der nächsthöheren, der Kausalebene verankert sind. Wer über sie hinausgelangt, erlangt Herrschaft über sie. Große Erfinder sollen in ihren Astralleibern das große »Museum« auf der Astralebene besucht und dort die Archetypen ihrer Erfindungen geschaut haben. Die Astralebene gilt als die Sphäre der Imagination und Emotion, und Imagination ist das Mittel, sich auf ihre Höhe zu »projizieren«. Twitchell verwendet dafür, wenngleich abwertend, den Ausdruck »Astralprojektion«; lieber spricht er aber von der »Technik des imaginativen Prozesses«. Mittels der Konzentration auf das »Dritte Auge« und Vergegenwärtigung bzw. »Visualisierung« wird die Seele in ihrem Astralleib dorthin projiziert. Denn das »alte Gesetz der astralen Welt« besagt: »Wohin man seinen Gedankenleib versetzt, dorthin muß der Rest folgen« (Eckankar S. 50). Twitchell folgt hier – soweit sich das angesichts der unzureichenden Kenntnis des esoterischen Geheim-

wissens feststellen läßt – im wesentlichen bekannten okkulten und theosophischen Praktiken. Höher schätzt er aber die davon zu unterscheidende Technik des Seelenreisens ein, die im Aufstieg der Seele mit Hilfe des Klang-Yogas besteht, wie er aus der Lehre der Rādhāsoāmīs bekannt ist. Als Mantras werden die Worte Sugmad, Gopal und – in amerikanischer Aussprache – Mahanta empfohlen (Eckankar S. 58f). Wichtige Ergebnisse des Seelenreisens sind das Auffinden der »Zeitspur«, ein auch in der Scientology verwendeter Begriff[77], das die Kenntnis der Vergangenheit früheren Karmas und seiner Einwirkung auf die Gegenwart ermöglicht, sowie die Lektüre der aus der Theosophie bekannten Akasha-Chronik, die alle Ereignisse von Anbeginn der Welt gespeichert hat. Wie schon der Rādhāsoāmī Satsaṅg, lehrt auch Eckankar, daß der Lebende Meister von der Negativen Macht die Verwaltung des Karmas derer übernimmt, die sich ihm völlig anvertraut haben, und so alles zu ihrem Besten wendet. Mit Hilfe des Meisters lernt der Eingeweihte, »in diesen höheren spirituellen Welten zu existieren, während er seine Handlungen und Aktivitäten in den niederen Welten steuert, mit dem Ergebnis, daß er in einem viel höheren Bewußtseinszustand lebt als der Großteil der menschlichen Rasse. Der Student, der das Seelenreisen gemeistert hat, arbeitet in einer Atmosphäre des inneren Vertrauens, des inneren Friedens, der heiteren Gelassenheit und der Harmonie mit allen Dingen. Mit der Führung des Lebenden ECK-Meisters und durch die eigene Fähigkeit des Seelenreisens erreicht der Student auf dem Weg von *Eckankar* den Zustand totaler Befreiung, totaler Freiheit und totaler Bewußtheit. Demzufolge heißt es, daß er in dieser Welt ist, aber nicht von ihr ist. Durch *Eckankar* . . . hat er gelernt, die Geheimnisse der Existenz zu entdecken, hat sich die Fragen selbst beantwortet: ›Wer bin ich? Woher kam ich? Was mache ich hier? Wohin gehe ich?‹« wie es in einer Werbeschrift heißt. Eckankar vermittelt also einen Einblick in die verborgene Kausalität, die das Menschenleben bestimmt, die Fähigkeit, mit ihr so umzugehen, daß die karmische Kausalkette ihn nicht noch tiefer verstrickt, und vor allem das Vermögen, dem unvermeidlichen Ablauf karmisch bedingter Prozesse aus der gelassenen Distanz des unbeteiligten Beobachters zuzusehen.

Wie verwandte Bewegungen vermittelt Eckankar also eine Existenzdeutung und -bewältigung sub specie des Karma. Sogar politische Fragen werden aus dieser Sicht entschieden: Dem Sozialismus bescheinigt Twitchell, daß er niemals funktionieren kann, weil Schulden voll bezahlt werden müssen (Eckankar S. 142). Unüberlegtes Intervenieren ist überhaupt von Übel: »Laßt sie kämpfen,

laßt sie einander töten. Das ist ihr freier Wille und ihre Last, und nicht unsere Sache ist es, einzugreifen, wenn wir nicht einen Teil ihres Karmas auf uns nehmen wollen. Nicht, daß wir jemals Mangel an Sympathie empfinden sollen, aber laß dich niemals darauf ein, die Last eines anderen zu übernehmen« (Tiger's Fang S. 173). Auf der fünften Ebene, der »Seelenebene«, wird das unverbrüchliche Gesetz des Karma schließlich durch die Herrschaft von Liebe und Barmherzigkeit abgelöst.
Eckankar soll etwa 50000 initiierte Mitglieder und zwei bis drei Millionen »Sympathisanten« haben[78].

7. Subkultur und psychodelische Religion

In der Zeit nach dem 2. Weltkrieg haben sich im Umfeld der indischen religiösen Bewegungen im Westen wesentliche Veränderungen abgespielt, die nicht nur für ihren Erfolg von entscheidender Bedeutung waren, sondern auch auf ihre Organisationsformen, ihre soziologische Zusammensetzung und auf ihren Lebensstil zurückgewirkt haben. Die Bereitschaft, sich dem Einfluß fremder Religionen zu öffnen, wächst mit der Desorientierung einer Gesellschaft hinsichtlich ihrer überkommenen gemeinsamen Wertvorstellungen. Das ist es, was seit dem Ende der fünfziger Jahre vor allem in den Vereinigten Staaten sich ereignet und zur Bildung von Sub- bzw. Gegenkulturen[79] geführt hat, die nicht nur Toleranz für, sondern auch ein Bedürfnis nach kulturellen und religiösen Alternativen entwickelten. Ohne diese Entwicklung wäre der Zuwachs religiöser Gruppen an Quantität, freilich auch der Verlust an kultureller Qualität bei einigen von ihnen undenkbar gewesen. Der Unterschied zwischen Subkultur und Gegenkultur ist begrifflich leicht zu formulieren, in der Praxis freilich nicht so einfach anzuwenden. Im Unterschied zur Subkultur, die ein Subsystem oder Teilsystem der dominierenden Kultur darstellt, ist eine Gegenkultur in der Definition von Kenneth Westhues ein »System von Überzeugungen, das im Gegensatz zu den Wurzeln oder dem Fundament steht, auf welchem die herrschende Kultur ruht«[80]. Der Begriff »Gegenkultur« stammt von Theodore Roszak, der in seinem Buch »Making of a Counterculture«[81] 1969 keine objektive Beschreibung, sondern eine bewußt parteiliche Darstellung dieses Phänomens und seiner Bedeutung für die Gesamtgesellschaft, wie er sie sah, gegeben hat. Es mag dahingestellt bleiben, ob nicht spätere Generationen ein höheres Maß an Gemeinsamkeit von Kultur und Gegenkultur der sechziger und siebziger Jahre diagnostizieren werden.

Für die indischen religiösen Bewegungen im Westen markierte diese Zeit den Übergang von der zweiten, elitären Phase zur dritten[82], die durch eine Akzentverlagerung von der vorwiegend intellektuellen Beschäftigung mit östlicher Religiosität zu einem stärkeren Interesse an religiösen Ritualen und Praktiken gekennzeichnet ist. Es ist die Phase der Popularisierung asiatischer Religionen im Westen. Für sie ist nicht mehr der Svāmī im westlich geschnittenen Talar, sondern der exotisch gekleidete Guru kennzeichnend, nicht das liberale Boston, sondern Kalifornien. Freilich ist Kalifornien von Anfang an ein Schwerpunkt östlicher Religiosität im Westen gewesen. Die Bewegung, von der hier die Rede ist, begann gegen Ende der Fünfziger mit der sog. Beatgeneration, die sich um eine Gruppe begabter Literaten wie Allen Ginsberg und Alan Watts scharte, sich gegen die Zwänge einer rationalen Weltdeutung und technologischen Zivilisation sowie gegen die Gefahr atomarer Vernichtung auflehnte und ihnen die Ideale der Liebe, des Pazifismus und Anarchismus entgegenstellte. In dieses Wertsystem konnten buddhistische Vorstellungen und Praktiken, freilich umdeutend, leicht integriert werden. Die Beatniks waren fasziniert von der Vorliebe des Zen für paradoxe Formulierungen und Rätselfragen (Kōans) sowie für seine Hochschätzung des Konkreten und Natürlichen. Bei dem Ringen um ein neues Naturgefühl bot sich die Identifizierung von Welt und Buddha-Natur im Mahāyāna-Buddhismus als Hilfe an. Die Vorliebe für den tantrischen Buddhismus Tibets hängt mit der Ablehnung der puritanischen Sexualmoral durch die Beatgeneration zusammen. Das Zen taugte wenig dazu, ihren hedonistischen Tendenzen eine religiöse Weihe zu verleihen. Die freie, künstlerische Adaption des Zen kommt bei Jack Kerouac, dem Chronisten der Beatgeneration, schön zum Ausdruck, wenn er in seinem Roman »The Dharma Bums« Japhy Rider – ein leicht durchschaubares Pseudonym für Alan Watts – sagen läßt: »Ich habe eine Vision von einer großen Rucksackrevolution, Tausende oder sogar Millionen junger Amerikaner, die mit Rucksäcken 'rumwandern, auf Berge gehen, um zu beten . . . junge Mädchen glücklich machen . . ., als Zen-Besessene, die 'rumlaufen und Gedichte schreiben . . . und die durch Freundlichkeit und auch durch seltsame, unerwartete Handlungen ständig jedermann und jeder lebenden Kreatur die Vision ewiger Freiheit vermitteln«[83]. Das hat mit der strengen Zucht, die japanische Rōshis bald auch in westlichen Zen-Zentren walten ließen[84], nur wenig zu tun. Noch weniger vertrug sich damit, daß das Zen schließlich Mode und aus dem Zen-Buddhismus »Zen-Snobismus« wurde[85]. Das »Beat-Zen« ist ein deutliches Beispiel für die gegenkulturelle Umfunktionierung nichtchristlicher religiöser Inhalte im Westen. Daß in einer vom Christentum geprägten Kultur die Gegenkultur sich nichtchristlicher Religionen bedienen muß, ist mit Recht gesagt worden[86], reicht als Erklärung aber nicht aus. Auch aus inhaltlichen Gründen hätte sich die christliche Tradition nicht dazu geeignet, der Beatgeneration das zu vermitteln, was sie in den verschiedenen buddhistischen Traditionen fand.

Im Unterschied zum künstlerisch-bohemehaften Beat war die Hippie-Bewegung in der Mitte der sechziger Jahre eine Angelegenheit der »Jugendszene«. Mit ihr beginnt die Problematik östliche Religionen – westliche Jugend. Es waren vor allem die aus dem Hinduismus stammenden organisierten Gruppen, die unter den Hippies Fuß fassen konnten. Es handelt sich bei den Hippies um eine Massenbewegung zunächst nordamerikanischer Jugendlicher bürgerlicher Herkunft, die sich gegen alles auflehnten, was sie als gesellschaftlichen Rollenzwang, Versklavung an Macht und Besitz, Erfolgsstreben und Konkurrenzdenken, kurz als den »American way of life« empfanden. Was sie dem entgegenstellten, war das Bekenntnis zur eigenen Subjektivität (»doing one's own thing«), die Suche nach neuen Formen der Gemeinschaft und die Hoffnung auf ein neues Zeitalter, auf Blumen statt Panzer und Frieden statt Krieg. Das primäre Interesse galt freilich nicht rationalen Konzepten zur Problembewältigung, sondern der Veränderung des eigenen Bewußtseins. Davon ist auch der Umgang der Hippie-Kultur mit religiösen Traditionen bestimmt. Die Abneigung gegen einen rationalen, »verkopften« Zugang zur Wirklichkeit führte dazu, daß die intellektuelle Bemühung um religiöse Texte und Konzeptionen, die in der zweiten Phase der hinduistischen Bewegung im Westen eine so wichtige Rolle gespielt hatte, völlig hinter einem eklektischen, experimentellen Umgang mit Meditationspraktiken, religiösen Symbolen und Ritualen verschiedenster Herkunft zurücktrat. Was westliche Aufklärung und christliche Mission an den nichtchristlichen Religionen als »Aberglauben« verurteilt hatten und was von Reformhinduismus und -buddhismus selbst schamhaft in den Hintergrund gedrängt worden war, nämlich magische Praktiken, altertümliche Rituale und phantasievolle Mythen – gerade das zog die Aufmerksamkeit einer jungen Generation auf sich, die der Rationalität überdrüssig geworden war. Ethnisches Kolorit wurde nicht abgestreift, sondern im Gegenteil um seiner selbst willen gesucht. Indianische Kultur[87] und schamanistische Techniken erregten Interesse, auch buddhistisch oder hinduistisch Meditierende befragten das altchinesische Orakelbuch I-Ching, und esoterische Techniken des rechts- und linkshändigen Tantrismus wurden gelehrt und eingeübt. Es ist nicht von ungefähr, daß gerade in dieser Zeit auch in den Wissenschaften Interesse und Verständnis für den buddhistischen und hinduistischen Tantrismus, besonders für das Vajrayāna erwacht sind[88]. Aus der chinesischen Tradition war es vor allem der Taoismus, dessen Polemik gegen das konfuzianische Ordnungsdenken und Bildungsideal den Hippies aus dem Herzen gesprochen war[89]. Die verschiedenen Formen der Mystik mußten schon aus soziologischen Gründen ihren Beifall finden: Mystik ist antiinstitutionell und – wie gerade die Geschichte des Taoismus beweist – potentiell anarchistisch[90]. Das Jahr 1967 bildet in den USA den Höhepunkt der Hippie-Bewegung. In jenem Sommer sollen sich ungefähr eine halbe Million Hippies in den großen Zentren in New York und vor allem im Haight Ashbury-Distrikt von San Francisco aufgehalten haben. Zu der Zeit waren die organisierten hinduistischen Gruppen dabei, in der »Szene« Fuß zu fassen. Svāmī Prabhupāda hatte 1965/66 die Verkündigung des Kṛṣṇa-Bewußtseins in New York begonnen, wo auch Allen Ginsberg zum Kreis um ihn gehörte[91]. 1967 verlegte er sein Arbeitsfeld in den Haight Ashbury-Distrikt und gewann 1967/68, überwiegend aus der Gegenkultur, etwa 150–200 Konvertiten. Maharishi Mahesh Yogi hatte 1965 zur Arbeit unter Studenten die SIMS gegründet. In der Zeit um 1970 hatten mehrere Śivānanda-Jünger, der Ānanda Mārga, Guru Mahārāj Ji und andere Gurus ihre Arbeit in der jugendlichen Subkultur aufgenommen. Die hinduistischen Bewegungen haben dabei wichtige Züge des religiösen Vorverständnisses der Hippie-Kultur übernommen: Den Antiintellektualismus, die Betonung von Praxis und Experiment u.a.m. Anderes wiederum wurde von ihnen abgelehnt oder zumindest nicht übernommen: Der religiöse Eklektizismus und Synkretismus, im allgemeinen auch die antiasketische Tendenz. Sie hatten freilich kein Monopol auf die Verbreitung hinduistischer Inhalte im Westen. Schon in der Mitte der sechziger Jahre hatten sich viele Hippies auf den Pilgerweg nach Indien begeben; überdies lag die religiöse Literatur des Hinduismus (und des Buddhismus) in wichtigen Teilen in Übersetzungen vor. Asiatische Religiosität hätte also auch von selbst an Einfluß gewonnen. Die Missionstätigkeit organisierter Gruppen hat die Gestalt dieser Beeinflussung jedoch nicht unwesentlich verändert.

Die eigentliche Brücke zwischen der Hippie-Kultur und den asiatischen Religionen, insbesondere dem Hinduismus, wird von den psychodelischen Drogenerfahrungen[92] gebildet, die ein wesentliches Element der Hippie-Szene darstellen, freilich auch viel zu ihrem Scheitern beigetragen hat. Der Beginn der amerikanischen

Gegenkultur fällt zeitlich mit der Erforschung und Erschließung synthetischer und natürlicher Drogen[93] zusammen. Nachdem der Schweizer Chemiker Albert Hoffmann schon 1943 die Drogenwirkung des synthetischen LSD 25 entdeckt hatte, gelang es ihm 1958, den Wirkstoff Psilocybin des (sog.) Theonanacatl-Pilzes zu isolieren und zu analysieren, der schon in der aztekischen Religion eine Rolle gespielt hatte. Aldous Huxley hatte 1953 Selbstversuche mit der mexikanischen Droge Meskalin gemacht, die aus der Kaktuspflanze Peyotl gewonnen wird. Diese hat in den Gottesdiensten der »Native American Church of the United States«, einer Indianerkirche, eine wichtige Funktion. Durch sein 1954 erschienenes Buch »Die Pforten der Wahrnehmung« verschaffte A. Huxley seinen Drogenerfahrungen eine weite Publizität und regte eine Reihe von Forschern zu Selbstversuchen und Experimenten mit Drogen an. 1960 machte der Psychologe Timothy Leary, der der Drogenapostel der Hippie-Szene werden sollte, seine ersten Versuche mit Psilocybin. Ein Jahr zuvor war das Buch »The halluzinogenic Mushrooms of Mexico« von Gordon Wasson erschienen. Für die Rolle, die halluzinogene bzw. psychodelische (»mind manifesting«), wie sie jetzt genannt wurden, Drogen in der Hippie-Kultur spielen sollten, war die religiöse Deutung von Drogenerfahrungen von entscheidender Bedeutung, die nicht erst von Leary, sondern schon von Huxley und Wasson vertreten worden war.
Sie besagt, daß die unter dem Einfluß von solchen Drogen gemachten Erfahrungen mit denen christlicher und nichtchristlicher Mystiker identisch und daß sie überhaupt der Ursprung der Religion seien. Sie hätten den Menschen der Urzeit die ersten Transzendenzerfahrungen vermittelt. Der Titel von Huxleys Buch ist dem Wort William Blakes entnommen: »Sind die Pforten der Wahrnehmung gereinigt, wird alles dem Menschen so erscheinen, wie es ist, unendlich«[94]. Leary popularisierte und propagierte diese zweifelhafte These, indem er Drogen als die »Religion des einundzwanzigsten Jahrhunderts«, »westlichen Yoga« und ähnliches hinstellte. Schon Huxley hatte festgestellt: »Diese berühmte ›Wiederbelebung der Religion‹ ... wird nicht eintreten als das Resultat evangelistischer Massen-Meetings oder der Fernseh-Sendungen photogener Geistlicher. Sie wird aber eintreten als das Resultat biochemischer Entdeckungen, die es einer großen Anzahl von Männern und Frauen erlauben werden, radikale Selbst-Transzendenz und ein tieferes Verständnis über das Wesen der Dinge zu erlangen. Und diese Wiederbelebung der Religion wird zugleich eine Revolution sein ...«[95]. Zusammen mit Allen Ginsberg proklamierte Leary die »Psychodelische Weltrevolution« und entschloß sich, seine Kräfte

»der altehrwürdigen Underground-Gesellschaft der Alchemisten, der Mystiker, der geheimen Visionäre, der Ausbrecher, der desillusionierten Jugend, der Söhne der Zukunft« zu weihen[96]. Dieser Versuch, eine Art von Drogenmystik mit der Absage der Hippies an die Gesellschaft zu verbinden, kommt auch in seiner berühmt gewordenen dreifachen Weisung zum Ausdruck »Turn on, tune in, drop out« (Schalt ein, stimm dich ein, brich aus). Damit war die weitere Entwicklung schon weitgehend vorprogrammiert: Er benützte seine Stellung an der Harvard-Universität, um Versuche mit Drogen durchzuführen. Besonders das Experiment im Karfreitagsgottesdienst 1960 in der Kapelle der Harvard-Universität ist bekanntgeworden. 1963 wurde er von der Universität entlassen, widmete sich auf Reisen der »Weltmission« der LSD-Religion, verstrickte sich in illegale Drogengeschäfte, wurde verhaftet, von einer linksradikalen Organisation, den sog. »Weathermen«, befreit, 1973 schließlich wieder in Afghanistan festgenommen und zu fünfzehn Jahren Gefängnis verurteilt[97].
Es würde zu weit führen, in diesem Zusammenhang die Probleme zu erörtern, die mit dem Verhältnis von Drogen und Religion bzw. Meditation verbunden sind. Daß in beiden Bereichen vergleichbare psychologische und physiologische Wirkungen auftreten können, ist unbestreitbar: Das Gefühl der Bewußtseinserweiterung, des Schwebens, des Verlassens des Körpers, Farbvisionen u.a.m. Es geht hier nur um die Frage, wie die von Leary entworfene »psychodelische Religion« ihr Verhältnis zu den asiatischen Religionen, insbesondere zum Hinduismus bestimmte und wie die hinduistischen Svāmīs im Westen darauf reagiert haben. Wohl wissend, daß der Buddhismus die Anwendung von Drogen ausdrücklich verbietet, erklärte Leary sich als Hindu[98]. Das hinderte ihn freilich nicht, zusammen mit Ralph Metzner und Richard Alpert – dem späteren »Baba Ram Dass« – ein »Handbuch psychodelischer Erfahrungen nach Weisungen des Tibetischen Totenbuchs« (des Bardo Thödol) zu verfassen[99], in dem die dort beschriebenen nachtodlichen Zustände im Licht von Drogenerfahrungen interpretiert werden. Entscheidend ist aber, daß die psychodelische Religion hinduistische, buddhistische und Elemente aus anderen Religionen eklektisch in den Kontext der Hippie-Ideologie integrierte, in deren Zentrum die freie Subjektivität (»Doing one's own thing«), ein experimentierender Umgang mit religiösen Praktiken und eine hedonistische Lebensauffassung standen. Die letztere dokumentierte sich nicht zuletzt darin, daß Leary anscheinend Drogenexperimente mit Sexorgien zu verbinden wußte[100]. Während die psychodelische Bewegung also das Interesse an veränderten Bewußtseinszuständen mit

den asiatischen Religionen teilte, lehnte sie deren asketische Ausrichtung ab. Von ihren Voraussetzungen her hatten die Drogen alle langwierigen und Askese fordernden Yogapraktiken überflüssig gemacht. Auch die psychodelische Bewegung ist ein Beispiel für das synkretistische Umfeld indischer Bewegungen im Westen. Besonders aufschlußreich ist ihre Stellung in einem Grenzbereich zwischen Wissenschaft, asiatischen Religionen und jugendlicher Gegenkultur. Das Scheitern der psychodelischen Bewegung war ebenso wie das der Hippiekultur in ihr selbst angelegt. Die Droge konnte auf die Dauer nicht halten, was ihre Propagandisten versprochen hatten. Anders als in solchen Religionen, die den Drogengenuß zwar praktizieren, ihn aber mit schützenden Ritualen umgeben und auf bestimmte Begehungen einschränken, wirkte sich die freie Verfügbarkeit der Drogen in der Hippie-Szene darin aus, daß häufig nicht die ersehnten Visionen und Allgefühle, sondern psychotische Angstzustände sich einstellten; anders als jahrelang geübter Yoga untergruben die von Drogen induzierten ekstatischen Rauschzustände die Gesundheit und machten zunehmend Kommunikation unmöglich statt sie zu fördern. »I saw that I had gradually discarded the objects of my caring, one by one. I had begun with a concern for many things and large issues; I was left with the vestiges of a very small and self-centered itch of hedonistic ambition; and even that was perceptibly slipping away. I understood instinctively that when that was gone I would have no real reason to go on living even for a single day«[101]. Zu solchen und ähnlichen Erfahrungen am Ende einer Drogenkarriere kam häufig der Weg in die Kriminalität bei der Beschaffung des benötigten Stoffs. Insofern war die psychodelische Erfahrung für diejenigen, die nicht an ihr zerbrachen, eine Durchgangsstation, entweder in den Bereich der harten Drogen, der Entziehungskuren und der Kriminalität, oder zurück in das bürgerliche Leben oder zu ähnlichen Erfahrungen, nun aber mittels solcher Meditations- oder psychologischer Techniken, wie sie in religiösen Gruppen oder in Esalen, Arica und ähnlichen Zentren der sog. Human-Potential-Bewegung vermittelt wurden. Das läßt sich anhand repräsentativer Biographien belegen.

Während Timothy Leary den Weg in die Kriminalität ging, führte der Weg seines Mitarbeiters aus den Harvard-Tagen, Richard Alpert[102], nach Indien. Dort fand der Sohn eines jüdischen Rechtsanwalts 1967 einen vishnuitischen Guru, der ihn in eine Technik des Rāja-Yoga initiierte und ihm half, sich dauerhaft auf jener Bewußtseinsebene zu etablieren, von der er in der Zeit seiner psychodelischen Experimente immer wieder heruntersteigen muß-

te. Als »Baba Ram Dass« in die Vereinigten Staaten zurückgekehrt, vertrat er dort eine ähnliche synkretistische Religiosität wie zuvor, nur ohne Drogen, und arbeitete mit der gleichgesinnten »Lama Foundation« in San Christobal zusammen, die eine Mischung aus Zen, Yoga, Sūfismus und Praktiken anderer Herkunft mit Landarbeit verbindet. In seinem erfolgreichen Buch »Be Here Now« interpretiert er die traditionellen Lehren des Yoga, das Konzept von Karma und Wiederverkörperung und die Praktiken des linkshändigen Tantrismus auf dem Hintergrund der westlichen Sehnsucht nach Freiheit von der Konditionierung durch gesellschaftliche Rollenzwänge und ähnliches. »Mache aus dir einen reinen Spiegel ohne Bindungen an irgend etwas, und gewähre dir selber und allen anderen so viel Raum, daß sie sie selbst sein können«[103], Menschen also, die jeden Augenblick im Hier und Jetzt voll da sein können. Alles andere sind nur »Spiele«, wie er es im gängigen psychologischen Idiom ausdrückt, oder, indischer gesagt: »Alles Leben ist Tanz.« Die nächste Station seines Weges waren okkulte Praktiken wie Nekromantie u.ä., die er unter Anleitung eines neuen Guru, einer jungen jüdischen Frau, lernte, die Joya genannt wird und in der er die »Mutter des Universums« erblickte, solange er sich noch nicht von ihr getrennt und sie als »Betrügerin« entlarvt hatte. Stets aber geht es darum, »high« zu sein oder gleichsam in einem permanenten Orgasmus zu leben, wie er in tantrischer Doppeldeutigkeit sagt. Diese bislang unabgeschlossene Biographie demonstriert die Leichtigkeit des Übergangs von einem Bereich zum anderen innerhalb dieses psychodelisch-orientalisch-okkultistischen Gesamtkomplexes, in dem Alpert sich bewegt.
Ein weiteres biographisches Beispiel ist der Delphinforscher John Lilly, der schon früh mit LSD-Selbstversuchen begann, freilich nie ein Drogenpropagandist wie Leary und Alpert wurde, danach mit hypnotischen Zuständen experimentierte, in Esalen mit Praktiken der humanistischen Psychologie bekannt wurde und schließlich zu Oscar Ichazo, einem chilenischen Meister, stieß, der in seinem Arica-Institut Yoga, Zen, tibetische und Sūfī-Techniken mit gymnastischen Übungen verbindet. Seine autobiographische Darstellung[104] endet mit der Schilderung des »dyadischen Satori«, das er zusammen mit der neu gefundenen Frau seines Lebens erlangt hat. Sowohl bei Alpert als auch bei Lilly waren es psychodelische Erfahrungen, die den Weg in bislang unbekannte Bewußtseinsräume öffnete, die dann mit anderen Mitteln weiter erforscht wurden, wobei indische Konzepte und Praktiken eine wichtige Rolle spielen. Beide sind typische Beispiele für das Bemühen, in Grenzbereiche zwischen Wissenschaft – insbesondere Psychologie –, Religion

und Okkultismus dadurch einzudringen, daß mit der eigenen psychischen Apparatur experimentiert wird.
Harvey Cox[105] hat bezweifelt, daß die psychodelischen Drogen »irgend etwas Orientalisches an sich haben«. Mit Recht verweist er darauf, daß das »Orientalische« bereits in dem antiwestlichen »setting« der Drogenkultur vorgegeben war und daß andersartig vorprogrammierte Menschen unter Drogeneinfluß auch andersartige, nicht orientalisch, u.U. sogar biblisch geprägte Erfahrungen und Visionen haben können. Cox kann sich dafür auf ein eigenes Drogenexperiment berufen. Schon E. Benz[106] hatte darauf hingewiesen, daß psychodelische Wirkungen des Peyote religiöse Erkenntnisse wohl intensivieren und akzelerieren, nicht aber hervorbringen können. Das von Psychodelikern gern als Beweis angeführte, von Dr. Walter Pahnke mit Psilocybin durchgeführte Karfreitagsexperiment in der Harvard-Kapelle beweist bei näherem Zusehen genau diese These. Die religiöse Einstimmung führte zu religiös geprägten Drogenerfahrungen, während derjenige Teilnehmer, der keinerlei religiöse Erlebnisse hatte, auch vorher ohne Beziehung zur Religion gewesen war. Die individuelle Disponiertheit entscheidet offensichtlich weitgehend über den Charakter der Drogenerfahrung. Trotzdem muß Cox entgegengehalten werden, daß das Interesse an höheren Bewußtseinszuständen und deren Herbeiführung durch geeignete Mittel in den östlichen Religionen einen viel höheren Stellenwert haben als im Christentum. Gewiß gibt es auch im christlichen Bereich, z.B. bei den Athos-Mönchen und in ähnlichen Ausdrucksformen christlicher Mystik, eine Technik der Atemschulung und eine dem Mantra-Yoga ähnliche Verwendung von Gebetsformeln – Mittel, die geeignet sind, eine Bewußtseinsveränderung hervorzurufen[107]. Aufs Ganze gesehen hat aber das Christentum diesem Bereich gegenüber jene kritische Distanz durchgehalten, die schon Paulus nach 2. Kor. 12 seinem eigenen Erlebnis der »Entrückung in den dritten Himmel« und des »Hörens unaussprechlicher Worte« gegenüber gewahrt hatte. Er hatte sie der religiösen Privatsphäre zugerechnet und deutlich von seinem eigentlichen Verkündigungsauftrag und -inhalt unterschieden[108]. Im Hinduismus dagegen war das zentrale Heilsziel, die Befreiung (mokṣa), schon früh mit der Erlangung des vierten Bewußtseinszustandes (turīya) jenseits von Schlaf, Tiefschlaf und Wachbewußtsein verknüpft worden[109]. Die Entwicklung der diesem Ziel dienenden Praktiken und der entsprechenden physiologischen Theorien bildet ein wesentliches Thema der indischen Religionsgeschichte. Hinsichtlich der Zielsetzung wies die psychodelische Religion also den östlichen Religionen gegenüber eine wesent-

lich größere Affinität auf als gegenüber dem Christentum. Hinsichtlich der Mittel ist der Tatbestand freilich komplizierter. Zwar sind Drogen, wie z. B. Hanf, im Schamanismus reichlich verwendet, im Rahmen des Yoga nur gelegentlich benutzt worden, sei es zur Induzierung veränderter Bewußtseinszustände oder im Zusammenhang mit alchimistischen Praktiken, und im Bereich des klassischen Yoga wurden sie nur widerwillig zugelassen. M. Eliade[110] bringt das mit dem Gegensatz der von Drogen induzierten Ekstase zur yogischen Enstase in Verbindung. Trotzdem werden Drogen sogar in Patañjalis Yoga-Sūtras erwähnt, wo sie (auṣadhi = Kräuter) in 4,1 neben Geburt (Veranlagung), Mantras und Askese als Voraussetzung bzw. Mittel zur Erlangung übernatürlicher Kräfte (siddhis) aufgeführt werden. Yoga-Techniken und Drogen stehen also im Hinduismus in einem spannungsvollen Verhältnis, während die letzteren im Buddhismus, wie bereits erwähnt, abgelehnt werden. Darum ist es nicht verwunderlich, daß der Weg von der Drogenkultur eher zum Hinduismus als zum Christentum führte, auch abgesehen von den von Cox genannten Faktoren.

Die hinduistischen Svāmīs im Westen, insbesondere Svāmī Prabhupāda und Maharishi Mahesh Yogi, haben zu den ersten gehört, die sich öffentlich gegen die psychodelischen Drogen ausgesprochen haben. Untersuchungen haben ergeben, daß viele ihrer Anhänger auf Drogenerfahrungen zurückblicken konnten[111]. Im Rückblick ist die Bewertung dieser Erfahrungen durchaus nicht rein negativ. Häufig wird der Droge eine initiatorische Bedeutung als »Seelenöffner« in dem Sinne zugestanden, daß sie zum erstenmal das säkularistisch geprägte »Alltagsbewußtsein« gesprengt und echtes Interesse an religiösen Dingen geweckt habe. Die Svāmīs haben die psychodelischen Drogen nicht so sehr wegen des damit angestrebten Ziels, sondern als ein untaugliches und illegitimes Mittel verworfen. Guru Mahārāj Jis Divine Light Mission konnte in psychodelischer Sprache verheißen, das »Wissen« mache »higher than a mile«. Anhand der TM, für welche mystische bzw. transzendentale Erfahrung eine »mechanisch« zu bewerkstelligende Angelegenheit ist, läßt sich die ambivalente Haltung zur Droge besonders gut verdeutlichen. Für Anthony Campbell, einen ihrer Wortführer im wissenschaftlichen Bereich, reduziert sich das Problem auf die Frage, ob Drogen diejenigen physiologischen Prozesse in Gang setzen können, die Kennzeichen einer mystischen Erfahrung sind. »Falls eine Droge, oder irgend etwas anderes, den richtigen Zustand im Gehirn erzeugt, wird eine mystische Erfahrung die Folge sein. Die Frage, die zur Debatte steht, ist nicht, ob Drogen mystische Erfahrungen hervorrufen können, sondern ob sie es jemals tun«[112]. TM und psychodelische Religion stehen einander mit dem gleichen Anspruch gegenüber, den besten Weg zur »Mechanik der Erleuchtung« zu besitzen. Nur Svāmī Prabhupāda kämpft auch eindeutig gegen das Ziel der Psychodeliker. »This nonsense cannot bring happiness . . . it will end in LSD frustration and roaming in impersonal void concepts.« Die psychodelische Religion erinnert ihn zu sehr an den Buddhismus und an Śaṅkara. Alle Meditationsbewegungen nehmen für sich in Anspruch, in ihrer Meditationstechnik ein wirksames Mittel der Rehabilitierung Drogenabhängiger zu besitzen. In alledem spiegelt sich vor allem die Tatsache, daß sie einen großen Teil ihrer Anhängerschaft aus der »Szene« rekrutiert haben. Die meisten indischen Bewegungen im Westen gehören zu denjenigen Gruppen, die sich einen Anteil aus dem Erbe der Gegenkultur sichern konnten, die an ihren inneren Widersprüchen, am äußeren Druck und an der Kommerzialisierung gescheitert ist.

Das komplexe Verhältnis zwischen der religiösen Subkultur und der größeren, Hippies und Neue Linke umfassenden Sub- und Gegenkultur ist verständlicherweise Gegenstand soziologischer und religionssoziologischer Untersuchungen gewesen. Die detaillierteste Analyse ist diejenige J. S. Judahs über »Hare Krishna and the Counterculture«. In seinen Augen stellen die Hare-Krishna-Bewegung und die Jesus People trotz aller Unterschiede eine Revolte gegen die herrschende Kultur und den Versuch dar, einen alternativen Lebensstil – eine neue Kultur und ein neues Wertsystem – durch eine gemeinsame religiöse Erfahrung zu bestätigen (to validate). Gerade seine Analyse des Bekehrungsprozesses zeigt, daß er dabei nicht eine unbesehene Legitimierung aller gegenkulturellen Verhaltensweisen im Auge hat. So kommt er zu dem Ergebnis: »The observed pattern of change in the devotees begins with alienation from and rejection of the established culture and its religious forms. In their search for a new style of life, preconverts then move through the chaotic and confused antinomianism of the drug-infused counterculture. After suffering and disillusionment, they find an alternative style of life that they believe to be fulfilling, and an authority who gives them a way to sacralize it«[113]. Die »Validisierung« und »Sakralisierung« des gegenkulturellen Lebensstiles vollzieht sich also durch Krisen und durch Verzicht auf solche seiner Elemente, die sich als im Widerspruch zu anderen stehend herausgestellt haben. Für Michael Schibilsky findet der Prozeß der Distanzierung von der bestehenden Gesellschaft »zu einer radikalen Ausprägung dort, wo über das Vehikel der Religion der Protest seine ideologische Überhöhung und damit zu einem stabilen Legitimationsgerüst findet«. »Religion ist im Bereich der Subkultur eine Fortsetzung der gesellschaftlichen Desintegration und Distanzierung mit anderen, d. h. nicht primär politisch orientierten Mitteln«[114]. Der legitimierende Wert einer nichtchristlichen Religion ist freilich im westlichen Kontext auch für den Betroffenen nicht sehr groß. Die von Schibilsky wiedergegebenen religiösen Biographien erweisen stellenweise selbst, daß die nichtchristliche religiöse Praxis als solche als im höchsten Maß legitimationsbedürftig empfunden werden kann[115].

In etwas anderer Weise sehen Thomas Robbins und Dick Anthony in ihren Untersuchungen der Meher-Bābā-Gruppe in Myrtle Beach[116] Legitimationsmechanismen am Werk. Ausgehend von der Unterscheidung T. Parsons und S. N. Eisenstadts zwischen einem »expressiven« Familienmilieu und einem »instrumentalen« Erwachsenen- und Berufsmilieu und entsprechenden Rollen und Beziehungen sehen sie in der Gegenkultur einen Versuch, auch über das Erwachsenwerden hinaus sich ein expressives Rollenverhalten zu bewahren. Für diejenigen, die aus der Gegenkultur in die Meher-Bābā-Gruppe gekommen sind, dient – etwas vereinfacht ausgedrückt – Meher Bābā als Legitimation dieses Verhaltens, weil liebende Beziehungen der Gruppenangehörigen zueinander und zu Außenstehenden als Ausfluß der erfahrenen Liebe Bābās verstanden werden und Bābā selbst als »Personifizierung einer universalen Expressivität«[117] angesehen wird. Die Gruppe hat eine resozialisierende Funktion, weil sie es ihren Mitgliedern ermöglicht, auch die in der Berufswelt geforderte »instrumentale« Rolle als ein Opfer für Bābā zu verstehen und auf diese Weise »expressiv« aufzufüllen. Auch hier wird die Bedeutung der Krise betont: Wurde der gegenkulturelle Lebensstil auf die Dauer als parasitär empfunden und nur mit schlechtem Gewissen durchgehalten – von der Drogenproblematik ganz zu schweigen –, so erfährt er in der Meher-Bābā-Gruppe eine resozialisierende Uminterpretation und Legitimation zugleich. Hier und in anderen hinduistischen Gruppen ist es im Grunde die Ethik der Bhagavadgītā, die es den der Gesellschaft Entfremdeten erlaubt, ein Leben in der Welt, aber nicht von der Welt zu führen und einen Kompromiß zwischen Learys »Drop out« und den Erfordernissen des Erwachsenendaseins zu finden. Es fällt auf, daß in den nicht allgemein theoretisierenden, sondern empirischen Untersuchungen von Judah und Robbins/Anthony die legitimierende Funktion der Religion nicht in ihrer Eigenschaft als einer umfassenden Sinnkonstruktion gesehen wird, sondern in ihrem Wert als Vermittlerin von Erfahrung. Es ist die Erfahrung der gemeinsamen rituellen Krishna-Verehrung bzw. der »Liebe Bābās«, die das Hochhalten bestimmter gegenkultureller Werte ermöglicht. Der Zusammenhang zwischen expressivem Rollenverhalten und Guruverehrung bzw. Erfahrung der Liebe des Guru ist übrigens auch in anderen hinduistischen Gruppen wie z. B. der Divine Light Mission zu beobachten und alles andere als eine theoretische Konstruktion der beiden Autoren.

Die einschlägigen deutschen Untersuchungen der jugendlichen Sub- bzw. Gegenkultur zeigen für ihre religiöse Dimension ein vergleichsweise geringes Gespür. Walter Hollstein (1969) und Rolf Schwendter (1971) haben ihre Analysen noch mitten im schnellen Fluß der Ereignisse verfaßt und interpretieren die gesamte Entwicklung seit dem Ende der fünfziger Jahre im Licht der Studentenunruhen als eine Bewegung, die sich mit innerer Notwendigkeit als eine politische, und das heißt antikapitalistische zu verstehen gelernt habe. In dieser Betrachtungsweise spiegelt sich auch die deutsche Situation, in der politische und religiöse Subkultur von Anfang an viel stärker voneinander getrennt waren als in den USA. Schwendter[118] rechnet die religiösen Tendenzen der »emotionellen« Subkultur zu, im Unterschied zur »rationalistischen«; ob er die Gurubewegungen unter die »progressiven« oder »regressiven« subsummiert hätte, ist nicht mit Sicherheit auszumachen, wohl eher unter die letzteren. In Wirklichkeit fügen sich die hinduistischen Bewegungen keineswegs widerstandslos in diese Klassifizierungen ein, wie vor allem das Beispiel des Ānanda Mārga deutlich macht. In den USA hat es erst relativ spät eine Polarisierung von religiöser und politischer Subkultur gegeben, während in der Anfangsphase (Bürgerrechtsbewegung, Free Speech Movement) das religiöse Element auch im politischen Bereich stark vertreten war[119]. Überdies ließe sich mit den Mitteln der Religionswissenschaft wahrscheinlich nachweisen, daß die politische Subkultur einschließlich der Studentenunruhen wesentliche Merkmale eines religiösen oder quasireligiösen Chiliasmus aufweist.

Die soziologische Deutung der Jugendkultur und der neuen religiösen Strömungen, die Peter L. Berger zusammen mit Brigitte Berger und Hansfried Kellner 1973 gegeben hat[120], besitzt den Vorteil, daß sie nicht nur die Existenz, sondern auch konkrete Inhalte dieser Tendenzen in einen Zusammenhang mit der Krise des modernen Bewußtseins bringt. Bei diesen Inhalten handelt es sich um Motive, die z. Z. auch bei den religiösen Gruppierungen aus Asien eine Rolle spielen, nämlich um die mystische Suche nach einer letzten Wirklichkeit des Menschseins jenseits von Institutionen und Rollen und nach Vereinigung mit der Natur bzw. dem All. Nach Bergers Meinung läßt sich das Wiederaufleben religiöser

Strömungen »als eine spezifische Manifestation des Entmodernisierungsimpulses verstehen« oder anders ausgedrückt: Jugendkultur und Gegenkultur lassen sich »am besten in Begriffen des entmodernisierenden Bewußtseins verstehen«[121], wobei er in der Entmodernisierung nicht einfach eine Umkehrung des Modernisierungsprozesses sieht, sondern Modernisierung, Gegen-Modernisierung und Entmodernisierung als gleichzeitige Prozesse betrachtet. Auf diese Weise vermeidet er es, sich angesichts des Wiederauflebens von Religiosität im Westen vor die Alternative Fortsetzung oder Umkehrung der Säkularisation stellen zu lassen. Entmodernisierungstendenzen sind die Reaktion des Menschen auf den Preis, den er für die Modernität zu zahlen hat – hier beruft Berger sich auf Arnold Gehlen[122] –, nämlich Entfremdung und innere Heimatlosigkeit. Aus den drei wichtigsten Elementen der Modernität, der funktionellen Rationalität, der Komponentialität und der Multi-Relationalität erwächst laut Berger die Suche nach Gegengewichten; funktionelle Rationalität läßt den Menschen nach »natürlichen« Beziehungen und dem »natürlichen« Sein suchen und führt zu dem, was Berger »Neomystizismus« nennt. Komponentialität ruft Sehnsucht nach Ganzheit hervor, die auch wiederum die Tendenzen zur Mystik verstärkt, und der Multi-Relationalität, d. h. der Notwendigkeit, in der modernen Gesellschaft in einer komplizierten Vielfalt sozialer Beziehungen leben zu müssen, steht das Verlangen nach Gemeinschaft und echten menschlichen Beziehungen gegenüber, das sich z. B. in der später noch zu behandelnden Encounter-group-Bewegung zu verwirklichen trachtet. Wenn Bergers Theorie die Vorgänge in der gegenwärtigen Gesellschaft sachgerecht beschreibt, so wäre das Bedürfnis nach Mystik und somit die Tendenz zu östlicher Religiosität auch mit den Problemen der modernen technologischen Zivilisation in einen sinnvollen Zusammenhang gebracht. Berger spricht von einer »quasi-soteriologischen Suche« nach der letzten Wirklichkeit des Menschen, nach dem »nackten Ich jenseits der Institutionen und Rollen«, nach dem »meta-institutionellen Ich«[123]. Es ist nicht verwunderlich, wenn hinduistische Svāmīs und Yogis – zu Recht oder Unrecht – meinen, sie hätten aus ihrer Tradition heraus etwas über dieses Ich zu sagen.
Die Grenzen religionssoziologischer Theorien für das Verständnis hinduistischer Bewegungen im Westen liegt – abgesehen von funktionalistischen Einseitigkeiten bei der Erklärung religiöser Phänomene allein aus sozialen Bedingungen[124] – darin, daß diese Bewegungen nicht einfach ein Ausdruck religiöser Bedürfnisse der Gegenkultur sind, sondern als ein Ergebnis hinduistischer Mission in einem dialektischen Verhältnis zu ihr stehen. Die Gegenkultur

hatte offensichtlich nur eine geringe institutionalisierende Kraft. Die aus ihr hervorgegangenen Institutionen – religiöse wie politische – sind durchweg durch Rückgriff auf ältere Traditionen entstanden – christliche (bei den Jesus People), östliche und marxistische – und werden darum von engagierten Wortführern der Gegenkultur oft nur als Parodien dessen bewertet, was man eigentlich gewollt hatte[125]. Unter dieses Urteil fallen auch und gerade Gurubewegungen mit hinduistischem Hintergrund. In der Tat haben die meisten hinduistischen Svāmīs sich ohne viel Taktieren darauf beschränkt, bei ihrer eigenen Sache zu bleiben. Die Analyse im ersten Teil hat gezeigt, daß bei vielen Bewegungen die Bereitschaft, sich auf den westlichen Kontext einzustellen, nicht groß war und die Substanz ihrer Botschaft unverändert ließ. Das dialektische Verhältnis der Svāmīs zur vorgefundenen Situation wurde im Zusammenhang mit den psychodelischen Drogen bereits beschrieben. Ähnliches kann von den sonstigen Werten der jugendlichen Subkultur gesagt werden. Bestätigt wurden die antimaterialistischen, gegen die Konsumideologie gerichteten Tendenzen ebenso wie das Bedürfnis nach innerer Erfahrung und Bewußtseinsveränderung. Die Absage an die Leistungs- und Konsumgesellschaft dokumentiert sich darin, daß häufig einfache berufliche Tätigkeiten ausgeübt werden, für die die Betreffenden überqualifiziert sind: Akademiker, die halbtags Lastwagenfahrer »spielen«, um für das »Eigentliche« frei zu sein. Die Selbstfinanzierung der Gruppen beruht zu einem erheblichen Teil auf der Bereitschaft ihrer Anhänger, Konsumverzicht zu leisten und hohe Prozentsätze ihres Einkommens oder ihrer Arbeitskraft der Organisation zur Verfügung zu stellen. In den einführenden Satsaṅgs fast aller Gruppen ist die Vergeblichkeit des irdischen Glücksstrebens ein ständig wiederkehrendes Thema: Der Mensch suche außerhalb seiner selbst, was er doch nur »in sich« finden könne. Diese asketische Tendenz, die freilich nur selten bis zur Ablehnung oder Minderbewertung der Ehe geht, entspricht der puritanischen Moral mehr als es die antinomistischen Tendenzen der Subkultur taten. Die pazifistische Grundströmung der Hippiekultur ist in den hinduistischen Gruppen mehr oder weniger aufgeweicht und durch die Stellung der Bhagavadgītā zum Waffendienst ersetzt[126], soweit solche Fragen überhaupt behandelt und nicht der Intuition des einzelnen Meditierenden überlassen werden. Die Bewegungen schwanken zwischen einer Bestätigung der gegenkulturellen Ablehnung der Gesamtgesellschaft und einer versöhnenden Haltung. Während die moralisch rigoristischen Bewegungen wie Ānanda Mārga und ISKCON zu einem distanzierten oder gar militanten Verhalten gegenüber den etablierten Mächten anleiten, haben andere, wie die TM und auf andere Weise die 3HO, eine stabilisierende Tendenz und können sich als Bundesgenossen im Kampf gegen Kriminelle, Kommunisten usw. empfehlen. Das Leben in der Welt wird nicht selten im Sinne des »mystisch gebrochenen Aktivismus« der Bhagavadgītā geführt. Die stärkste Abkehr von der Freizügigkeit und dem Individualismus der jugendlichen Subkultur liegt in der Unterwerfung unter die Autorität des Guru und unter die teilweise mönchisch strenge Zucht. Sie war wohl nur möglich, weil viele sich am Ende ihrer subkulturellen Laufbahn in einer Krise befanden, die ohne radikale Entschlüsse nicht zu bewältigen war. Übrigens haben sich einige Bewegungen wie die TM von Anfang an auch an andere Kreise als die Subkultur gewendet.

8. *Human Potential-Bewegung und Bhagwan Shri Rajneesh*

Zum weiteren Umfeld der hinduistischen Bewegung, speziell in den USA, gehört die sog. Human Potential-Bewegung[127], die ihrerseits mit der jugendlichen Subkultur mannigfache Beziehungen aufweist. Die Bezeichnung Human Potential-Bewegung wurde in den 70er Jahren als Sammelbegriff für eine Reihe psychologischer Schulrichtungen, Zentren und Organisationen gängig, die im breiteren Strom des Sensitivitäts-Trainings und der Selbsterfahrungsbewegung (encounter movement) stehen. Bei den erwähnten Schulrichtungen handelt es sich um die Gestalttherapie Fritz Perls', die auf Wilhelm Reich zurückgehende Bioenergetik Alexander Lowens und um verwandte Richtungen, die in den Umkreis der Humanistischen Psychologie gehören. Die »Vereinigung für Humanistische Psychologie« wurde 1962 mit dem Ziel gegründet, als »dritte Kraft« die Engführung der Psychoanalyse und der Verhaltenspsychologie zu überwinden. Zu ihren Gründern gehörten Erich Fromm, Victor Frankl, Charlotte Bühler und Abraham Maslow. Diese Namen signalisieren die Tendenz zu einem vertieften Verständnis des Humanum innerhalb der Psychologie. Die Möglichkeit, dabei über die Grenzen der Fachpsychologie hinaus in den traditionellen Bereich der Philosophie und Religion überzugreifen, liegen auf der Hand. Deshalb ist es nicht verwunderlich, daß die Human Potential-Bewegung als »quasi-religiös« und ähnliches chrakterisiert werden konnte[128].

Ein wesentliches Merkmal der Humanistischen Psychologie ist die Bedeutung, die – im Anschluß an die Gruppendynamik – der Gruppe zugemessen wird. Die Gruppenerfahrung dient dabei nicht nur der Therapie, sondern auch der Förderung von Kreativität, Kommunikationsfähigkeit und innerem Wachstum solcher Menschen, die nicht im engeren Sinne des Wortes »krank« sind, wie immer man den Begriff der Krankheit definieren mag. Die Teilnahme breiterer Schichten an solchen Gruppen hat in den USA die Sensitivitäts- und Selbsterfahrungsbewegung zeitweise zu einem sozialen Phänomen werden lassen. Kurt Back[129] weist auf ihren ambivalenten Charakter hin: Einerseits der Wissenschaft verpflichtet, hat sie sich andrerseits zu einer sozialen Bewegung mit einer eigenen »Mythologie« und Zielsetzung entwickelt. Das gilt in besonderem Maße für die Human Potential-Bewegung. Einen Schritt weiter führt die Errichtung von Zentren, sog. growth centers, die nicht nur verschiedenen Therapieformen, sondern auch östlichen Meditations- und Psychotechniken ein Betätigungsfeld bieten. Das bekannteste Beispiel ist das 1962 von Michael Murphy und Richard Price gegründete Esalen-Zentrum[130] in Big Sur/Kalifornien. An ihm hat Fritz Perls seinen Alterssitz gefunden; Bioenergetiker wie Alexander Lowen und Stanley Keleman wirkten dort, aber auch Alan Watts und Baba Ram Dass konnten ihre östlich inspirierten Philosophien und Praktiken dort lehren. Noch einen Schritt weiter führt der Weg zu okkultistisch beeinflußten Gruppen ähnlicher Struktur, deren Leiter überdies eine guruähnliche Funktion ausüben, wie z. B. Werner Erhards »est« und Oscar Ichazos »Arica«. Mit zunehmender Institutionalisierung bzw. »Versektung« verschiebt sich der Schwerpunkt von der wissenschaftlichen Psychologie zum Weltanschaulich-Religiösen, und dieses ist überwiegend östlich geprägt. Auf diese Weise kommt es zu einer wechselseitigen Annäherung von religiösen Gruppen und »Psychogruppen«. Während z. B. in Esalen Zen und Yoga praktiziert werden, deutet die TM ihre Meditationstechnik hinduistischen Ursprungs psychologisierend als Mittel zur Förderung der Kreativität und zur vollen Ausnutzung des menschlichen Potentials – typische Schlagworte der Human Potential-Bewegung[131]. Der religiösen bzw. quasireligiösen Überhöhung von Methoden und Zielen der Humanistischen Psychologie entspricht von der anderen Seite eine säkularisierende und psychologisierende Uminterpretation östlicher Meditation. Bhagwan Shri Rajneesh schließlich ist ein Beispiel dafür, daß ein indischer Guru Konzepte und Techniken der Humanistischen Psychologie in den Dienst seiner tantrischen Gesamtschau stellen kann, wie noch zu zeigen sein wird.

Sam Keen hat die »sanfte Revolution« als eine »neue säkulare Religion« beschrieben, »eclectic, experimental, mystical and nonprofessional – a do-it-yourself kit composed of disciplines and insights drawn from many religious and occult traditions«[132]. Die Bedeutung östlichen Denkens für die Ausformung dieser »säkularen Religion« oder »quasi-religiösen Bewegung« ist im einzelnen schwer zu bestimmen. Thomas Oden[133] warnt vor ihrer Überschätzung und zieht es vor, sie als einen »neuen Pietismus« zu charakterisieren. Die Funktion der Gruppe in der »Selbsterfahrungskultur« sieht er in Analogie zu derjenigen im Pietismus und Methodismus sowie im jüdischen Chassidismus. In der Tat gibt es dafür in den asiatischen Religionen keine überzeugende Parallele. Wohl aber hat die in der Human Potential-Bewegung entwickelte Anthropologie eine Affinität zu Konzepten und Praktiken dieser Religionen, die ihre Rezeption in Gruppen wie Esalen hinreichend erklärt. Das gilt unbeschadet aller Unterschiede zunächst für die Vorstellung einer »kosmischen Urenergie« oder »Bioenergie«[134], die von Wilhelm Reich entwickelt und von seinem Schüler Alexander Lowen übernommen worden ist. Auf ihr beruhen Lowens »Bioenergetik« und die von ihr entwickelten Methoden zum Aufbrechen neurotischer Blockierungen, die zu Muskelverkrampfungen und Atemstörungen geführt haben. Durch körperliche Übungen soll die »Bioenergie« aus ihnen befreit werden. Dem gleichen Ziel dient die von Ida Rolf entwickelte Tiefenmassage (»Rolfing«). Reich[135] hatte die Urenergie, die er mit der Sexualität identifizierte, als »Orgon« bezeichnet und gemeint, sie messen und in Akkumulatoren auffangen zu können. Zwar hatte er auch eine negative, destruktive Energieform postuliert, dennoch eignet der Bioenergetik eine Tendenz zur monistischen Weltdeutung, die trotz ihrer vitalistischen Ausprägung – Reich war von Bergson beeinflußt[136] – mit der hinduistischen nicht unvereinbar zu sein scheint, wie das Beispiel Shri Rajneeshs zeigt. Der klassische hinduistische Yoga freilich zielt zu sehr auf Vergeistigung, um der Bioenergetik als ein Hilfsmittel dienen zu können. Es sind darum chinesische und japanische Selbstverteidigungstechniken wie T'ai Chi Ch'uan und Aikidō, die statt dessen in den growth centers Anwendung finden. T'ai chi ch'uan ist eine chinesische Boxgymnastik, die mittels langsamer Bewegungen einzelner Körperteile eine Mobilisierung der kosmischen Urenergie (t'ai chi, eigentlich Uranfang, Bezeichnung des Yin-Yang-Diagramms) anstrebt[137]. Aikidō geht auf den 1969 gestorbenen Japaner Morikei Ujeschiba zurück und ist, ähnlich wie T'ai chi ch'uan, ein Weg (dō) zur Entfaltung von Kraft (ki) und Harmonie (ai) im Sinne einer völligen Koordinierung von Körper und Geist[138]. Bei beiden Techniken tritt der Kampfwert hinter dem Ziel der leib-seelischen Disziplinierung zurück. Was nun den Hinduismus betrifft, so kann die gemeinsame Hochschätzung körperlicher Techniken in der Human Potential-Bewegung und in dieser Religion nicht über ihre verschiedenartige Zielsetzung hinwegtäuschen. Es geht der Human Potential-Bewegung weithin um die Entwicklung des Körperbewußtseins, und im Einflußbereich der Bioenergetik gilt das dem Hinduismus diametral entgegengesetzte Bekenntnis A. Lowens: »Der Körper ist der Mensch; der Mensch ist sein Körper«[139]. Es haben sich aber innerhalb der Human Potential-Bewegung Richtungen und Gruppen gebildet, die »transpersonale« Erfahrungen[140] suchen und die Identifizierung des Menschen mit seinem Körper zu überwinden suchen. So z. B. in der von dem italienischen Psychiater Roberto Assagioli entworfenen »Psychosynthese«. In einer ihrer Übungen heißt es gut hinduistisch: »Ich habe einen Körper, aber ich bin nicht mein Körper ... Ich habe einen Intellekt, aber ich bin nicht mein Intellekt. Ich bin ich, ein Zentrum von reinem Bewußtsein ... (und weniger hinduistisch) von Bewußtheit (awareness), Willen und Macht«[141]. Auf ähnliche Weise werden in »est« Techniken der Desidentifizierung mit Körper und Verstand und der Re-identifizierung mit dem Selbst als dem Wählenden (chooser), dem Sein und der Quelle gelehrt, die an den Hinduismus erinnern. Zur Erlangung transpersonaler Erfahrungen werden Techniken angewendet, die von der Gestalttherapie entwickelt worden sind. Die Gemeinsamkeit mit der Bioenergetik ist trotz aller Unterschiede unübersehbar: In jedem Fall liegt das Ziel in der Befreiung des eigentlichen Personenkerns von Überlagerungen, Blockierungen und Konditionierungen, die durch traumatische Erfahrungen und durch Zwänge der Außenwelt verursacht worden sind. Der amerikanische Psychologe Paul C. Vitz hat in seinem Buch »Psychology as Religion: The Cult of Self-worship«[142] der humanistischen Psychologie Verehrung und Vergötzung des Selbst, kurz: »selfism«, und eine hedonistisch-narzißtische Ideologie vorgeworfen, die heute als Religion für Millionen diene. Obgleich die pauschale Polemik des Verfassers der humanistischen Psychologie vielleicht nicht volle Gerechtigkeit widerfahren läßt, weist sie doch auf einen wichtigen Punkt hin, in dem die Human Potential-Bewegung sich in größerer Nähe zum Hinduismus als zum Christentum befindet. Auch Harvey Cox[143] polemisiert gegen narzißtische Tendenzen und gegen den Gebrauch von Meditation zur Erforschung und Verwirklichung des »unersättlichen westlichen Selbst« und macht mit Recht darauf aufmerksam, daß die buddhistische Meditation gerade umgekehrt auf die Erkenntnis zielt, daß das Selbst eine Illusion ist. Der Hinduismus freilich propagiert auf seine Weise einen »selfism«, und die hinduistischen Bewegungen im Westen leiten ihre Anhänger zu einer intensiven Beschäftigung mit sich selbst an, wobei die Grenze zwischen dem Interesse an der eigenen empirischen Person, die der Hinduismus eigentlich transzendiert sehen will, und der Schau des transzendenten Selbst, wie sie der klassische Yoga sucht, verwischt werden kann. Es sind unter den asiatischen Gruppen im Westen also gerade die hinduistischen, die hinsichtlich dieser Thematik eine gewisse, zu Mißverständnissen verführende Gemeinsamkeit mit der Human Potential-Bewegung aufweisen. In diesem Zusammenhang ist es aufschlußreich, daß auch unter den Psychologen der Human Potential-Bewegung das Interesse an psychodelischen Drogen und an den dadurch hervorgerufenen veränderten Bewußtseinszuständen zu bemerken ist, wie T. Oden im Blick auf William Schutz und Bernhard Gunther gezeigt hat[144]. Das Interesse an solchen Bewußtseinszuständen verbindet Teile der humanistischen Psychologie mit der psychodelischen Kultur und mit dem Hinduismus.

Neben dem Glauben an eine kosmische Energie und der Suche nach »transpersonalen« Erfahrungen und Bewußtseinszuständen bildet der Antiintellektualismus[145] eine weitere Gemeinsamkeit zwischen den hinduistischen Bewegungen im Westen und der Human Potential-Bewegung, und auch hier ist die Übereinstimmung mit der Hippie-Ideologie deutlich. Im Unterschied zur Psychoanalyse verzichtet die Gestalttherapie bewußt darauf, die Vergangenheit des Patienten zu analysieren und zu interpretieren. Fritz Perls[146] hat die Frage nach dem »Warum« einer neurotischen Störung als überflüssige Rationalisierung und als »mind-fucking« abgetan. Vielmehr setzt diese Therapie beim Körper an und läßt den Patienten frühere Konflikte in einem intensiven theatralischen Dialog mit sich selbst ausagieren. Entscheidend ist in der gesamten humanistischen Psychologie die »sinnliche Bewußtheit unterhalb des Denkens« (sensory awareness below your mind), wie der bezeichnende Titel eines Buches von Bernhard Gunther lautet[147]. Das erinnert an die Kritik Guru Mahārāj Jis am »mind« und an den Rat Maharishi Mahesh Yogis, Probleme dadurch zu lösen, daß man sie als nichtexistent betrachtet. Wie beim Maharishi wird der Antiintellektualismus bei Perls mit der Fähigkeit der »Natur« begründet, selbst den rechten Weg zu finden. Der Glaube an rational begründete Entscheidungen wird bei ihm durch das Vertrauen zu der »organismischen Selbstregulierung« ersetzt: »Man kann den Organismus das Steuer übernehmen lassen, ohne selbst einzugreifen oder seine Funktion zu unterbrechen«[148]. In diesem optimistischen Glauben an die unverdorbene Natur des Menschen, die nur durch äußere Einwirkungen und durch die Tätigkeit von

Geist und Willen korrumpiert werde, treffen sich die humanistische Psychologie und die Gurus der TM und der DLM. Perls hat die Affinität zwischen seiner Therapie und östlichen Religionen selbst gesehen: »Ultimate awareness can only take place if the computer is gone, if the intuition, the awareness is so bright that one really comes to his senses. The empty mind in Eastern philosophy is worthy of highest praise. So lose your mind and come to your senses«[149]. Das Gemeinsame liegt in der Sehnsucht nach der Unschuld des Urzustandes vor dem Fall. Der Unterschied zwischen beiden liegt in der verschiedenartigen Lokalisierung der unverdorbenen Menschennatur: Für die Gurus liegt sie nicht unterhalb des Denkens im somatischen Bereich, sondern – in Übereinstimmung mit der hinduistischen Tradition – im »transzendentalen« Bereich jenseits des Denkens. Erst Rajneesh hat die Hochschätzung des Körpers durch die humanistische Psychologie in sein tantrisches Konzept integrieren können. Bei ihm findet sich auch ein anderes zentrales Motiv der Gestalttherapie und der humanistischen Psychologie überhaupt, nämlich die Betonung des »Hier und Jetzt«. Diesen Ausdruck scheint Perls von dem Freud-Rivalen Jakob Moreno übernommen zu haben, während er die Vorstellung der »Bewußtheit im Jetzt« (awareness in the now) aus dem Zen-Buddhismus entlehnt haben soll[150].

Handelt es sich bei den bisher erwähnten Konzepten und Praktiken um solche, die erstens auch ohne Bekanntschaft mit asiatischen Religionen hätten entstehen können und zweitens nicht eigentlich religiös sind, so sind in der Human Potential-Bewegung auch Ideen verbreitet, die aus hinduistischen und okkulten Traditionen stammen und die Bewegung zum Einfallstor für eben diese Traditionen machen. Weit verbreitet ist das Karma-Konzept[151], wobei Karma als »uncompleted experience accumulated in this life-time and previous ones« interpretiert wird. Die Gestalttherapie betont die Notwendigkeit, »unfertige Gestalten«, d. h. unfertige Situationen, unerledigte Sachen, zu schließen[152], und die gesamte Human Potential-Bewegung sieht den Menschen durch seine Vergangenheit konditioniert und fordert ihn auf, die Verantwortung für das Selbstverursachte zu übernehmen. Die Verwendung des Karma-Konzepts liegt unter diesen Umständen nahe und kann dazu führen, daß die Ursachen neurotischer und anderer Störungen nicht nur in diesem gegenwärtigen Leben gesucht werden, sondern daß über die frühkindliche oder gar pränatale Phase hinaus nach den »unerledigten Sachen« aus früheren Existenzen zurückgefragt wird. Ist diese Fragestellung erst einmal akzeptiert, so erwacht auch das Interesse an östlichen Techniken, die Einsicht in das eigene

Karma und die früheren Existenzen versprechen, und an Wegen, mit dieser Last fertig zu werden. In dieser Weise ist John Lilly in Arica mit dem Karma-Konzept bekannt geworden. Ganz im Sinne der humanistischen Psychologie schreibt er: »Brennendes Karma macht die die Konsequenzen deiner vergangenen Taten ohne ein Gefühl der Scham, der Angst, des Zorns oder der Wertung bewußt«[153]. Wo die Entwicklung eines intensiven Körperbewußtseins als auf die Dauer unbefriedigend empfunden wird, kann nach Erfahrung anderer innerer »Räume« und Bewußtseinszustände bis hin zur »Astralprojektion« auf höhere Ebenen und zu Seelenreisen gesucht werden, wie sie z. B. bei Eckankar gelehrt werden. Insofern dient die Human Potential-Bewegung als »respektabler Eingang ins Okkulte«[154]. Typisch für die Verbindung von humanistischer Psychologie und östlichen Praktiken ist das »growth center« Esalen, das Harvey Cox etliche Male besucht und in seinem Buch »Die Verführung des Geistes«[155] beschrieben hat. Von seinen beiden Gründern Mike Murphy und Dick Price ist bekannt[156], daß der erstere nach seinem Studium der Philosophie und Religion einen indischen Āśram besuchte und hinduistische Gedanken aufsog. Nach seiner Rückkehr wurde 1962 in der Big Sur Springs-Gegend das Esalen-Zentrum gegründet, genannt nach den Indianern, die dort gelebt hatten. Die Arbeit begann mit Aldous Huxley und Alan Watts, bald wurden Psychologen des »National Training Laboratory for Group Development« in Bethel/Maine hinzugezogen, das in der Entwicklung des Sensitivitätstrainings der Human Potential-Bewegung eine wichtige Rolle gespielt hat. Fritz Perls ließ sich in Esalen nieder. Esalen wurde das Vorbild zahlreicher anderer »growth centers«, in denen neben Gestalttherapie, Bioenergetik, Psychosynthese, Gruppentherapie und Massage auch chinesische Bewegungstechniken (T'ai Chi Ch'uan) sowie verschiedene Meditations- und Yogaformen Platz fanden. Murphy hat Esalen als »eine Art Bastardkind« bezeichnet, wobei das National Training Laboratory offensichtlich den einen Elternteil bildet. Alle Berichte betonen die religiös geprägte Atmosphäre: Esalen sei eine »eigentümliche Mischung aus Ferienort, Zeltmission und Sanatorium«[157]; »the atmosphere resembles a church retreat except that people say ›om‹ instead of grace«[158]; Harvey Cox fühlte sich in Esalen an seine baptistisch geprägte Jugend erinnert und charakterisiert, ähnlich wie T. Oden, die gesamte Human Potential-, Sensitivitäts- und Selbsterfahrungsbewegung als kulturellen Nachfolger und Erben des pietistischen Christentums[159]. Der Einfluß der Esalen-Institute von Big Sur und San Francisco ist groß und erfaßte um 1975 jährlich über 20000 Menschen – trotz der hohen Kursgebühren.

In den Umkreis der Human Potential-Bewegung gehört auch »est« (Erhard Seminars Training)[160]. Sein Gründer, Werner Erhard, ist wie Michael Murphy kein Fachpsychologe, sondern ein an östlichen Praktiken interessierter Sucher. Er wurde 1935 als John Paul Rosenberg in Philadelphia, P.A. geboren, verließ 1960 Beruf und Familie und soll sich aus den Namen Werner Heisenberg und Ludwig Erhard einen neuen eigenen Namen zusammengestellt haben. In der Zeit bis 1971 befaßte er sich mit vielen Disziplinen wie Yoga, Scientology, Subud, Gestalttherapie, Selbsterfahrung, Zen u.a.m. »Est« hat nach seiner Gründung 1971 eine schnelle Verbreitung und, wenn man den überwiegend kritischen Berichten glauben darf, auch ein »Wirtschaftswunder« erlebt. Zwischen 1970 und 1974 sollen etwa 30000 Menschen die est-Kurse durchlaufen haben. Erhards Spezialität sind geschlossene Wochenendveranstaltungen, in denen mit Hilfe verschiedener Methoden Selbstsicherheit und festgefahrene Denk- und Verhaltensweisen zerstört werden sollen, um neue Erfahrungen zu ermöglichen. So weit folgt Erhard dem Schema der Human Potential-Bewegung. Die Erfahrung, die er vermitteln will, liegt jedoch jenseits von Körperbewußtsein und emotionalen Erlebnissen, ist also »transpersonal« und wird von ihm mit Hilfe zenbuddhistischer Kategorien beschrieben: Absolute, reine Erfahrung zeichne sich durch Gestaltlosigkeit aus. Der Versuch, Erfahrung im nachhinein beschreibend festzulegen, ist mit dem Wesen der Erfahrung unvereinbar und hindert den Menschen nur daran, sie zu erlangen. Ebenso steht die Meinung, man wisse etwas, dem wirklichen Wissen im Wege und muß zerstört werden. Die Erfahrung des Nichtwissens geht also notwendig dem echten oder »natürlichen« Wissen voraus. Darum müssen Glaubenssysteme u.ä. zurückgelassen werden. Die Gedanken Erhards lassen sich natürlich in zenbuddhistischen Kategorien gut ausdrücken und stammen vielleicht auch daher. Die Forderung Erhards, im Vollzug der Erfahrung auf jeden wertenden Gedanken zu verzichten, erinnert an die »Was ist, ist«-Ideologie der Human Potential-Bewegung[161], aber auch an Krishnamurtis Theorie der »instantaneous self-observation«, diesen »Versuch, sich selbst zu sehen ohne das Verlangen, zu verbessern was man sieht«[162]. Die Methoden, derer sich Erhard bedient, sind freilich nicht die des Zen oder Krishnamurtis, sondern diejenigen der Human Potential-Bewegung; d.h. bei der Zerstörung des Alltagsbewußtseins und des falschen Selbstverständnisses spielt die Gruppe eine entscheidende Rolle. Bei den wöchentlichen Seminaren von »est« werden »body series«, »here/now series« und »sex and money series« unterschieden – offenbar eine Verbindung von humanistischer

Psychologie und praktischer Lebenshilfe. Est ist weder eine religiöse noch eine psychotherapeutische Bewegung, enthält aber Elemente beider in sich, wobei die aus persönlichen Erfahrungen entwickelte Lehre Werner Erhards nicht als eine mögliche Theorie unter anderen gilt, sondern eine quasidogmatische Geltung zu haben scheint.

Über das Arica-Institut, genannt nach der gleichnamigen chilenischen Stadt, und über seinen Gründer Oscar Ichazo ist bisher vergleichsweise wenig bekannt geworden[163]. Ichazo, ein um 1932 geborener Bolivianer, führte 1970 ein sechsmonatiges Training in Arica/Chile durch, an dem etwa fünfzig Nordamerikaner teilnahmen, unter ihnen der erwähnte John Lilly und andere, die wie er zuvor in Esalen tätig gewesen waren. Eine Reihe von ihnen begann nach der Rückkehr aus Chile ein Netz von Arica-Instituten in den USA auszubreiten. Arica zielt auf die Zerstörung der Persönlichkeit, welche als ein künstliches Produkt vergangener Erfahrung und daraus resultierender Ängste, Spannungen, Krankheiten etc. bewertet wird. Persönlichkeit gilt als eine Krankheit, eine willkürliche und unberechenbare Manifestation des Ungleichgewichts der Instinkte, ein Ergebnis des Karma, und darf nicht mit dem eigentlichen Selbst identifiziert werden. Der Befreiung dienen Meditationstechniken verschiedenen Ursprungs (Yoga, Zen, tibetische und Sūfitechniken) und strapaziöse (ägyptische?) Gymnastikübungen, genannt »gyms«, sowie Musik und Tanz. Sie bringen den Menschen in Kontakt und Übereinstimmung mit der kosmischen Energie, erschließen ihm neue Bewußtseinsräume und lassen sein Wesen zu seinem ursprünglichen leuchtenden Zustand zurückkehren, wie Ichazo erklärt. Betrachtet man Arica als Teil der Human Potential-Bewegung, wie es üblicherweise geschieht, so ist es den »transpersonalen Techniken« zuzuordnen und teilt deren Tendenz, hinduistische und ähnliche Konzepte und Methoden zu absorbieren.

Wahrscheinlich ist Ichazo jedoch von Hause aus ein Esoteriker und Okkultist, der nachträglich zur Human Potential-Bewegung gestoßen und zu ihr gerechnet worden ist. Er soll Verbindung zu Sekten und Geheimorden gehabt haben, ohne daß Näheres bekannt wäre. Es gibt aber Anzeichen dafür, daß er von George Ivanowitch Gurdjieff (1872–1949) beeinflußt ist, dem Gründer des »Instituts für die harmonische Entwicklung des Menschen« in Fontainebleau. Die Gurdjieffschen »Schwingungszahlen« zur Bestimmung verschiedener Bewußtseinsebenen spielen bei Ichazo eine wichtige Rolle, wie John Lilly bezeugt[164]. Die Verbindung östlicher Meditationstechniken mit »heiliger Gymnastik«, Musik und Tanz findet sich bereits bei Gurdjieff, vor allem auch die Hochschätzung der Gruppe[165]. Auch die Rolle Ichazos als Guru und Seelenführer seiner Anhänger paßt trotz seines Verzichts auf Geltendmachen von Autorität besser in das esoterische als in das psychologische Milieu. Arica ist ein Beispiel für die fließenden Übergänge von der Human Potential-Bewegung zum Okkultismus und zu östlichen Konzepten.

Auf eine andere Weise repräsentieren Bhagwan Shri Rajneesh (Bhagavān Śrī Rājniś) und die von ihm gegründete »Neosannyas«-Organisation die Möglichkeit dieser drei Faktoren, sich miteinander zu verbinden. In diesem Fall ist eine indische Tradition, nämlich der Tantrismus, der Ausgangspunkt des Versuchs, humanistische Psychologie, westliche esoterische Traditionen und indische Religiosität zu einer Synthese zu bringen. Dieser Versuch beschränkt sich nicht auf die Theorie. Vielmehr haben humanistische Psychologen und ihre Methoden in den indischen und westlichen Rajneesh-Zentren ein Betätigungsfeld gefunden. Wenn die Presse gelegentlich Skandalöses aus dem Rajneesh-Zentrum in Poona zu berichten weiß, so handelt es sich um Vorkommnisse im Zusammenhang mit Methoden der Gruppenarbeit, die aus dem Westen stammen, von Rajneesh übernommen und tantrisch interpretiert worden sind. Es wird im folgenden nicht der Versuch einer Gesamtdarstellung gemacht. Vielmehr beschränkt die Untersuchung sich auf den Zusammenhang der drei genannten Faktoren in Rajneeshs Denken und Praxis, wie er sich in zwei Veröffentlichungen aus den Jahren 1975/76 darstellt, die auf Vorträge zurückgehen, die er 1972 und 1975 gehalten hat. Rajneesh schreibt nicht; seine druckreif gesprochenen Vorträge werden mitgeschnitten und in – bislang über fünfzig – Büchern veröffentlicht[166].

Am 11. 12. 1931 in Kuchwada, Raisen Distrikt, Madhya Pradesh als Sohn eines jinistischen Kaufmanns namens Shri Babulall geboren, studierte Rājniś Candra Mohan in Jabalpur und Sagar Philosophie und lehrte nach einer Zwischenzeit als stellvertretender Herausgeber einer Tageszeitung von 1957–1966 am Sanskrit-College in Raipur Philosophie. Es folgte eine Zeit der öffentlichen Vortragstätigkeit in ganz Indien, bis er sich in Bombay niederließ. Dort erregten die morgendlichen Meditationen seiner Anhänger am Meeresufer öffentlichen Anstoß. Er konnte sich nicht halten und wich nach Poona aus, wo er seit 1974 eine wachsende Anhängerschaft um sich sammelt. Sie setzt sich zunehmend aus Menschen des Westens zusammen, die dort als ein Fremdkörper empfunden werden. Häufig werden sie von Rajneesh schnell und ohne Vorbereitung initiiert.

Obgleich ein geborener Jain, lehnt er es ab, sich als Anhänger einer der großen indischen Religionen bezeichnen zu lassen. Sein autorisierter Biograph Dr. Ram Chandra Prasad[167] hat auf die unterschiedlichen Quellen seines Denkens hingewiesen: Sein Konzept der Leere (śūnyatā) und der plötzlichen Erleuchtung stamme aus dem Zen-Buddhismus, seine Ablehnung von Konventionen und Orthodoxie zugunsten von Freiheit und Spontaneität von Krishnamurti, seine Zusammenschau von Sexualität und Mystik sei vom Tantrismus, von P. D. Ouspensky, D. H. Lawrence und anderen westlichen Autoren geprägt. Dazu kommen Einflüsse aus dem Sūfismus. Der närrische Held unzähliger Rajneesh-Geschichten und Witze, Mulla Nasruddin, ist nicht seine eigene Erfindung, sondern entstammt Sūfi-Kreisen[168]. Anregungen aus dem Bereich der Human Potential-Bewegung werden im folgenden noch zur Sprache kommen.

Die Faszination Rajneeshs beruht offensichtlich auf seiner Absage an Traditionen und Konventionen, auf seiner blendenden Rhetorik und seiner Fähigkeit, zu Intellektuellen in ihrer eigenen Sprache zu reden. Er gibt sich zwar als ein Antiguru, läßt sich aber als den Erleuchteten, als die personifizierte Göttlichkeit, als eins mit der Unendlichkeit, kurz: als Bhagavān, als göttlichen Herrn, verehren[169]. Seine Bekanntschaft mit der humanistischen Psychologie scheint zunächst literarischer Natur gewesen zu sein. Die Brücke zu dieser Psychologie wird von einem frei interpretierten, mit Elementen des Zen und des Sūfismus und des Gurdjieffschen Denkens durchsetzten Tantrismus gebildet[170]. Im Zentrum steht dabei die tantrische These, der Körper sei auf dem Wege zur Befreiung kein Hindernis, sondern ein notwendiges »Vehikel«, wie er es ausdrückt. Der Weg zur Befreiung beginne beim Sexualzentrum, dem Mūlādhāra Cakra der tantrischen Physiologie. Mit großer Ausführlichkeit und Überzeugungskraft schildert Rajneesh die Vergeblichkeit des Versuchs, durch Unterdrückung der Sexualität Befreiung zu erlangen – ein Versuch, der nur in den seltensten Fällen gelinge. Mahāvīra, der Gründer von Rajneeshs angestammter Jain-Religion, gilt ihm als solch eine Ausnahme. Der Weg des Tantrismus aber ist Annahme, »acceptance«, und Hingabe, »surrender«. »Tantra ist eine totale Annahme der Dinge wie sie sind« (Book of the Secrets 95). Aus der Annahme folgt freilich – mit Hilfe tantrischer und ähnlicher Praktiken – eine Verwandlung des Menschen, aber gerade deswegen, weil sie nicht bewußt gesucht und krampfhaft beabsichtigt wird. Annahme der Sexualität führt zu dem, was Rajneesh als ihre Transzendierung bezeichnet. Mit Berufung auf Wilhelm Reich[171] beurteilt er (347f, 33) die Sexualität als ein wesenhaft spirituelles Phänomen; mit ihm teilt er die Hochschätzung des Orgasmus. Das Objekt von Annahme und Hingabe ist die Lebenskraft, die »Bioenergie« (396), wie er in Anknüpfungen an Reich und Alexander Lowen feststellt, und diese ist zugleich spirituell und sexuell. »Sexuality and spirituality are two ends of one energy« (400). Noch stärker als im traditionellen Tantrismus wird bei ihm die Grenze zwischen beidem verwischt. Die doppeldeutige, »intentionale« Sprache des Tantrismus[172] findet bei Rajneesh ihre Entsprechung, wenn er die Hingabe an die göttliche Lebenskraft in sexuellen Farben malt und als »kosmischen Orgasmus« beschreibt. »Sex ist biologische Hingabe, ›Samadhi‹ (kosmisches Bewußtsein) . . . ist existenzielle Hingabe . . . Tantra ist kosmischer Sex« (351). Auch das Verhältnis des Jüngers zum Meister ist dadurch geprägt: Die Wonne der Hingabe und Selbstauslieferung werde gleichermaßen zwischen Mann und Frau wie zwischen Guru und Jünger erfahren. »Wenn du es im Sex empfinden kannst, weißt du eins: Wann immer du dich hingibst, wirst du das gleiche empfinden. Dann kannst du dich einem Meister hingeben. Es ist eine Liebesbeziehung . . .« (404). Dabei liegt in Rajneeshs Augen der Schwerpunkt ganz und gar auf der Hingabe, nicht auf dem Guru. Weil es auf die Hingabe ankommt, vermag auch ein unwürdiger Guru seine Jünger u. U. zur Erleuchtung zu führen. Hauptsache »du hast dich ausgeliefert: Das hilft, denn nun bist du verwundbar, offen. Du bist weiblich geworden. Das männliche Ego ist abhandengekommen, und du bist zu einem weiblichen Mutterschoß geworden« (355).

Daß diese Zweideutigkeit zu Mißverständnissen führen kann, weiß Rajneesh selbst am besten. Man kann freilich auch nicht sagen, daß er sich sehr um ihre Vermeidung bemüht. Trotzdem ist der Vorwurf V. Mangalwadis überspitzt, Rajneesh lehre, daß Geschlechtsverkehr zu der von Jesus verheißenen Wiedergeburt führe[173]. Für Rajneesh hängt die Wiedergeburt in der Tat mit der Sexualität zusammen; wie die Sexualität zu Zeugung und Geburt führe, so könne sie, durch tantrische Praktiken sublimiert, durch die Cakras nach oben geführt und in den Kosmos verströmt, in der geistlichen Wiedergeburt resultieren (99). Dazu sei Sexualität aber nicht in der Lage, solange sie, wie z. B. vom Christentum, als Sünde verdächtigt und durch Repression pervertiert wird. »Pervertierte Energie kann nicht verwandelt werden« (304). Darum muß sie zuvor gelockert und aktiviert werden. Dieses ist der Ort, an dem Rajneeshs Interesse an den von der humanistischen Psychologie entwickelten Techniken zum Zuge kommt, zu denen freilich noch solche sūfitischen und tantrischen Ursprungs und andere kommen. In welchem Um-

fang Praktiken des linkshändigen Tantrismus angewendet werden, geht aus den Veröffentlichungen nicht hervor. Es ist aber anzunehmen, daß sie auf der vorbereitenden Stufe der Lockerung und Aktivierung unterdrückter Energie von Bedeutung sind. Insofern ist Mangalwadis Ansicht nicht völlig abwegig.
Rajneesh hat der alten tantrischen Sublimierungslehre eine besondere Fassung gegeben[174], wobei die Herkunft der einzelnen Vorstellungen nicht immer erkennbar ist. Einflüsse G. I. Gurdjieffs und seines Schülers P. D. Ouspensky[175] sowie solche der Theosophie lassen sich ausmachen. Die theosophische Vorstellung von den sieben Leibhüllen des Menschen dient Rajneesh dazu, die Meditation als »Antarmaithuna«, inneren Geschlechtsverkehr, zu beschreiben. Der zweite, »ätherische« Leib des Mannes sei weiblich, der dritte »astrale« wiederum männlich; diejenigen der Frau umgekehrt. Während es beim Frommen im Stande des Haushalters noch gelegentlich zur Vereinigung mit der »äußeren Frau« kommt, ist der Mönch ganz darauf angewiesen, daß er »sich direkt mit der Frau in sich selbst vereint«, d. h. daß es zu einem Energieausgleich mit dem zweiten, »ätherischen« Körper kommt. In diesem Zusammenhang interessiert Rajneeshs Lehre vom »Antarmaithuna« als eine Illustrierung seiner Tendenz, das Verhältnis zum Göttlichen und den Vorgang der Meditation in einer Weise in der Sprache der Sexualität zu beschreiben, die über das übliche Maß an erotischem Vokabular, das in der christlichen und nichtchristlichen Mystik auch sonst gebraucht wird, erheblich hinausgeht. Der Unterschied liegt freilich nicht nur im Sprachlichen. Letztlich kommt es Rajneesh auf das bewußte Erleben (awareness) des vom Sexualzentrum ausgehenden Energiestroms im Körper an. Ob einer wie Buddha und Mahāvīra entsagt oder wie Śiva (mit Parvati auf dem Schoß) und D. H. Lawrence die Sexualität »akzeptiert«, ist eine Sache der persönlichen Wahl. Die »Schönheit« beider liegt weder in der Entsagung noch in der Annahme, sondern darin, daß beides bewußt, mit »awareness« geschieht[176].
Gemessen an der Eloquenz, mit der Rajneesh die beschriebenen Vorstellungen vom kosmischen Sex und vom »Akzeptieren« entwickelt, sind seine Auskünfte über die »Verwandlung« der Lebensenergie, wie sie durch das »Akzeptieren« in Gang gesetzt wird, dürftig. Der traditionelle Tantra pflegt auf diese Frage mit dem Hinweis auf den Kuṇḍalinī-Yoga zu antworten, der – wie Gopi Krishna es modern ausdrückt[177] – Sexualenergie in spirituelle Energie umwandelt und auf diese Weise die Einheit von Śiva und Śakti verwirklicht. Rajneesh weiß das natürlich, nimmt aber nur selten darauf Bezug; und die von ihm als »Kuṇḍalinī-Meditation« be-

zeichnete Methode ist eine Gruppenmeditation, in der auf 15 Minuten Körperschütteln und 15 Minuten Tanzen eine plötzliches Innehalten und Verweilen im Sitzen von 15 Minuten Dauer und weitere 15 Minuten völliger Ruhe im Liegen folgen. Von dieser Art sind viele der von Rajneesh gelehrten Meditationstechniken[178]. Der Ruhe gehen voran bei der »dynamischen Meditation« eine Zeit des heftigen Atmens, sowie Tobens und Hu-Schreiens; bei der »Nadabrahman-Meditation« Summen und Handkreisen; bei der »Mandala-Meditation« Auf-der-Stelle-Laufen, Im-Sitzen-Schwingen und Augen-Drehen; bei der »Dreh-Meditation« bzw. dem »Sufi Whirling« eine sehr lange Zeit des derwischartigen Tanzens usw. Die aktive Phase soll offensichtlich dazu dienen, Energie zu mobilisieren, während die anschließende, oft plötzlich einsetzende Ruheperiode eine Kontrasterfahrung der Ruhe vermittelt. Rajneesh bemerkt, es sei Gurdjieff gewesen, der solche »Stop-Übungen« im Westen bekannt gemacht habe, ohne zu wissen, daß sie auf dem Umweg über Tibet aus dem Tantrismus gekommen seien[179]. In Wirklichkeit gehen sie wohl auf Sūfi-Praktiken zurück. Sūfis haben den Ruf des Gottesnamens »allāhu« zu »hu« verkürzt. Gurdjieff soll von Sūfi-Shaikhs unterwiesen worden sein[180]. Der Entwicklung des Körperbewußtseins dienen bei Rajneesh Übernahmen aus dem Buddhismus und Taoismus, nämlich die »Vipassana-Meditation«[181] und T'ai Chi Ch'uan. Aus »Subud«, einer von dem Indonesier Mohammed Subuh gegründeten, seit 1957 im Westen tätigen Bewegung[182], die auch vom Sūfismus geprägt zu sein scheint, hat Rajneesh die Technik des gemeinsamen »Latihan« übernommen, die Tanzen und lautes Schreien beinhaltet. Rajneesh wendet auch künstliche Mittel an: Blinklicht für die sog. »Gourishankar-Meditation« und blaues Licht für die »Shiva-Netra-Meditation« auf das sog. Dritte Auge. Dazu kommen Methoden der Human Potential-Bewegung: Selbsterfahrung (encounter), Marathon, sog. enlightment intensives u. a. In der Praxis scheint also die körperliche über die spirituelle Dimension der einen, von Rajneesh gelehrten Lebensenergie gesiegt zu haben. Die »alchimistische«[183] Verwandlung tritt hinter die Befreiung von Hemmungen und Verdrängungen zurück. Rajneesh hat offenbar keine Hemmungen, unter dem Namen indischer Meditationstechniken Gurdjieffsche und ähnliche Übungen zu lehren.

Der Feind des Menschen ist für Rajneesh das Ego bzw. das Denken (mind). Was er in diesem Zusammenhang sagt, unterscheidet sich im Kern nicht von Guru Marārāj Jis Polemik gegen den »mind« und von Maharishi Mahesh Yogis These, Probleme seien ein Produkt des Denkens und würden mit diesem zusammen aus dem Weg geschafft. Auch die optimistische Hoffnung, die »Natur« werde alles von selbst regeln, wenn man sich vertrauensvoll ihrem Walten überläßt (Rajneesh nennt das »let-go«), findet sich bei ihm. Der Antiintellektualismus wird von Rajneesh freilich mit höherer Intellektualität formuliert und begründet, wobei er sich westlicher Kritik an Verdrängung, Repression usw. ebenso bedient wie paradoxer Geschichten aus dem Zen und dem Sūfismus. Was Rajneesh dem Ich und dem Denken entgegenstellt, ist im Unterschied zur üblichen Argumentation des Hinduismus, wie sie sich auch bei Guru Maharaj Ji und Maharishi Mahesh Yogi findet, nicht eine bestimmte Form der Transzendenzerfahrung, sondern die Betonung der Körpermitte. Er spricht vom Nabel als dem Sitz der Seele und – im Sinne des Zen – vom Bauch als dem Zentrum des Menschen[184]. »Zerschmettert« werden Ego und Denken durch den Akt der »Annahme« und der »Hingabe«, ohne den die genannten Techniken ihre Wirkung nicht ausüben können. Modern westlich ist die Rolle, die Rajneesh im Zusammenhang mit den verfestigten Vorstellungen des Ich der Gesellschaft zumißt. Der Einfluß der Gesellschaft auf das individuelle Denken bewirkt, daß der Mensch praktisch nichts von dem tun kann, was er eigentlich will, wie Rajneesh mit großer, offensichtlich persönlich gefärbter Emphase ausführt[185]. Den Aufstand gegen die Gesellschaft hält er freilich für ganz verfehlt, weil in ihm nur die Tendenz des Menschen zum Ausdruck kommt, stets zu reagieren und seine Wertvorstellungen positiv oder negativ an denen anderer zu orientieren. Darum empfiehlt er eine Stellung nicht gegen die Gesellschaft, sondern jenseits von ihr, und ein innerlich distanziertes Rollenverhalten innerhalb der Gesellschaft.

Es hat sich gezeigt, daß Rajneesh nicht nur das Vokabular, sondern auch bestimmte Elemente und Methoden der humanistischen Psychologie in sein tantrisches Gesamtkonzept aufnehmen konnte, freilich nur auf Kosten einer gewissen Uminterpretation des Konzepts. Er kann aber auch umgekehrt eine Gesamtschau der Psychologie und ihrer Geschichte entwickeln und seine eigene Stellung und Wirksamkeit innerhalb des Gesamtphänomens Psychologie bestimmen[186]. Unter diesem Gesichtspunkt sieht er seine Aufgabe darin, eine »dritte Psychologie«, eine »Psychologie der Buddhas« zu entwerfen, die es bislang noch nicht gibt. Als erste Psychologie bezeichnet er die Arbeit von Freud, Jung, Adler und anderen, die als erste eine wissenschaftliche Psychologie für den kranken Menschen geschaffen haben. Die zweite Psychologie dagegen sei eine Psychologie für den gesunden Menschen, »ein ganzheitliches Herangehen, kein Denken in Begriffen von Krankheit, jedoch ein

Denken in Begriffen von Gesundheit«. Als Repräsentanten nennt er Maslow, Fromm und Janov, also Männer aus dem Umkreis der humanistischen Psychologie. Fragmente dieser Psychologie für den gesunden Menschen sieht er auch im Osten, nämlich bei Patañjali, Buddha und Mahāvīra, aber in vorwissenschaftlicher Gestalt. Die dritte Psychologie, die »Psychologie der Buddhas«, untersucht den »erwachten Verstand«, sie ist eine Psychologie der Transzendenz, der Existenz, eine »No-mind-Psychologie«. Es handelt sich im Prinzip um den gleichen Anspruch wie den des Maharishi Mahesh Yogi, so etwas wie eine Wissenschaft der Erleuchtung zu entwikkeln, mit der Einschränkung freilich, daß das Wissenschaftsverständnis des Maharishi etwa ein halbes Jahrhundert älter ist. Der Begriff »No-mind-Psychologie« impliziert das Urteil über die humanistischen Psychologen, daß sie im Bereich des Verstandes verharrt sind, während es Rajneesh auf eine rational nicht mehr faßbare Wirklichkeitserfahrung geht. Es ist nun aufschlußreich – und darauf deutet schon die Gurdjieffsche Wendung »erwachter Verstand« hin –, daß Rajneesh als seinen Vorläufer einen Mann aus der esoterischen Tradition nennt, eben Gurdjieff, der auch bei Oscar Ichazo von Arica eine wichtige Rolle spielt. Gurdjieff ist in Rajneeshs Augen der erste Mensch, der sich an den Versuch wagte, die dritte Psychologie zu entwerfen. Er scheiterte, weil er als Mystiker nicht auch zugleich ein wissenschaftlicher Geist war und weil sein wissenschaftlicher Interpret, P. D. Ouspensky, ihm untreu wurde, wie Rajneesh meint. »Ich versuche von neuem, in der dritten Dimension zu arbeiten, und ich habe nicht das Risiko auf mich genommen, das Gurdjieff auf sich nahm. Ich bin auf niemanden angewiesen. Ich bin Gurdjieff und Ouspensky«[187]. D.h. Rajneesh versteht sich als Mystiker und Wissenschaftler in einer Person.

In ähnlicher Weise bestimmt er seine Stellung zur Gruppe. »Das erste ist, einen Meister zu suchen, der dir helfen kann. Wenn es unmöglich ist, einen Meister zu finden, dann bilde eine Gruppe und mache eine Gruppen-Anstrengung. Allein ist die letzte Möglichkeit«[188]. Der Meister ist also die Überbietung der Gruppe im Bereich der Psychologie, wie die dritte Psychologie die Überbietung der zweiten ist. Als Meister läßt Rajneesh außer Gurdjieff, der 1949 verstarb, niemanden gelten, auch nicht die hinduistischen Gurus im Westen. Die einzige Ausnahme macht er bei Krishnamurti, der auf seine indirekte Weise vielen geholfen habe. »Sonst sind alle sogenannten Meister im Westen nur Geschäftsleute«[189]. Rajneesh ist auf seine besondere Weise ein Beispiel für das Bemühen vieler Gurus, mit der Wissenschaft dadurch ins reine zu

kommen, daß sie ihre Lehre, obgleich sie viele Anzeichen der Vorwissenschaftlichkeit aufweist, als nachwissenschaftlich, als Metawissenschaft und Metapsychologie verstehen.
Auf der Basis dieser geschilderten Konzeption haben die verschiedenen westlichen Arten der Gruppentherapie und Gruppenarbeit in Rajneeshs Āśram in Poona und in den Rajneesh-Zentren der westlichen Länder einen legitimen Platz, freilich einen niederen Stellenwert, gemessen an dem Werk, das nur der Meister selbst vollbringen kann. Das deutlichste Beispiel in Deutschland ist Dr. Henning von der Osten, der nach eigenen Angaben aus der Rundfunk- und Fernsehtätigkeit 1973 herausgerissen wurde, als er mit der Janovschen Urschreitherapie bekannt wurde, sich in den Vereinigten Staaten zum Therapeuten ausbilden ließ, sich aber mit Urschreitherapie, Bioenergetik, Massage, Reichscher Körperarbeit und Encounter-workshops nicht zufriedengab, sondern Schüler von Rajneesh in Poona wurde, um als Svāmī Devabhakta in den Westen zurückzukehren. In München praktizierend, leitet er zugleich im Purvodaya-Zentrum in Margarethenried in der Nähe von München Intensiv-Workshops mit Primärtherapiemethoden, die freilich im Sinne Rajneeshs durchgeführt werden. Hier kann er die Grenzen der humanistischen Psychologie, wie er sie sieht, überschreiten in Richtung auf eine »transpersonale Psychologie«, eben Rajneeshs »No-mind-Psychologie«. Diese Richtung ist deutlich in dem Rajneesh-Wort angegeben: »Westliche Psychologie muß Metaphysik werden. Sie muß auch eine Philosophie werden und letztlich Religion. Nur dann kann dem Menschen geholfen werden zu transzendieren«[190].

9. *Ergebnis*

Die Analyse des westlichen Umfeldes hat gezeigt, daß die hinduistischen Bewegungen in ihrer Anpassung an den westlichen Kontext sich keineswegs einheitlich verhalten haben. Nicht nur das Ausmaß, sondern auch die Art der Anpassung ist unterschiedlich. Ein- und dieselbe Bewegung, nämlich die TM, konnte sich gleichzeitig in und außerhalb der jugendlichen Subkultur etablieren. Was das Ausmaß der Anpassung betrifft, so steht neben der Hare-Kṛṣṇa-Bewegung, die unverändert um das gleiche Zentrum der traditionellen Kṛṣṇabhakti kreist, die TM, die sich ihre Thematik von den Tendenzen vorgeben läßt, die an den amerikanischen Universitäten der sechziger Jahre gängig waren, nämlich von dem Streben nach Wissenschaftlichkeit und von gewissen Themen der

Human Potential-Bewegung, freilich ohne daß sich ihre Gründer vom traditionellen indischen Denken wirklich hätten lösen können. Auch die übrigen aus dem Westen übernommenen Interpretationsrahmen (New Age, Geistheilung etc.) greifen selten tief in die Substanz der mitgebrachten Tradition ein, abgesehen freilich von dem einschneidenden Prozeß der Entethnisierung. Die Ablösung hinduistischer Praktiken, Konzepte und Organisationsformen von der Kastenstruktur bedeutet natürlich in jedem Fall eine entscheidende Veränderung, zumal, wie A. Eschmann gezeigt hat, im Hinduismus Kaste und Saṃpradāya aufeinander bezogen sind und einander ergänzen[191]. Was die Art der Anpassung betrifft, so ist sie vielfältig, läßt aber eine zunehmende Tendenz zur Säkularisierung erkennen. Da das Umfeld, d. h. der Bereich derjenigen Gruppen und Strömungen, mit denen die hinduistischen Bewegungen im Westen in eine intensive Interaktion eingetreten sind, zunehmend säkularer geworden ist, haben sich die hinduistischen Bewegungen immer deutlicher um eine säkularisierende Interpretation ihrer jeweiligen Tradition bemüht, bis hin zur TM mit ihrer eigenartig zweideutigen Stellung zwischen Religion und Säkularität. Die wichtigsten westlichen Interpretationsrahmen bzw. Interpretamente sind: Die unitarisch verstandene theistische Universalreligion (freilich noch innerhalb Indiens bei Ram Mohan Roy), die Vorstellung vom New Age bzw. Wassermannzeitalter (aus dem Dispensationalismus der okkulten Traditionen), Geistheilung und positives Denken (aus der Christlichen Wissenschaft und der Neugeistbewegung), Suche nach höheren Bewußtseinszuständen (vor allem aus Hippie- und psychodelischer Subkultur), Evolutionsdenken (durch Aurobindo vermittelt), Suche nach einer Metawissenschaft bzw. Metapsychologie (bei Mahesh Yogi und Rajneesh); dazu kommen – beim Ānanda Mārga – Einflüsse aus dem Marxismus und neuerdings sogar aus der ökologischen Bewegung[192]. Weitere Interpretationsrahmen bzw. Interpretamente sind das Streben nach einem gesunden, »natürlichen« Leben (Vegetarismus, Makrobiotik, gymnastisch gedeuteter Haṭha-Yoga, Meditation als Entspannungstechnik) und das Bemühen um Selbstfindung, Selbstverwirklichung und Vereinigung mit den tieferen Schichten der Person (vor allem aus der humanistischen Psychologie, aber auch schon früher).

Diese Interpretationsrahmen bzw. Interpretamente sind bestimmten Gruppen bzw. Strömungen des Umfelds entlehnt, die teilweise schon selbst – auf dem Wege der »Diffusion« – hinduistisch beeinflußt waren. Das gilt z. B. für die Unitarier, für die Christliche Wissenschaft, die psychodelische Religion und die Human Potential-Bewegung, wie die Einzelanalyse gezeigt hat. Die hinduistischen

Bewegungen im Westen haben also in einem bereits hinduistisch oder allgemein-östlich beeinflußten Umfeld operieren können. Sofern es sich dabei um Verschmelzung christlicher Inhalte mit solchen aus asiatischen Religionen handelt, ist die Bezeichnung Synkretismus angebracht[193]. Missionarische Aktivität hat immer die Tendenz gehabt, eine Art Synkretismus hervorzubringen, weil sie eine Form der Religionsbegegnung ist[194]. Darum hat es in der christlichen Mission nicht selten eine umstrittene Grauzone zwischen legitimer Akkommodation bzw. Indigenisation oder Inkulturation einerseits und abgelehntem Synkretismus andrerseits gegeben, so z. B. im Ritenstreit und in der Kastenfrage[195]. Mission im Kontext einer weitgehend säkularisierten Gesellschaft muß natürlich religiös-säkulare Vermischungsphänomene hervorbringen. Die Einzelanalyse hat dafür Beispiele geliefert: Westliche Psychologie übernimmt Konzepte und Praktiken aus östlichen Religionen und übt sie in einer quasi-religiösen Gruppenatmosphäre aus; eine hinduistische Meditationstechnik interpretiert sich mit Hilfe westlicher Konzepte säkular und versteht sich als eine Art Metawissenschaft, ohne sich jedoch der religiösen Dimension wirklich entledigen zu können und zu wollen etc. Das Problem wird dadurch kompliziert, daß in solchen Fällen die Grenze zwischen Religion und Säkularität schwer zu bestimmen ist. Die Zweideutigkeit der TM ist in dieser Hinsicht symptomatisch. Ob die genannten religiös-säkularen Vermischungsphänomene noch unter den klassischen Synkretismusbegriff subsummiert werden können, mag dahingestellt bleiben. Insgesamt wird man den meisten hinduistischen Bewegungen zugestehen müssen, daß sie im Vergleich zu ihrem synkretistisch geprägten und von religiös-säkularen Vermischungsphänomenen bestimmten Umfeld um eine deutliche Bindung an ihre jeweilige Tradition bemüht sind.

Im Sinne einer praeparatio hinduistica wirken nicht nur diese Synkretismus- und religiös-säkularen Mischphänomene, sondern auch solche Strömungen, die, obgleich überwiegend westlichen Ursprungs, eine gewisse Affinität zu östlichen Religionen besitzen. J. S. Judah[196] hat Neugeistbewegung, Spiritualismus, Okkultismus, Theosophie und ähnliche Gruppen als »metaphysische Bewegungen in Amerika« bezeichnet und ihre gemeinsamen Merkmale zusammengestellt. Die wichtigsten davon sind: Eine unpersönliche, immanente Gottesvorstellung, die mit dem Weltgesetz identifiziert wird, ein optimistisches Menschenbild, das den Personkern als göttlich betrachtet, und der Versuch einer Synthese von Religion und Wissenschaft. Diese Ideen haben sich in der Auseinandersetzung mit dem Christentum, vor allem mit dem konservativen

Calvinismus und seiner Prädestinationslehre herausgebildet. Etliche der genannten Merkmale, vor allem das Menschenbild, finden sich übrigens auch in der humanistischen Psychologie und enthalten dort eine Tendenz gegen christliche Moralvorstellungen, die als repressiv empfunden werden. Die inhaltliche Übereinstimmung dieser Merkmale mit wichtigen hinduistischen Konzepten liegt auf der Hand und geht nicht nur auf östliche Einflüsse zurück, wie sie z. B. der Neugeistbewegung und den Unitariern durch die Neu-England-Transzendentalisten vermittelt wurden. (Dabei bleibt die Frage nach möglichen Querverbindungen zum Osten, die bis zum Neuplatonismus zurückgehen, außer Betracht.) Es haben also auch abendländische Traditionen als praeparatio hinduistica gewirkt. Dazu gehört auch der weitverbreitete kosmische Monismus, den W. A. Visser't Hooft als ein Merkmal des europäischen »Neuheidentums« und als eine »andere Religion« Europas bezeichnet hat[197].

Übereinstimmungen zwischen den hinduistischen Bewegungen und ihrem westlichen Umfeld zeigen sich auch darin, daß sich beide in ähnlichen Problemfeldern angesiedelt haben. Durchgängig ist ihr Interesse an dem Spannungsverhältnis von Religion und Wissenschaft. Schon die frühen Anhänger des Neovedānta verstanden diesen als wissenschaftliche Religion, als einen Mittelweg zwischen den als unerfüllbar empfundenen Glaubensforderungen der christlichen Orthodoxie und einem als zersetzend und unbefriedigend angesehenen Liberalismus[198]. Der Vedānta habe Zweiflern am christlichen Dogma, die nicht auf Religion verzichten wollten, eine neue Glaubensmöglichkeit erschlossen, wie Schwester Niveditā (Margaret Noble) es ausdrückte[199]. Die Anforderungen an Wissenschaftlichkeit werden im allgemeinen schon dann als erfüllt angesehen, wenn die eigene Botschaft als rationale Universalreligion oder als durch Erfahrung verifizierbar verstanden wird. Faktisch geht der Verzicht auf »dogmatische« Glaubensforderungen mit einer erstaunlichen Glaubensbereitschaft der Anhänger Hand in Hand. Ein zweites Problemfeld ist die Thematik von Gesundheit und Heilung durch die Macht des Bewußtseins und durch ein »natürliches« Leben in Harmonie mit den kosmischen Gesetzen. Durch Einstimmung auf den Kosmos und seine heilenden Kräfte mittels der Meditation und durch rechte Ernährung und Lebensführung soll er auf die äußeren Mittel der Medizin weitgehend verzichten können. Auch die ökologischen Tendenzen fügen sich gut in dieses Konzept eines gesunden, natürlichen Lebens ein und können überdies durch die All-Einheitslehre untermauert werden. In ähnlicher Weise kann der Vegetarismus als Beitrag zur

Überwindung des Welthungers empfohlen werden[200]. Ein drittes Problemfeld ist der Bereich von Psychologie und Psychotherapie. In der Frühzeit der hinduistischen Bewegung im Westen war davon noch wenig zu spüren, weil die wissenschaftliche Psychologie sich damals noch in den Anfängen befand. Erst Carl Gustav Jung hat das Interesse der Psychologie auf östliche Meditationsformen gelenkt. Psychologisches Forschungsinteresse hat sich später den veränderten Bewußtseinszuständen zugewendet, wie sie durch Yoga, Zen und schamanistische Techniken hervorgerufen werden[201]. Es liegt ganz auf dieser Linie, daß solche Meditationstechniken dann auch in der Therapie und als Mittel der Selbsterfahrung verwendet werden, wie es in Teilen der humanistischen Psychologie geschieht. Umgekehrt interpretieren hinduistische Gurus ihre Meditationsformen als Entspannungstechniken, Drogentherapie u.ä. Alle diese Bemühungen stehen freilich noch zu sehr in den Anfängen, als daß sich über den therapeutischen Wert der Meditation schon Endgültiges sagen ließe. Ein viertes Problemfeld ist das der Zukunftshoffnung und Zukunftsgestaltung. Die optimistische Hoffnung weiter Teile des Neohinduismus auf eine evolutionäre Höherentwicklung der Menschheit übt eine ähnliche Faszination aus wie Teilhard de Chardins Entwurf es vermocht hat. In beidem drückt sich ein Protest gegen eine pessimistische Geschichtsbetrachtung und die Sehnsucht nach einer kosmischen »Makrohistorie« aus, wie Mircea Eliade es genannt hat[202]. Der Gedanke, daß der Meditierende an der Evolution bzw. dem Kommen des neuen Zeitalters mitwirkt, verleiht dem individuellen Meditationsakt kosmische Zukunftsbedeutung. Damit können sich, wie beim Ānanda Mārga, Formen des sozialen Engagements verbinden. Die veränderten individuellen Bewußtseinszustände werden teilweise als eine Vorwegnahme des neuen kollektiven Bewußtseins verstanden, dessen Entstehung von der Zukunft erhofft wird. In neuerer Zeit haben sich die hinduistischen Bewegungen auch auf ein fünftes Problemfeld bezogen, nämlich auf die Krise des wissenschaftlich-technologischen Bewußtseins und der modernen Gesellschaft. Die Betonung des »Natürlichen«, die schon Carl Heinz Ratschow als ein Kennzeichen der asiatischen Religionen hervorgehoben hat – freilich im Gegensatz zum Übernatürlichen[203] –, kann einen antitechnologischen und antirationalistischen Sinn bekommen[204]. Das Bewußtsein der individuellen Ohnmacht gegenüber undurchschaubaren Prozessen und anonymen Apparaten und das daraus resultierende Gefühl der Sinnleere werden angesprochen, wenn dem einzelnen Einblick in kosmische Geheimnisse und in das Walten des Karmagesetzes sowie Zugang zu okkulten Kräften versprochen wird, mit deren Hilfe er Herrschaft über den Kosmos erlangen kann. Allerdings können auf diese Weise religiöses und rationales Weltverständnis in einen schwer überbrückbaren Gegensatz zueinander geraten, der einen sinnvollen Umgang mit den Realitäten erschwert.

Die Analyse der Problemfelder hat den Funktionswandel verdeutlicht, den bestimmte Elemente des Hinduismus durchgemacht haben. So entfremdet z. B. die Psychologisierung von Yoga und Meditation diese ihrem ursprünglichen Sitz im Leben; auch die Förderung der kosmischen Evolution ist kein Ziel des klassischen Yoga. Andererseits ist der Funktionswandel nicht erst ein Ergebnis der missionarischen Grenzüberschreitung in den Westen, sondern hat bereits im modernen Indien begonnen. Das wissenschaftliche Interesse an veränderten Bewußtseinszuständen hat nicht erst mit der TM in den USA, sondern schon vorher in Indien angefangen[205]; die Meditation im Sinne der Evolutionsförderung ebenfalls; es darf auch nicht übersehen werden, daß viele Inder Yogaübungen nicht der Heilssuche, sondern der Gesundheit wegen durchführen.

Die hinduistische Mission im Westen ist, wie sich gezeigt hat (Teil II A 8), ein Ergebnis der Religionsbegegnung. Hinduistische Traditionen sind in der Auseinandersetzung mit dem Islam in Nordindien und mit dem Christentum, speziell in Bengalen, missionarisch geworden. Das ist ein wesentlicher Unterschied zur christlichen Mission der letzten Jahrhunderte in Asien und Afrika, die die Religionsbegegnung nicht voraussetzte, sondern sie häufig überhaupt erst herbeiführte. Hinduistische Mission im Westen geht also von der Erfahrung der religiösen Pluralität aus und versteht sich, teilweise explizit, als eine Antwort darauf (II B), während die christliche Mission der neueren Zeit sich dieses Problems erst langsam bewußt geworden ist und es bis heute als ein unbewältigtes, kontrovers behandeltes mit sich geschleppt hat, wie die gegenwärtige Diskussion über eine Theologie der Religionen beweist[1]. Es wäre freilich eine unzulässige Vereinfachung, wollte man den Unterschied zwischen hinduistischer und christlicher Mission auf die Formel Toleranz – Intoleranz bringen (II B 9).

Eine deutliche Übereinstimmung mit den Anfängen der christlichen Mission der letzten Jahrhunderte kann darin gesehen werden, daß die hinduistische Mission im Westen überwiegend eine sektarische, »konfessionelle« ist, die nicht primär für den Hinduismus als ganzen, sondern für eine seiner vielen Traditionen wirbt (II B). Von diesen müssen etliche, freilich durchaus nicht alle, als unorthodox oder – strenggenommen – sogar heterodox gelten, so z. B. der Rādhāsoāmī Satsaṅg.

In ihrer organisatorischen Struktur unterscheidet sich die hinduistische Mission im Westen am deutlichsten von der christlichen. Die bewußt oder unbewußt an christlichen Vorbildern orientierte Struktur der Rāmakrishna-Mission hat sich nicht durchgesetzt[2]. Vivekānanda hatte den westlichen Vedānta-Gesellschaften eine unabhängige Rechtsgestalt gegeben, sie zugleich aber fest an das indische Zentrum in Belur gebunden. Von dort nämlich werden die indischen Svāmīs auf Einladung der Vedānta-Gesellschaften ausgesandt und arbeiten als deren Gäste. Das Zentrum delegiert das Recht, Jünger zu initiieren. Hier gibt es also eine klare Unterscheidung von sendender »Heimatorganisation«, »Missionsfeld« und einladender Tochterorganisation. Für die hinduistische Mission typisch wurde jedoch der organisatorisch unabhängige, nur an den eigenen, u. U. schon verstorbenen Meister spirituell gebundene

Guru, der überwiegend oder ganz im Westen lebt und sich auf die Bedürfnisse dieses Arbeitsfeldes einstellen kann. Das galt bzw. gilt für Yogānanda, Kirpal Singh, die westlichen Śivānanda-Jünger, Guru Mahārāj Ji, Svāmī Prabhupāda, Mahesh Yogi, Yogi Bhajan u. a. ṃ. Die finanzielle Unabhängigkeit ist sowieso auf seiten der westlichen Gurus, von denen es abhängt, ob sie Mittel nach Indien fließen lassen. Die mit dem christlichen Konzept der Mission tief verbundene, schon im Begriff ausgedrückte und in verschiedenen Formen institutionalisierte Idee der Sendung hat im Hinduismus schon deswegen keine Parallele, weil er keine Gemeinde im christlichen Sinne kennt[3]. Als ausreichende, freilich auch unverzichtbare Legitimierung eines hinduistischen Missionsunternehmens gilt die Inspiration durch den lebenden oder verstorbenen Meister, die auch dann in Anspruch genommen wird, wenn andere Gründe für den Weg in den Westen maßgebend gewesen sein dürften. Wie es auch immer mit den Motiven bestellt sein mag, entscheidend ist stets das Charisma des Guru, der, im Westen angekommen, vor die Alternative proselytize or perish gestellt ist. Von Vivekānanda bis zu Svāmī Prabhupāda bildet die Geschichte vom soeben in den Westen gekommenen indischen Svāmī, der mit wenigen Dollars in der Tasche darauf angewiesen ist, Anhänger zu finden, einen festen Topos des erbaulichen Erzählstils. Diese für den kirchenlosen Hinduismus bezeichnende Form des freien, charismatischen Missionierens – wobei dem Charisma im Westen u. U. mit PR-Methoden nachgeholfen werden kann – ist zugleich seine Stärke und seine Schwäche: Die Unabhängigkeit ermöglicht die nötige Anpassung und die Entwicklung geeigneter Arbeitsformen, sie stellt aber zugleich den Guru außerhalb jeder Kontrolle, es sei denn, er gerät mit dem Gesetz in Konflikt. Es ist aufschlußreich, daß die gleiche freie, charismatische Form des Missionierens auch den Aufbruch des Zen in den Westen charakterisiert. Ernst Benz[4] hat darauf hingewiesen, daß die globale missionarische Ausbreitung des Zen von der Rinzai-Schule ausgegangen ist, die sich von den anderen Zen-Schulen in Japan durch ihre freiheitliche, spirituelle Struktur auszeichnet und ihren Zusammenhalt bei einem Minimum an Institutionalisierung nur durch die Sukzession der Meister gewährleistet.

Die Analyse der Anpassung der indischen religiösen Bewegungen im Westen (Teil III) hat gezeigt, daß diese innerhalb eines synkretistisch geprägten Umfelds sich um die Bewahrung ihrer hinduistischen (bzw. dem Hinduismus verwandten) Identität bemühen. Das trifft sogar für die TM-Bewegung zu, die ihren hinduistischen Grundcharakter zwar nach außen hin kräftig leugnet, zugleich aber an der Guru-Tradition eisern festhält und ihre Konzeption in Form einer Auslegung der Bhagavadgītā entfaltet hat (I 10). Es verdient auch Beachtung, daß viele dieser Bewegungen ihre erste prägende Phase in Indien gehabt und die Grundzüge ihrer Lehre unter indischen Bedingungen entwickelt haben (Rādhāsoāmī Satsaṅg, Divine Life Society, Divine Light Mission, Aurobindo-Āśram und Auroville, Ānanda Mārga, Svāmī Muktānanda, die Gauḍīya-Mission als Mutterorganisation der ISKCON) und daß von diesen wiederum nur die Divine Light Mission sich im Westen spürbar gewandelt und – freilich aus besonderen Gründen – sich vom indischen Flügel getrennt hat. Qualifiziert man freilich den gesamten Neohinduismus als eine neue Religion bzw. als einen Sammelbegriff für neue Religionen[5], so schließt dieses Urteil viele der hinduistischen Gruppen im Westen ein. Das letzte Wort in der Frage nach der Grenze zwischen Hinduistischem und Nichthinduistischem kann freilich nur der Hinduismus selbst sprechen. Da er keine allgemein anerkannten Lehrinstanzen besitzt und die prinzipielle Anerkennung der Veden als inhaltliches Kriterium ziemlich unbrauchbar ist, wird sich sein endgültiges Urteil darin erweisen müssen, ob er den Neohinduismus und die hinduistischen Bewegungen im Westen im Lauf der Zeit faktisch akzeptiert. Im Falle der westlich beeinflußten, reformerisch eingestellten Strömungen, die unter der Bezeichnung Neohinduismus zusammengefaßt werden, scheint der Hinduismus bereits über die religionswissenschaftlichen und ähnlichen Bedenken hinweggegangen zu sein. Ein Blick in indische Veröffentlichungen bis hin zu Schulbüchern zeigt, daß z. B. Julius Richters Urteil aus dem Jahre 1906, Vivekānanda sei der »Apostel eines Pseudohinduismus«[6], vom Hinduismus als Ganzem nicht bestätigt worden ist. Hinsichtlich der Gruppen im Westen muß das Urteil noch abgewartet werden. Ihre grundsätzliche Anerkennung von seiten indischer Mutter- bzw. Schwesterorganisationen liegt teilweise vor. Sie ist kein Problem zwischen der ISKCON (Hare-Kṛṣṇa-Bewegung) und den Gauḍīya-Vaiṣṇavas, zwischen Yogānandas Self-Realization Fellowship und seinem indischen Yogodā Satsaṅga, zwischen Śivānanda-Jüngern wie Vishnu Devananda und dem DLS-Zentrum in Rishikesh. In diesen Fällen ist auch die Anerkennung individueller westlicher Anhänger durch Kommensalität m. W. kein schwerwiegendes Problem[7]. Ähnlich verhält es sich mit westlichen Jüngern von Organisationen wie dem Ruhāni Satsaṅg und der Beās-Linie des Rādhāsoāmī Satsaṅg (welche freilich selbst etwas außerhalb des Hinduismus stehen), dem Ānanda Mārga sowie den Kreisen um Aurobindo und Auroville (Teil I). Die vier letztgenannten Gruppen, deren Schwerpunkt in

Indien liegt, haben keine speziell im Westen operierenden Gurus, die mit der indischen Mutterorganisation auf gleichem Fuß verkehren könnten. Die TM weist eine Befürwortung ihres Konzepts vom »Zeitalter der Erleuchtung« durch den gegenwärtigen Jagadguru von Jyothirmath vor, hat aber kein indisches Pendant. Ihre Anhänger können in Indien nicht mit der gleichen Anerkennung rechnen, wie sie die westlichen Kṛṣṇa-Mönche der ISKCON von den Gauḍī yas erfahren. Innerhalb des Gesamthinduismus nehmen Organisationen, die westliche Anhänger haben, natürlich wiederum eine besondere Stellung ein. Man wird abwarten müssen, ob der Hinduismus, der in den letzten hundert Jahren manche überraschenden Entwicklungen genommen hat – einschließlich des Aufbruchs zur Mission –, einen Weg finden wird, seine westlichen Kinder als legitim anzuerkennen.
Mit der Frage nach der hinduistischen Eigenart der indischen religiösen Bewegungen im Westen hängt die andere nach ihrem religiösen Charakter aufs engste zusammen. Die Abneigung hinduistischer Bewegungen in Indien und im Westen, sich als Religion bezeichnen zu lassen, hat mit dieser Frage nichts zu tun. Diese Abneigung setzt ein Religionsverständnis voraus, das »Religion« im Gegensatz zu »Spiritualität« als Inbegriff lehrhafter, kultischer und ritueller Traditionen und somit als etwas Äußerliches begreift, während wir in diesem Zusammenhang das Wort Religion im Sinne der Religionswissenschaft verwenden. Die Frage nach dem religiösen Charakter der hinduistischen Gruppen im Westen hat insofern praktische Bedeutung, als ihre Beantwortung darüber entscheidet, ob sie Anspruch auf eine Behandlung als religiöse Minderheiten haben. Es wurde bereits (III 9) auf die Problemfelder hingewiesen, in denen sie sich angesiedelt haben: im Spannungsfeld zwischen Religion und Wissenschaft, im Bereich von Gesundheit und Heilung, von Psychologie und Psychotherapie sowie in dem der Zukunftshoffnung und Zukunftsgestaltung. In diesen Bereichen müssen sie mit religiösen und quasireligiösen Gruppen, Weltanschauungsgemeinschaften und säkularen Strömungen konkurrieren und können als Alternativgruppen betrachtet werden[8]. Die meisten von ihnen haben sich aber vornehmlich im traditionellen Bereich der Religion angesiedelt, wie immer man den Begriff der Religion definieren mag. (P. Tillich: »Der Zustand des Ergriffenseins von einem letzten Anliegen, ... das alle anderen Anliegen zu bloß vorläufigen macht, und das in sich selbst die Antwort auf die Frage nach dem Sinn unseres Lebens enthält«; G. Mensching: »Erlebnishafte Begegnung mit heiliger Wirklichkeit und ... antwortendes Handeln des vom Heiligen existentiell bestimmten Menschen«.

Religionssoziologisch bestimmt bei P. L. Berger: »Das Unterfangen des Menschen, einen heiligen Kosmos zu errichten ... Kosmisierung auf heilige Weise«; R. N. Bellah: »A set of symbolic forms and acts which relate man to the ultimate conditions of his existence«[9].) Wesentliche Züge des in diesen Definitionen Gemeinten finden sich in allen beschriebenen Gruppen wieder, wobei das »Unterfangen, einen heiligen Kosmos zu errichten«, vor allem in der Rādhāsoāmī-Tradition zu finden ist, während andere Gruppen besser durch eine andere Definition charakterisiert werden. Mit säkularen Kategorien wie »Personenkult«[10] ist die Hingabe an den Guru, die ein wichtiges Kennzeichen fast aller dieser Gruppen ist, nicht zureichend zu beschreiben. Die meisten ihrer Anhänger wissen, daß die Verehrung dem Guru nicht als menschlicher Person, sondern als Manifestation einer letzten Wirklichkeit und Macht gilt, die zugleich im eigenen Inneren erfahren wird und mit dem Göttlichen identisch ist. Die Grenze zwischen recht verstandener Guruverehrung und Personenkult – auch der Starkult muß in diesem Zusammenhang erwähnt werden – mag im Einzelfall nicht selten verwischt werden. Das erlaubt aber keine Identifizierung dieser Phänomene.
In den hinduistischen Bewegungen im Westen werden auch Yogapraktiken und Rituale – Initiationsrituale und andere – zumeist in einem eindeutig religiösen Zusammenhang ausgeübt. Bei der TM wird das freilich verschleiert, und die sportliche und gesundheitliche Ausrichtung von Yogaübungen kann man auch bei Śivānanda und seinen Jüngern finden. Auch die in den hinduistischen Gruppen im Westen weitverbreitete Abneigung gegen die lehrhaft-intellektuelle Dimension des Religiösen kann nicht ohne weiteres als religiöse Unwissenheit interpretiert werden. Der Zugang zur Religion ist in ihnen vorwiegend praktisch und experimentell; das ist aber gerade in östlichen Religionen nicht ungewöhnlich. Die mangelhafte Kenntnis religiöser Konzepte und das fehlende Interesse an ihnen geht nicht selten Hand in Hand mit einem detaillierten, durch eigene Praxis unterbauten Wissen über die Cakras und Nādis (Zentren und Bahnen) der tantrischen Physiologie und ihre Bedeutung für die Yogapraxis, über die verschiedenen Meditationsformen des Hinduismus, Sūfismus, des Theravāda-, Mahāyāna- und des tibetischen Vajrayāna-Buddhismus, über Diätvorschriften der verschiedenen Traditionen, über den praktischen Umgang mit dem I Ching u.a.m. – Inhalte, die in der religionswissenschaftlichen Literatur nur selten erwähnt und in den einschlägigen Enzyklopädien zumeist mit Schweigen übergangen werden. Man kann das religiöse Wissen mancher Anhänger der östlichen Gruppen –

cum grano salis – auf die Formel bringen, daß sie wenig von dem wissen, was in der RGG steht, aber viel von dem, was man in ihr nicht findet. Freilich resultiert der pragmatische Umgang mit religiösen Traditionen und Praktiken häufig darin, daß sie ihrem ursprünglichen Sitz im Leben entnommen und verwestlicht werden. Es gibt unter den westlichen Anhängern östlicher Gruppen freilich auch solche, die außer den gängigen Lehren und Praktiken der eigenen Gruppe, und zwar in der vom eigenen Guru vorgetragenen Form, keinerlei Kenntnis religiöser Traditionen besitzen. Die bedenklichen Konsequenzen solcher Einseitigkeit werden allerdings durch die starke Fluktuation zwischen den verschiedenen Gruppen gemildert, die zumindest zur Vertrautheit mit etlichen Meditationsformen führen kann.

Die Guruverehrung und die Teilnahme an den praktischen Übungen und Ritualen können typisch religiöse Phänomene hervorbringen. Dazu gehört die faktisch vollzogene Bekehrung im Sinne des religiösen Milieuwechsels, der ein starkes religiöses Loyalitätsverhältnis begründen kann[11] – ganz im Gegensatz zur offiziell verkündeten Ablehnung von Bekehrung und Glaubenswechsel (II B); ferner Visionen, Auditionen, außergewöhnlichen Erfahrungen, wie überhaupt das Wort Erfahrung in diesen Gruppen ganz groß geschrieben wird. Der Weg zu dieser Art religiöser Erfahrung führt zumeist über die Initiation, die bislang unzugängliche Bewußtseinsräume und Geheimnisse erschließen soll. M. Eliade[12] hat im Zusammenhang mit der gegenwärtigen »Sucht nach dem Okkulten« von dem »Wunsch nach einer *persönlichen* Initiation« gesprochen, der vom Christentum abgelehnt, von Religionen des Mysterientyps dagegen befriedigt werde. Mit der Initiation beginnt in vielen Gruppen ein ritualisierter und sakralisierter Lebensstil. Vor allem die mönchisch ausgerichteten Gruppen weisen einen stark ritualisierten Tageslauf auf. Natürliche Vorgänge wie Nahrungsaufnahme und Umgang mit dem anderen Geschlecht sind auch bei »Laienanhängern« häufig sakralisiert, d. h. der Profanität entnommen und zum Bestandteil eines religiösen Lebensvollzugs gemacht. Schon das allein muß eine stark entfremdende Wirkung in einer Umgebung haben, in der das ganze Leben mitsamt der vorherrschenden Religion vom Prozeß der Säkularisierung geprägt ist. Auch die Unbefangenheit, mit der wunderhafte bzw. paranormale Vorgänge berichtet und erwartet werden, erklärt sich am besten als Ausdruck eines vorwissenschaftlichen religiösen Bewußtseins. Es sind merkwürdigerweise gerade die am meisten verwestlichten Bewegungen, nämlich Yogānandas Self-Realization Fellowship und die TM, die sich in dieser Hinsicht hervortun. Der Weg von echter Unbefangenheit zu propagandistischer Verwertung solcher Vorgänge ist freilich kurz und weist auf die zweideutige Stellung zwischen Religion und Säkularität hin, die manche dieser Gruppen einnehmen. Ein typisches Beispiel dafür sind die Levitationsberichte der TM. Ihre eindeutige propagandistische Tendenz kann nicht darüber hinwegtäuschen, daß Levitationsberichte in der Religiosität mystischer bzw. meditativer Gruppen nichts Ungewöhnliches sind. Im Schamanismus hängt die Fähigkeit des magischen Fliegens eng mit den ekstatischen Erlebnissen zusammen. »Die Fähigkeit zu fliegen kann . . . auf mehrfache Weise erreicht werden: durch schamanische Trance, mystische Ekstase, magische Techniken, aber auch durch harte geistig-seelische Disziplin wie im Yoga des Patanjali, durch kräftige Askese wie im Buddhismus oder durch alchimistische Praktiken. Diese Mehrzahl von Techniken entspricht ohne Zweifel einer Vielfalt von Erlebnissen und, wenngleich in geringerem Grade, auch verschiedenen Ideologien . . .«[13]. Zahlreiche Levitationsberichte gibt es auch über christliche Mystiker[14]. Offensichtlich führen subjektive mystische bzw. Meditationserfahrungen der Schwerelosigkeit und des Schwebens im Bereich einer vorwissenschaftlichen religiösen Atmosphäre zu verobjektivierenden Levitationsberichten.

Alle diese Phänomene wie Bekehrung, Initiation, ritualisierter und sakralisierter Lebensstil, Guruverehrung und Berichte über paranormale Phänomene machen die religiöse Substanz deutlich, die in vielen der hinduistischen Bewegungen im Westen lebt. Sie haben allesamt eine antisäkularistische Tendenz, obgleich sie andererseits die Säkularisierung in doppelter Hinsicht voraussetzen: Ohne den von der Säkularisation verursachten Abbau traditioneller Bindungen an das Christentum wären die Missionserfolge asiatischer Religionen im Westen nicht denkbar; ohne eine säkularisierende Interpretation und Lebenspraxis wäre die Suche nach religiöser Bindung nicht so desinteressiert am Christentum vorbeigegangen, wie es überwiegend geschehen ist[15]. Säkularisation schafft ein missionsfreundliches Klima in dem Sinne, daß sie den aktiven religiösen Minderheiten eine Chance gibt und den Übertritt bzw. Beitritt erleichtert.

Andererseits stellt die Säkularisierung religiöse Bewegungen bei ihrem Versuch, im Westen Fuß zu fassen, vor Probleme, an denen auch sie scheitern können. Eine Möglichkeit des Scheiterns liegt darin, daß der Versuch einer wissenschaftlichen Selbstdarstellung in einer pseudowissenschaftlichen Ideologie resultieren kann, die bei näherem Zusehen weder den Ansprüchen der Wissenschaft noch denen der Religion genügt. So hat – um auf die Levitationsberichte zurückzukommen[16] – die TM dieses Phänomen dem religiösen Kontext, dem es entstammt, völlig entnommen, es wissenschaftlich zu deuten versucht, es damit ungewollt dem Gesetz wissenschaftlicher Nachprüfbarkeit unterworfen und sich damit Forderungen nach einer öffentlichen Demonstration ihrer Levitationsfähigkeiten ausgesetzt, die eine religiöse Gruppe mit Recht hätte zurückweisen können, nicht aber eine Bewegung, die sich als wissenschaftlich ausgibt. Obendrein hat sie teure »Siddhi-Kurse« zur Erlangung paranormaler Kräfte angeboten und damit das, was ursprünglich ein religiöses Phänomen war, zur Ware gemacht. Das ist ein Beispiel dafür, daß eine hinduistische Bewegung im Westen sich im Netz ihrer eigenen Widersprüchlichkeit zwischen Religion, Wissenschaft und Konsumgesellschaft verfangen kann. Tatsächlich bleibt der Anspruch, Religion und Wissenschaft versöhnen zu können, weithin im Verbalen stecken.

Auch die Versöhnung von Religion oder, wie gern gesagt wird, Spiritualität einerseits und den Anforderungen des Lebens in der Welt andererseits, die von den meisten der hinduistischen Bewegungen im Anschluß an den Neohinduismus zum Programm erhoben worden ist, macht im Westen größere Schwierigkeiten als der Theorie nach vermutet werden könnte. Der klassische Hinduismus hatte dadurch einen Ausgleich zwischen beidem geschaffen, daß er dem letzten Ziel der Befreiung (mokṣa) drei andere legitime Lebensziele voranstellte: Genuß (kāma), Wohlstand (artha) und die religiösen Pflichten (dharma). Auch die Lehre von den Lebensstadien (āśramas) dient diesem Ausgleich, indem sie die stärker religiös bestimmten Lebensperioden an den Anfang (Lernender) und in die höheren Altersstufen (Waldeinsiedler und Wanderasket) legte und der mittleren Phase des Haushalterdaseins ein besonderes Gewicht gab. Dadurch bekamen die weltlichen Ziele und Phasen, in der Bonhoefferschen Terminologie: das »Vorletzte« gegenüber dem »Letzten«, ein Eigengewicht, das sie in den hinduistischen Bewegungen im Westen nicht haben. Wohl gibt es in der Rādhāsoāmī-Tradition eine Hochschätzung von Ehe und Familie, – sogar der Sadguru ist verheiratet –, aber insgesamt geht bei den hinduistischen Gruppen die Tendenz dahin, die Spannung zwischen beiden Bereichen überhaupt zu leugnen und die Meditation als Mittel für alles und jedes zu verstehen: Als Quelle des Glücks, Schlüssel zum weltlichen Erfolg, ethischen Kompaß für alle Lebenslagen und schließlich als Weg zum Heil. Die Meditation soll also faktisch gleichermaßen zu Kāma, Artha, Dharma und Mokṣa verhelfen, und nicht selten hat man den Eindruck, daß sie damit überfordert wird. Auch hier besteht die Gefahr, daß die Versöhnung des spirituellen mit dem weltlichen Leben im Verbalen verharrt und daß in der Lebenspraxis der Meditierenden entweder das eine oder andere auf der Strecke bleibt. Das hat mit dem Hinduismus, wie er in Indien gelehrt wird, nur noch wenig zu tun, weil die starke Bindung an Familie, Sippe und Kaste dort ein wirkungsvolles Gegengewicht gegen die Tendenzen zur Entsagung bilden. Es zeigt sich, daß die Ablösung hinduistischer Konzepte und Praktiken von ihrer ethnisch-kulturellen Grundlage und ihre Verpflanzung in den Westen Probleme schafft.

Das gilt zumal dann, wenn die Absage an das weltliche Leben samt seinen Pflichten nicht als ein um der Befreiung willen notwendiges Opfer, sondern als Selbstzweck verstanden wird, wenn also hinduistische Vorstellungen als religiöse Legitimation der Hippie-Ideologie oder einer ähnlichen Haltung dienen müssen (III 7). Unter solchen Umständen kann der Hinduismus unter der Hand die Funktion einer ideologischen Legitimierung der Verweigerung gegenüber der Gesellschaft annehmen, die er von Hause aus nicht hat[16a].

Trotzdem ist die pauschale Einschätzung hinduistischer Bewegungen im Westen als »Aussteigergruppen«[17] nicht gerechtfertigt. Eine eindeutige Absage an jede Form von Weltverbesserung[18] gibt es nur in der Rādhāsoāmī-Tradition. Der Ānanda Mārga und die ISKCON haben eine fest umrissene Vorstellung von einer idealen Gesellschaftsordnung, die 3HO predigt – auf sikhistischer Grundlage – Patriotismus und die TM beansprucht, durch individuelles Meditieren die Gesellschaft verbessern zu können. Das letztere gilt auch für die Aurovillianer u. a. m. Sie alle betrachten den Menschen primär nicht als gesellschaftliches, sondern als kosmisches Wesen und glauben darum an die »Realität setzende Macht des Gedankens oder der Konzentration« und an die »Weltbewältigung aus dem Geiste der Meditation«[19] – eine Überzeugung, die im westlichen Kontext sowohl vom Standpunkt wissenschaftlich-technischer Weltbewältigung als auch aus der Sicht christlicher Weltverantwortung als Illusionismus erscheinen muß. Wird diese Überzeugung auch noch in den Dienst einer sektarischen Missionstätigkeit gestellt und propagandistisch ausgebeutet, so liegt darin eine weitere Quelle der Entfremdung von der Umwelt. Die größte Schwierigkeit liegt also nicht in der fehlenden Intention, der Gesellschaft zu dienen, sondern einerseits in der mangelnden Fähigkeit, auf einer völlig anderen Grundlage gewachsene Vorstellungen von Weltverbesserung bzw. von einer idealen Gesellschaftsordnung überzeugend auf die westliche Situation zu beziehen und andererseits in der Unwilligkeit der Umwelt, sich auf Vorstellungen einzulassen, die

ihr fremd und unverständlich sind. So bleibt diesen Gruppen kaum eine andere Möglichkeit, als andere einzuladen, an ihrer Miniwelt teilzuhaben, wie Harvey Cox es ausgedrückt hat[20]. Trotzdem muß eine differenzierende Betrachtungsweise unterscheiden zwischen gesellschaftlich desinteressierten Gruppen wie dem Rādhāsoāmī Satsaṅg und anderen, die wie der Ānanda Mārga eher den Alternativgruppen zuzurechnen sind. Die Detailuntersuchung (III 7) hat ergeben, daß die soziologisch feststellbare Wirkung hinduistischer Gruppen im Westen ambivalent ist: sie kann sowohl resozialisierend als desozialisierend sein.
Die einzige hinduistische Bewegung, die ihr gesellschaftliches Engagement im Westen überzeugend demonstrieren konnte, ist der Ānanda Mārga. Die Sympathien, die ihm deswegen zuteil geworden sind[21], sind allerdings durch seine eigenartige Vermischung von Religion und Politik in Frage gestellt worden, nämlich durch seine Tendenz, religiöse Hingabe mit dem Einsatz für ein bestimmtes politisches Programm zu verbinden und die religiöse Gestalt des Guru zugleich als politische Führerfigur und als Spitze einer zukünftigen Weltregierung zu proklamieren (I 9). Daß solch eine Verbindung von religiösem und politischem Führertum in politischen und gesellschaftlichen Spannungsgebieten nicht singulär ist, zeigt trotz aller Unterschiede der religiöse Antikommunismus der Vereinigungskirche (Tong-Il Kyo) des Koreaners Sun Myung Mun[22]. Die Selbstverbrennungen im Ānanda Mārga demonstrieren die Intensität dieser Art des religiös-politischen Engagements. Der moralische Rigorismus, mit dem über andere geurteilt wird – übrigens auch bei der ISKCON –, ist ebenfalls eine Quelle möglicher Konflikte mit der Gesellschaft, die zu erneuern diese Organisationen beanspruchen.
Ein auffälliges Kennzeichen der gegenwärtigen hinduistischen Bewegungen im Westen ist die Häufung sektarischer Ansprüche auf exklusive Geltung, sei es einer religiösen Führergestalt, einer bestimmten Meditationstechnik oder einer Form der Gottesverehrung (II A 8). Es gibt eine stattliche Reihe von Sadgurus, d. h. von »Vollkommenen Meistern des Zeitalters«, von denen es eigentlich nur einen zur Zeit geben dürfte: Der Rādhāsoāmī Satsaṅg hat mindestens zwei (in Beas und Agra), der Ruhāni Satsaṅg einen, die Divine Light Mission besitzt einen, nach der Spaltung hat sie jetzt wahrscheinlich zwei, und Yogi Bhajan (3HO) scheint ähnliche Ansprüche zu erheben. Avatāraschaft wurde bzw. wird Rāmakrishna, Meher Bābā, wahrscheinlich auch Ānadamūrti zugeschrieben. Das sind auf dem engen Raum der hinduistischen Mission im Westen recht viele. Kritik von Außenstehenden an solch einer

Inflation der sektarischen Ansprüche ist nicht vielversprechend; wohl aber darf darauf hingewiesen werden, daß diese Ansprüche nicht nur im Konflikt miteinander stehen, sondern auch durch keinerlei inhaltliche Originalität und Besonderheit gedeckt sind. Innerhalb der Rādhāsoāmī-Tradition sind die Unterschiede minimal, und diese wiederum steht in dem breiteren Strom der Sant-Tradition, ohne sich wesentlich von dieser zu unterscheiden, außer eben durch ihre sektarischen Ansprüche (I 2). Der Sadguru der Divine Light Mission lehrt ein geheimes »Wissen«, das in Wirklichkeit aus vier yogischen Allerweltstechniken besteht (I 8). Gewiß spielt neben der Meditationstechnik die Hingabe an den Guru eine wichtige und vielleicht sogar entscheidende Rolle. Aber sie bedarf weder der Titel Sadguru bzw. Avatāra noch der damit verbundenen Exklusivität. Aus der Sicht des Psychologen hat Robert Ornstein[23] die »kommerzialisierte Mystik« kritisiert: »Packagers of mass mysticism offer a single aspect of an ancient tradition, such as a meditation technique meant for one community, and give it out to everyone. A person's resulting experience ist then channelled not into his own development, but into the service of the organization... Popular mystics gather converts with techniques that should be part of our basic education.« Die religionswissenschaftliche Analyse hat diese Kritik bestätigt.

Die genannten Angriffsflächen, die sie der Kritik bietet, haben die hinduistische Mission im Westen nicht daran gehindert, eine teilweise ansehnliche Anhängerschaft zu sammeln. Vielleicht haben sie sogar zu diesem Erfolg beigetragen. Denn die Tendenz zu Patentrezepten, Allheilmitteln, verbaler Problembewältigung und exklusiven Ansprüchen findet sich gerade bei solchen Gruppen wie TM und Divine Light Mission, die eine größere Anhängerschaft gewinnen konnten. Offensichtlich kommen sie damit vieldiskutierten Bedürfnissen entgegen, die sich in den Industriegesellschaften des Westens entwickelt haben: dem Bedürfnis nach Autoritäts- und Vaterfiguren, nach festem Engagement und innerer Bindung, nach übersichtlicher ethischer Orientierung u.a.m. (III 7). Hilflosigkeit und mangelnde Unterscheidungsfähigkeit einer säkularisierten Gesellschaft gegenüber religiösen Phänomenen kommen hinzu[24]. Insofern sind die hinduistischen Bewegungen im Westen auch (!) ein Indikator westlicher Defizite.

Die Frage nach der Zukunft der hinduistischen Mission im Westen entscheidet sich nicht an der Weiterexistenz der gegenwärtig hier operierenden Gruppen, sondern an der Kommunikation des Westens mit Indien. In der achtzigjährigen Geschichte dieser Mission sind eine ganze Reihe von Organisationen wieder verschwunden;

andere, z. B. die Meher Bābā-Anhänger und die Self-Realization Fellowship haben von dem Wiederaufleben östlicher Religiosität im Westen zu profitieren vermocht und einen zweiten Frühling erlebt (I 3 und 6). Vor allem aber sind neue Bewegungen von Indien ausgegangen und haben die älteren, zumindest zahlenmäßig, überrundet. Solange hinduistische Traditionen ein universales Sendungsbewußtsein bewahren oder neu entwickeln, wird man – die gegenwärtigen globalen Kommunikationsmöglichkeiten vorausgesetzt – ihre Spuren im Westen finden. Der Westen wiederum wird aller Voraussicht nach weitere Wellen des Interesses an östlichen Religionen, Okkultismus etc. von der Art erleben, wie es sie um die Wende zum 20. Jahrhundert und in einigem Abstand von den beiden Weltkriegen gegeben hat. Wo westliche Bedürfnisse und hinduistischer Missionswille zusammentreffen, wird es wohl weiterhin Hinduismus im Westen geben. Es wird freilich vor allem »amerikanischer Hinduismus« und erst auf dem Umweg über die USA ein europäischer Hinduismus sein. Von einem »amerikanischen Hinduismus« hatte bereits Wendel Thomas[25] gesprochen, und M. H. Harper hat vor wenigen Jahren festgestellt, der Hinduismus sei »tief im amerikanischen Boden verwurzelt«[26]. Das läßt sich wohl nur mit Einschränkung auf den europäischen Kontinent übertragen. Hier ist der Hinduismus, zumal in amerikanischer Vorprägung, noch ein ganzes Stück davon entfernt, einheimisch zu sein.

Anmerkungen

Einleitung

1 C. H. Ratschow: Die Begegnung des Christentums mit den asiatischen Religionen in Europa, in: ThB 6, 1975, S. 45–59; M. Mildenberger: Heil aus Asien? Hinduistische und buddhistische Bewegungen im Westen, Stuttgart 1974; ders.: Hinduismus – Buddhismus – Islam in Deutschland, Information Nr. 53 der Ev. Zentralstelle für Weltanschauungsfragen (EZW), Stuttgart 1973; ders.: The Impact of Asian Religions on Germany, in IRM 62, 1973, S. 34–42; K. Hutten, S. von Kortzfleisch (Hg.): Asien missioniert im Abendland, Stuttgart 1962; F. Blanke: Asiatische religiöse Strömungen in Europa, in: Die Einheit der Kirche und die Sekten, Zollikon 1957, S. 95–111; J. Needleman: The New Religions, Garden City – New York 1970; H.-W. Gensichen: Das Sendungsbewußtsein des Hinduismus, in: Luth. Missionsjahrbuch 1959, S. 25–35; P. D. Devanandan: Hindu Missions to the West, in: IRM 48, 1959, S. 398–408; O. Wolff: Die religiöse Aktivität des modernen Hinduismus, in: ZRGG 10, 1958, S. 299–316; E. Benz: Hinduistische und buddhistische Missionszentren in Indien, Ceylon, Burma und Japan, in: ZRGG 10, 1958, S. 333–363; C. G. Diehl: Art. Hinduismus III in: RGG Bd. 3, ³1959, Sp. 352–354; G. F. Vicedom: Europa als Spannungsfeld alter und neuer Religionen, in: Die Gefährdung der Religionen, hg. von R. Italiaander, Kassel 1966, S. 34–58; ders.: Das Abendland unter dem geistigen Einfluß Asiens, in: Asien missioniert im Abendland (s. o.), S. 13–50; ders.: Die Mission der Weltreligionen, München 1959; ders.: Die Weltreligionen im Angriff auf das Christentum (TEH, NF 51), München ³1958; F. Melzer: Indien greift nach uns. West-östliche Begegnungen mit dem modernen Hinduismus, Stuttgart 1962; W. M. Thomas: Hinduism invades America, New York 1930; H. Römer: Die Propaganda für asiatische Religionen im Abendland (Basler Missionsstudien H. 36), Basel 1910; M. H. Harper: Gurus, Swamis und Avataras. Spiritual Masters and their American Disciples, Philadelphia 1972; P. Rowley: New Gods in America. An Informal Investigation in the New Religions of American Youth Today, New York 1971; P. Brent: Godmen of India, Harmondsworth (Penguin Books) 1973; V. Mangalwadi: The World of Gurus, New Delhi u. a. 1977; R. Kranenborg: Zelfverwerkelijking. Oosterse religies binnen een westerse subkultuur, Kampen 1974; H. Cox: Licht aus Asien. Verheißung und Versuchung östlicher Religiosität, Stuttgart – Berlin 1978.

2 R. Friedli: Fremdheit als Heimat. Auf der Suche nach einem Kriterium für den Dialog zwischen den Religionen (ÖBFZPhTh 8) Freiburg/Schweiz 1974, S. 31 ff. Siehe auch S. 61 ff zur Gegenmission der Religionen.

3 Zur diesbezüglichen Situation der Gegenwart: K. von Dürckheim: Der östliche Einfluß auf die jüngste Entwicklung der westlichen Geistigkeit, in: Indo-Asia 17, 1975, S. 114–124; O. Splett: Asiatische Einflüsse im deutschsprachigen Europa – heute, in: Ebda S. 129–139.

4 Vgl. M. Eliade: Das Okkulte und die moderne Welt. Zeitströmungen in der Sicht der Religionsgeschichte, Salzburg 1978.

5 J. Wach: Vergleichende Religionsforschung, Stuttgart 1958, S. 83, 109; ders.: Religionssoziologie, Tübingen 1951, S. 19–37.

6 In die protestantische Diskussion ist in jüngster Zeit der Begriff der Kontextualität eingeführt worden. Er beinhaltet »the capacity to respond meaningfully to the Gospel within the framework of one's situation. Contextualization is . . . a theological necessity demanded by the incarnational nature of the word« (A Working Policy for the Implementation of the Third Mandate Programme of the Theological Education Fund (1970–1977), Bromley/Kent 1972, S. 17–21, bes. S. 19. Im Unterschied zur Akkommodation und Indigenisation beschreibt Kontextualisierung einen dynamischen Vorgang, der das Evangelium nicht an eine vorgegebene traditionelle Kultur anpassen will, sondern es auf den gegenwärtigen Prozeß der Säkularität, Technologie und des Kampfes für Gerechtigkeit bezieht (ebda S. 20).

7 C. G. Jung: Gesammelte Werke Bd. 15, Olten 1971, S. 69 (aus der Gedächtnisrede Jungs für Richard Wilhelm). Jung sah in der westlichen Nachahmung des Ostens ein »tragisches Mißverständnis« und ein Ausweichen vor dem »Hic Rhodos, hic salta«, d. h. vor der notwendigen Bewährung des Abendländers angesichts der westlichen Kulturkrise. »Nicht darum handelt es sich, daß man unorganisch Fremdes imitiert oder gar missioniert, sondern daß man die abendländische Kultur, die an tausend Übeln krankt, an Ort und Stelle aufbaut . . .« (Ges. Werke Bd. 13, Olten 1978, S. 18; aus dem Kommentar zum »Geheimnis der Goldenen Blüte« in R. Wilhelms Übersetzung).

8 Zitiert nach ZMiss 4, 1978, S. 51. Vgl. V. Ganesham: Das Indienerlebnis Hermann Hesses. (Abh. zur Kunst-, Musik- und Literaturwissenschaft Bd. 169) Bonn 1974.

9 Die bekannteste Form des Sūfismus im Westen entstammt dem Nordwesten des indischen Subkontinents, wo der von Muin ud-Din Chishti um 1200 n. Chr. gegründete Chishti-Orden beheimatet ist. Ihm gehörte der 1910 in den Westen gekommene und 1927 gestorbene Hazrat Inayat Khan an, ein begabter Musiker und Mystiker, der den »Sūfi-Orden des Westens« gegründet hat. Freilich haben er – und verstärkt sein Sohn Vilayat Inayat Khan – die islamische Grundlage des Sūfismus zugunsten einer umfassenden Religionssynthese hinter sich gelassen. Schwerpunkte ihrer Tätigkeit waren bzw. sind die USA, Frankreich und die Schweiz, von wo ihr Einfluß auch nach Deutschland strahlt. Es gibt aber auch Ableger des Bektashi- und des Mevlevi-Ordens (des Ordens der tanzenden Derwische) im Westen, deren Schwerpunkt – bis zu ihrem Verbot 1925 durch Kemal Pascha – in der Türkei lag. Da die Ausbreitung des Sūfismus ohne Einbeziehung des neuzeitlichen Islam nicht analysiert werden kann, bleibt er außerhalb dieser Untersuchung und spielt nur bei der Behandlung Meher Bābās eine gewisse Rolle. Zum Sūfismus im Westen: M. Mildenberger: »Dem Einen entgegen« – Sufis im Westen, in: Materialdienst der EZW 40, 1977, S. 172–179; die Bücher und sonstigen Äußerungen Hazrat Inayat Khans sind gesammelt in: The Sufi Message of Hazrat Inayat Khan, 12 Bde., London 1960ff; vgl. L. Hoyak: Die Botschaft von Inayat Khan, Zürich o. J.; H. Gstrein: Islamische Sufi-Meditation für Christen, Wien–Freiburg–Basel 1977.

10 Zu den buddhistischen Gruppen im Westen siehe außer der in A. 1 genannten Literatur: Buddhismus in Deutschland. Eine Chronik, hg.

von der Deutschen Buddhistischen Union, Hamburg 1973; E. Benz: Buddhismus in der westlichen Welt, in: Buddhismus der Gegenwart, hg. von H. Dumoulin, Freiburg u.a. 1970, S. 191–204; H.-W. Gensichen: Buddhistische Mission und christliches Zeugnis (Christus und die Welt H. 2), Bad Salzuflen 1959; M. Ladner: Buddhistische Mission in Europa, in: ZRGG 10, 1958, S. 317–333; W. Holsten: Der Buddhismus in Deutschland, in: Luth. Missionsjahrbuch 1958, S. 19–33; W. Leifer: Buddhismus in Deutschland, in ZMR 39, 1955, S. 50–53.

11 B. R. Wilson: An Analysis of Sect Development, in: American Sociological Review 24, 1959, S. 3–15, deutsch in: Religionssoziologie (Soziolog. Texte Bd. 19, hg. und eingel. von F. Fürstenberg, Neuwied–Berlin 1964, S. 279–304). Wilson zweifelt selbst an der Anwendbarkeit seiner Klassifizierung auf nichtchristliche Religionen (Religionssoziologie S. 287 A. 1). P. L. Berger: The Sociological Study of Sectarianism, in: Social Research 21, 1954, S. 467–487. Vgl. auch P. G. Weber: Religiosität und soziale Organisationsformen in Sekten. Eine religionssoziologische Studie dreier Sektengruppen, Köln–Wien 1975, S. 56ff. Ebensowenig wie der Begriff der Sekte ist der soziologische Typus der Mystik, den E. Troeltsch (Die Soziallehren der christlichen Kirchen und Gruppen, Tübingen 1912) als dritten neben diejenigen der Kirche und Sekte gestellt hat, auf die hinduistischen Bewegungen im Westen anwendbar. Für Troeltsch sind Mystik und Sekte Komplementärbewegungen zur Kirche (S. 794). Indem die Mystik sich um »Verinnerlichung und Unmittelbarmachung der in Kult und Lehre verfestigten Ideenwelt zu einem rein persönlich-innerlichen Gemütsbesitz« (S. 967) bemüht, setzt sie eben diesen Kult und diese Lehre voraus. Das ermöglicht überhaupt erst ihre diffuse, individualistisch geprägte Sozialgestalt. Der Hinduismus als ganzer mag wohl mit Recht als »mystische Religion« im Gegensatz zu den »Offenbarungsreligionen« klassifiziert werden (dazu siehe G. Lanczkowski: Zur Unterscheidung indischen und biblischen Denkens, in: Saeculum 8, 1957, S. 110–119), die hinduistischen Bewegungen im Westen sind aber keine diffusen »Komplementärbewegungen« zu einer Art hinduistischer Großkirche – die es nicht gibt –, sondern sind selbst Träger eigener kultischer, ritueller und lehrhafter Traditionen und durch das Jünger-Meister-Verhältnis und häufig auch durch ihre mönchische Ordnung klar strukturiert.

12 Handbuch Religiöse Gemeinschaften, hg. von H. Reller, Gütersloh 1978, S. 13, 577ff, 597ff.

12 F. Blanke aaO. S. 95ff.

14 Religious Movements in Contemporary America, ed. by I. I. Zaretzky & M. P. Leone, Princeton, N.J. 1974, S. 612f. Dort werden die mit dem Begriff »cult« verbundenen Probleme diskutiert. Die Besonderheit eines Kults gegenüber der Sekte kann darin gesehen werden, daß er sich nicht von der primären Religion eines Landes herleitet und sich auch nicht bemüht, diese in einer reineren Form darzustellen. Diese Definition scheint es zu erlauben, hinduistische und buddhistische Gruppen im Westen als Kulte einzustufen, wie es ja auch häufig geschieht. Freilich stellt sich sofort die Frage, ob dann nicht auch christliche Kirchen in überwiegend nichtchristlichen Ländern als Kulte gelten müßten. Es erscheint höchst fraglich, ob Bewegungen, die an der religiösen und teilweise auch an der scholastischen Tradition ihrer Herkunftsländer teilhaben, wie es die meisten hinduistischen Bewegungen im Westen tun, beim Übergang in eine durch eine andere Religion geprägte Kultur

als Kulte klassifiziert werden dürfen. – Andere Definitionen des Kultbegriffs verzichten auf die Frage nach dem Verhältnis zur primären Religion des betreffenden Landes und implizieren Werturteile wie »kurzlebig«, »bizarr« u. ä., die die sachliche Verwendung des Wortes nur erschweren. (So die Definition von T. F. Hoult, zitiert in: Religious Movements in Contemporary America, S. 612f. Vgl. auch G. K. Nelson: The Spiritualist Movement: A Need for the Redefinition of the Concept of the Cult, in: JSSR 8, 1969, S. 152–160.) In der christlichen Apologetik und Polemik kann der Begriff des »Kults« einen antichristlichen Sinn erhalten. Ein Kult gilt dann als »religiöse Perversion«, »organisierte Häresie« u. ä. So D. Breese: Know the Marks of Cults, Wheaton [3]1976. Zur Schwierigkeit, eine Typologie der Kulte zu entwerfen, siehe die von R. Galbreath verfaßte ausführliche Rezension des Buches von R. S. Ellwood: Religious and Spiritual Groups in Modern America, Englewood Cliffs, N.J. 1973, in: History of Religions 13, 1973/74, S. 323–331.

15 A. Eschmann: Religion, Reaction and Change: The Role of Sects in Hinduism, in: Religion and Development in Asian Societies, Colombo 1974, S. 143–157, besonders S. 147f, mit Verweis auf J. Wach: Religionssoziologie, Tübingen 1951, S. 43ff. Vgl. auch: G. Mensching: Soziologie der Religion, Bonn [2]1968, S. 232. Einen ähnlichen Sinn wie sampradāya haben Begriffe wie śākhā, maṭa, samāya und panth (Hinweis von Günther Sontheimer).

16 A. Eschmann aaO. S. 149.

17 W. Thomas aaO. S. 185.

18 Zur Kategorie der religiösen Bewegung vgl. H.-J. Klimkeit: Antireligiöse Bewegungen im modernen Südindien (UARG NF 7), Bonn 1971, S. 28ff.

19 Über die älteren Bewegungen (Rāmakrishna-Mission, Rādhāsoāmī Satsaṇg) im indischen Kontext ist freilich im Zusammenhang mit dem Reformhinduismus geschrieben worden, z. B.: J. N. Farquhar: Modern Religious Movements in India, New York 1915; H. von Glasenapp: Religiöse Reformbewegungen im heutigen Indien, Leipzig 1928; vgl. auch: ders.: Die indische Welt als Erscheinung und Erlebnis, Baden-Baden 1948, S. 284ff.

20 Meditation – Wege zum Selbst, hg. von U. Reiter, München 1976; der Beitrag von R. Lenz (S. 98ff) behandelt etliche hinduistische Bewegungen im Westen im Zusammenhang mit der religiösen Subkultur.

21 Der Begriff der Jugendreligion geht wohl auf F.-W. Haack zurück (Die neuen Jugendreligionen, München [5]1976). Vgl. H. D. Reimer: Die neuen »Jugendreligionen«, in: Herder Korrespondenz 31, 1977, S. 259–264; M. Mildenberger: Anders an Gott glauben. Die Problematik der Jugendreligionen, in: Ev. Komm. 10, 1977, S. 349–351; L. Zinke (Hg.): Religionen am Rande der Gesellschaft. Jugend im Sog neuer Heilsversprechungen, München–Düsseldorf 1977.

22 F.-W. Haack aaO. S. 5, gibt die Fragwürdigkeit des Begriffs selbst zu erkennen, wenn er schreibt, daß die Jugendreligionen ihre Anhängerschaft hauptsächlich aus 18- bis 26jährigen rekrutieren. Das tatsächliche Durchschnittsalter der Anhänger (nicht das Rekrutierungsalter) scheint eher zwischen 25 und 40 zu liegen. Das ist ein für »Jugendreligionen« recht hohes Alter. Kritik am Begriff der Jugendreligionen auch bei R. Hummel: Hinduistische Gurus und Gruppen im Westen (Reformatio 28, 1979, S. 165–178), S. 166f. Zu den psychologischen und psychiatri-

schen Aspekten siehe: Neue Jugendreligionen, hg. von M. Müller-Küppers – F. Specht (Beih. 22 der »Praxis der Kinderpsychologie und Kinderpsychiatrie), Göttingen 1979.

23 H. D. Reimer aaO. S. 261f. Die genannten Merkmale treffen auf die meisten hinduistischen Bewegungen im Westen nur teilweise zu.

24 Im Zusammenhang mit der Renaissance der Religionen und mit religiösen Neubildungen werden etliche hinduistische Bewegungen im Westen kurz dargestellt von: G. Lanczkowski: Die neuen Religionen, Hamburg 1974; C. Colpe: Synkretismus, Renaissance, Säkularisation und Neubildung von Religionen in der Gegenwart, in: Handbuch der Religionsgeschichte, hg. von J. P. Asmussen und J. Læssøe in Verbindung mit C. Colpe, Göttingen 1971–1975, Bd. 3, S. 444ff. Vgl. auch: R. Flasche: Neue Religionen als Forschungsgegenstand der Religionswissenschaft, in ZMiss 4, 1978, S. 164–173.

25 So auch C. Colpe aaO. S. 504: »Religiöse Gründungen wie die Divine Light Mission, die Krishna-Bewegung und die Transzendentale Meditation z. B. ... sind mit keinem ihrer Charakteristika so neu, wie sie zu sein vorgeben. Sie sind es weder innerhalb der Tradition, die sie erweitern, weiterführen oder erneuern wollen, nämlich des Hinduismus ... Noch sind diese Gründungen neu oder auch nur andersartig im Vergleich mit ähnlichen Bewegungen in so verschiedenen Gebieten wie der einstmals christlichen Welt einerseits, im shintoistischen oder buddhistischen Japan andrerseits.«

26 Religious Movements in Contemporary America (s. o.); The New Religious Consciousness, ed. by C. Y. Glock & R. N. Bellah, Berkeley 1976; zu den wenigen vergleichbaren Untersuchungen über die BRD gehören: M. Schibilsky: Religiöse Erfahrung und Interaktion. Die Lebenswelt jugendlicher Randgruppen, Stuttgart u. a. 1976; ders.: Marginalität und Religiosität. Alternative Jugendkultur als Gegenstand der Religionssoziologie, in: Chancen der Religion, hg. von R. Volp, Gütersloh 1975, S. 90–128; ders.: Kirchliche Outsider – religiöse Insider, in: Religiöse Gruppen. Alternativen in Großkirchen und Gesellschaft, hg. von J. Lell, F. Menne, Düsseldorf – Göttingen 1976, S. 149–168; ders.: Religion aus dem sozialen Abseits, in: Materialdienst der EZW 37, 1974, S. 18–25.

27 J. Frohnmeyer: Zwei neueste Apostel des Hinduismus, in: EMM NF. 41, 1897, S. 369–387, 419–431. Zum Buch H. Römers s. A. 1. In Julius Richters Beurteilung von Svāmī Vivekānandas Auftreten in Chicago finden sich bereits wesentliche Elemente der gegenwärtigen Kritik an den hinduistischen Gruppen im Westen: Der von Vivekānanda vertretene Hinduismus sei im Grunde kein Hinduismus, Vivekānanda sei kein legitimer Sprecher dieser Religion, sondern der »Apostel eines Pseudo-Hinduismus«, sein Lebensstil widerspreche seinem Anspruch usw. So schreibt Richter 1906 in seiner indischen Missionsgeschichte unter der Überschrift »Irrlichter«: »Sein (sc. Vivekānandas) Auftreten widersprach allen Regeln der heiligen Bücher. An sich verdiente der die schwersten Strafen und Ausstoßung aus der Kaste, der über das Weltmeer reiste ... Zudem ist es in den Schastra verboten, Nicht-Hindu zu Proselyten zu machen. Aber auch das ganze Auftreten des Swami war gegen alle Ordnung ... Ein solcher Swami sollte ganz oder wenigstens halbnackt herumlaufen ... Er sollte vor allem ein Brahmane sein ... Und hier trat ein Sudra als Apostel des Hinduismus auf. Auch seine Lehren stimmten mit dem orthodoxen Hinduismus in fast keinem

Punkte überein ...« Richter schließt mit einigen unfreundlichen Bemerkungen über die »falschen unehrlichen Waffen«, die in diesem Kampf gebraucht worden seien und über den mangelnden »Wahrheitssinn der Hindu«, die er in der zweiten Auflage weggelassen hat (J. Richter: Indische Missionsgeschichte, Gütersloh 1906, S. 415f; 2. Auflage Gütersloh 1924). Hier hat der Kritiker der Hindu-Mission im Westen sich hinduistischer gebärdet als die Hindus.

28 Die Anwendung des Missionsbegriffs auf östliche Ausbreitungstendenzen im Westen wird auch im Vorwort K. Huttens zu »Asien missioniert im Abendland« mit der Absicht begründet, die Christen »aufzurütteln« (ebda S. 6).

29 In Auswahl: P. Deussen: Über die innere Verwandtschaft der indischen Religion mit der christlichen (Verhandlungen des 2. Internationalen Kongresses für Religionsgeschichte, Basel 1905, S. 77ff); J. N. Farquhar: The Crown of Hinduism, London 1913; R. Otto: West-östliche Mystik. Vergleich und Unterscheidung zur Wesensdeutung, Gotha 1926; ders.: Indiens Gnadenreligion und das Christentum, München 1930; H. W. Schomerus: Indien und das Christentum, 3 Bde., Halle – Berlin 1931/33; S. Cave: Hinduism or Christianity? A Study in the Distinctiveness of the Christian Message, London 1939; A. G. Hogg: The Christian Message to the Hindu, London 1947; E. D. Soper: The Inevitable Choice. Vedanta Philosophy or Christian Gospel, New York 1947; P. Fingesten: East is East. Hinduism, Buddhism, Christianity, Philadelphia 1956; J. McKenzie: Two Religions. A Comparative Study of some Distinctive Ideas and Ideals in Hinduism and Christianity, London 1950; F. Melzer: Indische Weisheit und christliche Erkenntnis, Tübingen o. J.; ders.: Christus und die indischen Erlösungswege, Tübingen o. J.; G. Lanczkowski: Zur Unterscheidung indischen und biblischen Denkens in: Saeculum 8, 1957, S. 110–119; H.-W. Gensichen: Art. Hinduismus II: Die biblische Botschaft gegenüber dem Hinduismus, in: RGG Bd. 3, ^{3}1959; Sp. 349–352; S. Kulandran: Grace. A Comparative Study of the Doctrine in Christianity and Hinduism, London 1964; Dom Le Saux: Indische Weisheit – Christliche Mystik. Von der Vedanta zur Dreifaltigkeit, Luzern – München 1968; K. Klostermaier: Christ und Hindu in Vrindaban, Köln 1968; von hinduistischem Standpunkt: N. K. Devaraja: Hinduism and Christianity, Bombay u.a. 1969; weitere hinduistische Literatur dazu siehe unter II B.

30 G. Rosenkranz: Art. Mission I, in: RGG ^{3}1960, Bd. 4 Sp. 969.

31 Mahatma Gandhi: Freiheit ohne Gewalt, eingel., übersetzt und hg. von K. Klostermaier, Köln 1968, S. 113.

32 K. Goldammer: Die Formenwelt des Religiösen, Stuttgart 1960, S. 455, bezeichnet Buddha als den ersten »Konversionisten«. Den Unterschied zwischen Buddhismus und Hinduismus hinsichtlich ihrer missionarischen Eigenart betont D. E. Smith: The Political Implications of Asian Religions, in: South Asian Politics and Religion, ed. D. E. Smith, Princeton 1966, S. 6.

33 Swami Akhilananda: Hindu View of Christ, New York 1949, S. 282.

34 K. Goldammer aaO. S. 454: »Man kann die Bekehrung – wenn man von ihrer psychologischen Seite absieht – geradezu als religiösen Milieuwechsel betrachten«.

35 Aus der Fülle der Literatur über die geistigen Einflüsse Indiens auf das Abendland in den letzten ein bis zwei Jahrhunderten: R. Schwab: La

renaissance orientale, Paris 1950; S. Sommerfeld: Indienschau und Indiendeutung romantischer Philosophen, Zürich 1953; H. von Glasenapp: Das Indienbild deutscher Denker, Stuttgart 1960; H. W. Schomerus: Indien und das Christentum, Bd. 3: Das Eindringen Indiens in das Herrschaftsgebiet des Christentums, Halle – Berlin 1933.

36 P.-G. Buttler: Die buddhistische Bewegung in Deutschland, in: Asien missioniert im Abendland, S. 75; H. Dumoulin: Der Erleuchtungsweg des Zen im Buddhismus, Frankfurt 1976, S. 11.

37 H. von Glasenapp: Das Indienbild deutscher Denker, S. 221 f.

38 E. Benz nennt das Chicagoer Religionsparlament eine »bedeutsame Wende im religiösen Leben Amerikas« (in: Buddhismus der Gegenwart, S. 192). Details sind zu finden in: The World's Parliament of Religions. An illustrated and popular story of the world's first Parliament of religions, held in Chicago in connection with the Columbian Exposition of 1893, ed. by J. H. Barrows, Chicago 1893, 2 Bde.

39 R. S. Ellwood: Notes on a Neopagan Religious Group in America, in: History of Religions 11, 1971/72, S. 130. Ellwood (S. 129 f) unterteilt die beiden letzten der o. g. Phasen jeweils noch in zwei Perioden. Seine Periodisierung orientiert sich nicht speziell an den östlichen Gruppen.

40 C. S. J. White: The Sāi Bābā Movement, in: JASt 31, 1971/72, S. 878. Ein typisches Beispiel für das Unbehagen des gebildeten Indienkenners angesichts indischer Gurus, die mit dem Westen in Berührung gekommen sind, vor allem an Svāmī Śivānanda, findet sich bei H.-H. von Veltheim-Ostrau: Der Atem Indiens. Tagebücher aus Asien, Hamburg [2]1955, S. 244 ff.

41 O. Splett aaO. S. 130.

42 A. Bharati: Hindus ignorant of Hinduism – Phoney Swamis abroad, in: The Illustrated Weekly of India, vol. 44, vom 18. 3. 1973, S. 25. Vgl. ders.: The Hindu Renaissance and its Apologetic Patterns, in: JASt 29, 1969/70, S. 267 – 287; ders.: Hinduism and Modernization, in: Religion and Change in Contemporary Asia, ed. by R. F. Spencer, Bombay 1971, S. 67 – 104.

43 Zu dieser Problematik, speziell zur Unterscheidung zwischen dem Reden *über* diese Gruppen und dem Reden *mit* ihnen vgl. R. Hummel aaO. S. 167, 177 f.

Anmerkungen zu Teil I

1 Literatur: Swami Gambhirananda: History of the Ramakrishna Math and Mission, Calcutta 1957; The Life of Swami Vivekananda, by his Eastern and Western Disciples, Almora [5]1955; R. Rolland: The Life of Vivekananda and the Universal Gospel, Almora [4]1953; The Gospel of Sri Ramakrishna, by M., Madras 1957; C. Isherwood: Ramakrishna and his Disciples, Calcutta [2]1969; V. C. Samuel: The Ramakrishna Movement. The World Mission of Hinduism, Bangalore 1959; C. R. Pangborn: The Rāmakrishna Math and Mission. A Case Study of a Revitalization Movement, in: Hinduism. New Essays in the History of Religions, ed. B. L. Smith, Leiden 1976, S. 98 – 119; Swami Ranganathananda: The Ramakrishna Math and Mission, Mylapore [7]1969; ders.: The Ramakrishna Mission. Its Ideals and Activities, Calcutta 1966; S. N. Dhar: Vivekananda. A Comprehensive Biography of

Swami Vivekananda, 2 vol. Madras 1975/76; With the Swamis in America, published by Swami Pavitrananda, Almora 1958; H. von Glasenapp: Religiöse Reformbewegungen, S. 60ff. Literatur zum hinduistischen, neohinduistischen und popularhinduistischen Hintergrund: J. Gonda: Die Religionen Indiens Bd. 1 und 2 (Die Religionen der Menschheit Bd. 11 und 12), Stuttgart 1960/63; ders.: Change and Continuity in Indian Religion, London, The Hague, Paris 1965; ders.: Viṣṇuism and Śivaism. A Comparison. New Delhi 1976. D. S. Sarma: Hinduism Through the Ages, Bombay 1956; K. Klostermaier: Hinduismus, Köln 1965; R. C. Zaehner: Der Hinduismus, München 1954; T. M. P. Mahadevan: Outlines of Hinduism, Madras 1956; M. Eliade: Yoga: Immortality and Freedom, London 1958 (dt. Yoga: Unsterblichkeit und Freiheit, Zürich 1960); O. Wolff: Indiens Beitrag zum neuen Menschenbild, Hamburg 1957; H. H. Wilson: Religious Sects of the Hindus, Calcutta [2]1958 ([1]1861); L. S. S. O'Malley: Popular Hinduism. The Religions of the Masses, Cambridge 1935.

2 O. Wolff: Die religiöse Aktivität des modernen Hinduismus, S. 305.

3 Ebda S. 306.

4 P. D. Devanandan: Hindu Missions to the West, S. 402.

5 E. Benz: Hinduistische und buddhistische Missionszentren in Indien, Ceylon, Burma und Japan, S. 337. Zu Baba Bharatis Tempel s. u. zu I 4.

6 W. Thomas aaO. S. 104.

7 Swami Gambhirananda aaO. S. 327ff.

8 M. Mildenberger: Heil aus Asien? S. 20; W. Schmidt: Yoga in Deutschland, S. 26, 74 (A. 16 zu S. 26).

9 Swami Ranganathananda: The Ramakrishna Math and Mission, S. 44f.

10 Vgl. z. B. die Sammelbände »Vedanta und wir«, hg. von C. Isherwood, Bern 1949, und »What Vedanta means to me«, ed. by J. Yale, London 1961.

11 Literatur: The Complete Works of Swami Vivekananda, Calcutta, 9th Ed. 1955 (zitiert als: C. W. mit Band- und Seitenzahl); P. Hacker: Der religiöse Nationalismus Vivekanandas, EMZ 28, 1971, S. 1–15; V. K. Arora: The Social and Political Philosophy of Swami Vivekananda, Calcutta 1968; N. Devdas: Svāmī Vivekānanda, Bangalore 1968; ferner die einschlägigen Werke über den Neohinduismus, v. a.: D. S. Sarma: The Renaissance of Hinduism, Benares 1944; ders.: Hinduism through the Ages, Bombay 1956. Literatur über die Stellung der Rāmakrishna-Mission zum Christentum s. u. zu II B 2.

12 K. Klostermaier: Hinduismus, S. 397.

13 C. Isherwood: Vedanta und wir, S. 7.

14 Zu Śaṅkara vgl. H. von Glasenapp: Der Stufenweg zum Göttlichen. Shankaras Philosophie der All-Einheit, Baden-Baden 1948.

15 N. Devdas aaO. S. 205f.

16 Ebda S. 52; M. L. Burke: Swami Vivekananda in America. New Discoveries, Calcutta 1958, S. 597; Vivekananda, C. W. VI, S. 231.

17 Zum Folgenden: N. Devdas aaO. S. 111ff.

18 C. W. III S. 8; vgl. N. Devdas aaO. S. 103.

19 C. W. VII S. 50; N. Devdas aaO. S. 44.

20 C. W. III S. 324; N. Devdas aaO. S. 21.

21 Vgl. C. W. III S. 190; N. Devdas aaO. S. 220, 163f.

22 Vor allem bei Swami Ranganathananda: The Christ we adore, Calcutta 1960, passim. Dazu R. Hummel, in: Christentum im Spiegel der Weltreligionen. Kritische Texte und Kommentare, hg. von H.-J. Loth, M. Mildenberger, U. Tworuschka, Stuttgart 1978, S. 118ff.

23 C. W. VI S. 12; II S. 370.
24 N. Devdas aaO. S. 194; C. W. II S. 143.
25 C. W. II S. 339ff, N. Devdas aaO. S. 201. P. Hacker: Schopenhauer und die Ethik des Hinduismus (Saeculum 12, 1961, S. 366–399) S. 385.
26 C. W. II S. 412; N. Devdas aaO. S. 197.
27 P. Hacker aaO. S. 389. Hackers Nachweis der Abhängigkeit Vivekanandas von Deussen hinsichtlich der tat-tvam-asi-Ethik ist überzeugend. Hacker verweist freilich selbst auf die Prahlāda-Legende im Viṣṇupurāna, die die ethische Forderung der liebenden Hingabe (bhakti) an alle Wesen mit der Allgegenwart der Gottheit in allem begründet (aaO. S. 379ff). Auch bei Tukārām (16. Jh.) begründet die Anwesenheit des Göttlichen als saguṇa brahmaṇ in allen Menschen ethisches Verhalten (Hinweis von G. Sontheimer). Auch ältere, vor-neohinduistische Traditionen können also aus der All-Einheitslehre ethische Konsequenzen ziehen. Insoweit ist die Tragweite der Hackerschen These einzuschränken.
28 N. Devdas aaO. S. 194.
29 Zum dritten der von Isherwood genannten Punkte s. u. II B 2.
30 Wichtige Darstellungen des Rādhāsoāmī Satsaṅg finden sich bei J. N. Farquhar: Modern Religious Movements, S. 157–173; V. Möller: Der Rādhāsvāmī Satsaṅg und die Mystik der Gottestöne, Diss. Tübingen, 1956; A. P. Mathur: Radhasoami Faith, A Historical Study, Delhi 1974; H. von Glasenapp: Religiöse Reformbewegungen im heutigen Indien, S. 48–59; P. H. Ashby: Modern Trends in Hinduism, New York–London 1974, S. 71–90. Aus der Feder westlicher RS-Anhänger stammen: J. P. Johnson: The Path of the Masters. The Science of Surat Shabd Yoga. Beas, 8th ed. 1972; gekürzte dt. Fassung: Der Pfad der Meister. Der Yoga des hörbaren Lebensstroms. Ein System zur Entwicklung hoher geistiger Erkenntnisse, München 1969; J. Leeming: Yoga and the Bible. The Yoga of the Divine Word, Beas 1963. Wichtige Schriften des RS: Sār Bachan. An Abstract of the Teachings of Swamiji Maharaj, the Founder of the Radha Swami System of Philosophy and Spiritual Science: The Yoga of the Sound Current. Beas 5th ed. 1971; Huzur Maharaj Rai Salig Ram Bahadur: Radhaswami Mat Prakash or A Brief View of Radhasoami Faith, Agra [5]1959.
31 Zur »quasi-hinduistischen« Eigenart des RS siehe P. H. Ashby aaO. S. 75.
32 H. von Glasenapp aaO. S. 57.
33 J. Gonda aaO. II S. 170ff.
34 Ebda S. 170–173. F. E. Keay: Kabīr and His Followers, Calcutta–Oxford 1931; G. H. Westcott: Kabir and the Kabir Panth, Calcutta, 2. Aufl. 1953. C. Vaudeville: Kabīr, vol. I, Oxford 1974. Zur Charakterisierung der Sant-Tradition vgl. W. H. McLeod: Gurū Nānak and the Sikh Religion, Oxford 1968, S. 151ff; C. Vaudeville aaO. S. 97ff.
35 V. Möller aaO. S. 42.
36 A. P. Mathur aaO. S. 24f. Mathur bezeichnet den Rādhāsoāmi-Glauben als »a new religion based on Sant traditions«.
37 Siehe die Diskussion bei A. P. Mathur aaO. S. 24. Kirpal Singh hat seine These in seinem Buch »Baba Jaimal Singh«, Delhi 1960, S. 8 entwickelt. Vgl. auch Charan Singh: Der göttliche Pfad, Engelberg –München 1975, S. 168.
38 Dazu im einzelnen: V. Möller aaO. S. 52ff.

39 W. H. McLeod aaO. S. 191–194; H. von Glasenapp aaO. S. 52.
40 H. von Glasenapp aaO. S. 48ff.
41 A. P. Mathur aaO. S. 17.
42 Den zweiten Agra-Guru Rai Saligram hat Max Müller: Ramakrishna – Life and Sayings, Oxford 1898, S. 20f, charakterisiert.
43 A. P. Mathur aaO. S. 137ff.
44 Ebda S. 132.
45 Zur Person von Phelps siehe V. Möller aaO. S. 84. Vgl. A. P. Mathur aaO. S. 126, 88.
46 Nach mündlicher Information.
47 V. Möller aaO. S. 70; A. P. Mathur aaO. S. 128. Nach M. H. Harper aaO. S. 106 handelt es sich um die Mantras Nirañjana, Oṃ, Rarang, Soham und Sat.
48 M. H. Harper aaO. S. 214ff.
49 Literatur: (Sant) Kirpal Singh: Die Krone des Lebens. Die Yogalehren und der Weg der Meister-Heiligen, Stuttgart 1974; ders.: Gottmensch, Freiburg 1976; ders.: A great Saint – Baba Jaimal Singh. His Life and Teachings, Delhi 1960; ders.: Spirituality. What it is, Delhi 1959 (darin vor S. 1 kurze Angaben über Leben und Lehre Kirpal Singhs); ders.: Ruhani Satsang. Science of Spirituality, Delhi 1970; ders.: Seven Paths to Perfection, Delhi, Reprint 1970 (dort weitere bibliographische Angaben); P. Brent aaO. S. 97–103.
50 H. Dressel aaO. S. 67. – Die genannten Zahlen beziehen sich auf 1974. Für den Rādhāsoāmī Satsaṅg gilt die von J. Gonda, aaO. II S. 316, genannte Zahl von 400000 Mitgliedern wohl nicht mehr. Nach mündlichen Informationen hat der gegenwärtige Beas-Meister Charan Singh allein 350000 Anhänger initiiert, davon knapp 2% Nichtinder, also 7000. Von ihnen stammen 150 aus der BRD.
51 Sār Bachan, passim, besonders S. 39f, 44f, 53f, 62ff, 86f, 166ff.
52 Den Zusammenhang des RS mit dem Reformhinduismus betont A. P. Mathur aaO. S. 3ff, 153ff, ohne freilich die Differenzen scharf herauszuarbeiten. Vgl. auch Mathurs Darstellung der Kritik Shiv Dayāl Singhs am Hinduismus und anderen Religionen, aaO. S. 40ff.
53 H. von Glasenapp aaO. S. 3, 12, 17f.
54 Freilich fehlen Äußerungen über einen restaurativen Charakter der RS-Lehre nicht völlig. Shiv Dayāl Singh vertritt in Art. 27 des Sār Bachan, S. 37f, die These einer bildlosen, monotheistischen Urreligion, die der Periode der Brahmanenherrschaft zeitlich vorangegangen sei, später aber nicht durchgehalten wurde, sondern Kompromisse mit den Bedürfnissen der Massen eingegangen sei. Ähnliche Äußerungen finden sich noch in konservativen Swāmibāgh-Kreisen. So V. Möller aaO. S. 100, 122f. Es handelt sich also nicht um die vedische »Urreligion«, sondern um eine vorvedische mystischer Prägung.
55 Sār Bachan, S. 41ff; vgl. V. Möller aaO. S. 5ff.
56 Zum Agra-Schema siehe H. von Glasenapp aaO. S. 51f, und V. Möller aaO. S. 86ff. P. H. Ashby aaO. S. 81f, folgt dem vierstufigen Schema.
57 J. P. Johnson, The Path, S. 256ff; andrerseits im Vorwort zu Sār Bachan, S. 12.
58 Zur indischen Kosmographie siehe B. Walker: Hindu World, vol. I, London 1968, S. 252–255.
59 V. Möller aaO. S. 97f.
60 Es handelt sich offensichtlich um das ursprünglich neutrische Brahman der Upanischaden, das hier in personifizierter Gestalt zum herrschen-

den Gott von Brahmāṇḍ geworden ist. V. Möller aaO. S. 129, S. 147, A. 13 zu S. 94.

61 Zur kosmogonischen Funktion von Kāl und Nirañjan siehe V. Möller aaO. S. 94ff.

62 Kāla, die Zeit, wird im Hinduismus schon in ältester Zeit mit dem Prozeß der Schöpfung in Verbindung gebracht (Klostermaier aaO. S. 353f) und später als drittes Schöpfungsprinzip neben puruṣa und prakṛti gestellt (J. Gonda aaO. II, S. 122). Im Mahābhārata kann Kāla mit dem Todesgott Yama identifiziert werden und zugleich als Name der ewigen göttlichen Gesetzmäßigkeit dienen (J. Gonda aaO. II, S. 209, I S. 280). Auch als Karma austeilende und auslösende Macht erscheint der Begriff (Gonda aaO. I S. 234; Klostermaier aaO. S. 353f). Durch diese Zusammenhänge mit der Schöpfung, dem Karmagesetz und mit dem Tod eignet sich der Begriff Kāl in der Konzeption des RS als abwertende Bezeichnung der Negativen Macht. Auch S. G. F. Brandon (History, Time and Deity, Manchester–New York 1965, S. 97f) betont den zerstörerischen Aspekt des Kāla-Begriffs. Nirañjan, der »fleckenlose«, dient schon in der Lehre Kabīrs als Bezeichnung der Negativen Macht (F. E. Keay aaO. S. 140f). Kāl und Nirañjan stehen nach der Lehre des RS in einem komplizierten Verhältnis zur Māyā (A. P. Mathur aaO. S. 78, 95, und V. Möller aaO. S. 130–132).

63 P. H. Ashby aaO. S. 84.

64 A. P. Mathur aaO. S. 78.

65 F. E. Keay aaO. S. 140f, 138; V. Möller aaO. S. 33.

66 V. Möller aaO. S. 36ff u.ö. Vgl. F. E. Keay aaO. S. 138.

67 J. P. Johnson: Der Pfad, S. 77.

68 Huzūr Mahārāj aaO. S. 111f.

69 Ebda S. 45f.

70 H. von Glasenapp aaO. S. 56f, hat bereits auf die wichtigsten Parallelen in der upanischadischen und der späteren hinduistischen Literatur aufmerksam gemacht. Hinweise auf auditive Yogaerfahrungen finden sich bereits in Bṛhadāraṇyaka Up. 5, 9; ferner in der Maitrī Up., insbesondere im sechsten Kapitel, wo die Bedeutung der Meditation der heiligen Silbe Oṃ herausgestellt und sieben Klänge beschrieben werden, die bei verschlossenen Ohren im Herzen vernehmbar werden. Diese sieben Formen des Wort-Brahman (śabd brahman) hinter sich lassend schreitet der Yogi vorwärts zur Vereinigung mit dem höchsten wortlosen und unmanifesten Brahman (M. Eliade: Yoga. Immortality and Freedom, London 1958, S. 390f, 124ff). Die Nādabindu Up. schildert die sich immer mehr verfeinernden Laute, die in der Siddhāsana-Position vernommen werden (ebda S. 132, vgl. S. 390). Das Mantra Oṃ wurde mit dem Brahman, den Veden, allen großen Göttern und, im tantrischen Yoga, mit der Kuṇḍalinī identifiziert (ebda S. 212, 245). Über die Bedeutung von Dhikr, einem islamischen Gegenstück zur hinduistischen Mantrameditation siehe ebda S. 216ff. Eine zentrale Rolle nimmt der Śabd bei Guru Nānak (W. H. McLeod aaO. S. 191–194) und Kabīr (A. P. Mathur aaO. S. 20) ein.

71 J. P. Johnson: Der Pfad, S. 80f.

72 Ebda S. 39.

73 P. H. Ashby aaO. S. 85f; A. P. Mathur aaO. S. 79. Zu den Kośas bzw. Schichten des Atman vgl. K. Klostermaier aaO. S. 173.

74 M. Eliade aaO. S. 241ff.

75 H. von Glasenapp aaO. S. 56.

76 J. P. Johnson aaO. S. 222ff.

77 Nach A. P. Mathur, aaO. S. 90, geht die öffentliche Verkündigung des Namens »Rādhāsoāmī« als Bezeichnung der höchsten Gottheit und seine Bevorzugung vor den in der Sant-Tradition gängigen fünf esoterischen Gottesnamen auf Rai Śāligrām Bahādūr, den zweiten Agra-Meister zurück. Über das Rezitieren der fünf Namen (s.o. A. 47 zu Teil I) vgl. Charan Singh: Der göttliche Pfad, S. 106: »Jede Region hat ihren besonderen Klang. Ein vollkommener Meister trägt unser Bewußtsein durch die fünf Regionen, verbindet es mit den fünf Namen oder göttlichen Klängen und führt es zum Haus des Herrn. In Wirklichkeit ist der Shabd stets ein und derselbe, aber er hat auf jeder Stufe einen besonderen Klang und ein besonderes Licht.« Zu Japa vgl. J. Gonda aaO. I S. 335f.

78 V. Möller aaO. S. 113. Vgl. J. Gonda aaO. II S. 178.

79 Sār Bachan, S. 41. Der leichte Yoga (sahaj yoga) hat schon vor Shiv Dayāl Singh eine längere Tradition, vgl. V. Möller aaO. S. 113f.

80 V. Möller aaO. S. 36.

81 A. P. Mathur aaO. S. 65.

82 Lala Pratap Singh Seth: Biography of Soamiji Maharaj, Soami Bagh, Agra 1968, S. 198f.

83 M. Eliade aaO. S. 227ff, besonders S. 235f.

84 V. Möller aaO. S. 113f. Der RS unterscheidet zwischen Cakras, Kamalas und Padmas.

85 F. E. Keay aaO. S. 140.

86 H. von Glasenapp aaO. S. 54.

87 H.-W. Gensichen: Zum Meister-Jünger-Verhältnis im Hinduismus (Wort und Religion. Kalima na dini. E. Damman zum 65. Geburtstag, Stuttgart 1969, S. 340–353), S. 343.

88 A. P. Mathur aaO. S. 132f. Nach M. H. Harper, aaO. 114, werden in Swāmibāg allerdings keine Dayālbāg- und Beāsanhänger zum Mausoleum zugelassen.

89 Zum Folgenden vgl. J. P. Johnson: Der Pfad, S. 221f.

90 Extreme Guruverehrung kennzeichnet den 1887 von Satyānand Agnihotri gegründeten Dev-Samāj, vgl. H. von Glasenapp aaO. S. 36. Die Dominanz der Guruverehrung hat sich schon im Tantrismus entwikkelt; vgl. C. Vaudeville: Kabīr, S. 136.

91 Das höchste Wesen ist ebenso wie die gesamte oberste Sphäre rein geistig und kann nicht in direkte Verbindung mit der Materie treten.

92 V. Möller aaO. S. 103.

93 J. P. Johnson: Der Pfad, S. 221.

94 Sār Bachan, S. 38.

95 Jag Mohan Lal, zitiert bei J. P. Johnson: Der Pfad, S. 15f.

96 Vgl. das Werk von R. Otto: Indiens Gnadenreligion und das Christentum, München 1930.

97 A. P. Mathur aaO. S. 157. Vgl. z. B. den Ānanda Mārga.

98 Literatur: Paramahansa Yogananda: Autobiographie eines Yogi, München–Planegg 1957; W. Thomas aaO. S. 140–176.

99 B. G. Ray: Religious Movements in Modern Bengal, Santiniketan 1965, S. 232f.

100 Yogananda aaO. S. 207, 272.

101 Ebda S. 206. Die letzte Silbe des Wortes Yogodā erklärt Yogānanda als »das, was teilhat«. Ebda S. 406, A. 4 zu S. 208.

102 Ebda S. 217.

103 Ebda S. 280.
104 W. Thomas aaO. S. 145; J. S. Judah: The History and Philosophy of the Metaphysical Movements in America, Philadelphia 1967, S. 169ff, 256ff.
105 W. Thomas aaO. S. 156ff. J. S. Judah aaO. S. 184ff, 252–255 u.ö. beschreibt die Bedeutung, die dem affirmativen Gebet im Umkreis der Neugeist-Bewegung in den USA und bis hin zu N. V. Peale's »Kraft des positiven Denkens« zukam. Ein Beispiel Yogānandas: Thou art my father ... All the riches of the universe belong to thee, belong to thee ... I am Thy child. The wealth of earth and universe belongs to me, belongs to me ... I am wealthy, I am rich, I have everything ...« (Zitiert bei W. Thomas aaO. S. 158).
106 W. Thomas aaO. S. 150.
107 Ebda S. 160.
108 Yogananda aaO. S. 379f.
109 Swami Kriyananda: Cooperative Communities – How to Start Them and Why, Ananda Publications [7]1972.
110 The Illustrated Weekly of India, 3.12.1972, S. 53–55.
111 R. S. Ellwood: Religious and spiritual groups, S. 228.
112 Die wichtigsten Schriften Paramahansa Yogānandas liegen in deutscher Übersetzung vor. Das Erscheinungsjahr ist mir teilweise unbekannt. Außer der Autobiographie handelt es sich um: Meditationen zur Selbstverwirklichung (englisch: Metaphysical Meditations); Religion als Wissenschaft 1969; Wissenschaftliche Heil-Meditationen; Worte des Meisters, 1977; alle beim O. W. Barth Verlag, München, früher Weilheim/Obb. erschienen, ebenso wie: Jnanavatar Swami Sri Yukteswar Giri: Die Heilige Wissenschaft, 1963.
113 Yogananda: Religion als Wissenschaft, S. 13f.
114 Ders.: Autobiographie eines Yogi, S. 312, 420 (A. 9 zu S. 312), 207, 272.
115 Zum Folgenden ebda S. 197ff.
116 Ebda S. 207.
117 M. Eliade aaO. passim.
118 Yukteswar aaO. S. 72.
119 Ebda S. 39f.
120 Yogananda: Religion als Wissenschaft, S. 75.
121 W. Thomas aaO. S. 149.
122 Literatur: J. Stillson Judah: Hare Krishna and the Counter Culture, New York 1974; Faye Levine: The strange world of the Hare Krishnas, Fawcett Publications 1974; M. Mildenberger: Eine Welt für Krishna. Die Internationale Gesellschaft für Kṛṣṇa-Bewußtsein, in: Materialdienst der EZW 39, 1976, S. 146–153; A. C. Bhaktivedānta: Śrī Īśopaniṣad, BBT 1971 (Anhang S. 113ff); The Krishna Consciousness Movement is authorized, BBT o. J. B. Zinke: Der einfachste Weg. Die »Hare-Krishna Gemeinschaft«, in: Religionen am Rande der Gesellschaft, S. 108–125. Nicht zugänglich waren mir: F. J. Daner: The American Children of Kṛṣṇa. A Study of the Hare Kṛṣṇa Movement, New York 1976; J. F. Moody: Ethic and Counterculture: An Analysis of the Ethics of Hare Kṛṣṇa, Ph. D. Diss., Claremont Graduate School/Cal. 1978.
123 Zu Caitanya siehe D. K. Mukherjee: Chaitanya, New Delhi 1970; M. T. Kennedy: The Chaitanya Movement. A Study of the Krishnaism of Bengal, Calcutta 1925; S. K. De: The Early History of the Vaishna-

va Faith and Movement in Bengal, Calcutta 1961. W. Eidlitz: Kṛṣṇa-Caitanya. Sein Leben und Seine Lehre, Stockholm 1968.

124 Zur Bedeutung der Gosvāmīs für die Caitanya-Bewegung siehe J. S. Judah aaO. S. 38f.

125 Vgl. J. N. Farquhar: Gita and Gospel, Calcutta 1903; ders.: Modern Religious Movements, S. 294.

126 J. S. Judah aaO. S. 40; B. G. Ray aaO. S. 66.

127 R. Antoine: A Pioneer of Neohinduism. Bankim Chandra Chatterjee 1838–1894, in: Indica. The Indian Historical Research Institute Silver Jubilee Commemoration Volume, Bombay 1953, S. 5ff; P. Hacker: Der Dharma-Begriff des Neuhinduismus, in: ZMR 1958, S. 1–15.

128 J. N. Farquhar: Modern Religious Movements, S. 296; W. Thomas aaO. S. 177f. Farquhar erwähnt zwei Werke Bābā Bhāratis mit den Titeln »Krishna« und »Light on Life«; mir war nur zugänglich: Sree Krishna's Messages and Revelations, Madras 1925.

129 S. o. I 1; Zum Rādhākṛṣṇa-Tempel in Los Angeles: W. Thomas aaO. S. 177.

130 Nach W. Thomas aaO. S. 178.

131 S. Manickam: The Social Setting of Christian Conversion in South India (Beitr. z. Südasienforschung, Südasien-Institut, Universität Heidelberg, Bd. 33), Wiesbaden 1977, S. 239.

132 J. S. Judah aaO. S. 40; nach B. G. Ray aaO. S. 64, handelt es sich um die Wiederbelebung einer im 16. Jhd. entstandenen Institution. Vgl. auch G. Vicedom: Die Mission der Weltreligionen, S. 127. W. Eidlitz: Die indische Gottesliebe, Olten–Freiburg i. Br. 1955, S. 70, gibt das Todesjahr Bhaktivinodas mit 1918 an.

133 Bhaktivedānta: Die Lehren Śrī Kṛṣṇa Caitanyas, nach S. 200.

134 So die Widmung seines Buches »Die Lehren Śrī Kṛṣṇa Caitanyas«.

135 Bhaktivedānta, Śrī Īśopaniṣad, S. 115.

136 G. Szczesny: Die Antwort der Religionen, Hamburg 1971, S. 145; H. von Glasenapp: Das Indienbild deutscher Denker, S. 221. B. H. Bon (= Bhaktihṛdaya Vaṇa) nannte sein Institut zunächst »Vaishnava Theological University«.

137 W. Eidlitz: Bhakta. Eine indische Odyssee. Hamburg 1951, S. 146f, 250.

138 J. S. Judah aaO. S. 41f.

139 Ebda S. 20.

140 Back to Godhead, dt. Ausgabe, 18, 1973, S. 12ff; The Kṛṣṇa Consciousness Movement is Authorized; A. C. Bhaktivedānta: Śrī Īśopaniṣad, S. 113ff.

141 Back to Godhead, dt. Ausgabe, 18, 1973, S. 22ff.

142 Bibliographische Angaben über die reichhaltige literarische, in erster Linie Übersetzungstätigkeit Śrīla Prabhupādas finden sich bei J. S. Judah aaO. S. 199f und 208ff. Zu den kommentierenden bzw. paraphrasierenden Werken gehören: Bhagavad-gītā wie sie ist, Hamburg 1974; Kṛṣṇa – der höchste persönliche Gott, 3 Bde, Schloß Rettershof 1974/75; die Lehren Śrī Kṛṣṇa Caitanyas. Eine Abhandlung über wirkliches spirituelles Leben, BBT o. J.; Śrī Īśopaniṣad, BBT 1971; Śrīmad Bhagavatam, 24 Bde. geplant; The Nectar of Devotion. The Complete Science of Bhakti-Yoga. A Summary Study of Śrīla Rūpa Goswāmī's Bhakti-rasāmṛta-sindhu, BBT 1970. Kleinere zusammenfassende Darstellungen Śrīla Prabhupādas: The Perfection of Yoga, BBT 1972; Jenseits von Raum und Zeit, BBT 1973; Die Quelle

absoluten Wissens, BBT 1973; Leben kommt von Leben. Die wissenschaftliche Grundlage des Kṛṣṇa-Bewußtseins (zusammen mit Svarūpa-dāmodara dāsa brahmacārī), BBT 1974; Christus, Krischto, Kṛṣṇa, BBT 1975.

143 Bhaktivedānta: Bhagavad-gītā wie sie ist, S. 41.

144 J. S. Judah aaO. S. 46.

145 Bhaktivedānta: Kṛṣṇa I, S. 23.

146 Ders.: Die Quelle absoluten Wissens, S. 34.

147 Back to Godhead, englische Ausgabe 57, 1973, S. 7.

148 So der Titel des Kommentars. Vgl. auch Śrī Īśopaniṣad, S. 6.

149 Back to Godhead, englische Ausgabe 57, 1973, S. 10.

150 Bhaktivedānta: Śrī Īśopaniṣad, S. 2.

151 Ders.: Die Lehren Śrī Kṛṣṇa Caitanyas, S. 10f.

152 Ders.: Kṛṣṇa I, S. 341.

153 Ebda S. 347.

154 J. S. Judah aaO. S. 54.

155 Bhaktivedānta: Bhagavad-gītā wie sie ist, S. 182.

156 Ders.: Die Lehren Śrī Kṛṣṇa Caitanyas, S. 45.

157 J. S. Judah aaO. S. 56.

158 Zum viśiṣṭādvaita, der auf Rāmānuja zurückgeht, s. J. Gonda aaO. II, S. 136, 143.

159 Bhaktivedānta: The Perfection of Yoga, S. 71.

160 Ders.: Kṛṣṇa I, S. 16.

161 J. S. Judah aaO. S. 71f.

162 Bhaktivedānta: Śrī Īśopaniṣad, S. 122f.

163 Der genaue Wortlaut: Hare Kṛṣṇa, Hare Kṛṣṇa, Kṛṣṇa Kṛṣṇa, Hare Hare, Hare Rāma, Hare Rāma, Rāma Rāma, Hare Hare. – Svāmī Prabhupāda erklärt »Hare« als Vokativ nicht von Hari (= Kṛṣṇa bzw. Viṣṇu), sondern von Hara (= Kṛṣṇas Energie, Rādhā); so J. S. Judah aaO. S. 96.

164 Bhaktivedānta: Śrī Īśopaniṣad, S. 121.

165 Christus, Krischto, Kṛṣṇa, S. 113. Es handelt sich um ein Zitat aus Bhāgavata Purāṇa 12.3.51.

166 Zum Begriff der Enstase vgl. M. Eliade: Yoga. Immortality and Freedom, S. 76ff.

167 J. S. Judah aaO. S. 88; Bhaktivedānta: Śrī Īśopaniṣad, S. 119.

168 W. Eidlitz: Bhakta. Eine indische Odyssee, Hamburg 1951, S. 122.

169 J. S. Judah aaO. S. 47.

170 Bhaktivedānta: Śrī Īśopaniṣad, S. 6.

171 Vgl. J. S. Judah aaO. S. 7.

172 Bhaktivedānta: Die Quelle absoluten Wissens, S. 36.

173 J. S. Judah aaO. S. 93f.

174 Aus dem umfangreichen Schaffen Aurobindos sind einige Werke in deutscher Sprache herausgekommen: Das göttliche Leben, 3 Bde., Gladenbach 1974; Die Synthese des Yoga, Gladenbach 1972; Zyklus der menschlichen Entwicklung, München 1955; Alles Leben ist Yoga, München 1975; Sawitri, Bitz 1975; Die Mutter, Zürich 1945 u.a.m. Auszugsweise deutsche Übersetzungen: Stufen der Vollendung, Weilheim 1972; Der integrale Yoga. Mit einem Essay »Zum Verständnis des Werkes« und einer Bibliographie von Otto Wolff, Hamburg 1957; So spricht Sri Aurobindo, bearb. von O. Wolff, München 1957. Von der Mutter: Gebete und Meditationen, Bitz 1974; Die höchste Entdekkung, Bitz 1974; Aurobindo und Mutter: Einführung zu Sawitri. Bitz

1975. Sekundärliteratur: Satprem: Sri Aurobindo – das Abenteuer des Bewußtseins, München 1973. O. Wolff: Sri Aurobindo in Selbstzeugnissen und Bilddokumenten, Reinbek 1967; ders.: Mensch und Übermensch bei Shri Aurobindo, in: ZRGG 9, 1957, S. 41–53; ders.: Die Mutter von Pondicherry. Auf der Suche nach dem vollkommenen Menschen, in: Materialdienst der EZW 37, 1974, S. 34–42; K. Dockhorn: Tradition und Evolution. Untersuchungen zu Sri Aurobindos Auslegung autoritativer Sanskritschriften (MWF 5), Gütersloh 1968; K. W. Bolle: Tantric elements in Śrī Aurobindo, in: Numen 9, 1962, S. 128-142; ders.: The Persistence of Religion. An Essay on Tantrism and Sri Aurobindo's Philosophy, Leiden 1965. Michael Klostermann: Auroville: Stadt des Zukunftsmenschen, Frankfurt 1976.

175 M. Klostermann aaO. S. 295.

176 K. Dockhorn aaO. S. 218ff.

177 Zum Biographischen siehe O. Wolff: Die Mutter von Pondicherry, S. 37f.

178 M. Klostermann aaO. S. 315f, berichtet über Bemühungen, die umliegenden Tamildörfer zu integrieren.

179 S. Schaup: Der Stern über Arunachala. Ein Bericht aus den Ashrams Sri Aurobindos und Sri Ramana Maharshis, in: Der unverbrauchte Gott. Neue Wege der Religiosität, hg. von I. Riedel, Bern–München–Wien 1976, S. 135–159, besonders S. 145.

180 Zum Folgenden: M. H. Harper aaO. S. 209ff.

181 M. Klostermann aaO. S. 42. Zur Planung und Errichtung Aurovilles siehe ebda S. 72ff.

182 M. Klostermann aaO. S. 298.

183 Aurobindo: Das Rätsel dieser Welt, zitiert nach H. von Glasenapp: Indische Geisteswelt, S. 290.

184 Vgl. A. Eschmann: Der Avataragedanke im Hinduismus des neunzehnten und zwanzigsten Jahrhunderts (Numen 19, 1972, S. 229–240) bes. S. 239f.

185 »Für die Zukunft« 1, 1974, S. 8f.

186 Ebda S. 14.

187 M. Klostermann aaO. S. 68.

188 Ebda S. 184ff, 126f.

189 Ein weiteres Städtebau-Projekt der Mutter im indischen Bundesstaat Gujarat, das bezeichnenderweise den Namen Ompuri erhielt, kam bisher nicht zur Ausführung. »Für die Zukunft« 4/5, 1977, S. 25.

190 M. Klostermann aaO. S. 186.

191 K. W. Bolle: Tantric Elements in Sri Aurobindo, teilweise wieder abgedruckt in: ders.: The Persistence of Religion, S. 87ff.

192 M. Klostermann aaO. S. 282.

193 Ebda S. 283. Vgl. K. W. Bolle: Tantric Elements, S. 142.

194 M. Klostermann aaO. S. 136.

195 Ebda S. 311.

196 Paramahansa Yogananda: Religion als Wissenschaft, S. 7f.

197 M. Klostermann aaO. S. 93.

198 O. Wolff: Die Mutter von Pondicherry, S. 41.

199 Zur Transmutation des Körpers und zur Unsterblichkeit als Zielen des Haṭha-Yoga (und des tantrischen Vajrayāna) und ihrem Zusammenhang mit alchimistischen Vorstellungen vgl. M. Eliade aaO. S. 274ff.

200 Literatur: Meher Baba: The Highest of the High, Seattle, Washington 1954; ders.: God Speaks. The Theme of Creation and its Purpose,

New York 1955; ders.: God in a Pill? San Francisco 1966; ders.: Discourses 3 vol., Ahmednagar 1967; ders.: Compassionate Father, Berkeley/Cal. 1971; Meher Baba: Listen Humanity, narrated and ed. by D. E. Stevens, New York, 1957; C. B. Purdom: The Perfect Master. The Life of Shri Meher Baba, London 1937; ders.: The God-Man, London 1964; J. Adriel: Avatar. The Life Story of the Perfect Master Meher Baba. A Narrative of Spiritual Experience, Santa Barbara/Cal. 1947; W. Donkin: The Wayfarers. An Account of the Work of Meher Baba with the God-intoxicated, and also with Advanced Souls, Sadhus and the Poor. With a Foreword by Meher Baba, Ahmednagar 1948; T. Robbins: Eastern Mysticism and the Resocialization of Drug Users. The Meher Baba Cult, in: JSSR 8, 1969, S. 308–317; D. Anthony/T. Robbins: Getting Straight with Meher Baba. A Study of Mysticism, Drug, Rehabilitation and Postadolescent role conflict, in: JSSR 11, 1972, S. 122–140; dies.: The Meher Baba Movement: Its Affect on Post-Adolescent Social Alienation, in: I. I. Zaretsky & M. P. Leone (Hg.) aaO. S. 479–511; D. P. Sham Rao: Five Contemporary Gurus in the Shirdi (Sai Baba) Tradition, Madras 1972, S. 28ff; J. Needleman aaO. S. 76–104.

201 Meher Baba: Listen Humanity, S. 43.

202 Charles S. J. White: The Sāi Bābā Movement: Approaches to the Study of Indian Saints, (Journal of Asian Studies, 31, 1971/72, S. 863–878) S. 868ff; A. Osborne: The Incredible Sai Baba, London 1958.

203 C. S. J. White aaO. S. 872ff. Zu Sathya Sāi Bābā vgl. N. Kasturi: Sathyam Sivam Sundaram: The Life of Bhagavan Sri Sathya Sai Baba, Bombay 1959; V. K. Gokak: Bhagavan Sri Sathya Sai Baba. The Man and the Avatar, New Delhi 1975. Kritisches über ihn bei Mangalwadi aaO. S. 147ff.

204 Listen Humanity, S. 61ff, 244ff.

205 C. S. J. White aaO. S. 869f. Auch die an Verrücktheit grenzende Wunderlichkeit Meher Bābās hat in Maharashtra eine lange Tradition. Sie findet sich schon bei Govindaprabhu, der von den Anhängern der im 13. Jahrhundert gegründeten Mahānubhav-Sekte als ein Avatār Krishnas verehrt wird (Hinweis von Günther Sontheimer).

206 Vgl. den Bericht über den Besuch amerikanischer Zentren bei V. K. Gokak aaO. S. 255ff.

207 D. Anthony, T. Robbins: Getting Straight with Meher Baba, S. 127.

208 Vgl. Meher Baba: God Speaks, insbesondere die Diagramme auf S. 122, 146.

209 Zu diesem sūfitischen »Hegelianismus« vgl. L. Hoyak: Die Botschaft von Inayat Khan, Zürich o. J., S. 10f.

210 Meher Baba: God in a Pill, passim.

211 Von einer »Massenbewegung« zu sprechen, wie Anthony und Robbins, aaO. S. 124 A. 4 es tun, dürfte übertrieben sein. Die Zahlenangabe von 7000 stammt von P. Rowley aaO. S. 3.

212 Werke Svāmī Śivānanda Sarasvatīs: Bliss Divine, Sivanandanagar 1974; Erfolg im Leben und Selbstverwirklichung, Weilheim o. J.; Easy Path to God – Realization, Rishikesh 1958; Sadhana. A Textbook of the Psychology and Practice of the Techniques to Spiritual Perfection, Sivanandanagar 1974; Brahma Sutras, Rishikesh 1949; Srimad Bhagavadgita, Rishikesh 1957; und viele mehr. Über Śivānanda: K. S. Ramaswami Sastri: Sivananda, the Modern World-Prophet, Rishikesh 1957. Swami Chidananda: Light Fountain, Sivanandanagar 1967. Siehe

ferner bei M. H. Harper aaO. S. 156ff; V. Mangalwadi aaO. S. 59ff; G. Frei: Im Ashram Sivanandas, in: Höhlen, Klöster, Ashrams, hg. U. von Mangoldt, Weilheim 1962, S. 81ff; Swami Vishnu Devananda: Das große illustrierte Yoga-Buch, Freiburg i. Br. 1975.

213 Zum Biographischen: M. H. Harper aaO. S. 157ff.

214 Die Nähe der DLS zum Christentum hat sich auch darin dokumentiert, daß Anreger und Gründer christlicher Āsrams in Indien wie E. Stanley Jones und Bischof Pakenham Walsh in Verbindung mit Svāmī Śivānanda standen und daß dieser vorschlug, ein geplantes christliches Zentrum zum Studium des Hinduismus in seinem Āśram und in Verbindung mit der Vedanta Forest Academy zu errichten, was freilich nicht geschah. Vgl. R. W. Taylor: From Khadi to Kavi. Towards a Typology of Christian Ashrams, in: Religion and Society 24, 1977, S. 19–37, besonders S. 27–29.

215 Biographische Angaben in: International Sivananda Yoga Life and Yoga Vacations, vol. 3, No. 1, S. 1–3.

216 Biographische Angaben in: Cross Currents 24, 1974, S. 394f.

217 Ebda S. 395.

218 Materialdienst der EZW 36, 1973, S. 234ff; 38, 1975, S. 347f; 39, 1976, S. 248f, 347.

219 V. Mangalwadi aaO. S. 63ff. K. Klostermaier aaO. S. 399.

220 Vgl. die Darstellung der DLS in: Svami Sivananda Saraswati: Erfolg im Leben und Selbstverwirklichung, S. 212–215.

221 Die Literatur der DLM und über sie ist nicht reichhaltig: Satgurudev Shri Hans Ji Maharaj, published by DLM, Delhi 1970; C. Cameron: Who is Guru Maharaj Ji, Bantam Books, New York 1973. Weitere Informationen in den Zeitschriften »Das Wort« (ohne Ort und Jahr); Divine Times (Denver/Colorado); Premies (London); And It Is Divine (Denver/Colorado). Von Außenstehenden: M. Pakleppa: Divine Light Mission – Ein Modellfall. Entwicklung, Organisation und psychische Wirkungen einer hinduistischen Heilslehre im Westen, in: Materialdienst der EZW 38, 1975, S. 82–87, 98–104. R. Lenz: Maharaj Ji – ein Guru im Wandel. Die Divine Light Mission paßt sich dem Westen an, in: Lutherische Monatshefte 14, 1975, S. 267–269; ders.: Die Wahrheit ist unendlich. Gespräch mit der DLM in Berlin, ebda S. 269f. Ferner bei M. Mildenberger: Heil aus Asien?, S. 41ff; V. Mangalwadi aaO. S. 191ff.

222 Nach V. Mangalwadi aaO. S. 192.

223 Satgurudev Shri Hans Ji Maharaj, S. 23ff. Zum Biographischen siehe S. 1ff.

224 J. N. Farquhar: Modern Religious Movements, S. 316f.

225 Satgurudev Shri Hans Ji Maharaj, S. 7.

226 So Mangalwadi aaO. S. 192.

227 Sein Vorname wird von Kushwant Singh mit Pratap angegeben (Illustrated Weekly of India, 18.3.1973, S. 18).

228 Das Wort, S. 8ff.

229 Zum Folgenden siehe M. Pakleppa aaO. S. 98; V. Mangalwadi aaO. S. 195ff.

230 Satgurudev Shri Hans Ji Maharaj, S. 47f.

231 Ebda S. 27, 73.

232 Ebda S. 47; s. o. I 2.

233 S. o. I 2.

234 Die Technik wird in Haṭha Yoga Pradīpikā 3, 41–53 beschrieben; vgl.

T. Bernard: Hatha Yoga. A Report of a Personal Experience, London 1950, S. 57f, 65ff.

235 Satgurudev Shri Hans Ji Maharaj, S. 18ff.

236 Das Wort S. 8ff.

237 J. Needleman aaO. S. 149ff. Im Hintergrund steht die negative Bewertung des wankelmütigen, zu tötenden »mind« (Manas) im tantrischen Yoga. Vgl. C. Vaudeville, Kabīr, S. 132. Diese Tendenz paßt gut zum Antiintellektualismus der amerikanischen Subkultur, in der die DLM zunächst Fuß faßte. S. u. Teil III 7.

238 M. Pakleppa aaO. S. 86, interpretiert die Diffamierung des »mind« als Denkverbot.

239 Premies, Nr. 45, Dez. 1975, S. 8.

240 Die folgende Darstellung stützt sich im wesentlichen auf das Memorandum des englischen Rechtsanwalts William T. Wells »P. R. Sarkar und Ananda Marga«, ohne Orts- und Jahresangabe, zitiert als »Wells«; ferner auf: Acharya Raghunath: Ananda Marga. What is it? Why its opposition? Ohne Orts- und Jahresangabe, S. 1ff. Über den Prozeß gegen Ānandamūrti informiert eine Reihe von Broschüren, vor allem »Der Fall von Ananda Marga in Indien«, ohne Orts- und Jahresangabe.

241 Literatur: Shrii Shrii Anandamurti: Ananda Sutram, translated by M. Gupta from Bengali original, Anandanagar (West Bengal) 1967. Die übrigen Werke Anandamurtis enthalten überwiegend Vorträge, die von Anhängern mitgeschrieben und später übersetzt wurden. Im Deutschen liegen, zumeist in hektographierter Form und ohne Orts- und Jahresangabe vor: Ananda Marga Elementarphilosophie; Das große Universum – Gespräche über die Gesellschaft (abgekürzt: Universum); Idee und Ideologie. Philosophie zur Befreiung, 1977; Baba's Grace. Vorträge von Shrii Shrii Anandamurti; Shrii Shrii Anandamurti spricht. Gesammelte Vorträge; Asanas und Selbstverwirklichung; Die Weisheit der Tantralehre; Die 16 Punkte zur Selbstverwirklichung, Mainz-Kastel 1976 (Der gleiche Titel liegt auch in einer älteren Fassung o. J. vor); Ein Führer zum menschlichen Handeln – Yama und Niyama im Detail; Die Anandavaniis 1956–1976, Mainz-Kastel 1976; Ananda Marga Yoga, Frankfurt; Darshana. Die Reden Shri Shri Anandamurtis von August bis Dezember 1978; PROUT. Einführung in die Progressive Nutzungstheorie. In englisch ferner: Teaching Asanas. An Ananda Marga Manual for Teachers, AMRIT Publications, 1973; Bhajans. Devotional Songs for Baba. Zahlreiche Veröffentlichungen beschäftigen sich mit dem Prozeß gegen Ānandamūrti. Über den AM: R. Lenz: Karunananda. Yogi in Berlin. Missionar für Ananda Marga (Luth. Monatshefte 12, 1973, S. 112–114). M. Mildenberger: Ananda Marga – Weg zu Glückseligkeit? (Materialdienst der EZW 38, 1975, S. 306–311, 322–326).

242 So in der Zeitschrift »Sadvipra« vol. 4 No. 7 (1977) S. 17.

243 So in der Zeitschrift »Mahima«, August 1975, S. 8.

244 Gopi Krishna: Kundalini. Erweckung der geistigen Kraft im Menschen, Weilheim 1968, S. 57ff.

245 Die 16 Punkte, 1976, S. 40.

246 Ebda S. 30ff.

247 Die 16 Punkte, o. J., S. 14.

248 Die 16 Punkte, 1976, S. 32.

249 Bhajans, S. 11.

250 Sadvipra, Juni/Juli 1978, S. 11, 14, und Ananda Purnima, 1978, S. 14; Der Spiegel Nr. 29, 17.7.1978, S. 37f; zur Selbstverbrennung in Indien: Mahima, June/July 1975, S. 12ff. – Eine Mitarbeiterin von »Proutist Universal« hat sich am 2.10.78 in Genf mit diesem Schritt für die »Errichtung einer neuen sozialen Ordnung, die frei ist von Ausbeutung, Elend und Unrecht«, einsetzen wollen. Die früheren sieben Selbstverbrennungen hatten die Forderung auf Entlassung des Meisters aus dem Gefängnis unterstützen sollen. Daß zwei Monate nach Erreichung dieses Zieles die gleiche Tat noch einmal geschehen ist, diesmal mit einer rein politischen Begründung, hat auf die deutsche AM-Leitung offensichtlich schockierend gewirkt. In ihrer Stellungnahme kommt ihre ambivalente Haltung in dieser Sache wieder zum Ausdruck: »Als Guru verleugnet Baba ihr Opfer nicht, aber organisatorisch wird er so etwas nicht unterstützen« (Sadvipra, Okt./Nov. 1978, S. 6f).

251 Vgl. dazu R. Hummel Weltverbesserung und Idealgesellschaft S. 142ff. Einige kleine Differenzen der jetzigen Darstellung gegenüber diesem Aufsatz hängen damit zusammen, daß mir seinerzeit das Ānanda Sūtram noch nicht zugänglich war. Nachträglich kam mir zu Gesicht: Ācārya Tadagatānanda Avadhuta – Ācārya Kṛṣṇānanda Avadhuta: PROUT. What it stands for? New Delhi 1970. Dort werden das »Zeitalter Adam Smiths und des Kapitalismus« und das »Zeitalter Marx' und des Kommunismus« (S. 9ff) dargestellt und Kapitalismus sowie Kollektivismus für die gegenwärtige Gesellschaft als ungeeignet charakterisiert (S. 14).

252 R. Lenz, in: Meditation – Wege zum Selbst, S. 115.

253 »The Universalist«, S. 11.

254 »The Universalist«, S. 10.

255 W. T. Wells: P. R. Sarkar und Ananda Marga, Memorandum, S. 4.

256 R. Hummel aaO. S. 146f. Im Zusammenhang mit Ānandamūrtis marxistisch beeinflußter Soziallehre ist das Denken des tamulischen Dichters Subramania Bhārati von Interesse. In seiner Auseinandersetzung mit der russischen Revolution von 1917 hat er sich zwar gegen die damit verbundene Gewalt ausgesprochen, hat aber die Vorstellung entwickelt, daß das Goldene Zeitalter ein für allemal durch menschliche Willensanstrengung herbeizuführen sei. Vgl. H.-W. Gensichen: Religion und Sozialethik im neuen Indien (Saeculum 12, 1961, S. 12–22), S. 18.

257 V. P. Varma: The Political Philosophy of Sri Aurobindo, London 1960, S. 428.

258 Literatur: Schriften oder andere Äußerungen des Gründers: Maharishi Mahesh Yogi: Die Wissenschaft vom Sein und die Kunst des Lebens, London 1967 (abgekürzt: Wissenschaft); On the Bhagavad Gita. A new Translation and Commentary with Sanskrit Text. Chapters 1–6. Penguin Books, Middlesex 1969 (abgekürzt: BhK; dt. Übersetzung Stuttgart 1971); Meditations of Maharishi Mahesh Yogi, Bantam Books 1968; Der durstige Fisch im See, Stuttgart 1961; Die Schatzkammer und der Markt, Bonn 1962; Liebe und Gott, Stuttgart 1973; Der Maharishi und der Abt, hg. SRM Geistige Erneuerungsbewegung e.V., Internationale Meditationsgesellschaft, Stuttgart 1965. Weitere Veröffentlichungen der TM-Bewegung (Auswahl): Yoga Asanas, empfohlen von Maharishi Mahesh Yogi, Stuttgart 1964; Fundamentals of Progress. Scientific Research on the Transcendental Meditation Pro-

gram, 1975; Experiences of Higher States of Consciousness through the Transcendental Meditation Program, in: Creating an Ideal Society. A Global Undertaking, 1976, S. 76–85. Über TM (Auswahl): Forem, J.: Transcendental Meditation, Maharishi Mahesh Yogi and the Science of Creative Intelligence, New York 1974; Haddon, D.: New Plant Thrives in a Spiritual Desert, in: Christianity Today, 1973, S. 341–344; Kroll, U.: A Signpost for the World. An Assessment of Transcendental Meditation, London 1974; Campbell, A.: Seven States of Consciousness. A Vision of Possibilities suggested by the Teaching of Maharishi Mahesh Yogi, New York, Evanston, San Francisco, London 1974; ders.: The Mechanics of Enlightenment. An Examination of the Teaching of Maharishi Mahesh Yogi, London 1975; Shah, D.: The Meditators, Plainfield, N.J., 1975; Haddon, D. & Hamilton, V.: TM wants you, Baker Book House, Michigan 1976; White, J.: Alles über TM, München 1976; Bloomfield, H. H., Cain, M. P., Jaffe, D. T., Kory, R. B.: TM. Discovering inner energy and overcoming stress, New York 1975 (Dt. unter dem Titel »Transzendentale Meditation. Lebenskraft aus neuen Quellen«, Düsseldorf 1976); Benson, H.: The Relaxation Response, New York 1976; Mildenberger, M./Schöll, A.: Zauberformel TM. Die Bewegung der Transzendentalen Meditation, Wuppertal 1977 (Sonderausgabe des Buches: Die Macht der süßen Worte); Haack, F.-W.: Transzendentale Meditation, München, 2. Aufl. 1977; TM: Penetrating the Veil of Deception, Spiritual Counterfeits Project, o.J.; Kranenborg, R.: Transcendente Meditatie. Verlangen naar zinvol Leven en Religie, Kampen 1977. Zum Prozeß in New Jersey: TM in Court, Spiritual Counterfeits Project 1978.

259 Maharishi Mahesh Yogi: Liebe und Gott, S. 8.

260 V. Mangalwadi aaO. S. 102.

261 Spiritual Counterfeits Project Newsletter August 1976, S. 1.

262 J. Forem aaO. S. 216f.

263 Außer den einschlägigen Presseberichten siehe: Creating an Ideal Society, S. 76ff.

264 Vgl. R. Hummel aaO. S. 131ff.

265 Äußerungen in BhK S. 17 können so verstanden werden. Auch haben westliche TM-Anhänger bereits in Indien Missionsversuche unternommen.

266 Die Sāṃkhya-Philosophie schreibt der prakṛti zwar auch die Funktion zu, unbewußt auf die Befreiung des Puruṣa hinzuarbeiten (K. Klostermaier aaO. S. 256), betrachtet aber diese Befreiung und die Evolution der prakṛti nicht als zwei parallel laufende Vorgänge desselben Heilsprozesses.

267 J. Gonda aaO. I S. 52. 200f.

268 Zitiert bei Bloomfield et. al.: TM, S. 246.

269 Zitiert bei M. Mildenberger/A. Schöll aaO. S. 123.

270 Die in der TM verwendeten Mantras haben in den Auseinandersetzungen über die TM eine wichtige Rolle gespielt. Während die TM die Mantras geheimhielt, wohl nicht nur wegen ihres esoterischen Charakters, sondern um in den USA nicht als Religion deklariert zu werden, dienten sie, nachdem sie einmal enthüllt worden waren, christlichen Gruppen zum Beweis des hinduistischen Charakters der TM-Bewegung und darüber hinaus als Argument gegen deren moralische Integrität. Es stellte sich nämlich heraus, daß Mantras bei der Initiation nicht, wie behauptet worden war, individuell, sondern nach Alters-

gruppen gegeben werden. Es handelt sich um einsilbige Mantras, die überwiegend als Bīja-Mantras kenntlich sind, wie sie im Tantrismus verwendet werden, teilweise aber im westlichen Sprachbereich korrumpiert worden zu sein scheinen. Vgl. Mildenberger/Schöll aaO. S. 62ff. Bei höheren Initiationsstufen scheint man dem zuerst gegebenen Bīja-Mantra einfach weitere Silben vor- und nachgestellt zu haben.

271 Ausführlicher dargestellt und belegt bei R. Hummel aaO. S. 137ff.

272 Von Aurobindo wird berichtet, daß er Tag und Nacht, abgesehen von fünf bis sechs Stunden, »für den alliierten Sieg arbeitete«. Er verbrachte die meiste Zeit damit, daß er die Nachrichten verfolgte und die Wirkungen seiner subtilen Kraft beobachtete. Dabei bediente er sich gern bestimmter Werkzeuge wie Churchill. Vgl. M. H. Harper aaO. S. 150ff. Vom Maharishi ist eine derart auf Konkretes zielende Wirksamkeit nicht bekannt geworden.

273 Zu dieser Thematik siehe R. Hummel aaO. S. 138f.

274 TM: Penetrating the Veil of Deception, ohne Seitenzahl.

275 In BhK 20 werden allerdings nur vier Bewußtseinsebenen unterschieden: Zustand des Wachens, transzendentales, kosmisches und Gottesbewußtsein. Fügt man Traum und Tiefschlaf hinzu, so kommt man auf sechs; das Einheitsbewußtsein, das im BhK nur unklar beschrieben wird, wird nicht mitgezählt. Zur Thematik vgl. A. Campbell: The Seven States of Consciousness, passim.

276 Zur »Gesellschaft für Individual-Entwicklung« siehe F. W. Haack aaO. S. 37ff. H. Benson aaO. passim.

277 Vor allem in: TM: Penetrating the Veil of Deception, aber auch bei Haack aaO. S. 30ff.

278 E. A. Edholm: The Problem of Milleniarism in India (H. Biezais (ed.): New Religions, S. 31ff), S. 33. Vgl. auch den Hinweis auf den Wunschbaum S. 34. Ähnlich Viṣṇu Smṛti 97, 11: »Was immer der Mensch meditiert, das erlangt er«.

279 Die innerhinduistische Kritik an der TM richtet sich hauptsächlich gegen die Kommerzialisierung der Meditation und gegen den Verzicht auf strenge Lebens- und Meditationsregeln. Der Śivānanda-Schüler Vishnu Devananda kritisiert, daß Mantras bei der TM verkauft, monopolisiert – »eine Beleidigung der gesamten östlichen Mystik« – und geheimgehalten werden – »vielleicht um die Unechtheit des Mantra zu verbergen«, wie es in einem Traktat heißt. Svāmī Krishnānanda, wohl auch ein Śivānanda-Schüler, kritisiert die TM als »facile, wrong and not in line with the tradition« (A. Bharati: The Hindu Renaissance and its Apologetic Patterns, Journal of Asian Studies 29, 1969/70 S. 267 bis 287, S. 274). Die komplizierten Sachfragen nach der Zuteilung und Geheimhaltung von Mantras werden von A. Bharati diskutiert in: Die Tantra-Tradition, Freiburg i. Br. 1977, S. 103, 154, 238.

280 D. S. Sarma: Hinduism through the Ages, S. 229. Zu Aurobindo s. o. I 5.

281 Das wichtigste Buch Svāmī Muktānandas ist auch in deutscher Sprache erschienen: Spiel des Bewußtseins. Chitshakti Vilas. Die geheime Kundalini-Praxis, Freiburg i. Br. 1975. Ferner wird von ihm neuerdings angezeigt: Das Mantra So'ham Japa. Eine Meditationstechnik für jedermann, ohne Orts- und Jahresangabe. Die von verschiedenen Autoren erwähnten biographischen Daten gehen zurück auf das Buch der engsten Mitarbeiterin Muktānandas: Amma: Swami Muktananda Paramahansa, Bombay 1969. Weitere Literatur: Charles S. J. White: Swāmi Muktānanda and the enlightenment through Śakti-Pāt (History

of Religions, 13, 1973/74, S. 306–322); »Instant Energy« (Time vom 2. Juli 1976, S. 54f).

282 Diese Zahlenangabe entstammt dem genannten Time-Artikel.

283 Nach Muktānandas eigener Angabe in »Spiel des Bewußtseins«, S. 112. Zu dem Kreis um Sāi Bābā s. o. I 6.

284 Dazu J. Gonda aaO. II, S. 117ff.

285 Time, 2. Juli 1976, S. 54.

286 S. u. III 8.

287 Spiritual Counterfeits Project Newsletter, vol. 2 No. 9, December/January 1977, S. 6. S. u. III 8.

288 A. Tobey: The Summer Solstice of the Healthy-Happy-Holy Organization, in: The New Religious Consciousness, S. 1–30; A. Kranenborg: Zelfverwerkelijking, S. 148ff; Gurus go West: Four »Hindu« Groups in America, ed. D. C. Scott, in: India Cultures Quarterly 32, 1977, S. 1–78. (Die darin beschriebenen Gruppen und Personen werden zwar mit Pseudonymen umschrieben; die als »Holy O« bezeichnete Gruppe kann aber leicht als 3HO identifiziert werden). Schriften Yogi Bhajans sind mir nicht bekannt geworden; er hat aber ein Vorwort geschrieben für das Buch von Sardarni Premka Kaur: Guru for the Aquarian Age; The Life and Teachings of Guru Nanak.

289 Manchmal wird auch 1966 als das Jahr seines Kommens in den Westen genannt.

290 S. u. III 8. Vermutlich hat Yogi Bhajan diese östlichen Techniken von Instituten wie Esalen übernommen, wie es auch bei Ācārya Rajneesh anzunehmen ist.

291 S. o. I 2.

292 Wahrscheinlich geht die Mantra-Meditation in langen, einander gegenübersitzenden Reihen auf Sūfi-Praktiken zurück, wie sie geschildert werden bei H. Gstrein: Islamische Sufi-Meditation für Christen, Wien–Freiburg–Basel 1977, S. 24f.

293 A. Tobey aaO. S. 26.

294 Ebda S. 29.

295 S. u. III 4.

Anmerkungen zu Teil II

1 G. Mensching: Die Religion. Erscheinungsformen, Strukturtypen und Lebensgesetze, Stuttgart 1959, S. 121. Ähnlich schon in seinem früheren Buch: Volksreligion und Weltreligion, Leipzig 1938, S. 60. Mensching verwendet die Begriffs-Paare intensiv–extensiv, inklusiv–exklusiv, mystisch–prophetisch und Universalreligion–Volksreligion. Den Hinduismus ordnet er als universale Volksreligion (d. h. universale Wahrheit in volksreligiöser Gestalt) des mystischen Typs mit extensivem, aber inklusivem Absolutheitsanspruch ein (Die Religion S. 122). In seinem neueren Werk: Der offene Tempel. Die Weltreligionen im Gespräch miteinander, Stuttgart 1974, S. 20, rechnet er den Hinduismus in ähnlicher Weise den mystischen Weltreligionen mit einem inklusiven Absolutheitsanspruch zu. Die Existenz von Hindumissionaren im Westen steht mit dieser Qualifizierung in einer gewissen Spannung und wird von Mensching in seinem Werk von 1959 als Reaktion auf die christliche Mission erklärt (Die Religion S. 122). Seine

Beschreibung der Eigenart der hinduistischen Ausbreitungstendenz paßt nur zu Gruppen vom Typ der Rāmakrishna-Mission.

2 G. van der Leeuw: Phänomenologie der Religion, Tübingen 1933, S. 580. Vgl. G. Mensching: Die Religion, S. 125.

3 G. Mensching: Die Religion, S. 121.

4 H.-W. Gensichen: Das Sendungsbewußtsein des Hinduismus; P. D. Devanandan: Hindu Missions to the West.

5 Zu den drei Phasen vgl. vor allem: O. Wolff: Die religiöse Aktivität des modernen Hinduismus, S. 300ff.

6 B. R. Purohit: Hindu Revivalism and Indian Nationalism, Sagar 1965. S. u. zu Vivekānanda.

7 Siehe die Literatur in A. 4 und 5. O. Wolffs Aufsatz, aaO. S. 299ff, schließt noch Swāmī Sivānanda und Ramaṇa Maharṣi ein. P. Devanandan, aaO. S. 398ff, macht auf die Vorläufer Vivekānandas, Ram Mohan Roy und Keshub Chandra Sen aufmerksam, die mit ihren Reisen nach England (1831–33 bzw. 1870/71) noch keine missionarischen Absichten verbanden. Er beschränkt sich im übrigen auf Vivekānanda und die Rāmakrishna-Mission, die für die neuere Hindu-Mission im Westen keineswegs repräsentativ sind. Methodisch geht es um eine klare Unterscheidung zwischen dem Sendungsbewußtsein des Neohinduismus, wie es literarisch wirksam geworden ist, und dem Sendungsbewußtsein der im Westen tätigen Gruppen. Beides ist nur bei Vivekānanda teilweise identisch.

8 J. Gonda aaO. I S. 345.

9 Zu den hemmenden Faktoren siehe insbesondere H.-W. Gensichen aaO. S. 27ff.

10 Zu dem Kampf gegen Buddhismus und Jinismus, der sich bis zur Verfolgung steigern konnte: P. Hacker: Religiöse Toleranz und Intoleranz im Hinduismus (Saeculum 8, 1957, S. 167–179), S. 169; W. Schubring in: Die Religionen Indiens III, Stuttgart 1964, S. 224; vgl. J. Gonda aaO. II 73ff.

11 K. Klostermaier: Hinduismus, S. 196.

12 Das gilt vor allem für den Rādhāsoāmī Satsaṅg und die Divine Life Society.

13 A. Höfer, G. Pranner, E. Kaneka, L. Bezacier, M. Sarkisyanz: Die Religionen Südostasiens, Stuttgart 1975, S. 387ff; W. Stöhr, P. Zoetmulder: Die Religionen Indonesiens, Stuttgart 1965, S. 231ff, 310ff.

14 Zur Diskussion dieser Thematik unter innerindischem Aspekt: H.-W. Gensichen aaO. S. 29f.

15 J. Gonda aaO. I S. 346. Zum Prozeß der Absorbierung und Hinduisierung: Ebda S. 345ff.

16 Zur Śuddhi-Zeremonie: J. F. Seunarine: Reconversion to Hinduism through Suddhi, Madras 1977.

17 P. Hacker: Der religiöse Nationalismus Vivekanandas, EMZ 28, 1971, S. 1–15; M. L. Burke: Swami Vivekananda in America. New Discoveries, Calcutta 1958; ferner die einschlägigen Untersuchungen zum Hinduismus im Westen, vor allem: P. Devanandan: Hindu Missions to the West, S. 402ff.

18 P. Devanandan aaO. S. 398–402.

19 M. L. Burke aaO. S. 330ff.

20 P. Hacker aaO. S. 5.

21 V. K. Arora aaO. S. 12.

22 Gambhirananda aaO. S. 87.

23 P. Hacker aaO. passim.
24 V. K. Arora aaO. S. 25.
25 Gambhirananda aaO. S. 100.
26 M. L. Burke aaO. S. 330.
27 The Life of Swami Vivekananda, S. 440; With the Swamis in America, S. 135.
28 O. Wolff: Christus unter den Hindus, S. 127.
29 R. Rolland: The Life of Vivekananda and the Universal Gospel, Calcutta [4]1953, S. 126f.
30 Nach M. L. Burke aaO. S. 600f.
31 Ebda S. 602.
32 Gambhirananda aaO. S. 50f.
33 With the Swamis in America, S. 103.
34 The Life of Swami Vivekananda, S. 278.
35 With the Swamis, passim.
36 Gambhirananda aaO. S. 95.
37 W. Thomas aaO. S. 79.
38 C. Isherwood: Ramakrishna and his disciples, S. 326.
39 P. Devanandan aaO. S. 408.
40 C. R. Pangborn: The Ramakrishna Math and Mission, S. 99.
41 The Life of Swami Vivekananda, S. 502.
42 V. K. Arora aaO. S. 52f.
43 P. Hacker: Schopenhauer und die Ethik des Hinduismus, S. 387 (A. 73 zu S. 386).
44 Gambhirananda aaO. S. 126.
45 V. K. Arora aaO. S. 46ff, 55.
46 V. K. Arora aaO. S. 25.
47 Yogananda: Autobiographie eines Yogi, S. 274ff.
48 Yogānanda im Vorwort zur »Heiligen Wissenschaft«, S. 6.
49 Yogananda: Autobiographie, S. 282f.
50 Yukteswar: Die Heilige Wissenschaft, S. 9.
51 Yogananda aaO. S. 412, A. 18 zu S. 269; vgl. B. G. Ray: Religious movements in modern Bengal, Santiniketan 1965, S. 233.
52 Yogananda: Autobiographie, S. 277.
53 Ebda S. 282.
54 Ebda S. 283.
55 M. Lutyens: Krishnamurti. The Years of Awakening, London 1975, S. 286.
56 S. u. II A 4.
57 Vgl. das Buch von S. K. Das: The Shadow of the Cross. Christianity and Hinduism in a Colonial Situation, New Delhi 1974.
58 A. C. Bhaktivedānta: Kṛṣṇa, S. 23f.
59 Ders.: Śrī Īśopaniṣad, S. 121.
60 Ders.: Die Lehren Śrī Kṛṣṇa Caitanyas, S. 25.
61 J. S. Judah: Hare Krishna and the Counterculture, S. 36.
62 A. C. Bhaktivedānta: Śrī Īśopaniṣad, S. 121.
63 J. S. Judah aaO. S. 37.
64 A. C. Bhaktivedānta: Bhagavadgītā wie sie ist, S. 120f.
65 M. T. Kennedy: The Chaitanya Movement, S. 119; J. S. Judah aaO. S. 74.
66 J. S. Judah aaO. S. 74.
67 M. T. Kennedy aaO. S. 156.
68 Ebda S. 118.
69 A. C. Bhaktivedānta: The Nectar of Devotion, S. 47.

70 W. Eidlitz: Bhakta. Eine indische Odyssee, Hamburg 1951, S. 122, 146f.

71 J. S. Judah aaO. S. 45. Mündlichen Informationen entsprechend scheint sich eine etwas liberalere Haltung in einer Anzahl von Tempeln durchzusetzen.

72 The Krishna Consciousness Movement is authorized, o. Seitenangaben.

73 Eine vorsichtige Universalisierung des Kastensystems auf dem Hintergrund des Evolutionsdenkens findet sich freilich bei S. Radhakrishnan (Die Gemeinschaft des Geistes, S. 373): »Das System der vier Klassen . . . ist nicht ausschließlich auf die Hindus berechnet, sondern läßt sich auf das ganze Menschengeschlecht anwenden, das ein Ziel verfolgt und sich ihm unablässig im Verlauf zahlloser Millenien der Geschichte nähert.«

74 Back to Godhead 57, 1973, engl. Fassung, S. 10, 5.

75 Ebda S. 9.

76 Ebda S. 5.

77 Back to Godhead 21, 1974, dt. Fassung, S. 24. Zu dieser Thematik vgl. R. Hummel aaO. S. 147ff.

78 K. Klostermaier: Hinduismus, S. 47.

79 S. o. I 4.

80 Über die regelmäßig stattfindenden bhaṇḍārās, gemeinsame Gedächtnismähler an den Todestagen der Sant Satgurus, siehe V. Möller aaO. S. 111.

81 J. N. Farquhar aaO. S. 170.

82 S. o. II A 2.

83 Sār Bachan, passim.

84 Die entschlossenste terminologische Verchristlichung der RS-Botschaft hat J. Leeming, aaO., vorgenommen.

85 A. P. Mathur aaO. S. 162. Vgl. Maharaj Saheb Brahm Sankar Misra: Discourses on Radhasoami Faith, Agra [5]1973, S. 316: »Public preaching is not encouraged by the Radhasoami religion, and the devotees are enjoined not to explain the principles of this religion to any ohne save those who are true seekers . . .«

86 V. Möller aaO. S. 126.

87 S. o. I 2.

88 A. P. Mathur aaO. S. 162, 132.

89 Zum Folgenden siehe A. P. Mathur aaO. S. 132.

90 P. Schneider im Vorwort zur 3. Aufl. von J. P. Johnson: The Path, S. XXIV.

91 A. P. Mathur aaO. S. 132.

92 C. Colpe, Handbuch der Religionsgeschichte Bd. 3, S. 445.

93 Bei der Ausbildung der Rādhāsoāmī-Tradition können neben den islamischen Einflüssen auch indirekt buddhistische in Ansatz gebracht werden, weil sich der Tantrismus offensichtlich zunächst im Buddhismus entwickelt hat. Die tantrische Nāth-Tradition, die Kabīr beeinflußt hat, stammt wahrscheinlich aus dem Buddhismus. Nach einer tibetischen Tradition bekehrte sich Gorakhnāth von dieser Religion zum Shivaismus. (C. Vaudeville: Kabīr, S. 85ff; vgl. W. H. McLeod: Guru Nānak and the Sikhreligion, S. 152ff). Gegen die These vom buddhistischen Ursprung der Nāths: J. Gonda aaO. II S. 221.

94 P. Hacker: Religiöse Toleranz und Intoleranz im Hinduismus, S. 177ff.

95 J. Gonda aaO. I, 342.

96 J. S. Judah aaO. S. 43. Zur TM: Mündliche Information.

97 Eine ähnliche Typisierung findet sich bei J. F. Seunarine aaO. S. 4.

98 Vgl. Yogananda: Autobiographie eines Yogi S. 420, 312. Vgl. B. G. Ray aaO. S. 233, zur Haltung Lāhiḍi Mahāśayas gegenüber der Kaste.

99 V. Möller aaO. S. 121.

100 M. Mildenberger, A. Schöll aaO. S. 43ff.

101 Einen Überblick über die wichtigsten Typen des neohinduistischen Religionsverständnisses gibt: A. Eschmann: Religion and Religions in Modern Hinduism, South Asien Digest of Regional Writing, Südasien-Institut, Heidelberg, vol. 3, 1974, S. 2–20.

102 Mit der Stellung der RM zu den Religionen beschäftigen sich aus ihrer Mitte: Swami Abhedananda: Attitude of Vedanta Towards Religion, Calcutta 1947; ders.: Why a Hindu accepts Christ and rejects Churchianity, Calcutta 1965 (dt.: Warum verwirft ein Hindu das moderne Kirchentum, obgleich er Christus anerkennt? Leipzig–Frankfurt o.J.); Swami Akhilananda: Hindu View of Christ, New York 1949; Swami Ranganathananda: The Christ we adore, Calcutta 1960; C. A. Stark: God of All. Sri Ramakrishnas Approach to Religious Plurality, Cape Cod/Mass. 1974; ferner zwei Beiträge in: Relations Among Religions Today, ed. by M. Jung, Swami Nikhilananda, H. W. Schneider, Leiden 1963. Aus christlicher Sicht: A. Krämer: Christus und das Christentum im Denken des modernen Hinduismus, Bonn 1958; O. Wolff: Christus unter den Hindus, Gütersloh 1965; S. J. Samartha: Hindus vor dem universalen Christus. Beiträge zu einer Christologie in Indien, Stuttgart 1970; M. M. Thomas: The acknowledged Christ of the Indian Renaissance, London 1969; P. Hacker: Religiöse Toleranz und Intoleranz im Hinduismus, in: Saeculum 8, 1957, S. 167–179.

103 S. o. I 1.

104 Vgl. C. A. Stark aaO. S. 80ff.

105 Ebda S. 84.

106 Ebda S. 101. Es wird zwischen der Liebe des Dieners zum Herrn, der Freundes- und Elternliebe und der Liebe zwischen Frau und Liebhaber unterschieden (C. A. Stark aaO. S. 91ff). Ähnlich spricht der Rāmakrishna-Svāmī Nityabodhānanda von der Notwendigkeit, sich anderen Religionen zu öffnen, nicht im Geist des Vergleichs, »but in the intention of acquiring various appreciative faces to my Bhava«, (in: Dialogue between men of living faiths, ed. by S. J. Samartha, Genf 1971, S. 94).

107 Relations Among Religions, S. 69.

108 Das betont R. C. Zaehner: Der Hinduismus, S. 174f.

109 H. von Glasenapp: Der Stufenweg zum Göttlichen. Shankaras Philosophie der All-Einheit. Baden-Baden 1948, S. 86ff.

110 Die Vorstellung des iṣṭa devatā kann als hinduistische Rechtfertigung einer exklusiven, monolatrischen Jesusverehrung dienen. So sagte Svāmī Satchidānand, Schüler von Ramaṇa Maharṣi und Aurobindo, initiiert von Svāmī Śivānanda, 1972 in einer Diskussion in den USA: »Wenn Sie den Herrn Jesus als Ihren Ishta Devata nehmen, so denken Sie an ihn, meditieren Sie über ihn, sprechen Sie von seinen Herrlichkeiten, so daß Sie eine einspitzige Konzentration entwickeln können. Aber wenn Sie einen Christus-Brunnen hier und dann einen Buddha-Brunnen dort und einen Siva-Brunnen hier mit einem Vishnu-Brunnen dort graben, werden Sie nirgends Wasser bekommen. Wenn Sie einen

Ishta Devata erwählen, bleiben Sie dabei. Wenn der Andere einen anderen Ishta Devata erwählt, soll er dabei bleiben.« (Cross Currents XXIV, 1974, No. 2–3, S. 262).

111 A. Krämer aaO. S. 133.

112 P. Hacker: Religiöse Toleranz und Intoleranz im Hinduismus, S. 171, 177.

113 Siehe die in Anm. 102 aufgeführten Werke der indischen Swamis. Unter den Werken S. Radhakrishnans vgl. vor allem: Die Gemeinschaft des Geistes, östliche Religionen und westliches Denken, Darmstadt & Genf, o. J.; Wissenschaft und Weisheit. Westliches und östliches Denken, München 1961.

114 Swami Ranganathandanda aaO. S. 46f.

115 C. Murray Rogers/Sivendra Prakash: Hindu Christian Dialogue Postponed, in: Dialogue between men of living faiths, ed. S. J. Samartha, S. 21–31, S. 23.

116 W. Thomas aaO. S. 117.

117 With the Swamis in America, S. 124.

118 M. L. Burke aaO. S. 600f.

119 Speeches and Writings of Swami Vivekananda, Madras, 6. Auflage 1922, S. 50, zitiert nach S. J. Samartha aaO. S. 69.

120 Gambhirananda aaO. S. 348f.

121 Zum Folgenden siehe M. H. Phelps: Notes of Discourses on Radhasoami Faith. Delivered by Babaji Maharaj in 1913–14, S. 119ff. Zur Bedeutung der Kosmologie für das Religionsverständnis des RS s.o. I 2.

122 M. H. Phelps aaO. S. 123.

123 J. P. Johnson: The Path, S. 45.

124 S. o. I 2; F. E. Keay: Kabir and his followers, S. 141.

125 Zum Folgenden siehe J. P. Johnson: The Path, S. 23ff.

126 Ebda S. 33.

127 Joseph Leeming: Yoga and the Bible, passim, hat die Bibel einer besonders gründlichen Deutung dieser Art unterzogen.

128 Maharaj Saheb Brahm Sankar Misra: Discourses on Radhasoami Faith, S. 129.

129 M. H. Phelps aaO. S. 120.

130 P. Ashby aaO. S. 84; J. P. Johnson aaO. S. 554.

131 Zum Folgenden: J. P. Johnson aaO. S. 1ff, 547ff.

132 Mit der Ansetzung des Tiefpunkts im Dvāpara-Yuga (aaO. S. 252) setzt sich Johnson in Widerspruch zur indischen Tradition, die den Tiefpunkt in die Zeit des Kali-Yuga verlegt.

133 J. P. Johnson aaO. S. 555.

134 J. P. Johnson aaO. S. 11, verweist auf Henri Bergson.

135 Ebda S. 219ff.

136 J. N. Farquhar aaO. S. 171.

137 H. von Glasenapp: Religiöse Reformbewegungen, S. 59.

138 Rai Saligram Bahadur aaO. S. 116.

139 J. P. Johnson: Der Pfad, S. 180.

140 Rai Saligram Bahadur aaO. S. 26f.

141 J. P. Johnson: The Path, S. 81, mit Berufung auf BhG IV, 1–3, 7–8.

142 J. P. Johnson: The Path, S. 56ff (Buddhismus), 65ff (Islam), 98ff (Patañjali-Yoga), 170ff (Sikhismus), 129ff (Theosophie).

143 A. P. Mathur, aaO. S. 158, beurteilt den Rādhāsoāmī-Glauben als »rein indischen Glauben«. In der Tat gehen die westlichen Einflüsse nicht in die Tiefe.

144 Zum Folgenden: J. P. Johnson: The Path, S. 140ff; J. Leeming aaO. passim.
145 Ebda S. 105.
146 Rai Saligram Bahadur aaO. S. 116f. Zum Folgenden vgl. J. P. Johnson: The Path, S. 110ff, 63, 195.
147 J. Leeming aaO. S. 50ff.
148 V. Möller aaO. S. 120.
149 P. Ashby aaO. S. 75.
150 Kirpal Singh: Spirituality. What it is, S. 1.
151 Stuttgart 1974.
152 H. Dressel aaO. S. 73.
153 Kirpal Singh aaO., vor S. 1.
154 W. Thomas aaO. S. 167; zum Folgenden vgl. Yogananda, Religion als Wissenschaft, S. 44f, 50f.
155 Yukteswara: Die Heilige Wissenschaft, S. 34, 42f, 75, 90.
156 W. Thomas aaO. S. 162.
157 Ebda S. 162.
158 Yogananda: Autobiographie eines Yogi, S. 378.
159 And It Is Divine, December 1973, S. 46.
160 Ebda S. 48.
161 Ebda S. 33.
162 Vgl. aus der »Wissenschaft vom Sein« besonders den Abschnitt »Die Erfüllung der Religion« (S. 283ff); Der Maharishi und der Abt. Eine Diskussion zwischen Maharishi Mahesh Yogi und dem Abt von Downside und Robert Kee, übertragen vom BBC, Stuttgart 1965, (ohne Seitenangaben); P. Marechal: Transcendental Meditation and the Monastic Life, in: Creative Intelligence H. 5, August 1974, S. 25–32.
163 P. Marechal aaO. S. 27.
164 TM: Penetrating the Veil of Deception (ohne Seitenangabe) spricht von »eingebauter Täuschung«, andere Äußerungen aus dem »Spiritual Counterfeits Project« verwenden noch schärfere Ausdrücke.
165 »Denn keine Mystik wölbt sich im Blauen, sondern jede steht über einem Grunde, den sie selber nach Kräften leugnet, und von dem sie dennoch immer erst ihr besonderes und mit anderswo gewachsenen Mystiken niemals identisches Wesen erhält« (R. Otto: Geleitwort zu: Zen – der lebendige Buddhismus in Japan, hg. von A. Faust, Stuttgart 1968, S. IX).
166 Der Maharishi und der Abt.
167 Den Ausdruck »Gnadenreligion« hat R. Otto auf die indische Bhakti angewendet (Indiens Gnadenreligion und das Christentum).
168 Christus, Krischto, Kṛṣṇa, S. 48.
169 So schon bei Vivekānanda, vgl. N. K. Devaraja: Hinduism and Christianity, S. 43ff.
170 J. B. Carman: The Theology of Rāmānuja. An Essay in Interreligious Understanding, New Haven–London 1974, S. 264ff, besonders S. 269.
171 Leben kommt von Leben, S. 114.
172 Christus, Krischto, Kṛṣṇa, S. 7.
173 Ebda S. 60, 76, 43.
174 Ebda S. 49.
175 Ebda S. 81ff. Es handelt sich um theosophisch inspirierte Schriften (B. Zinke in: Religionen am Rande der Gesellschaft, S. 124, A. 15 und 16).

176 Ebda S. 38.
177 Ebda S. 55.
178 Ebda S. 55.
179 Vgl. P. Hacker: Religiöse Toleranz und Intoleranz im Hinduismus, S. 176ff.
180 ». . . so läuft die sogenannte Synthese doch unfehlbar auf eine Hinduisierung des Christentums hinaus.« H.-W. Gensichen: Das Sendungsbewußtsein des Hinduismus, S. 33.
181 A. Eschmann: Religion and Religions in Modern Hinduism, S. 5f.
182 S. Radhakrishnan: Die Gemeinschaft des Geistes. Östliche Religionen und westliches Denken, Darmstadt–Genf o. J., S. 173ff.
183 Swami Ranganathananda: The Christ we adore, S. 42ff; Kirpal Singh: Die Krone des Lebens, S. 223ff.
184 Swami Akhilananda: The Hindu View of Christ, New York 1949, S. 190ff, vgl. die kritische Würdigung bei S. J. Samartha: Hindus vor dem universalen Christus, S. 77ff.
185 K. Klostermaier: Hinduismus, S. 44ff.

Anmerkungen zu Teil III

1 Das Forschungsinteresse ist in diesem Teil der Arbeit nicht auf die einzelnen Strömungen des Umfeldes als solche gerichtet, sondern auf ihre Beziehungen zu den hinduistischen Bewegungen im Westen. Darum wird hier in stärkerem Maß von Sekundärliteratur Gebrauch gemacht, soweit sie vorhanden ist. Das gilt vor allem für den Abschnitt über die Human Potential-Bewegung und humanistische Psychologie, die außerhalb der Fachkompetenz des Verfassers liegen. Eckankar und Bhagwan Shri Rajneesh, über die es an kritischen Darstellungen fehlt, werden allerdings anhand ihrer Primärliteratur analysiert.
2 F. Heyer: Konfessionskunde, Berlin 1977, S. 730.
3 Yogananda: Autobiographie eines Yogi, S. 284.
4 S. o. in der Einleitung.
5 E. J. Sharpe: Not to Destroy but to Fulfil: The Contribution of J. N. Farquhar to Protestant Missionary Thought in India before 1914, Uppsala, Gleerup-Lund, 1965, S. 155 A. 4.
6 P. Meinhold: Ökumenische Kirchenkunde, Stuttgart 1962, S. 485.
7 P. Rowley: New Gods in America, S. 99. Schon 1893 hatten anläßlich des Parlaments der Religionen Vertreter des Brāhma Samāj und des Buddhismus Gelegenheit erhalten, in den Sonntagsgottesdiensten unitarischer und universalistischer Kirchen in Chicago von den Kanzeln zu predigen; siehe J. Richter: Der Religionskongreß in Chicago (EMM N. F. 38/1894, S. 225–234), S. 230. Näheres zur Universalist Church of America bei J. S. Judah: The History and Philosophy of the Metaphysical Movements in America, S. 25.
8 J. P. Rao Rayapati: Early American Interest in Vedanta. Pro-Emersonian Interest in Vedic Literature and Vedantic Philosophy, Bombay u. a. 1973, S. 77f.
9 P. Devanandan: Hindu Missions to the West, S. 400.
10 Zitiert nach P. Devanandan aaO. S. 402.
11 Zum Folgenden vgl. J. P. Rao Rayapati aaO. S. 93ff; W. Thomas aaO. S. 231ff.

12 H. R. Niebuhr in: RGG 3. Aufl. Bd. 2, Sp. 455.
13 W. Thomas aaO. S. 87.
14 Ebda S. 234.
15 With the Swamis in America, S. 135.
16 Vivekananda C. W. IV, S. 317–319. Svāmī Abhedānanda: Attitude of Vedanta towards Religion, Calcutta 1947, S. 10. In der Zeitschrift »Prabuddha Bharata« erschienen noch 1928/29 Artikel über das Verhältnis des Vedānta zur Christlichen Wissenschaft und zur Neugeistbewegung aus der Feder von Madeleine Harding. Zu Yogānanda vgl. W. Thomas aaO. S. 229f.
17 J. S. Judah aaO. S. 235.
18 Zum Folgenden vgl. J. S. Judah aaO. S. 146ff; P. Meinhold aaO. S. 548ff; C. S. Braden: These also believe, New York 1949, S. 128ff. Auch S. von Kortzfleisch geht auf die Neugeistbewegung als ein Beispiel für westlich umgedeuteten Hinduismus ein. (Asiatisches Religiosität im Alltag des Abendländers, L.M. 6, 1967, S. 332–337), S. 333.
19 J. S. Judah aaO. S. 167.
20 Yogānanda in der Mai/Juni-Ausgabe 1926 des Magazins »East–West«, zitiert bei W. Thomas aaO. S. 229ff. C. S. Braden aaO. S. 189f, weist auch auf die Übereinstimmungen von Mrs. Baker-Eddys Denken mit hinduistischen Ideen hin, läßt die Frage nach direkter Abhängigkeit aber offen.
21 Der Begriff Spiritualismus bezeichnet im Unterschied zu »Spiritismus« hier eine auf spiritistische Erfahrungen gegründete Weltanschauung. Handbuch Religiöse Gemeinschaften, Gütersloh 1978, S. 564.
22 E. Conze betont diesen Gesichtspunkt im Hinblick auf den Buddhismus (Der Buddhismus. Wesen und Entwicklung, Stuttgart 1953, S. 97f).
23 Zum Folgenden vgl. J. S. Judah aaO. S. 33ff, 52ff, 144; E. Benz: Emanuel Swedenborg. Naturforscher und Seher. München 1969, S. 224ff.
24 Vgl. dazu den »Spiritual Community Guide«, San Rafael/Cal. 1974, besonders S. 180ff, wo »New Age Publishers«, »New Age Films« u. a. aufgeführt werden. Alte Wege zur Neuen Welt. Ein Handbuch für den Pilger unserer Zeit. Obernhain 1977 (aus dem Amerikanischen: A Pilgrim's Guide to Planet Earth, San Rafael 1974). Die Abgrenzung ist – wohl bewußt – unklar gehalten; auch die Jesus People und die Heidelberger »Free Clinic« werden dem »New Age« zugerechnet.
25 S. o. I 12.
26 Zur Yuga-Lehre: H. Jacobi in: ERE I S. 200; H. von Glasenapp: Die fünf Weltreligionen, Düsseldorf–Köln 1963, S. 58.
27 J. S. Judah aaO. S. 52ff.
28 H. von Glasenapp: Religiöse Reformbewegungen im heutigen Indien, S. 56.
29 Zum Folgenden: Swami Yukteswar Giri: Die Heilige Wissenschaft, S. 7ff.
30 H. Schilling: Im Zeichen von Rose und Kreuz. Historische und moderne Rosenkreuzer, Information Nr. 71 der EZW, Stuttgart 1977, S. 15. Vgl. K. Besci: Das indische Zeitalter, S. 261.
31 J. S. Judah aaO. S. 72ff. Wie die Reinkarnationslehre im westlichen Kontext ihren Sinn verändern kann, hat E. Benz gezeigt (Die Reinkarnationslehre in Dichtung und Philosophie der deutschen Klassik und Romantik, in ZRGG, Sonderheft, 9, 1957, S. 150–175).

32 Darstellung aus theosophischer Sicht (natürlich außer der »Entschleierten Isis« und der »Geheimlehre« H. P. Blavatzkys): H. S. Olcott: Old Diary Leaves. The true Story of the Theosophical Society, Adyar 1895–1910; C. W. Leadbeater: Outline to Theosophy, Los Angeles ^{3}1916; ders.: Textbook of Theosophy, Los Angeles ^{3}1918; C. J. Ryan: H. P. Blavatzky and the Theosophycal Movement: A brief Historical Sketch, Theosophical University Press 1937; J. Ransome: A Short History of the Theosophical Society, Adyar 1938; A. Besant: A Sketch of Theosophy, Adyar 1932; C. Jinarajadasa: The Future of the Theosophical Society, Adyar 1931. Von Außenstehenden: A. N. Nethercot: The first five lives of Annie Besant, Chicago 1960; ders.: The last four lives of Annie Besant; J. N. Farquhar: Modern Religious Movements in India, S. 208–291; J. Frohnmeyer: Die theosophische Bewegung, ihre Geschichte, Darstellung und Beurteilung, 2. Aufl., Stuttgart 1923; M. Lutyens: Krishnamurti. The Years of Awakening, London 1975; H. Schilling: Hundert Jahre Theosophische Gesellschaft. Rückblick und Auftrag, in: Materialdienst der EZW 38/1975, S. 358–363; J. W. Hauer: Werden und Wesen der Anthroposophie. Eine Wertung und eine Kritik, Stuttgart 1922; J. Hemleben: Rudolf Steiner in Selbstzeugnissen und Bilddokumenten, Hamburg 1963; D. S. Sarma: Hinduism through the Ages, S. 112–125; J. S. Judah: The History and Philosophy of the Metaphysical Movements in America, S. 92–145; Handbuch Religiöse Gemeinschaften, S. 487ff; C. S. Braden aaO. S. 221ff.

33 Vgl. D. S. Sarma aaO. S. 124f.

34 J. Hemleben aaO. S. 79f.

35 D. S. Sarma aaO. S. 114.

36 J. Frohnmeyer aaO. S. 7ff.

37 A. Besant: H. P. Blavatzky and the Masters of Wisdom, London 1907.

38 J. N. Farquhar S. 220, 227.

39 J. Frohnmeyer aaO. S. 10.

40 C. S. Braden aaO. S. 235f.

41 Eine ausführliche Darstellung des Skandals findet sich bei J. N. Farquhar aaO. S. 233ff.

42 D. S. Sarma aaO. S. 113f.

43 M. Lutyens aaO. S. 12f, 140.

44 London 1883. J. N. Farquhar aaO. S. 267.

45 J. Frohnmeyer aaO. S. 18.

46 D. S. Sarma aaO. S. 115ff; J. Frohnmeyer, S. 17ff.

47 J. Frohnmeyer aaO. S. 30ff.

48 J. W. Hauer aaO. S. 116ff.

49 J. N. Farquhar aaO. S. 225f; diese Erklärung blieb allerdings nicht unbestritten. Nach C. S. Braden, aaO. S. 236, ist der Briefwechsel Blavatzkys und Olcotts mit Dayānanda Sarasvatī anscheinend der Grund für die Indienreise gewesen.

50 D. S. Sarma S. 116.

51 J. N. Farquhar aaO. S. 261f.

52 J. N. Farquhar aaO. S. 276.

53 J. W. Hauer aaO. S. 19.

54 H. von Glasenapp: Die fünf Weltreligionen, S. 114f; Lama Anagarika Govinda: Grundlagen tibetischer Mystik, S. 253ff.

55 J. S. Judah aaO. S. 97.

56 J. W. Hauer aaO. S. 117. Vgl. A. Besant: A Sketch of Theosophy, S. 9ff.

57 Patañjali: Yoga Sutra 3, 18.
58 J. N. Farquhar aaO. S. 275.
59 J. W. Hauer aaO. S. 22; H. von Glasenapp: Das Indienbild deutscher Denker, S. 197.
60 M. Lutyens aaO. S. 11f.
61 J. W. Hauer aaO. S. 22.
62 J. W. Hauer aaO. S. 100.
63 C. Jinarajadasa aaO. S. 5, 19ff.
64 Ebda S. 28.
65 D. S. Sarma aaO. S. 122; J. N. Farquhar aaO. S. 275. Zu den schwerwiegenden Folgen der Auseinandersetzung um Krishnamurti für das Central Hindu College vgl. J. Lütt: The Movement for the Foundation of the Benares Hindu University (German Scholars on India. Contribution to Indian Studies, ed. by the Cultural Department of the Embassy of the FRG, vol. 2, New Delhi 1976, S. 160–195), S. 172f.
66 Zu diesen Auseinandersetzungen siehe M. Lutyens aaO. passim, besonders S. 264–276.
67 C. Jinarajadasa aaO. S. 15.
68 J. Frohnmeyer aaO. S. 40. Zur Abspaltung der amerikanischen Sektion unter William Q. Judge 1895 siehe Judah aaO. S. 101f; zur Abspaltung der Arcane School Alice Bailey's 1923 ebda S. 122.
69 M. Lutyens aaO. S. 222.
70 C. Jinarajadasa aaO. S. 21, vermittelt einen lebhaften Eindruck der Verwirrung, die immer wieder unter den Mitgliedern entstand.
71 Vivekānanda, C. W. IV 318f.
72 Die folgende Darstellung stützt sich auf Werbematerial, auf die Novemberausgabe 1973 der »Eckankar Zeitung« und auf die Bücher von Paul Twitchell: Eckankar. The Key to Secret Worlds, San Diego 1969; The Tiger's Fang, San Diego 1967; diese und andere Bücher P. Twitchells liegen inzwischen auf Deutsch vor. Nachträglich kam mir die Eckankar-Darstellung im SCP-Journal des Spiritual Counterfeits Project, Berkeley, September 1979, zur Kenntnis, die sich im wesentlichen auf die Untersuchung von David Christopher Lane stützt (The Making of a Spiritual Movement: The Untold Story of Paul Twitchell and Eckankar, Department of Religious Studies, California State University, Northridge 1978). Diese Darstellung bestätigt durch biographische Daten und Textvergleiche meine aus der Textinterpretation erhobene These, daß Twitchell von der Rādhāsoāmī-Tradition abhängig ist und Verbindungen mit der Scientology hatte. Danach wurde Twitchell 1955 von Kirpal Singh, dem Gründer des Ruhāni Satsaṅg (s.o. I 2) auf dessen Amerikareise initiiert, brach aber später mit ihm, weil Kirpal Singh sich weigerte, Twitchells Werk »The Tiger's Fang« als authentische Wiedergabe seiner eigenen Lehre anzuerkennen. »The Tiger's Fang« erweist sich in der Untersuchung Lane's in weiten Teilen als ein Plagiat von J. P. Johnsons »Der Pfad der Meister«. In der ersten Fassung von »The Tiger's Fang« wurde Kirpal noch als die Hauptquelle von Twitchells esoterischem Wissen genannt. Nach 1964 ersetzte Twitchell dann Singhs Namen durch »Rebarzar Tarzs«. Auch Twitchells zweite Frau Gail Atkinson – die erste hatte sich von ihm getrennt – wurde durch Vermittlung Twitchells von Kirpal Singh initiiert. Nach Twitchells Tod heiratete sie 1972 dessen Nachfolger Darwin Gross, wurde 1977 jedoch von ihm geschieden. Twitchell hatte sich – alles nach Darstellung des SCP-Journal – vor seiner Assoziierung mit

Kirpal Singh eine Zeit lang Svāmî Premānandas »Self-Revelation Church of Absolute Monism« angeschlossen, einer Abspaltung von Yogānandas Self-Realization Fellowship (s. o. I 3). Auch diese Abhängigkeit verschleierte er später, indem er an den einschlägigen Stellen den Namen Premānanda durch einen fiktiven »Sudar Singh« ersetzte.

73 Materialdienst der EZW 37, 1974, S. 316–318; 41, 1978, S. 292–296; 299–300, (nach »Esotera« 9, 1978); Eckankar: Return to the Void, in: Spiritual Counterfeits Project Newsletter, June/July 1976, o. S.

74 J. P. Johnson: The Path of the Masters, S. 283f, 559; Kirpal Singh: Die Krone des Lebens, S. 116, 145; ders.: What is Spirituality, S. 1; ders.: Der Gottmensch S. 135.

75 P. Twitchell: Eckankar S. 28f. Der Unterschied zur Theosophie wird vor allem von Kirpal Singh herausgearbeitet (Die Krone des Lebens, S. 250f).

76 S. o. I 2.

77 H. Whitehead: Scientology, Science Fiction and Occultism (Religious Movements in Contemporary America, S. 547–587), S. 582.

78 Materialdienst der EZW 41, 1978, S. 294.

79 Literatur: R. Schwendter: Theorie der Subkultur, Köln–Berlin 1971; W. Hollstein: Der Untergrund. Zur Soziologie jugendlicher Protestbewegungen, Neuwied–Berlin 1969; D. Baacke: Jugend und Subkultur, München 1972; K. Westhues: Society's Shadow: Studies in the Sociology of Countercultures, Toronto 1972; F. Musgrove: Ecstasy and Holiness. Counterculture and the open Society, London 1974; ferner die Arbeiten von M. Schibilsky.

80 K. Westhues aaO. S. 10.

81 Deutsch: T. Roszak: Gegenkultur. Gedanken über die technokratische Gesellschaft und die Opposition der Jugend, München 1973.

82 Siehe die Einleitung.

83 J. Kerouac: The Dharma Bums, deutsch: Gammler, Zen und hohe Berge, Reinbek 1971, S. 75.

84 J. Needleman aaO. S. 38ff.

85 E. Benz: Zenbuddhismus und Zensnobismus – Zen in westlicher Sicht, Weilheim 1962.

86 M. Schibilsky: Kirchliche Outsider – religiöse Insider, S. 159.

87 Schon H. Thoreau, der Freund Emersons, hatte sich für indianische Kultur interessiert.

88 Vor allem die Arbeiten von M. Eliade, H. V. Guenther, D. L. Snellgrove und G. Tucci; vgl. A. Bharati: The Tantra-Tradition S. 11ff.

89 R. C. Zaehner: Zen, Drugs and Mysticism, S. 128ff, weist auf die Bedeutung des Tao-te-ching für die Hippies hin.

90 F. Staal: Exploring Mysticism, Penguin Books, Harmondsworth 1975, S. 101ff.

91 G. Johnson, in: The New Religious Consiousness, S. 33.

92 Aus der umfangreichen Literatur über psychodelische Drogen seien genannt: T. Leary: Politik der Ekstase, Hamburg 1970; T. Leary, R. Metzner, R. Alpert: Psychodelische Erfahrungen – Ein Handbuch nach Weisungen des Tibetanischen Totenbuches, Weilheim 1971; A. Huxley: Die Pforten der Wahrnehmung, München 1970; R. E. L. Masters, J. Housten: The Varieties of Psychodelic Experience, London, New York 1966; E. Benz: Christliche Mystik und Drogen-»Mystik«, in: Trug der Drogen, hg. von I. Buck, Hamburg 1974, S. 43–64; ders.: Drogen und übersinnliche Erfahrung, in: ZRGG 24, 1972,

S. 1–12; R. Gelpke: Drogen und Seelenerweiterung, München o. J.; Religion und die Droge, hg. von M. Josuttis, H. C. Leuner, Stuttgart u. a. 1972; R. C. Zaehner: Mystik. Religiös und Profan. Eine Untersuchung über verschiedene Arten von außernatürlicher Erfahrung, Stuttgart 1957; ders.: Zen, Drugs and Mysticism, Vintage Books 1973; H. Schilling: Schlüssel zu neuen Welten. Droge und Esoterik. Information der EZW Nr. 49, Stuttgart 1971; H. Aichelin: Das chemische Pfingsten. Droge und neue Religiosität. Information der EZW Nr. 48, Stuttgart 1971; R. Lenz: Was hat der Drogenrausch mit dem Glauben zu tun? Eine Frage gegen den Strom, in: LM 13, 1974, S. 56f; weitere Beiträge zur Drogenproblematik in: ZEE 18, 1974, S. 146ff.

93 Zum Folgenden: E. Benz: Christliche Mystik und Drogen-»Mystik« S. 45ff; H. Aichelin aaO. 4f; H. Schilling aaO. 3ff.

94 R. H. Prince: Cocoon Work: An Interpretation of the Concern of Contemporary Youth with the Mystical (Religious Movements in Contemporary America, S. 255–271), S. 261.

95 Zitiert nach R. Gelpke aaO. S. 235.

96 Zitiert nach H. Aichelin aaO. S. 8.

97 Der Spiegel Nr. 39, 1974, S. 142–145.

98 H. Schilling aaO. S. 5.

99 S. o. A. 92.

100 Der Spiegel aaO. S. 143.

101 B. Alexander: Reflections of an Ex, Spiritual Counterfeits Project, Berkeley o. J.

102 H. Hübsch: Ram Dass. Das große Guru-Spiel, in: Materialdienst der EZW 40, 1977, S. 204–212. Ram Dass: Sei Jetzt Hier, Berlin o. J.; ders.: Alles Leben ist Tanz, Frankfurt [3]1978. In den USA vertreibt die »Hanuman-Stiftung« die Schriften von Ram Dass.

103 Ram Dass: Wie man mit Widerständen fertig wird, in: Alte Wege zur Neuen Welt, S. 44.

104 J. C. Lilly: Das Zentrum des Zyklons. Eine Reise in die inneren Räume, Frankfurt 1976.

105 H. Cox: Licht aus Asien, S. 59f.

106 E. Benz aaO. S. 51ff.

107 Das bekannteste Beispiel einer dem Yoga ähnlichen Gebetsform ist das Jesusgebet der Hesychasten, das die formelhaft wiederholte Bitte um Erbarmen mit dem Atemrhythmus koordiniert und zu Erfahrungen der kosmischen Einheit und zu Lichterscheinungen führen kann, die als Vergottung gedeutet werden. A. Selawry: Das immerwährende Herzensgebet, München 1973, S. 83ff; E. Jungclaussen: Yoga und Herzensgebet, in: Yoga heute. Hilfe für den Westen, hg. von U. von Mangoldt, Weilheim 1971, S. 29–67.

108 E. Käsemann: Die Legitimität des Apostels. Eine Untersuchung zu 2. Korinther 10–13 (ZNW 41, 1942, S. 33–71), S. 63ff.

109 Vgl. K. Klostermaier aaO. S. 175ff, der auf die Cāndogya-Up. verweist.

110 M. Eliade aaO. S. 338.

111 J. S. Judah: Hare Krishna and the Counterculture, S. 127ff; T. Robbins, D. Anthony: Getting Straight with Meher Baba, S. 128ff u. a. m.

112 A. Campbell: Seven States of Consciousness, S. 122.

113 J. S. Judah aaO. S. 181, vgl. S. 99ff.

114 M. Schibilsky: Kirchliche Outsider – religiöse Insider, S. 162, 151.

115 M. Schibilsky: Religiöse Erfahrung und Interaktion, z. B. S. 98.

116 T. Robbins, D. Anthony: Getting Straight with Meher Baba, S. 122ff; dies.: The Meher Baba Movement, S. 479ff.
117 T. Robbins, D. Anthony: Getting Straight, S. 133.
118 R. Schwendter aaO. S. 37ff, 143f.
119 R. N. Bellah: The New Consciousness and the Berkeley New Left, in: The New Religious Consciousness, S. 77–92, besonders 80, 84; M. Schibilsky aaO. S. 163f.
120 P. L. Berger, B. Berger, H. Kellner: Das Unbehagen in der Modernität, Frankfurt, New York 1973, besonders S. 163, 172ff.
121 Ebda S. 172; S. von Kortzfleisch (Asiatische Religionen im Alltag des Abendländers, S. 335) hat schon 1967 festgestellt: »Die Religionen Asiens treffen bei vielen Menschen im Abendland auf ein gebrochenes Verhältnis zur modernen Welt.«
122 Berger u.a., aaO. 168f, berufen sich auf A. Gehlen: Über die Geburt der Freiheit aus der Entfremdung, in: Studien zur Anthropologie und Soziologie, Neuwied 1963; ders.: Moral und Hypermoral, Frankfurt 1969.
123 Berger u.a. aaO. S. 175, 183.
124 G. Lanczkowski: Die neuen Religionen, S. 8f, und: Stiftung und Entfaltung von Religionen (Zeitwende 47, 1976, S. 1–11) S. 2f, wendet sich mit Recht gegen die Vorstellung, säkulare Situationen würden den charismatischen Führer produzieren und neue Religionen nur unter Erniedrigten und Beleidigten entstehen. Krisensituationen können freilich die Bedingungen schaffen, unter denen charismatische Führer neuartige Botschaften verkünden.
125 R. Lenz: »Es war einmal.« Ein Märchen für übermorgen. Überlegungen zur Situation der religiösen Subkultur, in: Der unverbrauchte Gott, S. 207.
126 Gemeint ist die Belehrung des zum Kampf gegen Blutsverwandte unwilligen Arjuna durch Kṛṣṇa über die Kastenpflicht des Kriegers, über die Unsterblichkeit des Ātman und über die Schuldlosigkeit des leidenschaftslos Handelnden im 2. Kapitel der Bhagavadgītā.
127 Literatur: D. Stone: The Human Potential Movement, in: The New Religious Consciousness, S. 93–115; Thomas C. Oden: The Intensive Group Experience: The New Pietism, Philadelphia 1972; K. W. Back: Beyond Words. The Story of the Sensitivity Training and the Encounter Movement, Penguin Books, Baltimore–Maryland 1973 (zuerst veröffentlicht in New York 1972); W. Gross–F. Zeitel: Gruppentherapie – Hilfe für wen? Ein kritischer Überblick über die neuen Methoden und ihre Anwendungserfolge, Freiburg i.Br. 1978; G. M. Martin: Neue Religiosität in den USA, in: Der unverbrauchte Gott, S. 117–134.
128 The New Religious Consciousness, S. 73ff. Vgl. K. Back aaO. S. 201ff.
129 K. Back aaO. S. 16ff, 77ff.
130 Ebda S. 65ff; D. Stone aaO. S. 98f.
131 Diese Begriffe spielen vor allem bei A. Maslow eine zentrale Rolle (K. Back aaO. S. 186). Vgl. B. Rutgers v. d. Loeff: Maslow en de wetenschap der creatieve intelligentie, Dokt. skriptie R. U. Groningen 1975.
132 S. Keen: The Soft Revolution, in: The Christian Century, 31.12.1967, S. 1667, zitiert bei T. C. Oden aaO. S. 20.
133 T. C. Oden aaO. S. 60ff.
134 W. Gross–F. Zeitel aaO. S. 71ff; C. Rycroft: Wilhelm Reich, München 1972, 91ff; A. Lowen: Love and Orgasm, New York 1965; ders.: The Betrayal of the Body, New York 1967.

135 W. Reich hat seine Orgon-Theorie in der späteren Phase seines Lebens entwickelt, vor allem in seiner Schrift »Der Krebs« (Die Entdeckung des Orgon Bd. 2, Köln 1974). Seine Tendenz, die eigenen psychologischen Theorien in den Rang einer religiösen Heilsbotschaft zu erheben, hat ihn den meisten seiner Fachkollegen entfremdet, schlägt aber in der humanistischen Psychologie und der Human Potential-Bewegung wieder durch. Bei Reich tritt sie am deutlichsten hervor in seinem Spätwerk »Der Christusmord« (Original 1953, dt.: Olten – Freiburg i. Br. 1978). Darin deutet er Christus als »das Prinzip des Lebens an sich« und die Leidensgeschichte Jesu als eine Chiffre für »alle Manifestationen dieses Hasses gegen das Lebendige« (ebda S. 37f), wobei sein Verständnis des Lebens von seiner Bioenergetik und seiner Orgasmustheorie bestimmt ist.

136 C. Rycroft aaO. S. 24f, 102.

137 China-Handbuch, hg. von W. Franke, Düsseldorf 1974, Sp. 1269; vgl. das bei O. W. Barth erschienene Buch von F. Anders: Das chinesische Schattenboxen. T'ai Chi.

138 Vgl. G. Wischnewski: Aikido, Wiesbaden 1968.

139 W. Gross – F. Zeitel aaO. S. 72.

140 D. Stone aaO. S. 99ff.

141 Ebda S. 101, vgl. 102f. Es ist bezeichnend, daß R. Assagiolis »Handbuch der Psychosynthesis. Angewandte transpersonale Psychologie« jetzt im esoterischen Aurum-Verlag erschienen ist.

142 Paul C. Vitz: Psychology as Religion: The Cult of Self-Worship, Michigan 1977. Rezensiert von L. R. Rambo in: JSSR 17, 1978, S. 186f.

143 H. Cox: Licht aus Asien, S. 89ff, besonders 109.

144 T. C. Oden aaO. S. 127f.

145 K. Back aaO. S. 81ff, 144ff, 204ff.

146 W. Gross – F. Zeitel aaO. S. 50, 32. F. S. Perls: Gestalttherapie in Aktion, Stuttgart 1976, S. 52.

147 K. Back aaO. S. 207.

148 W. Gross – F. Zeitel aaO. S. 49; F. S. Perls aaO. S. 30.

149 Gestalt Therapy Now, ed. by J. Fagen – I. L. Shepard, New York 1971, S. 38.

150 K. Back aaO. S. 78 bezeichnet das »Hier und Jetzt«-Konzept als das Schlagwort des Sensitivitätstrainings. Nach W. Gross – F. Zeitel, aaO. S. 84, war J. Moreno »einer der Urväter einer systematischen Gruppenpsychotherapie«. Zur Bedeutung des Zen für F. Perls siehe ebda S. 37.

151 D. Stone aaO. S. 103.

152 F. Perls: Gestalttherapie in Aktion, S. 23f; W. Gross – F. Zeitel aaO. S. 35.

153 J. Lilly: Das Zentrum des Zyklons, S. 149.

154 D. Stone aaO. S. 111.

155 H. Cox: Verführung des Geistes, Stuttgart – Berlin 1974, S. 196ff.

156 K. Back aaO. S. 65f.

157 G. M. Martin aaO. S. 122.

158 D. Stone aaO. S. 98. Auch Stuart Miller hat in seinem Erlebnisbericht über das Esalen-Zentrum dessen religiöse Dimension herausgestellt (S. Miller: Hot Springs: The True Adventures of the First New York Jewish Literary Intellectual in the Human Potential Movement, New York 1971, besonders S. 242, 262f, 340f).

159 H. Cox aaO. S. 203.

160 Verstreute Informationen über »est« finden sich im Spiritual Counterfeits Project Newsletter, March 1976, S. 2f; Spiritual Community Guide 1975–76, S. 35, 77; D. Stone aaO. S. 96f, 100ff.
161 D. Stone aaO. S. 104.
162 J. Needleman aaO. S. 150f.
163 S. Keen: We have no desire to strengthen the ego or make it happy. A conversation about ego destruction with Oscar Ichazo, in: Psychology Today, July 1973. Weitere spärliche Informationen bei G. M. Martin aaO. S. 127; Spiritual Community Guide 1975–76, S. 48, 73; J. Lilly aaO. S. 147ff; Time, 29.5.1972, S. 88.
164 J. Lilly aaO. S. 154ff, vgl. S. 151.
165 R. S. Ellwood jr.: Religious and Spiritual Groups in Modern America, S. 159ff.
166 Ram Chandra Prasad: Rajneesh: The Mystic of Feeling. A Study in Rajneesh's Religion of Experience, Delhi–Varanasi–Patna [2]1978; V. Mangalwadi aaO. S. 125ff; P. Brent aaO. S. 150ff; C. Widmann in: Süddeutsche Zeitung, 20. und 23.9.1977; C. Claussen: Urschrei im Ashram, in: Esotera 28, 1977, Nr. 4; G. M. Martin: Was geschieht in Poona? in: EK 12, 1978, S. 750f. Von den zahlreichen Veröffentlichungen Rajneeshs in Englisch und Hindi sind auf deutsch u. a. erschienen: Meditationstechniken, Margarethenried 1977; Sex und Tantra, 1977; Komm folge mir, 1977. Die folgende Darstellung von Rajneeshs Denken stützt sich auf: Die Psychologie der Buddhas, aus der Serie »Yoga. Das Alpha und das Omega« über Patañjali's Yoga Sūtras, gehalten in Poona im April 1975, deutsch in: Sannyas, deutsche Ausgabe 4/76, S. 7–21, und auf: The Book of the Secrets II, Discourses on »Vigyana Bhairava Tantra«, Poona 1975 (gehalten 1972/73); vgl. auch: The Ultimate Alchemy. Discourses on the Atma Pooja Upanishad, vol. 2, Poona 1976.
167 Siehe A. 166. Vgl. dazu auch V. Mangalwadi aaO. S. 126ff.
168 I. Shah: The Pleasantries of the Incredible Mulla Nasruddin, New York 1971; ders.: The Exploits of the Incomparable Mulla Nasruddin, New York 1972.
169 V. Mangalwadi aaO. S. 126.
170 Die Seitenangaben beziehen sich im folgenden auf den zweiten Band des »Book of the Secrets«, s. Anm. 166.
171 Die Frage, ob Rajneesh Reich korrekt interpretiert, kann hier außer Betracht bleiben. Grundlegend: W. Reich: Die Funktion des Orgasmus, 1927, Neudruck Köln 1969.
172 M. Eliade aaO. S. 249ff.
173 Ebda S. 140.
174 Sannyas 2/76, S. 30ff.
175 Zu beiden siehe R. Ellwood aaO. S. 159ff. Von P. D. Ouspensky sind die beiden Bücher »Auf der Suche nach dem Wunderbaren« und »Tertium Organum« bei O. W. Barth erschienen.
176 The Book of the Secrets II, S. 44f.
177 Gopi Kríshna: Kundalini, passim.
178 Bhagwan Shri Rajneesh: Meditationstechniken, S. 77f.
179 Bhagwan Shri Rajneesh: The Book of the Secrets II, S. 5ff.
180 R. E. Ornstein: The Psychology of Consciousness, S. 116, 153, unter Berufung auf R. Lefort: The Teachers of Gurdjieff, London 1968, S. 62f. Gurdjieff selbst beschreibt seine Entwicklung in seinem Buch »Begegnungen mit bemerkenswerten Menschen«, das im Aurum-Verlag erschienen ist.

181 Der zehntägige Kurs der »Vipassana-Gruppe« wird in einer Weise beschrieben, die darauf hindeutet, daß es sich dabei auch nicht um die eigentliche buddhistische Vipassanā-Meditation handelt: Die Übungen der Vipassana-Gruppe »erfolgen in einem bewußten, zeitlupenartigen Eins-nach-dem-andern-Tun. Ziel ist dabei, inneres Einssein zu finden. Atmen, Sitzen und Gehen wechseln sich wirkungsvoll miteinander ab«, Sannyas 4/76, nach S. 63. Der entscheidende Unterschied besteht darin, daß in der ursprünglichen Vipassanāmeditation des Theravāda-Buddhismus die »Achtsamkeit« kein Selbstzweck ist, sondern der intuitiven Erkenntnis der Vergänglichkeit, des Elends und der Unpersönlichkeit im Sinne der Nicht-Ich-Lehre dient. Nyanatiloka: Buddhistisches Wörterbuch (Buddhistische Handbibliothek 3), Konstanz o. J., S. 244 ff.

182 Über Subud: R. S. Ellwood aaO. S. 286 ff; J. Needleman aaO. S. 105 ff.

183 Zum alchimistischen Motiv vgl. Rajneeshs Buch »The Ultimate Alchemy«; vgl. M. Eliade aaO. S. 274 ff.

184 V. Mangalwadi aaO. S. 138; Bhagwan Shri Rajneesh: The Book of the Secrets II, S. 323 f.

185 Ebda S. 303 ff.

186 Zum Folgenden: Bhagwan Shri Rajneesh: Die Psychologie der Buddhas, S. 7 ff.

187 Ebda S. 14.

188 Ebda S. 20.

189 Ebda S. 19.

190 C. Claussen in: Esotera 28, 1977, Nr. 4, Abdruck o. S.

191 A. Eschmann: Religion, Reaction and Change: The Role of Sects in Hinduism, S. 149.

192 In »Sadvipra« Bd. 4 Nr. 8 finden sich einige Beiträge zum Thema Umweltschutz, die zu konkreten Aktionen auffordern: »Leben im Einklang mit der Natur« (S. 16), »Rettet die Wale« (S. 12), »Wir bauen eine Sonnendusche« (S. 8 f, aus der Subkultur-Zeitschrift »Kompost« abgedruckt). »Sadvipra« Bd. 4 Nr. 7 befürwortet biologisch-dynamische Landwirtschaft (S. 20) und eine »alternative Geburtenregelung« (S. 12). »Bija«, Mai 1975, wendet sich gegen die Viehfütterung mit Getreide. Fleischverzehr in den entwickelten Ländern bedeute »Diebstahl vom Munde Hungernder in den unterentwickelten Ländern« (S. 22). Ānanda Mārga hat »Food and Care Boards« mit dem Ziel gebildet, »1. Bekanntmachung der Notwendigkeiten einer vegetarischen Ernährung aus Wirtschafts- und Gesundheitsgründen, 2. Verbreitung von Kochrezepten auf der Grundlage der Yogadiät in Form eines Kochbuches . . ., 5. Eröffnung einer ›cheap kitchen‹ . . .« (»Ernte«, Okt. – Dez. 1978, S. 2). Das Interesse östlicher bzw. östlich inspirierter Bewegungen an ökologischen und verwandten Themen ist schon älter als Ānanda Mārga. So bestand z. B. zwischen Svāmī Yogānanda (SRF) und dem amerikanischen Pflanzenzüchter Luther Burbank ein enges, von religiös-weltanschaulichen Gemeinsamkeiten bestimmtes Verhältnis (Autobiographie eines Yogi, S. 288 – 292); eine der letzten Gründungen Rudolf Steiners war die »biologisch-dynamische Wirtschaftsweise« (Handbuch Religiöse Gemeinschaften S. 506). Es ist auch nicht von ungefähr, daß unter den frühen deutschen Buddhisten Mediziner wie Paul Dahlke waren.

193 Zum Synkretismusproblem: Syncretism, ed. by S. S. Hartman, Stockholm 1969, insbesondere die Einleitung von H. Ringgren, S. 7 – 14; G. Lanczkowski: Begegnung und Wandel der Religionen, S. 95 ff, insbesondere S. 101 ff.

194 H. Ringgren, in: Syncretism, S. 11 f. G. Lanczkowski unterscheidet

vom Synkretismus den Typ der Mischreligion, die er als ein Ergebnis von Überlagerung einer Religion durch eine andere erklärt, die sich als wahr versteht (aaO. S. 107).

195 Siehe die einschlägigen Artikel im Lexikon zur Weltmission, Wuppertal – Erlangen 1975.

196 J. S. Judah: The History and Philosophy of the Metaphysical Movements in America, S. 12ff. Zum Begriff der Affinität vgl. G. Lanczkowski aaO. S. 59–64, bes. S. 63.

197 W. A. Visser't Hooft: Evangelism among Europe's Neo-Pagans (IRM 66, 1977, S. 349–360), S. 354. S. Hunke hat unter dem Titel »Europas andere Religion. Die Überwindung der religiösen Krise« (Düsseldorf – Wien 1969) den Versuch gemacht, eine Vielzahl religiöser Strömungen Europas, die von der Kirche als heterodox betrachtet wurden, zusammenfassend als »die andere«, monistisch geprägte Religion dieses Kontinents zu deuten.

198 With the Swamis in America, S. 135.

199 The Life of Swami Vivekananda, S. 440.

200 S. o. A. 191 zu diesem Teil III.

201 G. Schüttler: Die letzten tibetischen Orakelpriester. Psychiatrisch-neurologische Aspekte, Wiesbaden 1971; ders.: Die Erleuchtung im Zen-Buddhismus, Freiburg – München 1974; W. Bitter (Hg.): Meditation in Religion und Psychotherapie, Stuttgart ²1973; D. Langen: Archaische Ekstase und asiatische Meditation mit ihren Beziehungen zum Abendland, Stuttgart 1963; R. E. Ornstein: Psychologie des Bewußtseins, Köln 1974; C. Naranjo – R. Ornstein: On Psychology of Meditation, New York 1973 (dt.: Psychologie der Meditation, Fischer-Taschenbuch 1811); zu C. G. Jung s. o. A. 7 der Einleitung.

202 M. Eliade: Das Okkulte und die moderne Welt, S. 22. Zur Wirkung Teilhard de Chardins, Reinbek 1966, S. 165f; R. C. Zaehner: Evolution in Religion. A. Study in Srī Aurobindo and Pierre Teilhard de Chardin, Oxford 1971.

203 C. H. Ratschow: Die Begegnung des Christentums mit den asiatischen Religionen in Europa, S. 55.

204 Vgl. P. L. Bergers Analyse des »entmodernisierenden Bewußtseins« (s. o. III 7), und S. von Kortzfleisch: Asiatische Religiosität im Alltag des Abendländers, bes. S. 332, 335.

205 Zur Erforschung der Psychologie veränderter Bewußtseinszustände in Indien nach 1930 durch T. Brosse, M. A. Wenger, B. K. Bagchi, B. K. Anand u. a.: H. H. Bloomfield et al.: TM – Discovering inner energy and overcoming stress, S. 87ff; vgl. J. White: Alles über TM, S. 70f.

Anmerkungen zu den Schlußfolgerungen

1 Aus der Fülle der katholischen und protestantischen Literatur seien genannt: Universales Christentum angesichts einer pluralen Welt, hg. von A. Bsteh (Beiträge zur Religionstheologie 1), Mödling 1976; H. Bürkle: Einführung in die Theologie der Religionen, Darmstadt 1977.

2 Gambhirānanda aaO. S. 246f.

3 B. R. Hertel: Church, Sect and Congretation in Hinduism: An Examination of Social Structure and Religious Authority, in: JSSR 16, 1977, S. 16–26.

4 E. Benz: Zen in westlicher Sicht, S. 69.

5 G. Lanczkowski: Die neuen Religionen, S. 85: ». . . kein Zweifel . . ., daß diese indischen Reformbewegungen . . . faktisch den neuen Religio-

nen unserer Zeit zuzurechnen sind.«

6 J. Richter: Indische Missionsgeschichte, Gütersloh [1]1906, S. 416.

7 Zum Problem der Zulassung westlicher Jünger zum Tempelkult s. I 4, II 8.

8 Vgl. dazu: Religiöse Gruppen. Alternativen in Großkirchen und Gesellschaft, hg. von J. Lell u. F. Menne, passim.

9 P. Tillich: Das Christentum und die Begegnung der Weltreligionen, Stuttgart 1964, S. 10f; G. Mensching: Art. Religion I: Erscheinungs- und Ideenwelt, RGG Bd. 5, Sp. 961; P. L. Berger: Zur Dialektik von Religion und Gesellschaft. Elemente einer soziologischen Theorie, Frankfurt 1973, S. 26; R. N. Bellah, zitiert in: Religious Movements in Contemporary America, S. 550.

10 M. H. Harper aaO. S. 8.

11 S. o. Einleitung, besonders A. 32.

12 M. Eliade: Das Okkulte und die moderne Welt, S. 70.

13 M. Eliade: Schamanismus und archaische Ekstasetechnik (suhrkamp taschenbuch wissenschaft 126), Frankfurt [3]1961, S. 392.

14 H. Thurston S. J.: Die körperlichen Begleiterscheinungen der Mystik, Luzern 1956, besonders S. 20ff (über Franz von Assisi, der sich »bis zur Höhe einer Buche erhoben« habe) und 25ff (über Therese von Avila. »Ich fühlte mir die Seele und später den Kopf erhoben, ohne daß ich es verhindern konnte – ja, zuweilen auch den ganzen Leib, so daß er die Erde nicht mehr berührte«, S. 26).

15 C. H. Ratschow: Die Begegnung des Christentums mit den asiatischen Religionen in Europa, S. 58, sieht die wichtigste Ursache für die »Anfälligkeit der europäischen Menschheit für asiatische Religionen« darin, daß »das Christentums unter uns in zunehmendem Maße nicht mehr religiös verstanden und gelebt wird«.

16 Die Berichte stimmen darin überein, daß die Levitation, wie die TM sie zu praktizieren behauptet, weniger einem Gleiten und Schweben als einem Hüpfen gleicht. Ähnliche Phänomene sind schon vorher aus Tibet und Thailand berichtet worden. Es handelt sich um eine Hüpftechnik aus dem Sitz heraus, die im Zusammenhang mit Levitationspraktiken ausgeübt werden soll. Vgl. Lama Anagarika Govinda: Der Weg der weißen Wolken, Weilheim 1973, S. 147f, mit Berufung auf Alexandra David-Neel und John Blofeld. Nur der letztere behauptet eigene Augenzeugenschaft.

16a Vgl. Romila Thapar: Renunciation: a Counter-culture? in: R. Thapar: Ancient Indian Social History, Delhi 1978, S. 63–104.

17 So F. W. Haacks Urteil über die »Jugendreligionen« insgesamt (F. W. Haack: Die neuen Jugendreligionen, S. 77).

18 Zu den Details siehe Teil I, zur Thematik meinen Aufsatz »Weltverbesserung und Idealgesellschaft«.

19 So C. H. Ratschow aaO. S. 53f, über die östlichen Religionen.

20 H. Cox: Licht aus Asien, S. 129.

21 Vgl. vor allem das Urteil von R. Lenz in seinen verschiedenen Arbeiten.

22 Zur Vereinigungskirche vgl. G. Lanczkowski: Die neuen Religionen, S. 64–76.

23 R. E. Ornstein: The Container vs. the Content (Psychology Today 10, 1976/77, S. 36–43), S. 43.

24 Laut epd Dokumentation 52a/78 (Massenselbstmord in Guyana: Wie nah ist uns Jonestown?), S. 15, hat der Soziologe Gerhard Schmidtchen die »Verwilderung im religiösen Bereich« beklagt und von einer »zurückgehenden Erfahrung in der Gesellschaft im Umgang mit religiöser Problematik« gesprochen.

25 W. Thomas aaO. S. 246ff.

26 M. H. Harper aaO. S. 250.

Literaturverzeichnis

Swami Abhedananda: Attitude of Vedanta towards Religion, Calcutta 1947
–: Why a Hindu accepts Christ and rejects Churchianity, Calcutta 1965 (dt.: Warum verwirft ein Hindu das moderne Kirchentum, obgleich er Christus anerkennt, Leipzig – Frankfurt o. J.)
J. Adriel: Avatar. The Life Story of the Perfect Master Meher Baba. A Narrative of Spiritual Experience, Santa Barbara/Cal. 1947
H. Aichelin: Das chemische Pfingsten. Droge und neue Religiosität, Information der EZW Nr. 48, 1971
–: Religion – Thema von morgen. Darstellung und Beurteilung eines überraschenden Phänomens, Stuttgart 1972
Swami Akhilananda: Hindu View of Christ, New York 1949
B. Alexander: Reflections of an Ex, Spiritual Counterfeits Project, Berkeley o. J.
Alte Wege zur Neuen Welt. Ein Handbuch für den Pilger unserer Zeit, Oberhain 1977
Amma: Swami Muktananda Paramahansa, Bombay 1969
Shrii Shrii Anandamurti: Ananda Sutram, transl. by M. Gupta from Bengali original, Anandanagar (West Bengal) 1967
–: Ananda Marga Yoga, Frankfurt o. J.
–: Die Anandavaniis 1956 – 1976, Mainz – Kastel 1976
–: Baba's Grace. Vorträge von Shrii Shrii Anandamurti, deutsche Übersetzung, o. O. o. J.
–: Ein Führer zum menschlichen Handeln – Yama und Niyama im Detail, o. O. o. J.
–: Die 16 Punkte zur Selbstverwirklichung, Mainz – Kastel 1976
–: Die 16 Punkte zur Selbstverwirklichung, o. O. o. J. (ältere Fassung)
–: Idee und Ideologie. Philosophie zur Befreiung, 1977
–: Das große Universum. Gespräche über die Gesellschaft, o. O. o. J. Shrii Shrii Anandamurti spricht – gesammelte Vorträge, o. O. o. J. F. Anders: Das chinesische Schattenboxen. T'ai Chi. Meditation in Bewegung zur Steigerung des Körpergefühls und zur Festigung der Gesundheit, Weilheim 1977
D. Anthony – T. Robbins: Getting Straight with Meher Baba. A Study of Mysticism, Drug, Rehabilitation and Postadolescent Role Conflict, in: JSSR 11, 1972, S. 122 – 140
–: The Meher Baba Movement. Its Affect on Post-Adolescent Social Alienation, in: Religious Movements in Contemporary America (s. dort), S. 479 – 511
V. K. Arora: The Social and Political Philosophy of Swami Vivekananda, Calcutta 1968
P. H. Ashby: Popular Esoteric Religion: Rādhā Soāmī Satsang, in: Ders., Modern Trends in Hinduism, New York – London 1974, S. 71 – 90
Asien missioniert im Abendland, hg. von K. Hutten & S. von Kortzfleisch, Stuttgart 1962
Sri Aurobindo: Alles Leben ist Yoga, Gladenbach 1975
–: Das göttliche Leben, 3 Bde. Gladenbach 1974
–: Sawitri, Bitz 1975
–: Die Synthese des Yoga, Gladenbach 1972

–: Zyklus der menschlichen Entwicklung, München 1955
–: Der Mensch im Werden, Zürich 1964
–: Stufen der Vollendung, Weilheim 1972
–: Der integrale Yoga. Mit einem Essay »Zum Verständnis des Werkes« und einer Bibliographie von O. Wolff, Hamburg 1957
D. Baacke: Jugend und Subkultur, München 1972
K. W. Back: Beyond Words. The Story of the Sensitivity Training and the Encounter Movement, Baltimore – Maryland 1973
H. Barlage: Christ. Saviour of Mankind. A Christian Appreciation of Swami Akhilananda, St. Augustin 1977
R. N. Bellah: The New Consciousness and the Berkeley New Left, in: The New Religious Consciousness (s. dort), S. 77 – 92
H. Benson: The Relaxation Response, New York 1976
E. Benz: Buddhas Wiederkehr und die Zukunft Asiens, München 1963
–: Buddhismus in der westlichen Welt, in: Buddhismus der Gegenwart, hg. von H. Dumoulin, Freiburg u.a. 1970, S. 191 – 204
–: Drogen und übersinnliche Erfahrung, ZRGG 24, 1972, S. 1 – 12
–: Hinduistische und buddhistische Missionszentren in Indien, Ceylon, Burma und Japan, in: ZRGG 10, 1958, S. 333 – 363
–: Christliche Mystik und Drogen-»Mystik«, in: Trug der Drogen, hg. von I. Buck, Hamburg 1974, S. 43 – 64
–: Die Reinkarnationslehre in Dichtung und Philosophie der deutschen Klassik und Romantik, ZRGG (Sonderheft) 9, 1957, S. 150 – 175
–: Emanuel Swedenborg. Naturforscher und Seher, München 1948
–: Zen in westlicher Sicht. Zen-Buddhismus und Zen-Snobismus, Weilheim 1962
P. L. Berger: The Sociological Study of Sectarianism, Social Research 21, 1954, S. 467 – 487
P. L. Berger – B. Berger – H. Kellner: Das Unbehagen in der Modernität, Frankfurt – New York 1973
T. Bernard: Hatha Yoga, a Report of a Personal Experience, London 1950
A. Besant: H. P. Blavatzky and the Masters of Wisdom, London 1907
–: A Sketch of Theosophy (Adyar Pamphlets No.160), Adyar 1932
K. Besci: Das indische Zeitalter, Wien 1973
Bhagavadgita. Übersetzt von L. von Schröder, Köln 1973
Bhajans. Devotional Songs for Baba, o. O. o. J.
A. C. Bhaktivedānta Svāmī Prabhupāda: Bhagavad-gītā wie sie ist, Hamburg 1974
–: Kṛṣṇa – der höchste persönliche Gott, 3 Bde., BBT 1974/75
–: Die Lehren Śrī Kṛṣṇa Caitanyas. Eine Abhandlung über wirkliches spirituelles Leben, BBT o. J.
–: Śrī Īśopaniṣad, BBT 1971
–: The Nectar of Devotion. The Complete Science of Bhakti-Yoga. A Summary Study of Śrīla Rūpa Goswāmī's Bhakti-rasāmṛta-sindhu, BBT 1970
–: The Perfection of Yoga, BBT 1972
–: Jenseits von Raum und Zeit, BBT 1973
–: Die Quelle absoluten Wissens, BBT 1973
–: Leben kommt von Leben. Die wissenschaftliche Grundlage des Kṛṣṇa-Bewußtseins (zusammen mit Svarūpa-dāmodara dāsa brahmacārī), BBT 1974
–: Christus, Krischto, Kṛṣṇa, BBT 1975
A. Bharati: Hindus Ignorant of Hinduism – Phoney Swamis Abroad, The Illustrated Weekly of India, 18.3.1973, S. 22 – 27

–: The Hindu Renaissance and its Apologetic Patterns, JASt 29, 1969/70, S. 267–287
–: Hinduism and Modernization, in: Religion and Change in Contemporary Asia, hg. von R. F. Spencer, Bombay 1971
–: The Ochre Robe, London 1962 (New York 1970)
–: Die Tantra Tradition, Freiburg i. Br. 1977
Baba Bharati: Sree Krishna's Messages and Revelations, Madras 1925
W. Bitter (Hg.): Meditation in Religion und Psychotherapie, Stuttgart 1973
F. Blanke: Asiatische religiöse Strömungen in Europa, in: Die Einheit der Kirche und die Sekten, Zollikon 1957, S. 95–111
H. H. Bloomfield–M. P. Cain–D. T. Jaffe–R. B. Kory: TM. Discovering inner energy and overcoming stress, New York 1975 (dt.: Transzendentale Meditation. Lebenskraft aus neuen Quellen, Düsseldorf–Wien 1976)
K. W. Bolle: Tantric Elements in Śrī Aurobindo, Numen 9, 1962, S. 128–142
–: The Persistence of Religion. An Essay on Tantrism and Sri Autobindo's Philosophy, Leiden 1965
C. S. Braden: These Also Believe: A Study of Modern American Cults and Minority Religious Movements, New York 1949
P. Brent: Godmen of India, Harmondsworth 1973
D. Breese: Know the Marks of Cults, Wheaton [3]1976
P. Brunton: Yogis, Berlin 1961 (engl.: A Search in Secret India, London 1934)
Buddhismus der Gegenwart, hg. von H. Dumoulin, Freiburg i. Br. 1970
Buddhismus in Deutschland. Eine Chronik. Hg. von der Deutschen Buddhistischen Union, Hamburg 1973
H. Bürkle: Einführung in die Theologie der Religionen, Darmstadt 1977
M. L. Burke: Swami Vivekananda in America. New Discoveries, Calcutta 1958
P.-G. Buttler: Die buddhistische Bewegung in Deutschland, in: Asien missioniert im Abendland (s. dort), S. 73–120
C. Cameron: Who is Guru Maharaj Ji? Bantam Books, New York 1973
A. Campbell: Seven States of Consciousness. A Vision of Possibilities Suggested by the Teaching of Maharishi Mahesh Yogi, New York u. a. 1974
–: The Mechanics of Enlightenment. An Examination of the Teaching of Maharishi Mahesh Yogi, London 1975
J. B. Carman: The Theology of Rāmānuja. An Essay in Interreligious Understanding, New Haven u. a. 1974
S. Cave: Hinduism or Christianity? A Study in the Distinctiveness of the Christian Message, London 1939
Chancen der Religion, hg. von R. Volp, Gütersloh 1975
Swami Chidananda: Light Fountain, Sivanandanagar 1967
Swami Chinmayananda: Kindle Life, Madras 1970
Christentum im Spiegel der Weltreligionen. Kritische Texte und Kommentare, hg. von H.-J. Loth, M. Mildenberger, U. Tworuschka, Stuttgart 1978
R. D. Clements: God and the Gurus. An Introduction for Christians to the Present Interest in Mysticism, London 1974
C. Colpe: Synkretismus, Renaissance, Säkularisation und Neubildung von Religionen in der Gegenwart, in: Handbuch der Religionsgeschichte, hg. von J. P. Asmussen u. J. Læssøe in Verbindung mit C. Colpe, Bd. 3, Göttingen 1975, S. 444 ff

E. Conze: Der Buddhismus. Wesen und Entwicklung, Stuttgart 1953
H. Cox: Licht aus Asien. Verheißung und Versuchung östlicher Religiosität, Stuttgart – Berlin 1978
–: Verführung des Geistes, Stuttgart – Berlin 1974
J. A. Cuttat: Christliche und asiatische Spiritualität. Ein Vergleich, in: Hochland 59, 1967, S. 219 – 233
J. A. Cuttat: Asiatische Gottheit – Christlicher Gott. Die Spiritualität der beiden Hemisphären, neu überarbeitete Aufl., Einsiedeln 1971
F. J. Daner: The American Children of Kṛṣṇa. A Study of the Hare Kṛṣṇa Movement, New York 1976
S. K. Das: The Shadow of the Cross. Christianity and Hinduism in a Colonial Situation, New Delhi 1974
S. K. De: The Early History of the Vaishnava Faith and Movement in Bengal, Calcutta 1961
D. Denniston – P. McWilliams: The TM Book, New York 1975
P. Deussen: Über die innere Verwandschaft der indischen Religion mit der christlichen (Verhandlungen des 2. Internationalen Kongresses für Religionsgeschichte), Basel 1905
P. D. Devanandan: Hindu Missions to the West, IRM 48, 1959, S. 398 – 408
–: Das Evangelium und der moderne Hinduismus (Weltmission heute H. 17/18), Stuttgart 1961
N. K. Devaraja: Hinduism and Christianity, Bombay u. a. 1969
N. Devdas: Svāmī Vivekānanda, Bangalore 1968
S. N. Dhar: Vivekananda. A Comprehensive Biography of Swami Vivekananda, 2 parts, Madras 1975 – 1976
C. G. Diehl: Art. Hinduismus III, RGG ³1959, Bd. 3, Sp. 352 – 354
Discourses by Meher Baba, 5 Bde., Ahmednagar 1938 – 1954
K. Dockhorn: Tradition und Evolution. Untersuchungen zu Sri Aurobindos Auslegung autoritativer Sanskritschriften (MWF 5), Gütersloh 1968
W. Donkin: The Wayfarers. An Account of the Work of Meher Baba with the God-intoxicated, and also with Advanced Souls, Sadhus and the Poor, with a Foreword by Meher Baba, Ahmednagar 1948
H. Dressel: Dem Vollendeten begegnet. Aus Sant Kirpal Singhs Lehre und Leben. Eine Antwort für ernste Sucher, Stuttgart 1974
K. von Dürckheim: Der östliche Einfluß auf die jüngste Entwicklung der westlichen Geistigkeit, in: Indo-Asia 17, 1975, S. 114 – 124
H. Dumoulin: Der Erleuchtungsweg des Zen im Buddhismus, Frankfurt 1976
–: Östliche Meditation und christliche Mystik, Freiburg – München 1966
W. Eidlitz: Bhakta. Eine indische Odyssee, Hamburg 1951
–: Kṛṣṇa – Caitanya. Sein Leben und Seine Lehre, Stockholm 1968
–: Die indische Gottesliebe, Olten – Freiburg/Br. 1955
M. Eliade: Schamanismus und archaische Ekstasetechnik, Frankfurt ³1961
–: Das Okkulte und die moderne Welt. Zeitströmungen in der Sicht der Religionsgeschichte, Salzburg 1978
–: Yoga. Unsterblichkeit und Freiheit, Zürich 1960 (engl.: Yoga. Immortality and Freedom, London 1958)
R. S. Ellwood: Religious and Spiritual Groups in Modern America, Englewood Cliffs/N.J. 1973
–: Notes on a Neopagan Religious Group in America, in: History of Religions 11, 1971/72, S. 125 – 139
A. Eschmann: Religion, Reaction and Change: The Role of Sects in Hinduism, in: Religion and Development in Asian Societies, Colombo/Sri Lanka 1974, S. 143 – 157

–: Religion and Religions in Modern Hinduism, in: South Asian Digest of Regional Writing, Südasien-Institut Heidelberg, vol. 3, 1974, S. 2–20
–: Der Avataragedanke im Hinduismus des 19. und 20. Jahrhunderts, in: Numen 19, 1972, S. 229–240
J. N. Farquhar: The Crown of Hinduism, London 1913
–: Modern Religious Movements in India, New York 1915
P. Fingesten: East is East. Hinduism, Buddhism, Christianity, Philadelphia 1956
R. Flasche: Neue Religionen als Forschungsgegenstand der Religionswissenschaft, ZMiss 4, 1978, S. 164–173
J. Forem: Transcendental Meditation. Maharishi Mahesh Yogi and the Science of Creative Intelligence, New York 1974
G. Frei: Im Ashram Sivanandas, in: Höhlen, Klöster, Ashrams (s. dort), S. 81 ff
R. Friedli: Fremdheit als Heimat. Auf der Suche nach einem Kriterium für den Dialog zwischen den Religionen (ÖBFZPhTh 8), Freiburg–Schweiz 1974
J. Frohnmeyer: Zwei neueste Apostel des Hinduismus, EMM NF 41, 1897, S. 369–387, 419–431
–: Die theosophische Bewegung, ihre Geschichte, Darstellung und Beurteilung, 2. vollst. neu bearb. Aufl., Stuttgart 1923
Fundamentals of Progress. Scientific Research on the Transcendental Meditation Program, Maharishi International University 1975
Swami Gambhirananda: History of the Ramakrishna Math and Mission, Calcutta 1957
V. Ganesham: Das Indien-Erlebnis Hermann Hesses (Abh. z. Kunst-, Musik- und Literaturwissenschaft Bd. 169), Bonn 1974
R. Garbe: Indien und das Christentum. Eine Untersuchung der religionsgeschichtlichen Zusammenhänge, Tübingen 1914
A. Gehlen: Über die Geburt der Freiheit aus der Entfremdung, in: Studien zur Anthropologie und Soziologie, Neuwied 1963
R. Gelpke: Drogen und Seelenerweiterung, München o.J.
H.-W. Gensichen: Buddhistische Mission und christliches Zeugnis (Christus und die Welt H. 2) Bad Salzuflen 1959
–: Art. Hinduismus II: Die biblische Botschaft gegenüber dem Hinduismus, RGG Bd. 3 ³1959, Sp. 349–352
–: Zum Meister-Jünger-Verhältnis im Hinduismus, in: Wort und Religion. Kalima na dini, E. Damman zum 65. Geburtstag, Stuttgart 1969, S. 340–353
–: Religion und Sozialethik im neuen Indien, in: Saeculum 12, 1961, S. 12–22
–: Das Sendungsbewußtsein des Hinduismus, Luth. Missionsjahrbuch 1959, S. 25–35
H. von Glasenapp: Alt-indische und modern-abendländische Elemente im heutigen Hindutum, in: Saeculum 6, 1955, S. 307–328
–: Das Indienbild deutscher Denker, Stuttgart 1960
–: Indische Geisteswelt. Bd. I: Glaube und Weisheit der Hindus, Baden-Baden 1958
–: Die indische Welt als Erscheinung und Erlebnis, Baden-Baden 1948
–: Die Literatur Indiens (Kröners Taschenausgabe 318), Stuttgart 1961
–: Religiöse Reformbewegungen im heutigen Indien, Leipzig 1928
–: Die fünf Weltreligionen, Düsseldorf–Köln 1963
–: Der Stufenweg zum Göttlichen. Shankaras Philosophie der All-Einheit, Baden-Baden 1948

E. Gogler: Swami Omkarananda and das »Divine Light Zentrum«, in: Materialdienst der EZW 15/16, 1973, S. 234ff
–: Yoga in Ost und West. Sonderdruck des »Wanderer von Land zu Land«, Nr. 3/4, 1975/76
V. K. Gokak: Bhagavan Sri Sathya Sai Baba. The Man and the Avatar, New Delhi 1975
K. Goldammer: Die Formenwelt des Religiösen, Stuttgart 1960
J. Gonda: Die Religionen Indiens, Bd. I und II (Die Religionen der Menschheit Bd. 11 und 12), Stuttgart 1960/63
–: Change and Continuity in Indian Religion, London – The Hague – Paris 1965
–: Viṣṇuism and Śivaism. A Comparison, 1st Indian Edition, New Delhi 1976
–: The Indian mantra, in: Oriens 16, 1964, S. 244ff
The Gospel of Sri Ramakrishna. Originally recorded in Bengali by M., a Disciple of the Master, transl. by Swami Nikhilananda, Madras [3]1957
Lama Anagarika Govinda: Grundlagen tibetischer Mystik, Zürich 1958
–: Der Weg der weißen Wolken. Erlebnisse eines buddhistischen Pilgers in Tibet, Weilheim 1973
W. Gross – F. Zeitel: Gruppentherapie – Hilfe für wen? Ein kritischer Überblick über die neuen Methoden und ihre Anwendungserfolge, Freiburg i. Br. 1978
H. Gstrein: Islamische Sufi-Meditation für Christen, Wien 1977
R. Guénon: Le Théosophisme: histoire d'un pseudo-religion, Paris 1965
Gurus go West: Four »Hindu« Groups in America, ed. D. C. Scott, in: India Cultures Quarterly 32, 1977, S. 1–78
F.-W. Haack: Transzendentale Meditation, Maharishi Mahesh Yogi, Weltplan, RRA e. V., München [2]1977
–: Die neuen Jugendreligionen (Münchener Reihe), München [5]1976
P. Hacker: Dharma im Hinduismus, ZMR 49, 1965, S. 93ff
–: Der Dharma-Begriff des Neuhinduismus, in: ZMR 42, 1958, S. 1–15
–: Der religiöse Nationalismus Vivekanandas, EMZ 28, 1971, S. 1–15
–: Schopenhauer und die Ethik des Hinduismus, Saeculum 12, 1961, S. 366–399
–: Religiöse Toleranz und Intoleranz im Hinduismus, Saeculum 8, 1957, S. 167–179
D. Haddon: New Plant Thrives in a Spiritual Desert, in: Christianity Today 1973, S. 341–344
D. Haddon – V. Hamilton: TM Wants You, Michigan 1976
Handbuch Religiöse Gemeinschaften, hg. von H. Reller, Gütersloh 1978
M. H. Harper: Gurus, Swamis and Avataras. Spiritual Masters and their American Disciples, Philadelphia 1972
J. W. Hauer: Werden und Wesen der Anthroposophie. Eine Wertung und eine Kritik, Stuttgart 1922
F. Heiler: Christlicher Glaube und indisches Geistesleben, München 1926
–: Die Mission des Christentums in Indien (Marburger Theol. Studien), Gotha 1931
P. D. Hemingway: The Transcendental Meditation Primer. How to stop tension and start living, New York 1975
J. Hemleben: Rudolf Steiner in Selbstzeugnissen und Bilddokumenten (rowohlts monographien 79), Hamburg 1963
B. R. Hertel: Church, Sect and Congregation in Hinduism: An Examination of Social Structure and Religious Authority, in: JSSR 16, 1977, S. 15–26

F. Heyer (Hg.): Konfessionskunde, Berlin – New York 1977
Höhlen, Klöster, Ashrams. Religiöse Gemeinschaften in Indien und Japan, hg. von U. von Mangoldt, Weilheim 1962
A. G. Hogg: The Christian Message to the Hindu, London 1947
W. Hollstein: Der Untergrund. Zur Soziologie jugendlicher Protestbewegungen, Neuwied – Berlin 1969
W. Holsten: Der Buddhismus in Deutschland, in: Luth. Missionsjahrbuch 1958, S. 19 – 33
L. Hoyak: Die Botschaft von Inayat Khan, Zürich o. J.
H. Hübsch: Ram Dass. Das große Guru-Spiel, in: Materialdienst der EZW 40, 1977, S. 204 – 212
R. Hummel: Weltverbesserung und Idealgesellschaft. Zum Verständnis indischer Meditationsbewegungen im Westen, in: ZRGG 30, 1978, S. 129 – 152
–: Hinduistische Gurus und Gruppen im Westen, in: Reformatio 28, 1979, S. 165 – 178
C. Humphreys: Zen Comes West. The Present and Future of Zen Buddhism in Western Society, London 1960 ([2]1976)
S. Hunke: Europas andere Religion. Die Überwindung der religiösen Krise, Düsseldorf – Wien 1969
K. Hutten – S. von Kortzfleisch: Asien missioniert im Abendland, Stuttgart 1962
A. Huxley: Die Pforten der Wahrnehmung, München 1970
C. Isherwood: Ramakrishna and his Disciples, Calcutta [2]1969
–: (Hg.) Vedanta und wir, Bern 1949
C. Jinarajadasa: The Future of the Theosophical Society (Adyar Pamphlets No.152), Adyar 1931
–: First Principles of Theosophy, Adyar 1947
J. P. Johnson: The Path of the Masters. The Science of Surat Shabd Yoga, Beas 1939, [8]1972 (dt.: Der Pfad der Meister. Der Yoga des hörbaren Lebensstroms, München 1969)
J. S. Judah: The History and Philosophy of the Metaphysical Movements in America, Philadelphia 1967
–: Hare Krishna and the Counter Culture, New York 1974
C. G. Jung: Gesammelte Werke, 17 Bde., hg. von M. Niehus-Jung et al., Olten – Freiburg 1966
–: Zur Psychologie östlicher Meditation, in: Bewußtes und Unbewußtes, Frankfurt – Hamburg 1957
N. Kasturi: Sathyam Sivam Sundaram: The Life of Bhagavan Sri Sathya Sai Baba, Bombay 1959
S. P. Kaur: Guru for the Aquarian Age, San Rafael/Cal. [2]1973
F. E. Keay: Kabir and His Followers, Calcutta – Oxford 1931
S. Keen: The Soft Revolution, in: The Christian Century, 31. 12. 1967
–: We have no desire to strengthen the ego or make it happy. A conversation about ego destruction with Oscar Ichazo, in: Psychology Today, July 1973
M. T. Kennedy: The Chaitanya Movement. A Study of the Krishnaism of Bengal, Calcutta 1925
W. Kirfel: Symbolik des Hinduismus und des Jinismus, Stuttgart 1959
H.-J. Klimkeit: Anti-religiöse Bewegungen im modernen Südindien (UARG NF 7), Bonn 1971
K. Klostermaier: Hinduismus, Köln 1965
–: Hindu – Christian Dialogue, in: Dialogue between men of living faiths, ed. by S. J. Samartha, Genf 1971, S. 11 – 20

–: Christ und Hindu in Vrindaban, Köln 1968
M. Klostermann: Stadt des Zukunftsmenschen, Frankfurt 1976
S. von Kortzfleisch: Asiatische Religionen im Alltag des Abendländers, in: LM 6, 1967, S. 332–337
A. Krämer: Christus und das Christentum im Denken des modernen Hinduismus, Bonn 1958
R. Kranenborg: Transcendente Meditatie, Kampen 1977
–: Zelfverwerkelijking. Oosterse religies binnen een westerse subkultuur, Kampen 1974
G. Krishna: Kundalini. Erweckung der geistigen Kraft im Menschen, Weilheim 1968
–: Die neue Dimension des Yoga. Kundalini und Naturwissenschaft, Bern–München–Berlin 1975
Swami Kriyananda: Cooperative Communities – How to start them and why, Ananda Publications [7]1972
U. Kroll: A Signpost for the World. An Assessment of Transcendental Meditation, London 1974
S. Kulandran: Grace. A Comparative Study of the Doctrine in Christianity and Hinduism, London 1964
M. Ladner: Buddhistische Mission in Europa, in: ZRGG 10, 1958, S. 317–333
G. Lanczkowski: Begegnung und Wandel der Religionen, Düsseldorf –Köln 1971
–: Die neuen Religionen, Frankfurt 1974
–: Stiftung und Entfaltung von Religionen, in: Zeitwende 47, 1976, S. 1–11
–: Zur Unterscheidung indischen und biblischen Denkens, in: Saeculum 8, 1957, S. 110–119
D. Langen: Archaische Ekstase und asiatische Meditation mit ihren Beziehungen zum Abendland, Stuttgart 1963
T. Leary: Politik der Ekstase, Hamburg 1970
T. Leary – R. Metzner – R. Alpert: Psychodelische Erfahrungen. Ein Handbuch nach Weisungen des Tibetanischen Totenbuches, Amsterdam o. J.
C. W. Leadbeater: Outline to Theosophy, Los Angeles [3]1916
–: Textbook of Theosophy, Los Angeles [3]1918
J. Leeming: Yoga and the Bibel. The Yoga of the Divine Word, London 1963 ([2]1967)
G. van der Leeuw: Phänomenologie der Religion, Tübingen 1933
W. Leifer: Buddhismus in Deutschland, ZMR 39, 1955, S. 50–53
R. Lenz: Karunananda: Yogi in Berlin. Missionar für Ananda Marga, in: LM 12, 1973, S. 112–114
–: Maharaj Ji – ein Guru im Wandel. Die Divine Light Mission paßt sich an den Westen an, in: LM 14, 1975, S. 267–269
–: Meditation in der religiösen Subkultur, in: Meditation. Wege zum Selbst, hg. von U. Reiter, München 1976, S. 98–127
–: Meditation als Korrektiv. Anzeichen einer neuen mystischen Frömmigkeit, in: LM 14, 1975, S. 320f
–: Was hat der Drogenrausch mit dem Glauben zu tun? Eine Frage gegen den Strom, in: LM 13, 1974, S. 56–57
–: Das vergessene Ganze. Zur Selbstkritik der religiösen Subkultur, in: Kuckuck, Kunst, Literatur, Kritik. Vierteljahreshefte H. 5, 1974, S. 1–21
F. Levine: The Strange World of the Hare Krishnas, Fawcett Publications 1974

The Life of Swami Vivekananda, by his Eastern and Western Disciples, Almora [5]1955
J. C. Lilly: Das Zentrum des Zyklons. Eine Reise in die inneren Räume, Frankfurt 1976
A. Lowen: Love and Orgasm, New York 1965
–: The Betrayal of the Body, New York 1967
J. Lütt: The Movement for the Foundation of the Benares Hindu University, in: German Scholars on India. Contributions to Indian Studies, ed. by the Cultural Department of the Embassy of the FRG, vol. 2, New Dehli 1976, S. 160–195
M. Lutyens: Krishnamurti. The Years of Awakening, London 1975
T. M. P. Mahadevan: Outlines of Hinduism, Madras 1956
Maharishi Mahesh Yogi: Die Wissenschaft vom Sein und die Kunst des Lebens, London u. a. 1967
–: On the Bhagavad-Gita. A new translation and commentary with Sanskrit text. Chapters 1–6 (Penguin Books), Middlesex 1969
–: Der durstige Fisch im See, Stuttgart 1961
–: Die Schatzkammer und der Markt, Bonn 1962
–: Liebe und Gott, Stuttgart 1973
–: Meditations of Maharishi Mahesh Yogi (Bantam Books) 1968
Der Maharishi und der Abt, hg. von SRM, Stuttgart 1965
Mahatma Gandhi: Freiheit ohne Gewalt, eingeleitet, übersetzt und hg. von K. Klostermaier, Köln 1968
V. Mangalwadi: The World of Gurus, New Dehli u. a. 1977
S. Manickam: The Social Setting of Christian Conversion in South India (Beitr. z. Südasienforschung, SAI, Universität Heidelberg Bd. 33), Wiesbaden 1977
P. Marechal: Transcendental Meditation and the Monastic Life, in: Creative Intelligence H. 5, 1974, S. 25–32
G. M. Martin: Neue Religiosität in den USA, in: Der unverbrauchte Gott, S. 117–134
–: Provozierte Religion. Zehn Abschnitte über bewußtseinserweiternde Drogen, in: ZEE 18, 1974, S. 164–181
R. E. L. Masters – J. Houston: The Varieties of Psychodelic Experience, London–New York 1966
A. P. Mathur: Radhasoami Faith: A Historical Study, Delhi 1974
G. Mayer: Die Begegnung des Christentums mit den asiatischen Religionen im Werk H. Hesses, Bonn 1956
J. McKenzie: Two Religions. A Comparative Study of some Distinctive Ideas and Ideals in Hinduism and Christianity, London 1950
W. H. McLeod: Guru Nānak and the Sikh Religion, Oxford 1968
Meditation – Wege zum Selbst, hg. von U. Reiter, München 1976
Meher Baba: The Highest of the High, Seattle 1954
–: God Speaks. The Theme of Creation and its Purpose, New York 1955
–: Discourses, 3 vols., Ahmednagar, 1967
–: God in a Pill? San Francisco 1966
–: Listen Humanity, narrated and edited by D. E. Stevens, New York 1967
–: Compassionate Father, Berkeley/Cal. 1971
F. Melzer: Christus und die indischen Erlösungswege, Tübingen o. J.
–: Indien greift nach uns. West-östliche Begegnungen mit dem modernen Hinduismus, Stuttgart 1962
–: Indische Weisheit und christliche Erkenntnis, Tübingen o. J.
–: Antwort aus dem Schweigen. Der Guru als Seelenführer, Freiburg–Basel–Wien 1978

F. Menne: Religiöse Sensibilisierung? Literaturbericht über Aktionen, Bewegungen, Gruppen, in: Religionsgespräche, hg. von H.-E. Bahr, Darmstadt–Neuwied 1975, S. 162–176
– (Hg.): Neue Sensibilität. Alternative Lebensmöglichkeiten, Darmstadt –Neuwied 1974
G. Mensching: Die Religion. Erscheinungsformen, Strukturtypen und Lebensgesetze, Stuttgart 1959
–: Soziologie der großen Religionen, Bonn 1966
–: Soziologie der Religion, 2. neubearb. und erweit. Aufl., Bonn 1968
–: Volksreligion und Weltreligion, Leipzig 1938
M. Mildenberger: Anders an Gott glauben. Die Problematik der Jugendreligionen, in: EK 10, 1977, S. 349–351
–: Ananda Marga – Weg zur Glücksseligkeit? in: Materialdienst der EZW 38, 1975, S. 306–311, 322–326
–: Dem Einen entgegen – Sufis im Westen, in: Materialdienst der EZW 40, 1977, S. 172–179
–: Hare Krishna – Die Gefährdung einer religiösen Außenseitergruppe, in: Materialdienst der EZW 38, 1975, S. 18–20
–: Heil aus Asien? Hinduistische und buddhistische Bewegungen im Westen, Stuttgart 1974
–: Hinduismus – Buddhismus – Islam in Deutschland, Information Nr. 53 der EZW, Stuttgart 1973
–: The Impact of Asian Religions on Germany, in: IRM 62, 1973, S. 34–42
–: Die religiöse Revolte. Jugend zwischen Flucht und Aufbruch (Fischer Tb.), Frankfurt 1979
–: Eine Welt für Krishna, in: Materialdienst der EZW 39, 1976, S. 146–153
M. Mildenberger – A. Schöll: Zauberformel TM. Die Bewegung der Transzendentalen Meditation (Sonderausgabe von »Die Macht der süßen Worte« für die EZW), Wuppertal 1977
S. Miller: Hot Springs: The True Adventures of the First New York Jewish Literary Intellectual in the Human Potential Movement, New York 1971
Ministry in Context. The Third Mandate Programme of the Theological Education Fund (1970–77), Bromley/Kent 1972
Maharaj Saheb Pandit Brahm Sankar Misra: Discourses on Radhasoami Faith, Agra [5]1973
V. Möller: Der Rādhāsvāmī Satsang und die Mystik der Gottestöne, Diss. Tübingen 1956
J. F. Moody: Ethics and Counter Culture: An Analysis of the Ethics of Hare Krsna. Ph. D. Diss. Clarcmont Graduate School, Cal. 1978
M. Müller: Ramakrishna – Life and Sayings, Oxford 1898
D. K. Mukherjee: Chaitanya, New Delhi 1970
F. Musgrove: Ecstasy and Holiness. Counterculture and the open Society, London 1974
Swami Muktananda: Spiel des Bewußtseins. Chitshakti Vilas. Die geheime Kundalini-Praxis, Freiburg i. Br. 1975
–: Das Mantra So'ham Japa. Eine Meditationstechnik für jedermann, Freiburg i. Br. 1976
C. Murray Rogers – Sivendra Prakash: Hindu – Christian Dialogue Postponed, in: Dialogue between men of living faiths, ed. by S. J. Samartha, Genf 1971, S. 21–31
Die Mutter (Mira Richard): Gebete und Meditationen, Bitz 1974
–: Die höchste Entdeckung, Bitz 1974

C. Naranjo – R. Ornstein: On the Psychology of Meditation, New York 1973 (dt.: Psychologie der Meditation, Frankfurt 1976)
J. Needleman: The New Religions, Garden City – New York 1970
G. K. Nelson: The Spiritualist Movement: A Need for the Redefinition of the Concept of the Cult, in: JSSR 8, 1969, S. 152–160
A. N. Nethercot: The last four lives of Annie Besant, London 1963
–: The first five lives of Annie Besant, Chicago 1960
The New Religious Consciousness, ed. by C. Y. Glock & R. N. Bellah, Berkeley 1976
Swami Nikhilananda: Hinduism – its Meaning for the Liberation of the Spirit, London 1959
T. C. Oden: The Intensive Group Experience. The New Pietism, Philadelphia 1972
H. S. Olcott: Old Diary Leaves: The True Story of the Theosophical Society. Series I–IV, Adyar 1895–1910
H. Olson: A Hermit in the House, London o. J.
Swami Omkarananda. Ein Licht in unserer Zeit. Gespräche und Reden zusammengefaßt und eingeleitet von J. Wunderli, Zürich 1966
J. C. Oman: The Mystics, Ascetics and Saints of India. A Study of Sadhuism, with an Account of the Yogis, Sanyasis, Bairagis and other Strange Hindu Sectarians, London 1903, Reprint Delhi 1973
R. Ornstein: The Psychology of Consciousness, San Francisco 1972
–: The Container vs. the Content, in: Psychology Today 10, 1976/77, S. 36–43
A. Osborn: The Incredible Sai Baba, London 1958
R. Otto: Indiens Gnadenreligion und das Christentum, München 1930
–: West-östliche Mystik. Vergleich und Unterscheidung zur Wesensdeutung, Gotha 1926
P. D. Ouspensky: Auf der Suche nach dem Wunderbaren, München [2]1978
–: Tertium Organum, Weilheim 1973
M. Pakleppa: Divine Light Mission – Ein Modellfall. Entwicklung, Organisation und psychische Wirkungen einer hinduistischen Heilslehre im Westen, in: Materialdienst der EZW 38, 1975, S. 82–87, 98–104
C. R. Pangborn: The Rāmakrishna Math and Mission. A Case Study of a Revitalization Movement, in: Hinduism. New Essays in the History of Religions, ed. by B. L. Smith, Leiden 1976, S. 98–119
F. S. Perls: Gestalttherapie in Aktion, Stuttgart 1976
–: Gestalt Therapy Now, ed. by J. Fagen – I. L. Shepard, New York 1971
H. J. Petsch: Neue religiöse Subkultur in den USA, in: HerKorr 25, 1971, S. 523–529
–: Religion aus dem Underground. Eine Anfrage an die Kirche, Freiburg 1972
M. H. Phelps: Notes on Discourses by Babaji Maharaj on the Radhasoami Faith, Agra 1947
A Pilgrim's Guide to Planet Earth, San Rafael/Cal. 1974
R. C. Prasad: Rajneesh: The Mystic of Feeling. A Study in Rajneesh's Religion of Experience, New Delhi [2]1978
R. H. Prince: Cocoon Work: An Interpretation of the Concern of Contemporary Youth with the Mystical, in: Religious Movements in Contemporary America (s. dort), S. 255–271
C. B. Purdom: The God-Man, London 1964
–: The Perfect Master. The Life of Shri Meher Baba, London 1937
B. R. Purohit: Hindu Revivalism and Indian Nationalism, Sagar 1965

S. Radhakrishnan: Die Bhagavadgita. Einleitung, Sanskrittext, Übersetzung, Kommentar. Deutsch von S. Lienhard, Baden-Baden 1958
–: Die Gemeinschaft des Geistes. Östliche Religionen und westliches Denken, Darmstadt – Genf o. J.
–: Wissenschaft und Weisheit. Westliches und östliches Denken, München 1961
Acharya Raghunath: Ananda Marga. What is it? Why its opposition? o. O. o. J.
Bhagwan Shree Rajneesh: Komm, folge mir, Margarethenried 1977
–: Meditationstechniken. Eine Auswahl von Übungen und Vorträgen, Margarethenried 1977
–: Was ist Meditation? Margarethenried [2]1977
–: Die Psychologie der Buddhas, in: Sannyas 1976, H. 4, S. 7–21
–: Sex und Tantra, Margarethenried 1977
–: The Book of the Secrets. Discourses on »Vigyana Bhairava Tantra«, vol. 2, Poona 1975
–: The Ultimate Alchemy. Discourses on the Atma Pooja Upanishad, vol. 2, Poona 1976
–: Sprengt den Fels der Unbewußtheit, Frankfurt 1979
Ram Dass (Richard Alpert): Sei Jetzt Hier, Berlin o. J.
–: Alles Leben ist Tanz, Frankfurt [3]1978
Swami Ranganathananda: The Christ we adore, Calcutta 1960
–: The Ramakrishna Math and Mission, Mylapore [7]1969
J. Ransome: A Short History of the Theosophical Society, Adyar 1938
D. P. Sham Rao: Five Contemporary Gurus in the Shirdi (Sai Baba) Tradition, Madras 1972
C. H. Ratschow: Die Begegnung des Christentums mit den asiatischen Religionen in Europa, in: ThBeitr 6, 1975, S. 45–59
B. G. Ray: Religious Movements in Modern Bengal, Santiniketan 1965
J. P. Rao Rayapati: Early American Interest in Vedanta, Pre-Emersonian Interest in Vedic Literature and Vedantic Philosophy, Bombay u. a. 1973
W. Reich: Der Krebs (Die Entdeckung des Orgon Bd. 2), Köln 1974
–: Christusmord (Die emotionale Pest des Menschen Bd. 1) Olten–Freiburg i. Br. 1978
–: Die Funktion des Orgasmus, 1927, Neudruck Köln 1969
H. D. Reimer: Die neuen »Jugendreligionen«, in: HerKorr 31, 1977, S. 259–264
U. Reiter: Erlösung im Lotussitz? (Stundenbücher 120), Hamburg 1974
U. Reiter – D. Bendrath: Meditation –Wiederentdeckte Wege zum Heil? Information der EZW Nr. 52, 1972
Relations Among Religions Today. A Handbook of Policies and Principles, ed. by M. Jung, Swami Nikhilananda, H. W. Schneider, Leiden 1963
Religion im Untergrund. Die religiösen Randgruppen Jugendlicher in der Schweiz, hg. vom Schweizerischen Beratungsdienst Jugend und Gesellschaft Luzern, Zürich–Einsiedeln–Köln 1975
Religion und die Droge, hg. von M. Josuttis – H.-C. Leuner, Stuttgart u. a. 1972
Religionen am Rande der Gesellschaft. Jugend im Sog neuer Heilsversprechungen, hg. L. Zinke, München–Düsseldorf 1977
New Religions. Based on papers read at the Symposium on New Religions held at Abo on the 1st – 3rd of Sept. 1974, ed. by H. Biezais, Stockholm 1975
Religious Movements in Contemporary America, ed. by I. I. Zaretzky and M. P. Leone, Princeton 1974

J. Richter: Der Religionskongreß in Chicago, in: EMM NF 38, 1894, S. 225–234
–: Indische Missionsgeschichte (Allg. evang. Missionsgeschichte Bd. 1), Gütersloh 1906, [2]1924
J. Robbins – D. Fischer: Meditation. Glück in eigener Regie, Stuttgart 1973
T. Robbins: Eastern Mysticism and the Resocialization of Drug Users. The Meher Baba Cult, in: JSSR 8, 1969, S. 308–317
H. Römer: Die Propaganda für asiatische Religionen im Abendland (Basler Missionsstudien H. 36), Basel 1910
R. Rolland: The Life of Vivekananda and the Universal Gospel, Calcutta [4]1953
G. Rosenkranz: Art. Mission I Religionsgeschichtlich, in: RGG [3]1960, Bd. 4, Sp. 969–971
T. Roszak: Gegenkultur, München 1973
P. Rowley: New Gods in America. An Informal Investigation in the New Religions of American Youth Today, New York 1971
B. Rutgers v. d. Loeff: Maslow en de wetenschap der creatieve intelligentie, Dokt. skriptie R. U. Groningen 1975
C. J. Ryan: H. P. Blavatzky and the Theosophical Movement: A Brief Historical Sketch, Adyar 1937
C. Rycroft: Wilhelm Reich, München 1972
Huzur Maharaj Rai Salig Ram Bahadur: Radhasoami Mat Prakash or A Brief View of Radhasoami Faith, Agra [5]1959
S. J. Samartha: Hindus vor dem universalen Christus. Beiträge zu einer Christologie in Indien, Stuttgart 1970
V. C. Samuel: The Ramakrishna Movement. The World Mission of Hinduism, Bangalore 1959
Sār Bachan. An Abstract of the Teachings of Swamiji Maharaj, the Founder of the Radha Swami System of Philosophy and Spiritual Science: The Yoga of the Sound Current, Beas [5]1971
Shrii Prabhat Ranjana Sarkar (Anandamurti): The Human Society, Anandanagar [2]1970
D. S. Sarma: Hinduism through the Ages, Bombay 1956
K. S. Ramaswami Sastri: Sivananda, the Modern World Prophet, Rishikesh 1957
Satgurudev Shri Hans Ji Maharaj, published by DLM, Delhi 1970
Satprem: Sri Aurobindo und das Abenteuer des Bewußtseins, München 1973
Lala Pratap Singh Seth: Biography of Somaiji Maharaj, originally written in Hindi, in 1902, Agra 1968
J. F. Seunarine: Reconversion to Hinduism through Suddhi, Madras 1977
O. Schatz (Hg.): Hat die Religion Zukunft? Graz – Wien – Köln 1971
S. Schaup: Der Stern über Arunachala. Ein Bericht aus den Ashrams Sri Aurobindos und Sri Ramana Maharshis, in: Der unverbrauchte Gott (s. dort), S. 135–159
M. Schibilsky: Religiöse Erfahrung und Interaktion. Die Lebenswelt jugendlicher Randgruppen, Stuttgart u. a. 1976
–: Kirchliche Outsider – religiöse Insider. Oder: Ist die deutsche religiöse Szene eine nordamerikanische Provinz? In: Religiöse Gruppen. Alternativen in Großkirchen und Gesellschaft, hg. von J. Lell, F. Menne, Düsseldorf – Göttingen 1976, S. 149–168
–: Marginalität und Religiosität. Alternative Jugendkultur als Gegenstand der Religionssoziologie, in: Chancen der Religion, hg. von R. Volp, Gütersloh 1975, S. 90–128

–: Religion aus dem sozialen Abseits, in: Materialdienst der EZW 37, 1974, S. 18–25
H. Schilling: Hundert Jahre Theosophische Gesellschaft. Rückblick und Auftrag, Materialdienst der EZW 38, 1975, S. 358–363
–: Schlüssel zu neuen Welten, Information der EZW Nr. 49, 1971
–: Im Zeichen von Rose und Kreuz. Historische und moderne Rosenkreuzer, Information der EZW Nr. 71, 1977
W. Schmidt: Yoga in Deutschland. Verbreitung – Motive – Hintergründe, Stuttgart–Berlin 1967
H. W. Schomerus: Indien und das Christentum, 3 Bde., Halle–Berlin 1931–33 (Bd. 3: Das Eindringen Indiens in das Herrschaftsgebiet des Christentums)
G. Schüttler: Die letzten tibetischen Orakelpriester. Psychiatrisch-neurologische Aspekte, Wiesbaden 1971
–: Die Erleuchtung im Zen-Buddhismus, Freiburg–München 1974
R. Schwab: La Renaissance Orientale, Paris 1950
A. Schweitzer: Die Weltanschauung der indischen Denker, München 1965
R. Schwendter: Theorie der Subkultur, Köln–Berlin 1971
D. Shah: The Meditators, Plainfield/N. J. 1975
I. Shah: Die Sufis, Düsseldorf–Köln 1976
–: The Pleasantries of the Incredible Mulla Nasruddin, New York 1971
–: The Exploits of the Incomparable Mulla Nasruddin, New York 1972
E. J. Sharpe: Not to Destroy, but to Fulfill: The Contribution of J. N. Farquhar to Protestant Missionary Thought in India before 1914, Uppsala 1965
(Maharaj) Charan Singh: Der göttliche Pfad, Engelberg–München 1975
–: Light on Sant Mat, Beas 1958
(Sant) Kirpal Singh: Gottmensch, Freiburg 1976
–: Die Krone des Lebens. Die Yogalehren und der Weg der Meister-Heiligen, Stuttgart 1974
–: A great Saint – Baba Jaimal Singh. His Life and Teachings, Delhi 1960
–: Spirituality. What it is, Delhi 1959
–: Ruhani Satsang. Science of Spirituality, Delhi 1970
–: Seven Paths to Perfection, Delhi, Reprint 1970
Sawan Singh: Spiritual Gems. Letters from two great Masters (1896–1948), Beas 1948
A Six Month Course in Yoga Asanas, SRM o. J.
Swami Sivananda Sarasvati: Brahma Sutras, Rishikesh 1949
–: Bliss Divine, Sivanandanagar 1974
–: Erfolg im Leben und Selbstverwirklichung, Weilheim o. J.
–: Easy Path to God-Realization, Rishikesh 1958
–: Sadhana. A Textbook of the Psychology and Practice of the Techniques to Spiritual Perfection, Sivanandanagar 1974
–: Srimad Bhagavadgita, Rishikesh 1957
P. E. Slater: The Pursuit of Loneliness: American Culture at the Breaking Point, Boston 1970
B. L. Smith (Hg.): Hinduism. New Essays in the History of Religions, Leiden 1976
D. E. Smith: South Asian Politics and Religion, Princeton 1966
So spricht Sri Aurobindo, bearb. von O. Wolff, München 1957
S. Sommerfeld: Indienschau und Indiendeutung romantischer Philosophen, Zürich 1953
Spiritual Community Guide, San Rafael/Cal. 1974

E. D. Soper: The Inevitable Choice. Vedanta Philosophy or Christian Gospel, New York 1947
O. Splett: Asiatische Einflüsse im deutschsprachigen Europa – heute, in: Indo-Asia 17, 1975, S. 129–139
F. Staal: Exploring Mysticism (Penguin Books), Harmondsworth 1975
–: Über die Idee der Toleranz im Hinduismus, in: Kairos 1, 1959, S. 215–218
C. A. Stark: God of All. Sri Ramakrishna's Approach to Religious Plurality, Cape Cod/Mass. 1974
B. Steiger: In my Soul I am Free. The Story of Paul Twitchell, San Diego o.J.
G. Stephenson: Ansätze zum geschichtlichen Denken im Reformwerk Swami Vivekanandas (1863–1902), in: Saeculum 23, 1972, S. 90–108
The Sufi Message of H. I. Khan, 12 vols., London 1960ff.
D. Stone: The Human Potential Movement, in: The New Religious Consciousness (s. dort), S. 93–115
Syncretism, hg. v. S. S. Hartmann, Stockholm 1966
G. Szczesny: Die Antwort der Religionen, Hamburg 1971
Ācārya Tadagatānanda Avadhuta – Ācārya Kṛṣṇānanda Avadhuta: PROUT. What it stands for? New Delhi [2]1970
R. W. Taylor: From Khadi to Kavi. Towards a Typology of Christian Ashrams, in: Religion and Society 24, No. 4, Dec. 1977, S. 19–37
Teaching Asanas: An Ananda Marga Manual for Teachers, Anandanagar 1973
M. M. Thomas: The Acknowledged Christ of the Indian Renaissance, London 1969
W. M. Thomas: Hinduism invades America, New York 1930
H. Thurston: Die körperlichen Begleiterscheinungen der Mystik, Luzern 1956
P. Tillich: Das Christentum und die Begegnung der Weltreligionen, Stuttgart 1964
TM in Court, Spiritual Counterfeits Project, Berkeley 1978
A. Tobey: The Summer Solstice of the Healthy–Happy–Holy–Organization, in: The New Religious Consciousness (s. dort), S. 1–30
E. Troeltsch: Die Soziallehren der christlichen Kirchen und Gruppen, Tübingen 1912
P. Twitchell: Eckankar. The Key to Secret Worlds, San Diego 1969
–: The Tiger's Fang, San Diego 1967
–: The Shariat-Ki-Sugmad, 2 vols., San Diego 1970/71
Universales Christentum angesichts einer pluralen Welt, hg. von A. Bsteh (Beitr. zur Religionstheologie 1), Mödling 1976
Der unverbrauchte Gott. Neue Wege der Religiosität, hg. von I. Riedel, Bern–München–Wien 1976
V. P. Varma: The Political Philosophy of Sri Aurobindo, London 1960
C. Vaudeville: Kabīr, vol. I, Oxford 1974
H.-H. von Veltheim-Ostrau: Der Atem Indiens. Tagebücher aus Asien, Hamburg [2]1955
G. F. Vicedom: Das Abendland unter dem geistigen Einfluß Asiens, in: Asien missioniert im Abendland (s. dort), S. 13–50
–: Europa als Spannungsfeld alter und neuer Religionen, in: Die Gefährdung der Religionen, hg. von R. Italiaander, Kassel 1966, S. 34–58
–: Die Mission der Weltreligionen, München 1959
–: Die Weltreligionen im Angriff auf das Christentum (TEH, NF 51), München [3]1958

Swami Vishnu Devananda: Das große illustrierte Yoga-Buch, Freiburg i. Br. 1975
W. A. Visser't Hooft: Evangelism Among Europe's Neo-Pagans, in: IRM 66, 1977, S. 349–360
P. C. Vitz: Psychology as Religion: The Cult of Self-Worship, Michigan 1977
Swami Vivekananda: The Complete Works of Swami Vivekananda, 8 vols., publ. by Swami Gambhirananda, Calcutta 9th ed. 1955
J. Wach: Religionssoziologie, Tübingen 1951
–: Vergleichende Religionsforschung, Stuttgart 1958
B. Walker: Hindu World, 2 vols., London 1968
Die Wahrheit ist unendlich. Gespräch mit der Divine Light Mission in Berlin, in: LM 14, 1975, S. 269f
P. G. Weber: Religiosität und soziale Organisationsformen in Sekten. Eine religionssoziologische Studie dreier Sektengruppen, Köln–Wien 1975
W. T. Wells: P. R. Sarkar und Ananda Marga (hektogr.) o. O. o. J.
G. H. Westcott: Kabir and the Kabir Panth, Calcutta 1907 (²1953)
K. Westhues: Society's Shadow: Studies in the Sociology of Countercultures, Toronto 1972
C. S. J. White: The Sai Baba Movement. Approaches to the Study of Indian Saints, in: JASt 31, 1972, 863–878
–: Swami Muktananda and the Enlightenment through Sakti-Pat, in: HR 23, 1973/74, S. 306–322
J. White: Alles über TM, München 1976
H. Whitehead: Scientology, Science Fiction and Occultism, in: Religious Movements in Contemporary America (s. dort), S. 547–587
B. R. Wilson: An Analysis of Sect Development, in: ASR 24, 1959, S. 3–15; dt. in: Religionssoziologie (Soziologische Texte 19), Neuwied –Berlin ²1970, S. 279–304
H. H. Wilson: Religious Sects of the Hindus, ed. E. R. Rost, Calcutta ²1958
G. Wischnewski: Aikido, Wiesbaden 1968
With the Swamis in America, publ. by Swami Pavitrananda, Almora 1958
O. Wolff: Christus unter den Hindus, Gütersloh 1965
–: Indiens Beitrag zum neuen Menschenbild, Hamburg 1957
–: Mensch und Übermensch bei Sri Aurobindo, in: ZRGG 9, 1957, S. 41–53
–: Die Mutter von Pondicherry. Auf der Suche nach dem vollkommenen Menschen, in: Materialdienst der EZW 37, 1974, S. 34–42
–: Die religiöse Aktivität des modernen Hinduismus, in: ZRGG 10, 1958, S. 299–316
A. Woodrow: Les nouvelles sectes, Paris o. J.
Word out of Silence. A Symposion on World Spiritualities, ed. by J.-D. Robinson, in: Cross Currents 24, 1974, S. 132–395
The World's Parliament of Religions. An illustrated and popular story of the world's first Parliament of Religions, held in Chicago in connection with the Columbian Exposition of 1893, ed. by J. H. Barrows D. D., Chicago 1893, 2 vols.
J. Wunderli: Licht aus dem Osten. Yoga im Westen – Aussichten und Grenzen, Zürich 1974
–: Schritte nach innen. Östliche Meditation und westliche Mystik, Freiburg u. a. 1975
J. Yale (Ed.): What Vedanta means to me, London 1961
Yoga Asanas, empfohlen von Maharishi Mahesh Yogi, Stuttgart 1964

Paramahansa Yogananda: Autobiograhie eines Yogi, Weilheim [7]1971
–: Religion als Wissenschaft, München [2]1976
–: Worte des Meisters, München [2]1977
Swami Yukteswar Giri: Die Heilige Wissenschaft, München [4]1976
Yoga – heute. Hilfe für den Westen, hg. von U. von Mangoldt, Weilheim 1971
R. C. Zaehner: Evolution in Religion. A Study in Srī Aurobindo and Pierre Teilhard de Chardin, Oxford 1971
–: Der Hinduismus, München 1954
–: Mystik – religiös und profan. Eine Untersuchung über verschiedene Arten von außernatürlicher Erfahrung, Stuttgart 1957
–: Zen, Drugs and Mysticism, Vintage Books, 1973
B. Zinke: Der einfachste Weg. Die »Hare-Krishna-Gemeinschaft«, in: Religionen am Rande der Gesellschaft (s. dort), S. 108–125

Abkürzungen

Bibliographische Abkürzungen folgen zumeist dem »Internationalen Abkürzungsverzeichnis für Theologie und Grenzgebiete« von S. Schwertner, Berlin – New York 1974. Stellenangaben aus hinduistischen Schriften verzichten auf Abkürzungen, mit Ausnahme von:

BhG	Bhagavadgītā
... Up.	... Upaniṣad

Speziell in dieser Arbeit verwendete Abkürzungen für Bücher und Organisationen:

AM	Ānanda Mārga
BhK	Maharishi Mahesh Yogi: On the Bhagavad-Gita, Harmondsworth 1967
C. W.	The Complete Works of Svami Vivekananda, Calcutta [9]1959
DLM	Divine Light Mission
DLS	Divine Life Society
3HO	Healthy-Happy-Holy-Organization (offizielle Abk.)
ISKCON	Internationale Gesellschaft für Kṛṣṇa-Bewußtsein (off. Abk.)
RM	Rāmakrishna-Mission
RS	Rādhāsoāmī Satsaṅg
SRF	Self-Realization Fellowship
TM	(Bewegung der) Transzendentale(n) Meditation
Universum	Shrii Shrii Anandamurti: Das große Universum
Wissenschaft	Maharishi Mahesh Yogi: Die Wissenschaft vom Sein und die Kunst des Lebens, London 1967

Transliteration und Übersetzung

Für Sanskrit- und verwandte Worte wird die wissenschaftlich übliche Transliteration verwendet. Bei im Westen gängigen indischen Namen und Begriffen wird aus Gründen der Lesbarkeit teilweise auf eine strenge Durchführung dieses Grundsatzes verzichtet (z. B. Ram Mohan Roy, Rāmakrishna, Maharishi Mahesh; Vishnuismus, Yogi [statt Yogin]; geographische Bezeichnungen). Bei Zitaten und Literaturangaben wird die jeweils verwendete Schreibweise in dieser Arbeit beibehalten, auch wenn sie auf diakritische Zeichen verzichten, teilweise unorthodoxe Transliterationsregeln bzw. -praktiken befolgen oder u. U. sogar fehlerhaft sind.
Die Übersetzung englischsprachiger Zitate stammt, soweit nicht anders angegeben, vom Verfasser. Aus Gründen der Lesbarkeit ist der größere Teil dieser Zitate ins Deutsche übersetzt worden; der englische Wortlaut wurde jedoch gelegentlich aus Gründen der Klarheit und Prägnanz beibehalten.

Namenregister

(Kursiv gesetzte Zahlenangaben weisen auf thematische Behandlung des Stichwortes hin)

Sachregister (Auswahl); mit Worterklärungen und Querverweisen

(Kursiv gesetzte Zahlenangaben weisen auf thematische Behandlung des Stichwortes hin)